한국헌법론

박 영 하

청목출판사

서 문

우리의 헌정사에서 헌법이 제정되어 시행된 지도 오랜 세월이 흘렀다. 1919년의 임시정부 헌법에서부터 현행 헌법에 이르기까지 거의 1세기에 가까운 기간이다. 물론 1948년의 건국헌법을 기준으로 하면 70년을 눈앞에 두고 있다.

저자 역시 대학에서 헌법학 교재를 접한 지 어언 40년 가까운 시간이 흘렀으며, 대학에서 법학을 강의하기 시작한 지도 벌써 30년이나 지났다. 언젠가 은사님께서 하신 말씀이 생각난다. 50대 중반의 나이에 들어서고 나니 비로소 이제 법학이 무엇인지 어렴풋이 알 것 같다는 말씀이 그것이다. 그 말씀을 듣고 나서야 법학이라는 학문이 저자에게만 어려운 것이 아니었구나 하는 생각을 하게 되었던 것이다.

대학에 진학하여 헌법학을 접하는 학생들 역시 저자와 마찬가지로 헌법학 공부에 어려움을 겪지나 않을까 하는 생각을 하게 된다. 그래서 가급적이면 쉽게 읽힐 수 있는 교재를 만들고 싶은 생각을 하게 되었다.

주지하는 바와 같이, 우리 헌법은 우리들과 우리들의 자손의 안전과 자유와 행복을 영원히 확보하기 위하여 우리 대한 국민이 제정하고 개정한 우리의 목표문화인 동시에 최고규범이다.

근대 이후 입헌주의적 헌법은 제1차적으로 국민의 기본권을 최대한으로 보장하기 위한 권리장전을 두고 있을 뿐만 아니라, 제2차적으로 국가권력에 대한 통제를 위하여 권력분립이론에 입각하여 통치형태를 규정하고 있다.

본서는 크게 네 부문으로 나누어 비교적 평이하고 간략하게 기술하고자 하였다. 첫째, 총론에서는 헌법의 의의와 입헌주의, 헌법의 제정과 개정 및 변천 및 국가형태와 헌법의 기본원리에 관하여 일반론적 입장에서 다루었다. 둘째, 기본권 일반이론에서는 인권과 기본권의 발전과정 및 우리 헌법상의 기본권 규정의 변천에 관하여 개관한 다음, 기본권의 의의와 법적 성격, 기본권의 분류와 체계, 기본권 주체와 기본권의 효력, 기본권의 한계와 제한 및 침해와 구제 등에 관하여 기술하였다. 셋째, 기본권 각론에서는 포괄적 기본권과 개별 기본권을 유형화하여 기술하였으며, 마지막으로 통치구조에서는 통치기관과 통치작용, 국가기관에 관하여 살펴본 다음 선거관리와 지방자치 및 경제질서를 간단하게 기술하였다.

이렇게 정리하다 보니 원래의 의도는 교재의 분량을 한 학기에 소화할 수 있을 정도로 한정하고자 하였으나 집필이 끝나고 보니 한 학기에 소화하기에는 다소 많은 듯하여 부담스럽다.

원고를 마무리하다 보니 당초에 계획했던 것보다 그 결과가 만족스럽지는 못하다. 부족한 점은 판을 거듭하면서 보완하고자 한다.

이 책은 저자 한 사람의 연구성과가 아니다. 이 책은 지금까지 헌법학에 헌신하여 온 동서고금의 선학제현의 훌륭한 연구성과에 많은 도움을 받았다. 이 모든 분들에게 깊은 존경과 감사의 마음을 표할 수밖에 없다.

그리고 이번 원고의 정리에는 전북대학교 대학원 박사학위과정에서 연구에 정진 중인 정태종 석사의 노고가 컸다. 이울러 원고 교정에는 석사학위과정의 장한희 학사와 석사학위과정에 입학 예정인 이나연 양이 수고하여 주었다. 이들의 노고에도 감사를 드린다.

마지막으로 본서의 출간을 흔쾌하게 수락하여 주신 청목출판사의 유성열 사장님과 최명성 전무님 및 편집부 여러분에게도 깊은 감사를 표하고자 한다.

2016년 1월
모악산을 바라보며
저자 씀

차 례

제4편 통치구조

제 1 편

총 론

제 1 장 헌법의 의의와 입헌주의

제 2 장 헌법의 제정, 개정 및 변천

제 3 장 국가형태와 헌법의 기본원리

1
chapter

헌법의 의의와 입헌주의

제 1 절 헌법의 의의와 특성

Ⅰ. 헌법의 의의

일반적으로 헌법이라 함은 국가의 근본이 되는 법으로서, 국민의 기본권을 보장하고, 국가의 통치조직과 통치작용의 원리를 규정하는 최고의 법규범이라고 한다.

이와 같이 정의되는 이유는 헌법을 의미하는 영어에서의 Constitution의 의미대로 국가의 구조·조직·체제의 의미로 사용하면서부터이다. 독일어에서의 Verfassung 역시 헌법·체제·제도라는 의미를 가지고 있다.

그러나 이러한 의미보다는 오늘날 헌법이라 하면 한편으로는 국민의 기본권을 보장하고, 이를 위하여 국가권력기관 상호간의 견제와 균형을 통하여 권력보유자가 행사하는 권력을 제한하는 동시에, 다른 한편으로는 권력행사에 정당성을 부여하는 규범으로 이해되고 있다.

이와 같이 헌법이라는 개념은 역사적으로 변화하고 발전되어 왔다. 헌법 개념은 다음과 같이 크게 세 가지 단계로 발전되어 왔다.

1. 고유한 의미의 헌법

고유한 의미의 헌법이란 국가 최고기관의 조직·구성과, 이들 기관의 권한행사방법 및 상호관계를 규정하는 법규범을 말한다. 고유 의미의 헌법은 언제든 어느 국가에서든 어떠한 형태로든 존재한다.

2. 근대 입헌주의적 헌법

개인주의와 자유주의를 사상적 기초로 하는 근대 입헌주의적 헌법은 국가권력을 조직하는 측면보다 국가권력을 제한하는 측면에 중점을 두고, 국민의 기본권 보장에 주안을 두는 헌법이다. 즉, 근대 입헌주의적 헌법은 국민의 기본권 보장에 관한 규정이 주요한 구성부분을 차지하는 헌법이다. 1791년의 프랑스헌법, 1831년의 벨기에 헌법이 대표적 예이다.

이러한 의미의 헌법은 국민주권주의, 기본권보장주의 그리고 이를 보장하기 위한 권력분립주의를 그 주된 내용으로 한다.

3. 현대 복지주의적 헌법

오늘날의 헌법을 지칭한다. 현대 복지주의적 헌법은 주권자인 국민의 인간다운 생활, 특히 생존권적 기본권을 보장하는 데에 중점을 두는 헌법이다. 또한, 경제 질서와 관련해서는 경제에 관한 자유 못지않게 경제에 대한 규제와 조정을 강조한다.

따라서 근대 입헌주의적 헌법이 형식적 자유와 평등을 강조하는 것이라면, 현대 복지주의적 헌법은 실질적 평등을 보다 중요시하고 있다. 특히 20세기 초 독일의 Weimar헌법(1919)을 효시로 하여, 오늘날 대다수의 국가가 복지주의적 헌법을 채택하고 있다.

Ⅱ. 헌법관

1. 개설

헌법관이란 헌법의 본질은 무엇으로 이해하며, 헌법의 최고법규성에 관한 타당성의 근거를 어디에서 찾느냐 하는 등 헌법을 이해하는 데에 기본이 되는 관점을 말한다.

이러한 헌법관은 그 시각에 따라 여러 가지로 나눌 수 있다. 일반적으로 우리나라의 학자들은 헌법관을 다음과 같이 규범주의적 헌법관, 결단주의적 헌법관 및 통합과정론적 헌법관으로 나누어 설명하고 있다.

2. 규범주의적 헌법관

1) 배경

규범주의적 헌법관은 입헌주의 초기의 입헌군주제(비스마르크 헌법[1])하에서 전제군주에 의한 자의적 통치를 배제하는 한편, 법이 정치의 시녀가 되는 것을 막기 위해서 실정 헌법의 의미를 강조하고 규범에 의한 통치 즉, 법치주의를 확립할 필요가 있었으며, 군주주권과 국민주권의 타협의 필요라는 역사적 사실을 그 성립배경으로 한다. 1871년 비스마르크헌법의 해석과정에서 라반트(P. Laband)가 법실증주의의 이론을 정립하였다.

2) 내용

규범주의는 법의 본질을 규범으로 보고, 규범으로부터 규범을 돌출시키며, 그 규범의 근원을 어디까지나 규범에서만 구하려고 하는 점에서 모든 권력 위에

1) 1871년의 독일제국(Das Deutsche Reich)헌법을 말한다. 이는 보불전쟁의 결과 프로이센이 승리하여 1871년 독일이 통일되어 제정한 헌법으로 1918년 독일혁명으로 폐기되었다. 이 헌법에 의하면 제국은 연방제국가이며, 프로이센의 주도권이 인정되고 있었다. 각 주(Land)는 대부분이 군주제였으며, 연방·주 모두 군주주의 색채가 농후하여 의회는 권한이 약하였으며, 선거권도 제한된 외견입헌주의를 채택하는 헌법이었다. 각 주의 헌법이 이미 기본권보장에 관한 상세한 규정을 두고 있었으므로 기본권에 관한 장은 두지 아니하고 제13조에서 입법사항과 관련하여 기본권보장을 포괄적으로 규정하였다.

법규범이 존재한다고 한다.

규범주의적 헌법관은 헌법의 본질이나 기능 및 문제는 모두 헌법조문에서 찾아야 하며, 그 외에는 어떤 요소도 고려하여서는 안 된다는 입장이다. 규범주의적 헌법관은 헌법이 실정법 중에서 최고법규범이라는 점을 강조한다. 규범주의적 헌법관은 헌법의 법규범적 측면을 지나치게 강조한다는 특징을 가지고 있다.

규범주의적 헌법관을 주창한 대표적 학자로는 켈젠(H. Kelsen)과 스위스의 케기(W. Kägi)를 들 수 있다.

(1) 켈젠의 규범주의적 헌법관

오스트리아의 순수법학자인 켈젠은 한 국가의 법은 그저 법규의 잡다한 집적이 아니라 단계적으로 정연하게 질서를 이루고 있는 법규의 통일적 체계라고 파악하였다. 그리하여 헌법은 법규범의 단계적 구조에서 국법의 단계적 구조의 정점에 있는 근본규범(根本規範 : Grundnorm)의 하위에 위치하지만, 국내의 실정법 질서에는 최상위에 위치하는 규범이라는 사실에 착안하여 헌법의 타당성의 근거를 근본규범에서 찾고 있다.

켈젠이 말하는 근본규범이라는 것은 실정법의 타당근거를 구하기 위하여 법질서의 최상위에 설정해 놓은 가설적(假說的) 최고규범(最高規範)을 말한다. 시원적인 규범이라고도 한다. 그러나 근본규범은 그 자체가 인위적 의제규범에 불과한 것이다. 그럼에도 이러한 의제규범에 근거하여 헌법의 규범성을 설명하는 것은 설득력이 약하다는 비판이 가해진다.

(2) 케기의 규범주의적 헌법관

케기는 헌법을 '국가의 조직과 작용에 관한 근본규범' 또는 국가의 권력구조와 국민의 기본권을 규정하는 '국가의 법적인 기본질서'라고 파악하였다. 따라서 케기에 의하면 헌법의 우월적 효력과 최고규범성은 헌법이 국가의 기본질서라는 헌법규범의 법적 성격에서 도출되는 것이라 한다.

더 나아가 케기에 의하면 헌법의 본질이나 효력의 근거 등 헌법적 문제의 해답은 반드시 헌법규범에서 찾아야 하고 헌법규범을 떠난 역사적·사회적·문화적·정치적 상황을 헌법문제와 결부시켜서는 아니 된다고 한다.

케기의 이론은 헌법이 어떠한 이유로 '국가의 법적인 기본질서'가 되는지를 설명하기보다 이를 당연한 것으로 전제하고 있다는 문제가 있다.

3) 평가

규범주의적 헌법관은 입헌주의 초기 전제군주의 자의적 지배를 방지하기 위하여 등장할 수밖에 없는 역사적 배경을 이해할 수 있다.

규범주의적 헌법관은 규범을 현실로부터 독립시킴으로써 헌법을 과학적으로 접근하려고 하였다. 또한 헌법을 최고의 지위로 끌어올려, 법질서의 상하 관계를 명확히 하였고 이로 인해 오늘날의 헌법재판에 있어 중요한 근거를 제공하였다는 점에서는 그 의의가 있다.

그러나 규범주의적 헌법관은 그 이론적인 토대가 되는 순수법학이론 자체가 안고 있는 모순도 있다. 헌법이 우선적인 효력을 갖는 이유로서 규범의 계층구조와 규범 피라미드의 정점을 차지하고 있는 헌법 또는 근본규범에 대해서 당연한 것으로 전제하고 있는 것이다.

또한 규범주의적 헌법관은 '헌법이 어떻게 규정하고 있느냐'만을 따지고 '헌법이 어떻게 규정되어져야 하느냐'는 당위의 측면을 문제 삼지 않으므로 실정법만능의 풍토를 조성함으로써 실정법만능주의에 빠질 위험성이 크다. 규범주의적 헌법관을 따르면 일단 헌법이 제정된 후에는 헌법제정권력자도 헌법을 마음대로 할 수 없는 독특한 경직성을 띠게 된다. 헌법의 규범성과 경직성에서 헌법의 우선적 효력을 도출할 수는 있으나 불문헌법이나 연성헌법의 헌법적 효력을 설명하기에는 불충분하다는 지적이 있다.

2. 결단주의적 헌법관

1) 배경

결단주의적 헌법관은 칼 슈미트(C. Schmitt)에 의하여 정립되었다. 결단주의적 헌법관은 바이마르공화국의 성립 이후 극도의 무질서와 혼란으로 의회민주주의에 대한 회의가 팽배함에 따라 이러한 무정부상태를 극복할 강력한 힘을 가진 자의 결단을 바라던 사회적 분위기와, 법실증주의 내지 형식적 규범논리에 대한 한계를 극복하기 위한 것이었다.

2) 내용

결단주의적 헌법관은 헌법이란 주권자인 헌법제정권자의 정치적 실존의 양식과 형태에 관하여 내린 결단이라고 본다. 이러한 헌법의 결단에 따라 국가가 성립하는 것으로 본다. 헌법의 효력은 그 내용의 정당성이 아니라, 헌법제정권자의 실존적인 정치적 의지의 힘에서 비롯된다. 그리고 헌법제정권자는 민주국가, 귀족국가, 과두국가, 군주국가에 따라 다르며, 국민이 아니더라도 힘과 권위를 가진 실력자라면 헌법제정권자, 즉 주권자가 된다.

헌법제정권자의 결단은 국가형태, 정부형태 등 국가조직의 핵심적인 문제에 관한 근본적 결단과, 선거절차 · 입법절차 · 입법방침 등 주변 문제에 관한 기타의 결단으로 구분된다. 전자를 헌법(憲法), 후자를 헌법률(憲法律)이라 부른다.

그리하여 헌법의 효력과 정당성의 근거는 헌법제정권자의 결단에서 구하고, 헌법률의 정당성과 근거는 헌법에서 구한다. 헌법개정에 의한 개정은 헌법률만 가능하며, 근본적 결단인 헌법개정권력에 의해 침해될 수 없다. 그러나 우리나라의 헌법재판소는 '헌법'과 '헌법률'의 구별을 부인하고 있다.

> [헌재 1996.6.13. 94헌마118 등] 헌법은 전문과 단순한 개별조항의 상호관련성이 없는 집합에 지나지 아니하는 것이 아니고 하나의 통일된 가치체계를 이루고 있으며 헌법의 제 규정 가운데는 헌법의 근본가치를 보다 추상적으로 선언한 것도 있고 이를 보다 구체적으로 표현한 것도 있으므로, 이념적 • 논리적으로는 헌법규범 상호간의 가치의 우열을 인정할 수 있을 것이다. 그러나 이 때 인정되는 헌법규범 상호간의 우열은 추상적 가치규범의 구체화에 따른 것으로서 헌법의 통일적 해석을 위하여 유용한 정도를 넘어 헌법의 어느 특정규정이 다른 규정의 효력을 전면 부인할 수 있는 정도의 효력상의 차등을 의미하는 것이라고는 볼 수 없다. 더욱이 헌법개정의 한계에 관한 규정을 두지 아니하고 헌법의 개정을 법률의 개정과는 달리 국민투표에 의하여 이를 확정하도록 규정하고 있는(헌법 제130조 제2항) 현행의 우리헌법상으로는 과연 어떤 규정이 헌법핵 내지는 헌법제정규범으로서 상위규범이고 어떤 규정이 단순한 헌법개정규범으로서 하위규범인지를 구별하는 것이 가능하지 아니하며, 달리 헌법의 각 개별규정 사이에 그 효력상의 차이를 인정하여야 할 아무런 근거도 찾을 수 없다.

결단주의적 헌법관은 기본권을 국가로부터의 자유로 인식한다. 즉 국가의 존재를 전제로 하여 전통적인 자유권만이 진정한 의미의 기본권이라고 한다. 또한 국가와 사회를 이원론의 입장에서 파악한다. 국가적 영역은 힘과 권위를 가진 자의 결단으로 이루어지는 정치적 영역이며, 여기에는 국민의 자기지배라는 민주주의 원리가 적용된다. 한편, 사회적 영역은 시민들의 자율영역으로서 비정치적 영역으로서 법치국가의 원리가 적용되며, 국민의 자유영역을 침범하는 국가작용을 법에 의해 규제함으로써 자유가 보장될 수 있다고 한다.

3) 평가

결단주의적 헌법관은 헌법의 현실적 배경과 요소들을 설득력 있게 정리하고 있다. 그리고 헌법이 정치세력간의 절충과 타협이라는 정치적 결단의 결과라는 점과 기본권이 전국가적 권리라는 점을 인정하고 있다.

그러나 헌법의 규범성보다는 단지 헌법제정권자의 결단만을 강조함으로서 헌법내용의 정당성을 경시하고 있으며, 국가와 사회를 분리하여 각각 민주주의 원리와 법치주의 원리가 적용되는 것으로 보아 정치적 영역에서의 법치주의와 사회적 영역에서의 민주주의의 관련성을 간과하고 있고, 독재자의 결단이 곧 국민의 의사라는 논리로 독재를 정당화하고 있다는 비판이 가해지고 있다.

3. 통합과정론적 헌법관

1) 배경

통합과정론적 헌법관 역시 결단주의적 헌법관과 같은 시기에 바이마르공화국의 위기에 처한 정치상황을 극복하기 위한 또다른 헌법관으로 등장하였다. 통합과정론적 헌법관은 정태적 실증주의를 극복하고 국민의 적극적 정치참여를 통한 민주주의를 구현하기 위한 것으로 다원화된 현대사회에 적합한 이론으로 서서히 확산되어 독일헌법학의 주류를 형성하였다.

2) 내용

통합과정론적 헌법관은 스멘트(R. Smend)에 의하여 정립되었다. 국가는 그 구성원의 자유의사적 동의에 근거하여 성립한 공동체라는 것을 전제로 헌법은 이러한 공동체의 '사회통합을 위한 공감대적 가치질서'라고 한다.

즉 헌법은 사회공동체가 내포하고 있는 다양한 이해관계, 그 구성원의 다양한 행동양식과 행동목표 등을 일정한 가치세계를 바탕으로 한 일체감 내지 연대의식에 의해 하나로 동화시키고 통합함으로써 국가를 조직하고 유지하는 수단이라고 한다.

부단히 유동하는 동화 · 통합 과정의 진행경과에 따라서는 일체감 내지 연대의식의 바탕이 되는 공감대적 가치의 세계도 변할 수 있기 때문에 헌법은 개방적이어야 한다. 이러한 이유에서 스멘트의 이론이 가치론적 헌법관(헌법의 사회통합기능 · 국가창설기능 · 생활규범기능 · 정의실현기능) 또는 개방적인 헌법관(헌법은 사회공동체의 공감대적 가치의 공통분모이므로 공감대적 가치가 변함에 따라 헌법도 변한다)으로 불리기도 한다.

3) 평가

통합과정론적 헌법관은 위기를 극복하기 위한 국민의 자발적 의지와 참여를 유발하여 헌법이 수행하는 사회공동체의 다양한 이해관계의 조정과 동화 · 통합기능에 중점을 두어 민주주의적 헌법론을 구축하였다.

통합과정론적 헌법관은 헌법의 내용이 변할 수 있다는 점을 강조함으로써 헌법의 '규범성'을 소홀하게 취급하고 있다는 비판이 가해진다. 또 규범체계인 헌법과 구별되어야 할 정치발전과정을 헌법과 혼동하여 헌법개념이 불안정하게 되고 헌법의 여러 가치가 애매하게 된다는 비판도 있다.

4. 결론

이와 같은 헌법관은 독일의 학자들에 의하여 오래 전에 주창된 이론으로 독일의 역사적 특수성을 배경으로 한다. 오늘날은 독일에서도 이러한 헌법관을 원형 그대로 주장하고 있는 학자들을 찾기 어렵고, 이러한 헌법관 이론은 영 · 미의 헌법학계는 물론 같은 대륙법계 국가인 프랑스의 헌법학계에도 없는 이론이다.

전술한 세 가지의 헌법관은 각각 헌법의 '규범성', '헌법제정권자의 결단' 및 '구성원의 가치지향적 동화 · 통합'을 강조하고 있어 완전한 해답을 제시하지 못하고 있다.

따라서 각각의 헌법관은 일면의 타당성을 갖고 있으므로 헌법에 대하여 정확하게 이해하기 위해서는 세 가지의 헌법관을 종합적으로 고려하여 고찰하여야 한다.

Ⅲ. 헌법의 분류

1. 존재형식에 의한 분류 : 성문헌법과 불문헌법

헌법은 그 헌법전의 성문화 여부에 따라 성문헌법과 불문헌법으로 나눌 수 있다. 오늘날 영국 · 캐나다 등 영연방국가와 이스라엘 등 극히 일부 국가를 제외하고 대다수의 국가는 성문의 헌법전을 가지고 있다.

그러나 성문헌법국가에서도 헌법적 관습법(불문헌법)이 존재하고 있다. 헌법재판소도 관습헌법을 인정하고 있다. 영국 등 전통적인 불문헌법국가에도 비록 단일화된 헌법전은 존재하지 않지만 헌법규범의 내용이 다수의 법률로 존재하고 있다. 예컨대 영국의 경우에는 대헌장 · 권리청원 · 권리장전 등의 헌법적 문서와 인신보호법 · 왕위계승법 · 의회법 등의 헌법적 법률 등을 가지고 있다. 그리고 뉴질랜드의 경우에는 통치구조를 규정하고 있는 법률로서 1986년의 헌법법(Constitution Act), 기본권을 규정하고 있는 1990년의 권리장전(Bill of Rights) 및 마오리원주민의 기본권을 규정한 와이탕기 조약(Treaty of Waitangi) 등으로 헌법이 구성되어 있다. 이러한 의미에서 불문헌법국가도 정확하게 표현하자면 불문헌법국가가 아니라 단일 헌법전이 없는 국가라 할 것이다. 따라서 성문헌법과 불문헌법의 구별은 지극히 상대적인 구별에 불과하다.

헌법재판소도 관습헌법의 존재를 긍정하고 있다. 즉, 서울이 수도라는 점은 우리의 제정헌법이 있기 전부터 전통적으로 존재하여온 헌법적 관습이며 우리 헌법조항에서 명문으로 밝힌 것은 아니지만 자명하고 헌법에 전제된 규범으로서, 관습헌법으로 성립된 불문헌법에 해당한다는 것이다[헌재 2004. 10. 21. 2004헌마554 · 566(병합) 참조].

[헌재 2004.10.21. 2004헌마554 · 566(병합)] 우리나라는 성문헌법을 가진 나라

로서 기본적으로 우리 헌법전(憲法典)이 헌법의 법원(法源)이 된다. 그러나 성문헌법이라고 하여도 그 속에 모든 헌법사항을 빠짐없이 완전히 규율하는 것은 불가능하고 또한 헌법은 국가의 기본법으로서 간결성과 함축성을 추구하기 때문에 형식적 헌법전에는 기재되지 아니한 사항이라도 이를 불문헌법(不文憲法) 내지 관습헌법으로 인정할 소지가 있다. 특히 헌법제정 당시 자명(自明)하거나 전제(前提)된 사항 및 보편적 헌법원리와 같은 것은 반드시 명문의 규정을 두지 아니하는 경우도 있다. 그렇다고 해서 헌법사항에 관하여 형성되는 관행 내지 관례가 전부 관습헌법이 되는 것은 아니고 강제력이 있는 헌법규범으로서 인정되려면 엄격한 요건들이 충족되어야만 하며, 이러한 요건이 충족된 관습만이 관습헌법으로서 성문의 헌법과 동일한 법적 효력을 가진다. 관습헌법이 성립하기 위하여서는 관습이 성립하는 사항이 단지 법률로 정할 사항이 아니라 반드시 헌법에 의하여 규율되어 법률에 대하여 효력상 우위를 가져야 할 만큼 헌법적으로 중요한 기본적 사항이 되어야 한다. 일반적으로 실질적인 헌법사항이라고 함은 널리 국가의 조직에 관한 사항이나 국가기관의 권한 구성에 관한 사항 혹은 개인의 국가권력에 대한 지위를 포함하여 말하는 것이지만, 관습헌법은 이와 같은 일반적인 헌법사항에 해당하는 내용 중에서도 특히 국가의 기본적이고 핵심적인 사항으로서 법률에 의하여 규율하는 것이 적합하지 아니한 사항을 대상으로 한다. 일반적인 헌법사항 중 과연 어디까지가 이러한 기본적이고 핵심적인 헌법사항에 해당하는지 여부는 일반추상적인 기준을 설정하여 재단할 수는 없고, 개별적 문제사항에서 헌법적 원칙성과 중요성 및 헌법원리를 통하여 평가하는 구체적 판단에 의하여 확정하여야 한다. 관습헌법이 성립하기 위하여서는 관습법의 성립에서 요구되는 일반적 성립 요건이 충족되어야 한다. 첫째, 기본적 헌법사항에 관하여 어떠한 관행 내지 관례가 존재하고, 둘째, 그 관행은 국민이 그 존재를 인식하고 사라지지 않을 관행이라고 인정할 만큼 충분한 기간 동안 반복 내지 계속되어야 하며(반복・계속성), 셋째, 관행은 지속성을 가져야 하는 것으로서 그 중간에 반대되는 관행이 이루어져서는 아니 되고(항상성), 넷째, 관행은 여러 가지 해석이 가능할 정도로 모호한 것이 아닌 명확한 내용을 가진 것이어야 한다(명료성). 또한 다섯째, 이러한 관행이 헌법관습으로서 국민들의 승인 내지 확신 또는 폭넓은 컨센서스를 얻어 국민이 강제력을 가진다고 믿고 있어야 한다(국민적 합의).

2. 실질적 의미의 헌법과 형식적 의미의 헌법

1) 실질적 의미의 헌법

법 형식을 불문하고 국가의 기본원칙을 정한 것이면 모두 헌법이라고 말한다면 이는 '실질적 의미의 헌법'을 의미한다. 실질적 의미의 헌법에는 헌법전 외에 국가조직의 기본을 정하고 있는 정부조직법 등의 법률은 물론, 명령 · 규칙 · 관습 · 조리 등이 모두 포함된다.

2) 형식적 의미의 헌법

규정의 내용에 착안하지 않고 헌법의 존재형식 등 외형적 특징에 따라서 정의한 헌법개념으로서 헌법전의 형식으로 성문화된 헌법을 의미한다. 영국에는 헌법이 없다고 하는 경우 형식적 의미의 헌법, 즉 단일의 헌법전이 존재하지 아니한다는 의미라 할 수 있다.

3) 양자의 관계

원칙적으로 '형식적 의미의 헌법'에 규정된 것은 모두 '실질적 의미의 헌법'인 것이 보통이나, 예외적으로 이것이 불일치하는 경우도 있다. 예컨대, 스위스 헌법 제25조제2항은 동물을 도살하고자 하는 경우 마취를 하지 않으면 도살하지 못하도록 규정하고 있다. 이러한 조항은 비록 헌법전에 규정되어 있어 형식적 의미의 헌법에는 포함되나 실질적 의미의 헌법에 속하는 내용이라 할 수는 없다.

3. 개정절차의 난이에 따른 분류 ; 경성헌법과 연성헌법

헌법의 개정절차가 일반 법률의 개정절차보다 엄격한 헌법을 경성헌법(rigid constitution)이라 하고, 헌법의 개정절차가 일반 법률의 개정절차와 같은 헌법을 연성헌법(flexible constitution)이라고 한다. 예컨대, 뉴질랜드(1947), 영국, 스페인(1876), 이탈리아(1848)의 헌법은 연성헌법에 속한다.

4. 헌법의 효력에 따른 분류 ; 규범적 헌법, 명목적 헌법, 가식(장식)적 헌법

뢰벤슈타인(K. Lőwenstein)은 헌법현실이 헌법규범과 서로 일치하는지 여부, 즉 헌법규범이 헌법현실을 실제로 규율하고 있으며, 헌법상의 권력행사가 헌법의 절차에 따라 이루어지고 있는가를 중심으로 하여 규범적 헌법, 명목적 헌법 및 가식적 헌법으로 분류하고 있다.

1) 규범적 헌법

헌법규범이 헌법현실을 제대로 규율하여 헌법규정과 헌법현실이 일치하는 헌법을 규범적 헌법(normative Verfassung)이라 한다. 영국과 미국 등의 헌법이 이에 속한다.

2) 명목적 헌법

헌법은 이상적으로 제정되었으나 헌법현실을 제대로 규율하지 못하고 교육적인 효과만 가진 헌법을 명목적 헌법(nominalistische Verfassung)이라 한다. 사회여건이 성숙되지 못하여 헌법의 이상을 따를 수 없는 국가의 헌법이다. 아시아, 아프리카 남아메리카 제국의 헌법이 대체로 이에 속한다.

3) 가식적 헌법

장식적 헌법이라고도 한다. 헌법현실을 규율할 목적이 아니라, 대외적으로 과시하기 위한 목적으로 존재하는 경우의 헌법이다. 가식적 헌법(semantische Verfassung)이라고도 한다. 프랑스의 나폴레옹 1세 및 3세의 헌법, 1952년의 쿠바헌법 등 독재국가나 공산주의국가의 헌법이 이에 속한다.

5. 헌법의 제정주체에 따른 분류 ; 흠정헌법, 협약헌법, 민정헌법, 국약헌법

1) 흠정헌법

흠정헌법(欽定憲法)은 헌법의 제정주체가 군주인 헌법이다. 군정헌법이라고도 한다. 군주주권 사상을 기초로 하는 헌법으로서 루이 18세의 프랑스헌법, 일본의 메이지헌법 등이 있다.

2) 협약헌법

군주와 국민 대표의 합의에 의하여 제정되는 헌법을 협약헌법(協約憲法)이라 한다. 영국의 대헌장(1215), 권리장전(1689)의 경우 형식적으로는 흠정헌법이나 실질적으로는 협약헌법이라 할 수 있다, 1830년의 프랑스헌법, 1809년의 스웨덴헌법, 1850년의 프로이센헌법 등이 이에 속한다.

3) 민정헌법

국민이 헌법의 제정주체인 헌법, 즉 국민의 의사에 따라 제정된 헌법을 민정헌법(民定憲法)이라 한다. 미국 각주의 헌법을 비롯한 오늘날의 대부분의 국가는 민정헌법을 가지고 있다.

4) 국약헌법

다수의 국가가 복합국가·연방국가를 조직할 때 각 지분국의 국제적 협약에 따라 제정되는 헌법을 국약헌법(國約憲法)이다.

이러한 헌법은 단순히 통치자와 피통치자 사이의 계약이 아니라 국민과 중앙정부 및 연방을 구성하고 있는 각 지방정부들이 관련되어 있다. 또한 연방을 구성하는 각 지방정부들은 독자적인 헌법제정권을 보유하는 경우가 많다. 1787년의 미합중국 헌법과 1841년의 스위스 연방헌법이 그 예이다.

6. 독창성 여부에 따른 분류 ; 독창적 헌법과 모방적 헌법

1) 독창적 헌법

뢰벤슈타인(K. Lőwenstein)은 헌법의 독창성 여부에 따라 독창적 헌법과 모방적 헌법으로 분류하였다. 독창적 헌법은 다른 헌법을 모방하지 않고 새로이 창조된 헌법을 말한다. 창조적 헌법이라고도 한다. 이에는 영국의 의회주권헌법, 미국의 대통령제 헌법, 프랑스의 나폴레옹헌법, 노농소비에트 독재를 채택한 구 소련연방헌법, 대만의 행정·입법·사법·고시·감찰의 5권분립제 헌법 등이 있다.

2) 모방적 헌법

다른 헌법을 모방하여 만들어진 헌법을 모방적 헌법 또는 전래적 헌법이라 한다. 영연방국가의 헌법, 라틴아메리카와 아시아 여러 국가의 헌법이 이에 속한다.

7. 국가체제에 따른 분류

헌법이 채택하고 있는 국가체제에 따라 자본주의 헌법과 사회주의 헌법으로 나뉜다. 또한 국가권력이 분립되어 있고 복수정당제가 보장되며 규범력을 가지고 있는 입헌주의헌법과, 국가권력이 통합되어 있고 일당전제제가 행하여지며 헌법의 규범력이 제대로 발휘되지 못하는 전제주의헌법으로 구분할 수 있다.

Ⅳ. 헌법의 특성

1. 헌법의 사실적 특성

1) 헌법의 정치성

헌법규범은 사실적인 실력적 지배관계와 불가분의 밀접한 관계에 있다. 헌법의 제정이나 개정, 헌법의 변화나 파괴는 다양한 정치세력 간의 투쟁이나 타협을 통하여 이루어지는 것이다. 따라서 법률 등 다른 규범에 비하여 헌법에는 정치적 특성이 강하게 나타난다.

헌법제정권자나 헌법개정권자의 정치적 결단의 결과에 따라 헌법의 제정 또는 개정 등이 이루어진다. 그러므로 헌법은 정치투쟁의 결과가 문서화된 것이라고도 할 수 있다.

2) 헌법의 이념성

헌법은 어느 것이나 각각 헌법제정권자의 이데올로기나 가치관을 반영하고 있다. 이데올로기란 사회 집단에 있어서 사상, 행동, 생활 방법을 근본적으로 제약하고 있는 관념이나 신조의 체계, 역사적·사회적 입장을 반영한 사상과 의식의 체계이다. 관념형태라고도 한다.

예컨대, 이슬람국가의 헌법은 이슬람 교리를 헌법의 기본이념으로 규정하고 있으며, 사회주의국가의 헌법은 생산수단의 국유화와 노동자·농민계급의 독재를 기본이념으로 규정하고 있다.

오늘날 사회복지국가의 헌법은 국민의 자유권 외에 사회적 약자를 보호하기 위하여 생존권을 보장하고 있으며, 경제활동에 대한 규제와 조정이 가능하도록 규정하고 있다.

3) 헌법의 역사성

헌법은 일정한 역사적 조건과 상황 속에서 제정·개정되므로 역사성을 띠기 마련이다. 이러한 헌법의 역사성은 헌법제정 당시의 역사적인 제반여건만을 의미하는 것은 아니다. 여기에서의 역사성은 어느 공동체의 과거·현재·미래의 동질성을 보장하는 발전적이고도 진보적인 역사성을 의미한다.

4) 헌법규정의 추상성·개방성

헌법규정은 제정 이후 상황의 변화에 따라 입법자나 헌법개정권자가 해석을 통하여 보완할 수 있도록 추상적 표현으로 규정되어 있다. 이를 헌법규정의 추상성이라 한다. 헌법규정의 추상성을 구체화하는 것은 최종적으로 헌법재판에 의하여 이루어진다.

그리고 헌법규정의 내용은 헌법을 해석·적용하는 자의 필요를 수용할 수 있도록 개방적으로 되어 있다. 이를 헌법규정의 개방성이라 한다.

이러한 헌법규정의 추상성과 개방성은 헌법의 지속성을 보장하고 헌법이 상황 변화의 요청에 대응할 수 있도록 한다.

2. 헌법의 규범적 특성

1) 최고규범성

헌법은 국내법 체계에서 최고의 위치를 점하며, 형식상의 최상의 효력을 갖는 법규범이다. 헌법의 최고규범성은 주권자인 국민이 국가의 기본질서로서 헌법을 제정했다는 사실에 기인한다.

따라서 헌법은 법률 등 다른 법규범의 입법 기준이 되는 동시에 이들 법규범의 해석기준이 된다. 또한 헌법에 위반되는 법률이나 명령 등은 효력을 갖지 못한다. 이러한 최고규범성을 확보하기 위한 제도적 장치로 위헌법률심사제도 등이 있다.

2) 기본권보장규범성

오늘날의 헌법은 국가의 통치작용에 관한 규범이상으로 국민의 기본권을 보장하는데 그 의의가 있다고 할 수 있다.

우리 헌법도 제10조에서 "국가는 개인이 가지는 불가침의 기본적 인권을 확인하고 이를 보장할 의무를 진다"고 규정하여 헌법이 기본권보장규범임을 분명히 하고 있다.

3) 수권적 조직규범성

헌법은 국가 통치를 위한 기구로서 입법부와 행정부 및 사법부 등의 국가권력을 조직하고 이들 기관에게 일정한 권한을 부여하는 수권규범이다.

우리 헌법은 국회에 입법권(§40)을, 정부에 행정권(§66④)을, 법원에 사법권(§101④)을 부여하고 있다.

4) 권력제한규범성

헌법은 국가권력을 서로 다른 국가기관에게 분립시켜 국가기관 상호간에 서로 견제하게 함으로써 국가권력의 제한규범으로서의 역할을 수행한다. 또한 국가기관이 주어진 권한을 남용하지 않도록 행사할 권한을 제한한다는 의미에서 헌법은 권력제한규범성을 띤다.

5) 자기보장규범성

헌법은 법률 등 다른 법규범과 달리 그 실효성을 확보하거나 그 내용을 직접 강제할 수 있는 기관이나 수단이 없다. 다만, 권력분립의 원칙과 과 국민주권주의에 입각하여 국가기관이나 주권자인 국민들이 감시를 통하여 특정 국가기관이 권한을 남용하거나 헌법을 파괴하는 것을 억지할 수 있도록 하고 있다.

그러나 오늘날 대부분의 국가에서는 헌법재판소와 같은 헌법재판기관을 두고 헌법소송제도를 마련해 둠으로써 헌법보장기능을 수행하도록 하고 있다. 그러나 이 경우에도 헌법재판기관의 위헌법률심판결과를 강제할 수단이나 방법은 없다는 점에서 헌법은 강제규범으로서의 성격이 약하다고 할 수 있다.

6) 생활규범성

헌법은 관념의 세계에만 존재하는 것이 아니라 실제로 국민의 일상생활 가운데 존재하면서 그 속에서 실현되고 발전하는 법규범이다. 민법이나 상법, 형법 등 다른 법규범도 민사·상사·형사 등 특정 생활영역에서의 생활규범으로서의 기능을 수행한다. 이에 비해, 헌법은 국민의 모든 생활영역에 영향을 미치는 가치규범 내지는 행동규범으로서의 성격을 갖는다.

7) 헌법개정규범성

헌법은 헌법개정권력의 주체를 규정하고 이들에게 헌법개정권력을 부여하고 있다. 우리나라의 헌법 개정안은 국회 재적의원 과반수 또는 대통령이 발의하여 국회의 의결과 국민투표를 거쳐 확정된다. 따라서 이것은 국민이 최종적인 헌법 개정권자임을 선언한 것으로서의 의의가 있다.

3. 헌법규범의 단계구조

헌법규범은 그 내용의 경중에 따라서 헌법과 헌법률로 나눌 수 있다. 보다 구체적으로 헌법규범의 단계구조를 살펴보면 헌법제정규범, 헌법핵, 헌법개정규범, 헌법률로 헌법규범을 순서매길 수 있다.

이 가운데에서 헌법핵(憲法核)이란 헌법제정권자의 근본 결단을 말한다. 이는 헌법개정의 한계에 속한다. 다시 말하면 헌법 전문(前文)과 제1조의 민주공화국 및 국민주권주의, 제5조의 평화주의, 제8조의 복수정당제, 제10조의 기본권보장주의, 제119조의 사회적 시장경제의 원칙 등은 근본적인 변경을 할 수가 없다.

4. 헌법규범의 내용에 따른 분류

내용에 따라 기본권보장규범·제도보장규범·수권적 조직규범·권력제한규범·헌법개정규범·헌법보장규범으로 나눌 수도 있다.

제2절 입헌주의

Ⅰ. 입헌주의의 의의

1. 입헌주의와 헌법

입헌주의(立憲主義 ; constitutionalism)[2)]란 국민의 자유와 권리를 헌법에 규정하고 이러한 자유와 권리가 국가권력으로부터 침해당하지 않도록 보호하기 위하여 국가권력의 근거와 행사방법을 함께 헌법에 규정함으로써 권력작용을 헌법에 구속되도록 하는 통치원리를 말한다. 이는 국가의 기본구조를 의미하는 constitution에서 유래하며 19세기 유럽에서 등장한 용어이다.

입헌주의를 간단히 표현하면 '헌법에 의한 통치', '국가권력에 대한 헌법의 우위'의 원리라고 할 수 있다.

그리고 입헌주의에 해당하는 내용을 규정한 헌법을 '입헌주의적 헌법'이라고 하고, 입헌주의적 헌법에 따라 운용되는 국가형태나 정치형태를 '입헌국가' 또는 '입헌정치'라고 한다.

2. 입헌주의의 본질

헌법을 통하여 국가권력작용의 범위와 한계를 규정하는 동시에 권력 행사과정에 주권자인 국민의 참여를 보장함으로써 국가권력에 대한 헌법의 우위를 확

2) 이러한 관념이 근대로 이어져 개인에게 기본적 인권을 보장하고 국민대표의 의회를 기축으로 함으로써 근대 입헌주의가 등장하였다. 단, 하는 경우도 있었지만 오늘날에는 국민주권에 기초한 의회정치 외에 기본적 인권의 보장, 권력분립, 법의 지배(법치주의) 등이 입헌주의의 내용을 구성한다. 1789년의 프랑스 인권선언 제16조에 '권리의 보장이 확보되지 않고 권력의 분립이 이루어지지 않은 모든 사회는 헌법을 갖지 않는다'는 것은 그 단적인 표현이다. 또한 근대 입헌주의가 전제하는 소극(消極)국가가 복지국가로 변용(變容)함으로써 현대 입헌주의로서 남녀 보통선거, 사회권적 기본권, 위헌심사제 등을 그 내용에 추가하는 견해도 있다.

보하고 국민의 기본권을 보장하고자 하는 것이 입헌주의의 기본정신이라고 할 수 있다.

3. 입헌주의의 연혁

1) 고전적 입헌주의

입헌주의는 시대와 장소에 따라 달리 이해되고 있다. 즉, 입헌주의는 권력담당자의 권력남용을 억제하고 권력복종자의 이익을 보호하기 위하여 노력한 고전적 입헌주의에서 시작된다. 입헌주의를 권력남용을 제한하고자 하는 발상으로 이해한다면 이는 고대의 신법(神法) 관념으로까지 거슬러 올라간다.

2) 입헌군주주의

입헌주의 논리는 19세기 중세 유럽에서 본격적으로 발전하였다. 19세기의 입헌주의는 자유주의와 군주주의와의 결합에 의한 입헌군주주의로 이해되었다.

입헌군주제는 국가에 따라 그 내용이 다르나, 다음 두 가지 형태로 나누어볼 수 있다.

⑴ 의회제적 군주주의 ; 영국형

군주는 헌법상 여러 가지 권한을 지니고 있지만, 실질적으로는 의회 · 내각의 결정 · 집행을 형식적으로 재가 · 승인하는 명목적 · 의례적인 존재에 불과하다. 영국은 명예혁명 이후 군주가 현실적으로 정치에 참여하는 기회가 줄었다. 19세기에 이르러 의회주권이라는 말이 생길 정도로 군주는 형식적인 존재가 되었고, 의회와 내각이 통치권의 주체가 되었다. 그러므로 '영국의 군주는 상징적인 존재이다', '군주는 군림하되 통치하지 않는다'고 일컬어진다. 따라서 영국의 입헌군주제는 '의회제적 군주제'라고도 불리며, 이 군주제는 국민주권과 조금도 모순되지 않는다.

⑵ 외견적 입헌주의 ; 프로이센형

19세기 독일 입헌군주제에서는 군주 측이 의회주의(Parlamentarismus)에 대항하여 입헌주의(Konstitutionalismus)라는 말을 사용하였다. 실제로 군주는 통치자이며, 강대한 지배권을 가지고 이를 행사한다.

외견상으로는 3권분립체제를 취하고 있으나, 군주는 대권에 의한 군대의 통수권 및 관리임명권을 가지며, 의회는 통치권의 주체가 아니라 자문의 역할을 할 뿐이다. 이러한 점에서 이 유형은 절대주의가 반드시 극복되어 있는 것도 아니며, '군주는 군림하고 통치한다'고 일컬어진다. 사법권도 군주의 이름으로 행사된다. 그렇기 때문에 3권분립은 군주가 가지는 권한을 3개의 기관에 분속시켰다는 형식에 불과하고, 인권보장도 현저히 미약한 것이 특색이다. 따라서 '외견적 입헌주의' 또는 '신절대주의'라고도 불린다.

3) 근대적 입헌주의

그 후 기본권 보장과 국민주권주의를 이룩한 근대민주국가에서의 입헌주의로 발전해 왔다.

입헌군주제가 거의 소멸된 오늘날의 민주국가에서는 다소의 이론(異論)은 있으나 대체로 자유민주주의와 동의어로 이해된다. 따라서 입헌주의는 개인의 자유와 권리를 보장하기 위하여 통치권력을 제한하고 합리화하려던 근대 시민혁명의 전개과정에서 나타난 성문헌법 제정의 요구에 따라 정립된 것으로 보는 것이 일반적이다.

Ⅱ. 근대적 입헌주의의 내용

1. 기본권존중주의

전제군주의 절대 권력에 맞서서 개인의 자유를 확보하고 실현하는데 의의를 두었다.

2. 국민주권주의

국가권력의 주체는 국민이라는 점이 강조되었다.

3. 권력분립의 원칙

국가권력이 한 개인이나 집단에 집중되지 않고 여러 기관에 분산되어 있을 뿐만 아니라 이들 기관 상호간에 견제와 균형이 유지되어야 국가권력의 집중에 의한 독재화와 그로 인한 국민의 기본권 침해를 방지할 수 있다는 이론이 완성되었다.

4. 성문헌법의 원칙

국민의 자유와 권리를 문서로 선언하고 보장하며, 국가기관의 권력남용을 통제하기 위해서는 이러한 내용이 체계적으로 단일법전에 수록되어야 한다.

5. 경성헌법의 원칙

성문헌법의 원칙에 따라 단일 헌법전이 마련된 경우에도 국민의 자유와 권리를 안정적으로 보장하기 위해서는 일단 제정된 헌법이 엄격한 절차를 거쳐서 신중하게 개정될 수 있도록 되어야 한다.

Ⅲ. 현대적 입헌주의

입헌주의의 내용은 오늘날에 와서 많은 변모를 보여 주고 있다. 근대의 입헌주의는 그 성립 당시의 주역인 유산(有産)시민계급의 이익에 치중한 극단적인 개인주의와 자유주의를 바탕으로 하는 시민적 민주주의를 그 내용으로 하는 것이었다. 그렇지만, 현대의 입헌주의는 자본주의의 고도화와 무산(無産)대중의 세력증대에 따른 보통선거제의 실시로 대중민주주의를 그 내용으로 하고 있다. 그리하여 근대적 입헌주의에서 형식적·소극적으로 이해되었던 자유와 평등의 이념이 현대적 입헌주의에서는 실질적·적극적 성격을 띠게 되었고, 시민적 법치주의는 사회적 법치주의로 바뀌었다. 나아가 근대 야경국가의 소극적 국가기능이 모든 국민의 인간다운 생활을 보장하는 적극적 복지국가기능으로 그 중점이 바뀌어짐에 따라 엄격한 권력분립주의도 권력융합주의의 경향이 나타나고 있다.

그리고 헌법재판제도를 확립함으로써 헌법규범의 규범력을 확보할 것을 요구하고 있다.

제 3 절 헌법학과 헌법해석학

Ⅰ. 헌법학의 개념

헌법학은 헌법규범과 헌법현상을 연구하는 학문이라고 할 수 있는데 헌법규범은 헌법전에서 주로 발견할 수 있으며 헌법현상은 헌법기관이나 국민들의 헌법준수 여부나 헌법에 대한 의식 등을 통해서 파악될 수 있다.

헌법학은 구체적으로 어느 분야에 중점을 두고 연구하느냐에 따라 다양한 분류가 가능하다.

1. 광의의 헌법학

헌법학을 넓은 의미로 이해하면 헌법학설사와 헌법사상사 등을 포함하는 헌법철학과 비교헌법학, 헌법사학, 헌법이론학, 헌법정책학 등을 내용으로 하는 헌법과학으로 나누어 볼 수 있다.

2. 협의의 헌법학

좁은 의미로 헌법학의 의미를 이해할 경우 헌법학은 광의의 헌법학 중 헌법이론학을 의미한다고 할 수 있다. 그리고 가장 좁은 의미로 헌법학을 이해할 경우에는 헌법해석학을 의미한다고 할 수 있다.

3. 헌법학의 연구방법 : 헌법학연구의 사상적 기초

헌법학 연구방법을 헌법학연구의 사상적 토대를 배경으로 검토해 보면 다음과 같다.

1) 경험주의적 방법

규범으로서의 헌법이 아니라 존재하는 헌법의 측면을 사회과학적 조사방법을 통하여 연구하는 방법이다.

2) 마르크스주의 방법론

국가와 법은 계급지배의 무기로 상부구조[3]의 일부라는 전제 하에 하부구조를 대상으로 하는 경제학, 사회의 발전법칙을 연구하는 역사학과 국가학, 철학 등 인접과학의 도움을 받아 헌법학을 연구하는 방법이다.

3) 법실증주의적 연구방법

실정법은 흠결이 없다는 전제 하에 실정법을 초월한 이념이나 가치 등을 부정하고 헌법전을 주로 연구하는 방법이다.

4) 자연법적 방법론

실정법의 상위에 자연법이 존재한다는 전제 하에 인간의 이성이나 사물의 본성에 근거하여 헌법을 이해한다.

Ⅱ. 헌법해석학

1. 헌법해석의 의의

성문헌법규범을 논리적・체계적으로 해석하여 헌법적 분쟁의 해결에 적용할 헌법규범의 원리와 의미를 찾아내는 노력에 관한 연구를 행하는 법해석학의 한 분야라고 할 수 있다.

2. 헌법해석의 특징

헌법해석은 다른 법규범과 달리 헌법규범이 가지고 있는 추상성・개방성・다

3) 상부구조에 포함되는 것은 다양하나, 우선 생산관계를 유지시켜 주는 국가기구, 분쟁의 조정에 사용되는 법체계, 사회성원을 이념적으로 묶어 주는 이데올로기를 지적할 수 있고, 그 외에도 규범체계・관습・인습・예술・종교・학문・언어 등을 포함한다.

의성(물론 헌법규범도 일부조항은 구체적 · 한정적으로 되어있다. 예컨대, 대통령의 임기조항)을 고려하여야 한다. 결국 헌법규범은 헌법해석이라는 구체화과정을 거쳐서 헌법변천을 겪게 된다.

3. 헌법해석의 종류

헌법해석도 다른 법규범에 대한 해석과 마찬가지로 해석권한의 유무에 따라 입법부 · 행정부 · 사법부 등의 국가기관이 권한을 가지고 행하는 유권해석과 법적 권한이 없는 학자 등 사인이 행하는 무권해석으로 나눌 수 있다. 해석은 다시 그 방법에 따라 문리해석과 논리해석 등으로 구분된다.

우리 헌법 체계상 헌법재판소가 최종적인 헌법 해석권을 가지고 있다고 할 수 있으므로 국가기관의 유권해석 중에서도 헌법재판소의 유권해석이 최종적이라고 할 수 있다.

4. 헌법해석의 방법

1) 문리해석

실정헌법규범에 대한 어학적 · 문법적 방법을 통한 해석이다. 문리해석의 예로는 헌법 제32조 제6항에 대한 헌법재판소의 해석을 들 수 있다.

> [헌재 2006.2.23. 2004헌마675 등(병합)] 종전 결정에서 헌법재판소는 헌법 제32조 제6항의 "국가유공자 · 상이군경 및 전몰군경의 유가족은 법률이 정하는 바에 의하여 우선적으로 근로의 기회를 부여받는다."는 규정을 넓게 해석하여, 이 조항이 국가유공자 본인뿐만 아니라 가족들에 대한 취업보호제도(가산점)의 근거가 될 수 있다고 보았다. 그러나 오늘날 가산점의 대상이 되는 국가유공자와 그 가족의 수가 과거에 비하여 비약적으로 증가하고 있는 현실과, 취업보호대상자에서 가족이 차지하는 비율, 공무원시험의 경쟁이 갈수록 치열해지는 상황을 고려할 때, 위 조항의 폭넓은 해석은 필연적으로 일반 응시자의 공무담임의 기회를 제약하게 되는 결과가 될 수 있다. 그렇다면 위 조항은 엄격하게 해석할 필요가 있다. 이러한 관점에서 위 조항의 대상자는 조문의 문리해석대로 "국가유공자", "상이군경", 그리고 "전몰군경의 유가족"이라고 봄이 상당하다.

2) 주관적 · 역사적 해석

헌법제정자의 주권적 의도를 파악하여 헌법조문의 의미를 해석하는 것이다. 이 경우 헌법제정자의 주관적 의도를 파악하는데 필요한 역사적 자료가 필요한데 이러한 역사적 자료로는 우리나라의 경우 제헌의회의 회의록 등을 들 수 있다.

3) 객관적 · 체계적 해석

헌법조문에 객관적으로 표현된 내용을 법체계 전체의 통일적 원리에 따라 해석하는 방법이다. 객관적 · 체계적 해석의 예로는 헌법 제72조의 국민투표에 관한 규정을 토대로 대통령에 대한 신임투표가 가능한지 여부에 대한 판단에서 헌법재판소가 우리 헌법상의 대통령제에 관한 여러 규정과 관련하여 헌법 제72조를 해석한 것을 들 수 있다.

> [헌재 2003.11.27. 2003헌마694] (대통령신임투표를 국민투표에 붙이는 행위 위헌확인 등에서 김영일 등 4인 재판관의 반대의견) 우리 헌법이 국민주권의 실현에 있어서 대의제를 원칙으로 삼고 예외적으로 단 두 가지의 경우에 한하여 그것도 국민발안을 배제하는 매우 제약적인 직접민주주의적 요소를 수용하고 있다는 점에 비추어 헌법 제72조는 예외조항에 해당하며 이와 같은 원칙과 예외의 관계에서 볼 때, 예외에 속하는 규정은 확장적으로 해석되어서는 아니되고 축소적이고 엄격하게 해석되어야 하며 또한 헌법규범 상호간의 긴장관계와 부조화현상을 가능한 한 최대한으로 완화시켜 헌법 전체로서의 조화가 이루어질 수 있도록 해석하여야 할 것이다. 특히 대의제를 근간으로 하는 헌법구조에 국민투표와 같은 직접민주적 요소를 삽입하는 경우에는 삽입된 직접민주적 요소가 대의제와 조화될 수 있어야 하므로 국민투표와 같은 직접민주적 헌법규범이 국가권력을 위임받은 국가기관 상호간의 권한 및 법치국가원리와 같은 기본적 헌법원리에 위반되어서는 안된다고 할 것인바 이러한 관점은 헌법 제72조의 해석에 있어서 역시 중요한 지침이 되어야 할 것이다.

4) 비교법적 해석

외국 헌법과의 비교연구를 통하여 자국 헌법의 의미를 해석하는 방법이다. 우리나라의 경우 우리 헌법에 영향을 미친 미국이나 독일 · 프랑스 또는 일본의 헌법과 헌법이론 또는 판례를 참조하는 것이다.

5) 목적론적 해석

헌법제정의 목적이나 헌법에 내재된 가치를 추구하면서 헌법 조문을 해석하는 방법이다.

6) 결론

결론적으로 헌법해석은 문리해석에서 시작하여 객관적·체계적 해석으로 끝나는 것이 바람직하나 추가적인 해석방법의 동원이 필요하다면 목적론적 해석방법을 활용할 수 있다.

헌법해석과 관련하여 유념해야 할 것은 헌법해석에 의한 헌법의 변천은 허용되지만, 헌법해석이라는 이름으로 헌법을 훼손하거나 헌법을 개정하는 것은 용납되지 않는다는 점이다.

5. 헌법해석의 준칙 또는 헌법해석의 기본원리

헌법의 해석과 관련해서는 다음과 같은 일반적인 합의가 이루어지고 있다.

1) 통일성의 원칙

헌법은 전체로서 통일체를 이루고 있기 때문에 헌법의 규정을 고립시켜서 해석해서는 안 된다.

2) 조화의 원칙 또는 규범조화적 해석

상호 충돌하는 헌법규정은 모순이 되지 않도록 조화적으로 해석하여야 한다. 우리 헌법은 "대한민국의 영토는 한반도와 그 부속도서로 한다"(제3조)고 규정하는 한편, "대한민국은 통일을 지향하며, 자유민주적 기본질서에 입각한 평화적 통일 정책을 수립하고 이를 추진한다"(제4조)고 규정하고 있다. 이는 상호 모순되는 것처럼 보인다. 따라서 헌법 제3조와 제4조는 규범조화적 해석이 필요한 대표적 예라고 할 수 있다.

3) 합헌적 법률해석

법률은 가능한 한 헌법합치적으로 해석되어야 한다. 이는 법률의 합헌성 추정의 원칙에 근거하여 국민대표기관인 국회의 결정을 존중하기 위한 헌법해석 방법론이다. 법률의 합헌성 추정의 원칙은 위헌인 것처럼 보이는 법률일지라도 헌법의 정신에 합치되도록 해석될 여지가 조금이라도 있다면 위헌으로 판단할 것이 아니라 합헌으로 판단해야 한다는 원칙이다. 이러한 합헌적 법률해석의 전형적인 예는 헌법재판소의 한정합헌결정이다.

즉, 헌법재판소는 어떤 법률의 위헌 여부에 대한 신청을 받으면 합헌(合憲)과 위헌(違憲) 결정 이외에 한정합헌결정 · 한정위헌결정 · 일부위헌결정 · 헌법불합치결정 · 입법촉구결정의 5가지 변형결정을 내린다.

한정합헌결정은 해석을 어떻게 하느냐에 따라서 위헌이 되는 부분을 포함하고 있는 법령의 의미를 헌법의 정신에 합치하도록 합헌적으로 해석함으로써 위헌판결을 회피하는 결정으로서 헌법합치적 법률해석이라고도 한다. 해당 법률이 다양하게 해석될 수 있으며 그 가운데 최소한 하나의 해석 방법이 헌법에 합치하는 경우에 법조문의 문언범위나 입법목적을 벗어나지 않는 범위 안에서 한정합헌결정이 가능한 것이다.

> [헌재 1992.2.25. 89헌가104] 군사기밀의 범위는 국민의 표현의 자유 내지 "알 권리"의 대상영역을 최대한 넓혀줄 수 있도록 필요한 최소한도에 한정되어야 할 것이며 따라서 군사기밀보호법 제6조(군사기밀의 探知 · 蒐集), 제7조(漏泄), 제10조(偶然知得者 등의 누설)는 동법 제2조 제1항의 "군사상(軍事上)의 기밀(機密)"이 비공지(非公知)의 사실로서 적법절차에 따라 군사기밀로서의 표지를 갖추고 그 누설이 국가의 안전보장에 명백한 위험을 초래한다고 볼 만큼의 실질가치를 지닌 것으로 인정되는 경우에 한하여 적용된다 할 것이므로 그러한 해석하에 헌법에 위반되지 아니한다. [한정합헌]

2
chapter

헌법의 제정, 개정 및 변천

제1절 헌법의 제정

Ⅰ. 의의

헌법제정권자가 헌법제정권력을 행사하여 성문헌법을 제정하는 것을 말한다. 이는 국가의 법적 기본질서를 마련하는 행위인 동시에 정치공동체를 법적인 의미의 국가화하는 행위를 말한다.

이는 정치공동체의 형태와 기본적 가치질서에 관한 합의를 법규범체계로 정립하는 것(실질적 의미의 헌법제정)이며, 헌법사항을 성문으로 법전화하는 것(형식적 의미의 헌법제정)이다.

헌법은 그 제정주체에 따라 흠정헌법, 민정헌법, 협약헌법, 국약헌법으로 나눈다.

Ⅱ. 헌법제정권력

1. 의의

헌법제정권력(憲法制定勸力 : Verfassungsgebende Gewalt)이란 헌법 자체를 만들고 헌법상의 국가기관에 권한을 부여하는 근원적인 권한 내지 권력을 말한다. 주권이라고 규정하기도 한다.

헌법제정권력은 프랑스혁명 당시 국민주권의 기초를 세우기 위하여 시에예스(E. J. Sieyes)에 의하여 주장되었고, 슈미트(C. Schmitt)에 의하여 전개되었다.

2. 헌법제정권력의 본질과 법적 성격

헌법제정권력은 아무런 선재적인 실정법적 근거가 없으므로 시원성과 자율성을 가진다. 이 점에서 헌법제정권력은 헌법에 의하여 제도화된 권력에 불과한 헌법개정권력과 구별된다.

헌법제정권력은 헌법에 기초하여 헌법이 부여한 권한만을 행사하는 입법권 · 행정권 · 사법권과 구별된다.

3. 주체

중세의 군주국가에서는 헌법제정권력의 주체가 국왕이었으며, 프랑스혁명기에는 시민계급이 헌법제정권력의 주체였다. 오늘날 현대민주국가에서는 국민이 헌법제정권력의 주체라고 할 수 있다.

시에예스는 '제3신분이란 무엇인가?'에서 헌법제정권력의 주체는 국민(제3신분[1])이라 하였다. 슈미트는 이론적으로는 개인, 소수인, 국민이 헌법제정권력의 주체가 될 수 있다고 하고, 현실적으로는 정치적 실존의 종류와 형식에 대한 근

1) 구제도(ancient regime) 시기의 프랑스는 승려, 귀족 및 기타의 3개 계급으로 성립되었으며, 전자 2개의 신분은 당시 전 인구의 1% 이하에 불과하였고 나머지는 모두 제3신분이었다. 인구 비율에서도 또한 사회의 유용한 활동의 대부분을 담당하고 있다는 점에서도 '전부'인 제3신분은 특권에서 배제되어 있는 이상 '무(無)'이지만 권리의 평등을 실현함으로써 '누구'가 될 것을 주장 한 것이 시에예스(Emmanuel Joseph Sieyès)의 '제3신분이란 무엇인가'이며 이것은 프랑스 혁명의 정신적인 원동력을 제공하였다.

본결단을 내릴 수 있는 자를 헌법제정권력의 주체로 본다.

그러나 헌법제정권력의 주체는 국민 모두라고 할 수 있으나 헌법제정권력을 실제적으로 행사하는 사람은 국민 중에서도 선거권을 가지고 있는 사람이다.

4. 행사방법

헌법제정권력은 수시로 행사되는 것은 아니고, 식민지 상태로부터 독립하거나 연방국가가 성립되거나 연방국가 또는 기존의 단일국가로부터 분리·독립되어 신생 국가가 탄생할 때나 혁명으로 새로운 정부가 출범하게 될 경우에 행사된다.

헌법제정은 국민대표로 구성된 헌법제정회의에서 의결하는 방법(바이마르헌법, 제헌헌법)과 의회가 기초한 헌법안을 국민투표로 확정하는 방법(프랑스 제5공화국헌법), 헌법제정회의의 의결과 국민투표를 요구하는 방법(프랑스 제4공화국헌법)이 있다.

5. 한계

헌법제정권력은 그 시원성과 자율성을 감안해 볼 때, 헌법의 내용을 정함에 있어서 아무런 한계가 없이 무엇이든지 정할 수 있을 만큼 절대적인가, 아니면 시원성과 자율성에도 불구하고 일정한 한계가 있는가에 대하여 이론의 대립이 있다.

1) 한계부정설

헌법제정권력의 행사에는 아무런 제한이나 한계가 없다는 입장이다. 주로 법실증주의자들에 의하여 주장된다.

2) 한계긍정설 (다수설)

인간의 기본권보장에 관한 사항은 근본규범으로 이를 침해하면서 헌법제정권을 행사할 수 없다는 한계가 있다는 입장으로 학계의 다수설이라고 할 수 있다.

그러나 어느 설을 취하든 적어도 헌법제정의 형식과 절차에 관하여는 한계가 있다.

6. 헌법제정권력과 헌법개정권력의 관계

헌법제정권과 헌법개정권의 주체는 모두 국민이다. 그러나 법적으로는 양자가 같지 않다. 왜냐하면 헌법개정권은 헌법에 의하여 제도화된 권력이기 때문에 헌법개정권력이 헌법제정권력이 만든 근본적 결단을 변경할 수는 없다고 보기 때문이다.

제 2 절 헌법의 개정

Ⅰ. 의의

헌법개정이란 헌법에 규정된 절차에 따라 기존 헌법의 동일성을 유지하면서 헌법의 특정 조항이나 문구를 의식적으로 수정·삭제 또는 증보하여 헌법의 형식이나 내용에 변경을 가하는 것을 말한다.

헌법개정은 일부 개정이 일반적이나, 헌법전의 거의 전부를 개정하는 전면개정도 있다. 이를 헌법개혁이라고 한다. 또 헌법개정은 기존조항에 대한 수정 삭제가 일반적이나 미합중국헌법에서 보는 것처럼 기존의 헌법조항은 그대로 둔 채로, 수정조항을 추가하는 방식도 있다.

헌법개정은 헌법에 의하여 제도화된 권력, 즉 헌법개정권력에 의하여 이루어진다는 점에서 헌법제정과 구분된다. 또한 헌법개정은 헌법내용은 변하지 않고 헌법해석만 바뀌는 헌법변천과도 구분된다.

Ⅱ. 헌법개정권력

1. 의의

헌법개정권력이란 헌법을 개정하는 힘이다. 이러한 헌법개정권력은 헌법에 의하여 그 주체와 행사방법이 규정된 제도화된 제헌권이라고 할 수 있다.

2. 헌법개정권력의 주체

헌법개정권력의 주체는 공화제 국가에서는 국민이고, 대의제 민주국가에서는 의회이며 직접민주제국가에서는 국민투표기관인 국민이라고 할 수 있다. 그러나 오늘날 대부분의 국가가 대의제 민주주의를 채택하고 있으나 헌법 개정은 국민대표기관인 의회의 결정 외에 국민투표를 통해서 확정하고 있다.

3. 헌법개정권력의 한계

헌법개정권력은 헌법제정권력에 의하여 제도화된 권력인 만큼 헌법제정권력이 설정해 놓은 헌법의 근본 틀을 변경할 수 없다는 주장과 그렇지 않고 일단 헌법이 제정된 이후에는 무엇이든지 헌법개정권력이 개정할 수 있다는 주장이 대립하고 있다.

1) 한계부정설

한계부정설에 의하면 헌법개정권력은 헌법에 규정된 무엇이든지 개정할 수 있다고 한다. 한계부정설은 주로 규범주의 헌법관을 신봉하는 학자들이나 법실증주의자들에 의하여 주장되고 있다.

2) 한계긍정설

결단주의적 헌법관을 가진 학자들은 헌법제정권력과 헌법개정권력을 구분하고 헌법제정권자가 내린 '근본적인 결단'으로서의 헌법은 헌법개정권자에 의하여 절대로 침해될 수 없다고 한다.

C. Schmitt는 결단주의적 관점에서 이러한 주장을 하는 대표적 학자이다. Triepel, Burdeau도 한계긍정설을 주장하는 학자라고 할 수 있다.

한계긍정론에 입각할 경우 헌법개정권력이 개정할 수 없는 사항으로는 기본권보장제도와 국가의 기본형태 등이다.

Ⅲ. 헌법 개정의 절차와 한계

1. 헌법 개정의 방법과 절차

헌법 개정은 의회의 결정(특별다수결에 의한 발의와 의결)만 있으면 이루어지는 경우(독일기본법, 오스트레일리아헌법)도 있고, 의회의 결정 외에 국민투표를 필수적으로 요구하는 경우(한국헌법)도 있으며, 헌법개정안을 발의 · 의결하기 위하여 특별한 헌법회의를 소집하는 경우(스위스헌법, 벨기에헌법, 노르웨이헌법)도 있다. 일반적으로 연방국가의 경우에는 연방의회의 결정 외에 연방(聯邦)을 구성하는 지방(支邦)의 동의를 요건으로 하는 경우가 많다.

헌법 개정의 일반적인 절차는 개헌안이 발의된 후 의회에서의 의결을 거쳐서 국민투표에 의하여 승인이 되면 그 내용이 확정되고 이렇게 확정된 개헌안은 국가원수가 서명하여 공포함으로써 시행된다.

2. 헌법개정의 한계

1) 학설

(1) 한계부정론

법실증주의자들은 헌법개정절차에 따라 어떠한 내용도 개정이 가능하다고 한다. 그 주장의 논거로는 한계긍정론자들이 주장하는 바와 같이 헌법규정에 효력의 차이를 인정하기가 어렵다는 것이다.

헌법재판소는 국가배상법 제2조 제1항에 대한 위헌소원에서 "헌법 규범 상호간의 우열은 추상적 가치규범의 구체화에 따른 것으로 헌법의 통일적 해석에 있어서는 유용할 것이지만, 그것이 헌법의 어느 특정규정이 다른 규정의 효력을 전면적으로 부인할 수 있을 정도의 개별적 헌법규정 상호간에 효력 상의 차등을 의미하는 것이라고는 볼 수 없다.(헌재 1995. 12. 28. 95헌마3)"고 밝힘으로써 한계부정론의 입장을 취하고 있다고 할 수 있다.

⑵ 한계긍정론(통설)

헌법 개정에는 일정한 한계가 있다는 한계긍정론은 다시 그 논거에 따라 몇 가지 견해로 나누어 볼 수 있다.

(a) 외재적 한계론

이는 헌법 개정이 헌법의 동일성을 파괴해서는 안 된다는 입장이다. 헌법 개정의 외재적 한계로는 실정법의 상위에서 헌법제정권력까지도 구속하는 자연법에 의한 제한이 있다. 그 밖에 국제법상의 제약이나 경제적 기술적 조건 또는 지리적 상황 등이 외재적 한계로 작용한다.

(b) 내재적 한계론

이는 헌법개정권은 헌법에 의하여 인정된 권한이므로 헌법 자체의 본질을 변경할 수 없다는 입장이다. 헌법의 근본규범 즉, 헌법핵(민주공화국, 국민주권주의, 자유민주적 기본질서, 권력분립주의, 핵심적인 기본적 인권, 국제평화주의, 복수정당제, 사유재산제도, 사회적 시장경제질서 등)은 개정할 수 없다는 것이다.

2) 실정법상의 한계

현행 우리 헌법에는 실정법적 한계에 해당하는 규정은 없다. 헌법 제128조 제2항은 '대통령의 임기연장 또는 중임변경을 위한 헌법개정은 그 헌법개정 제안 당시의 대통령에 대하여는 효력이 없다'고 규정하고 있다. 이는 일응 헌법개정의 한계를 규정한 것으로 보인다. 그러나 이는 헌법개정의 한계를 규정한 것이 아니라 헌법개정의 효력에 대한 한계규정이다.

그러나 실정헌법 중에서 헌법 개정의 내용 등에 대하여 일정한 제약을 가하고 있는 것이 있다.

⑴ 내용상 한계

정부형태, 기본권존중제도가 그 예이다. 예로써, 독일기본법 제79조 제3항 "연방제, 사회적 법치국가, 기본권의 존중제도 등의 기본원칙에 영향을 미치는 기본법 개정은 할 수 없다"고 규정하고 있다.

⑵ 방법상 한계

전면개정은 금지된다. 또한 우회적인 방법으로 헌법에 저촉되는 법률로써 헌법을 침훼할 수 없다고 독일 기본법이 규정하고 있다.

⑶ 시간적 제한

공정한 개정을 기대할 수 없는 경우 예컨대 외국 군대 점령하의 개정을 금지하거나 계엄실시 중의 개정은 금지된다.

⑷ 개정금지조항의 개정

실정 헌법에서 일정한 사항에 대해서는 개정을 할 수 없다고 규정한 경우 이 개정금지조항 자체를 개정하는 것이 가능할 것인지가 문제된다. 일반적으로 이는 금지된다. 그러나 연성헌법을 경성헌법으로 개정하는 것은 인정된다고 한다(H. Ehmke).

헌법개정의 한계를 무시한 헌법개정의 효력은 이론상으로는 무효이나 실제로는 적용된다.

제 3 절 헌법의 변천

Ⅰ. 의의

헌법의 변천이란 헌법개정절차에 따라 수정·변경된 것이 아니라, 헌법의 당해 조문은 그대로 두고 그 의미내용만이 실질적으로 변경된 것을 의미한다. 이는 헌법현실이 변화함에 따라 발생한 헌법규범과의 모순으로 헌법조문에 새로운 의미내용이 생성되는 것이다.

Ⅱ. 헌법변천의 요인

헌법변천의 요인은 다양하다. 예컨대, 문명의 발달, 전쟁이나 공황 등 긴급사태의 발생, 사회구조 또는 경제형세의 변화, 법원의 해석 및 판결, 헌법의 관례 및 관습 등에 의하여 헌법변천이 발생하게 된다.

헌법변천은 헌법규범과는 다른 헌법해석이나 헌법적 관행이 형성되어야 하고, 이러한 관행에 대한 국민적 승인이 있어야 한다.

Ⅲ. 헌법변천의 유형

헌법변천은 헌법규범과 달리 하는 헌법해석이나 헌법규범에서 벗어난 새로운 헌법관행의 성립 또는 헌법의 흠결에 대한 보완의 필요 등에 의하여 적극적으로 이루어지는 경우도 있으며, 이와는 달리 헌법규범의 불이행, 즉 국가권력이 헌법에 규정된 권한의 불행사 등에 의하여 소극적으로 이루어지는 경우도 있다.

예컨대, 미국 연방헌법상 명시적으로 규정되어 있지 아니한 위헌법률심사권이 연방대법원에 의하여 행사되어온 관행, 일본 평화헌법에서는 군대가 인정되지 아니함에도 불구하고 일본은 자위대의 병력을 증강하여 사실상 군사대국의 길로 나아가고 있는 현상, 우리나라의 경우 헌법상의 지방의회 규정이 있음에도 불구하고 지방의회의 구성없이 관치행정으로 운용되어 온 경험이라든지 헌법위원회 등 헌법기관의 권한불행사 등을 들 수 있다.

Ⅳ. 헌법변천의 평가

헌법변천에 대한 평가와 관련하여 긍정설과 부정설 및 예외적 긍정설이 대립된다. 긍정설에 의하면 헌법규범에 반하는 국가행위가 반복되어 관행이 되고 국민이 법적 확신을 가지게 되면 헌법 조항의 의미내용의 변경도 규범력을 획득한다고 보는 것이 자연스럽다고 한다. 부정설은 법실증주의적 관점에서 헌법과 모순되는 국가행위가 반복되더라도 그것은 단순한 사실의 축적에 불과하며 헌법적 문제가 될 수 없다는 견해로서, 헌법개정절차에 의하지 아니하는 헌법변경을 부정한다.

예외적 긍정설 헌법의 개정이 필요하면 개정절차에 따라 개정하면 되고, 굳이 헌법변천을 인정할 필요는 없다는 견해이다. 위헌적 행위를 정당화시키는 도구로 쓰일 위험이 있기 때문이다. 그러나 그 동기와 내용이 헌법의 기본 이념에서 벗어나지 않고 국민적 합의를 이끌어낼 수 있다면 예외적으로 긍정할 수 있다고 본다. 예외적 긍정설이 다수설이다.

제 4 절 한국헌법의 제정과 개정

Ⅰ. 헌법의 제정

1. 대한제국과 대한민국임시정부 헌법

1) 대한제국헌법

(1) 대한제국의 탄생

1897년 2월, 고종은 아관파천 1년 후 덕수궁으로 환궁하였다. 고종은 갑오개혁으로 약화된 왕권을 강화하고자 삼한을 아우른다는 의미를 지닌 '대한'을 국호로 정하고 연호를 광무로 하여 황제로 즉위함으로써 대한제국이 탄생(1897년)하였다. 반일 감정이 누그러지길 원했던 일본이 가장 먼저 대한제국을 승인하였고, 다른 나라의 승인도 잇달았다. 1899년에는 대한제국 황제가 청 황제와 동등한 자격으로 한 · 청 통상조약에 서명하였다.

(2) 대한제국헌법의 제정

대한제국헌법은 1899년 8월 17일에 발표된 흠정헌법으로서 전제군주국제를 채택하였다. 즉, 대한제국헌법은 조선의 전제군주제를 근대적 법체계로 전환시킨

것이다.

대한제국헌법은 전체 9개 조문으로 구성되었다. 그 주요한 내용으로는 황제의 군통수권 및 계엄권(§5), 황제의 법률제정권 및 사면·감형과 복권에 관한 권한(§6), 황제의 행정각부의 관제 제정권 및 칙령 발령권(§7), 황제의 문무관임면권 및 영전수여권(§8) 및 황제의 선전·강화 및 조약 체결권(§9) 등을 들 수 있다.

2) 대한민국임시정부의 대한민국 임시헌법

(1) 사상적 배경 및 상해임시정부의 수립

대한민국임시정부와 그 헌법이 성립하게 된 사상적 배경은 1919년 3·1운동에서 찾아볼 수 있다. 당시 민중시위에서의 2,000만 민중의 호소는 단순한 집단적 반항의 성격을 넘어 새로운 국가질서를 탄생시키기 위한 헌법제정권력의 성격을 띠고 있는 전국적 행사였다.

그리하여 1919년에는 각지에서 임시정부가 수립되었다. 1919년 3월 17일 노령의 대한국민의회(결의안, 대통령제), 같은 해 4월 11일의 상해임시정부(대한민국임시헌장, 의원내각제), 같은 해 4월 23일의 한성정부(약법, 집정관총재제) 등이 그것이다. 상해임시정부가 개헌(제1차 개헌을 통한 통합헌법제정)형식으로 대한민국의회와 한성정부를 흡수·통합하였다.

(2) 임시정부헌법의 헌정체제

대한민국임시정부는 조국에 환국할 때까지 임시헌법을 제정하고, 전후 5차의 개정을 통하여 '헌장'·'약법'·'헌법' 및 '약헌' 등으로 그 명칭을 달리하였다.

그리고 헌정체제도 대통령제(제1차 개헌), 국무령제(國務領制 : 제2차개헌), 국무위원제(제3차 개헌), 주석제(제4차 개헌) 및 주·부석제(제5차 개헌) 등 다양하게 변모하였다. 임시정부는 27년간 우리 민족의 상징적 대표기관으로서 독립운동을 전개해 왔다. 이러한 점에서 대한민국임시정부는 독립운동사상 그 공적이 높이 평가되며, 또한 그 헌법도 중요한 의미를 가진다.

⑶ 임시정부헌법의 성격

대한민국임시정부헌법은 임시정부의 기본법으로서의 성격을 지닌다. 임시정부는 독립을 위한 조직적 저항운동단체이다. 임시정부는 형식적으로는 망명정부적 성격을 지니는 임시정부의 임시헌법이라 규정할 수 있다.

이러한 임시정부의 각 단계의 헌법을 종합적으로 살펴보면, 임시정부의 헌법은 특수한 범주에 속하는 임시정부의 임시헌법이기 때문에, 그 체제와 내용에서 통상적인 헌법과는 다른 특징을 가지고 있다. 그러나 1919년의 대한민국임시헌법(통합헌법)과 1945년의 대한민국임시헌장(제5차 개헌)에서는 근대입헌주의적 헌법의 면모도 발견할 수 있다.

⑷ 임시헌법의 특징

임시헌법의 특징으로는 3·1독립정신의 계승·삼균주의(三均主義)의 채택·국민주권주의·자유권보장·삼권분립주의·의회제도·법치주의 및 성문헌법주의 등을 들 수 있다. 특히 임시정부의 각 단계의 헌법에서 전문이 있는 것의 경우, 현행 헌법의 전문에 이르기까지 '3·1독립정신'을 삽입하여 우리 민족의 건국정신임을 천명하고 있다. 이는 3·1정신의 역사적 산물인 대한민국임시정부와 그 헌법이 오늘날 대한민국의 정신적 기원임을 입증하는 것이라 하겠다.

또한 임시정부헌법은 체제면에서 위기적 성격의 망명정부 형태를 면하지 못한 경우도 있다. 경우에 따라서는 권리·의무 규정이나 권력분립 및 기타 규정에서 근대헌법으로 미비한 요소도 있었다(2차 개헌·3차 개헌·4차 개헌).

⑸ 제헌헌법과의 관계

임시헌법 제1차 개헌의 통합정부헌법과 제5차 개헌의 주·부석제 헌법은 임시헌법 가운데에서 근대입헌주의적 헌법의 내용을 어느 정도 구비한 헌법전(憲法典)이다. 따라서 대한민국건국헌법이 이 임시헌법전과 유사점이 많아 대한민국건국헌법의 모체가 되었다고 하겠다.

또한, 제헌헌법은 그 전문(前文)에서 "3·1운동으로 대한민국(임시정부)을 건립하여 세계에 선포한 위대한 독립정신을 계승하여 이제 민주독립국가를 재건"한다고 밝히고 있다. 이와 같이 독립정신의 계승이라는 측면에서 볼 때 대한민국임시정부와 오늘날의 대한민국이 하나의 맥으로 연결된다.

또한 헌법초안 제1장 제1조인 "대한민국은 민주공화국이다."라는 조문에 대한 대체토론에서 발언한 제헌의원 대부분이 '대한민국'이라는 임시정부의 국호를 그대로 사용해야 한다고 주장하였다.

대한민국건국헌법이 임시정부헌법의 개정이 아니고 새 헌법의 제정이므로 그 상호관계에서 법적 계속성을 설명하기 어려우나, 정신적 측면에서 대한민국과 그 헌법은 3·1독립정신과 그 역사적 산물인 대한민국임시정부와 그 헌법의 계승이라 하겠다.

Ⅱ. 대한민국 헌법의 제정

1. 제헌헌법과 헌법제정권력

우리 헌법은 그 전문[2]에서 대한국민이 제헌권자임이 명시적으로 표현하고 있다. 그리고 헌법 제1조 제2항에서도 "대한국민의 주권은 국민에게 있고" 라고 하여 헌법제정권력이 국민에게 있음을 명시하고 있다. 그러므로 따라서 국민이 제헌권자라고 할 수 있다. 그런데 실제로는 대한민국의 헌법은 제헌국회에서 제정하였다.

2. 헌법제정의 경과

제헌국회는 우리 헌정사상(憲政史上) 최초의 의회로서, 8·15광복 후 미군정

2) 유구한 역사와 전통에 빛나는 우리 대한국민은 3·1운동으로 건립된 대한민국임시정부의 법통과 불의에 항거한 4·19민주이념을 계승하고, 조국의 민주개혁과 평화적 통일의 사명에 입각하여 정의·인도와 동포애로써 민족의 단결을 공고히 하고, 모든 사회적 폐습과 불의를 타파하며, 자율과 조화를 바탕으로 자유민주적 기본질서를 더욱 확고히 하여 정치·경제·사회·문화의 모든 영역에 있어서 각인의 기회를 균등히 하고, 능력을 최고도로 발휘하게 하며, 자유와 권리에 따르는 책임과 의무를 완수하게 하여, 안으로는 국민생활의 균등한 향상을 기하고 밖으로는 항구적인 세계평화와 인류공영에 이바지함으로써 우리들과 우리들의 자손의 안전과 자유와 행복을 영원히 확보할 것을 다짐하면서 1948년 7월 12일에 제정되고 8차에 걸쳐 개정된 헌법을 이제 국회의 의결을 거쳐 국민투표에 의하여 개정한다.

하에서 국제연합(UN)의 감시 아래 1948년 5월 10일 총선거를 실시하여 구성되었다. 우리나라의 초대국회로서 그 회기는 1948년 5월 31일부터 동년 12월 18일까지 총 203일간이었다.

제헌국회는 동년 6월 3일 유진오(兪鎭午) 등 전문위원 10명과 헌법기초위원 30명으로 헌법기초위원회를 구성하여 헌법기초에 착수했다. 초안은 의원내각제·국회 양원제를 내용으로 하는 것이었으나 이승만의 반대에 부딪쳐 대통령제·국회 단원제로 그 내용이 바뀌었다. 그리고 위헌법률심사권은 헌법위원회에 부여하는 것으로 정해졌다(이성춘 "열정과 성실이 돋보였던 제헌국회" 국회보 2008. 5. 22-23면). 8월 15일까지 정부수립을 선포할 필요성에 쫓겨 7월 12일 국회를 통과하였으며, 17일에 국회의장이 서명·공포하여 그날부터 발효되었다.

제헌헌법은 구 일본제국 헌법과 독일의 바이마르 헌법을 모방한 것으로, 3권분립을 규정하고 단원제 국회를 두었으며, 대통령을 국회에서 선출하도록 되어 있었다.

Ⅲ. 헌법의 개정

이렇게 제정된 헌법은 지금까지 무려 12차의 개헌안이 제출되고, 9차의 개헌을 거치면서 오늘에 이르고 있다.

문제는 우리나라에서 새로운 공화국이 탄생하면서 개정된 헌법(즉 제 2, 3, 4, 5, 6공화국 헌법)이 과연 헌법의 개정인지 아니면 사실상 새로운 헌법의 제정인지 여부이다.

1. 제1차 개헌 : 발췌개헌

헌법이 제정된 후 4년 만에 피난지인 부산에서 1952년 7월 4일 이루어졌다. 제1차 개헌안은 정부 측의 직선제 개헌안과 야당 측의 국무원 불신임제를 절충하여 작성한 개헌안이라는 의미에서 발췌개헌이라고 한다.

그러나 제1차 개헌은 정부 측의 직선제 개헌안과 야당 측의 국무원 불신임제를 절충한 개헌안 자체를 공고하지 않았으며, 개헌안에 대한 의원들(특히 야당의원들)의 토론의 자유가 보장되지 않은 상태에서 심의가 이루어졌고, 국회의 의결이 강제되었다는 의미에서 위헌적 개헌이었다고 할 수 있다.

2. 제2차 개헌

제2차 개헌은 1954년 11월 29일 이루어졌다. 이 개헌안은 주권의 제약이나 영토의 할양 시에는 국민투표를 실시하도록 하여 국민투표 제도를 도입하였으며, 국무총리와 국무원제도를 폐지하였고, 초대 대통령에 한하여 중임제한은 철폐하는 것을 내용으로 하고 있었다.

그러나 이 개헌안은 1954년 11월 27일 민의원에서 표결한 결과 재적의원 203명 중 찬성 135표로 헌법개정에 필요한 3분의 2(135.333)에 1표가 부족하여 부결을 선포하였으나 이틀 후에 자유당 의원만이 참석한 가운데 가결로 번복 결의되었다. 그리하여 이를 사사오입개헌이라 한다.

제2차 개헌안은 정족수 미달로 의결되었으며, 그 내용이 초대 대통령에 대한 중임제한을 철폐하는 것이어서 평등의 원칙에 위반되기 때문에 위헌적 개헌이었다고 할 수 있다.

3. 제3차 개헌

제3차 개헌은 여야 합의로 1960년 6월 15일 이루어졌다(可 208, 否 3). 주요 내용은 그 동안의 대통령제를 폐지하고 정부형태를 변경하여 내각책임제를 채택하였으며, 헌법재판소를 설치하고, 지방자치 단체장의 선거제도를 규정하였다.

4. 제4차 개헌

제4차 개헌은 1960년 11월 29일 헌법부칙에 3·15부정선거 행위자 처벌과 반민주행위자의 공민권제한을 위한 소급입법 근거를 마련하기 위해서 이루어졌다.

5. 제5차 개헌

제5차 개헌은 박정희 정권에 의하여 1962년 12월 26일에 이루어졌다. 주요내용은 국회를 다시 단원제로 환원하고, 정부형태로 대통령중심제로 환원하는 것이었다. 그리고 헌법개정에 대한 국민투표제를 도입하였으며, 기본권 규정에 인간의 존엄과 가치규정을 신설하였고, 위헌법률에 대한 사법심사제를 도입하였다.

6. 제6차 개헌

제6한 개헌안의 1969년 10월 21일 공포되었다. 그 내용은 대통령의 계속 재임을 3회까지 할 수 있도록 하였으며 국회의원의 국무위원 겸직을 허용하는 것이었다.

7. 제7차 개헌

제7차 개헌은 유신헌법을 사실상 제정한 것과 다르지 않은데 1972년 12월 27일에 공포·시행되었다. 이 개헌안은 국회 대신에 비상국무회의의 의결을 거친 후 국민투표로 확정되었다. 주요 내용으로는 헌법 전문에 평화통일 이념을 규정하고, 기본권 조항에는 법률유보조항을 두어 기본권을 법률로 제한할 수 있도록 하였으며, 통일주체국민회의를 설치하는 한편 전반적으로 대통령의 권한은 강화하고 국회의 권한은 축소하는 정부형태를 채택하는 신대통령제적 헌법이었다.

8. 제8차 개헌

제8차 개헌은 전두환 정권에 의하여 1980년 10월 22일 실시된 국민투표에서 확정된 다음 10월 27일 공포되었다.

제8차 개헌의 주요내용은 기본권의 개별유보조항을 삭제하고, 사생활의 비밀보호, 환경권, 행복추구권 등을 추가하였다. 그리고 대통령의 권한을 어느 정도 축소하되 대통령은 선거인단에 의해 간접 선출하도록 하고 임기는 7년 단임제로 하였다.

9. 제9차 개헌

제9차 개헌은 1987년 6월 항쟁에 의하여 직선제 개헌이 불가피하게 된 상황에서 여야합의에 의한 대통령 직선제 개헌안이 국회에서 의결된 후 국민투표로 확정된 다음 1987년 10월 29일 공포되었다.

제9차 개헌의 주요내용으로는 적법절차조항을 신설하고, 언론·출판에 대한 허가제·검열제를 금지하는 한편 국회의 국정감사권을 부활하고 대통령선거를 직선제로 전환하면서 임기도 5년 단임으로 변경하였다.

그 외에도 대통령의 비상조치권을 폐지하고 위헌법률심판과 헌법소원 등을 담당할 헌법재판소를 설치하였다.

9차에 걸친 헌법개정의 주요 내용을 요약하면 다음과 같다.

한국헌법의 제·개정 경과

차 례	주 요 내 용	특 색	비 고
헌법 제정 [제헌국회] (1948.7.17)	· 기본권 보장 · 대통령제 및 국회단원제 채택 · 국회에 의한 대통령 간선제 · 헌법위원회 · 통제경제	대한민국 건국	제헌헌법
제1차 개헌 [2대 국회] (1952.7.7)	· 국회 양원제 채택 · 정·부통령 국민직선제 선택 · 국무원 책임제의 채택	대통령 재집권을 위한 재선	발췌개헌 (국회안·정부안 절충)
제2차 개헌 [3대 국회] (1954.11.29)	· 중대 사항에 대한 국민투표제 · 국무총리 연대책임제 폐지 · 초대 대통령 중임제한 철폐 · 경제 조항의 자유주의 경제화 · 군법회의에 헌법적 근거 부여	중임철폐, 장기집권제 도입	사사오입개헌 (재적 203, 가 135, 부 60, 기권 7) ※ 재적의원 2/3 =135.3 =136
제3차 개헌 [4대 국회] (1960.6.15)	· 대통령제 폐지, 의원내각제 채택 · 중앙선거관리위원회 신설 · 헌법재판소 신설 · 기본권 보장 강화 · 경찰의 중립 보장 · 사법권의 독립과 민주화를 강화	의원내각제 채택	1960. 4월 혁명으로 여야 합의 개헌 제2공화국 헌법
제4차 개헌 [5대 국회] (1960.11.29)	· 형벌불소급의 원칙의 예외 규정	부정선거원흉 처벌	헌법부칙 개정
제5차 개헌 [최고회의] 국민투표 (1962.12.26)	· 전문(前文)개정 · 정당국가적 경향 강화 · 대통령제·단원제(국회) 채택 · 법원에 위헌법률심사권 부여 · 헌법개정에 대한 국민투표제 채택 · 경제과학심의회의 설치 · 국가안전보장회의 설치	전문개정 (실질상 헌법제정)	※5·16군사쿠데타로 헌정 중단, 비상조치법에 따른 군정 (1961.5.16~1962.12.26) 제3공화국 헌법
제6차 개헌 [7대 국회] 국민투표 (1969.10.21)	· 대통령의 3기 계속 재임 허용 · 국회의원 정원의 증가 · 국회의원의 각료 겸직 허용 · 대통령에 대한 탄핵 절차 엄격화	대통령3기집권	3선개헌과 박정희 대통령 신임

차 례	주 요 내 용	특 색	비 고
제7차 개헌 [비상국무회의] 국민투표 (1972.12.27)	· 평화적 통일 지향 · 통일주체국민회의 신설 · 정당국가적 경향의 지향 · 헌법위원회 신설 · 헌법 개정 절차의 2원화 · 비상조치권 신설 · 기본권 대폭 제한	평화통일지향 유신독재	비상조치(1972.10)로 헌법일부효력정지, 국회해산(1972.10.17~1972.12.27) 제4공화국 헌법
제8차 개헌 [입법회의] 국민투표 (1980.10.27)	· 정당 운영비 국가 부담 · 기본권 불가침성 강조 · 행복 추구권 신설 · 대통령 간선제(7년 단임) · 비상조치권 발동요건의 엄격화 · 통일주체국민회의 폐지 · 국회의원 비례대표제 채택 · 독과점 규제 조항 신설 · 헌법개정절차 일원화	대통령간선제, 권위주의체제 수립 ※ 전문개정 (실질상 헌법제정)	10.26사태로 긴급조치 해제 5·17 비상계엄 확대 군부 집권; 국보위와 계엄통치(1979.10.26~1980.10.27). 제5공화국 헌법
제9차 개헌 [12대 국회] 국민투표 (1987.10.29)	· 대통령 직선제(5년 단임) · 대통령 권한의 약화 · 국회해산권 삭제 · 국정감사권 부활 · 국회 권한 강화 · 사법권 독립 강화 · 헌법재판소 신설 · 기본권 강화 · 경제 민주화 지향	대통령 직선제 민주화 달성 ※ 전문개정 (실질상 헌법제정)	6월(1987)민중항쟁으로 6·29선언, 합의개헌 제6공화국 헌법

제 5 절 헌법개정절차

Ⅰ. 개설

1. 개헌안의 제안

대통령은 국무회의의 심의를 거쳐 개헌안을 제안할 수 있으며, 국회 재적의원 과반수가 개헌안을 제안할 수 있다(§128①).

2. 공고

헌법개정안이 제안되면 대통령은 20일 이상 공고하여야 한다(§129).

3. 국회의 의결

국회는 헌법개정안이 공고된 날로부터 60일 이내에 의결하여야 한다. 국회의 의결은 제적의원 2/3 이상의 찬성을 얻어야 한다(§130①).

이와 같이 60일 이내에 의결하도록 시간적인 제약을 두고 있는 이유는 2개월 내에 헌법개정 여부에 종지부를 찍어 법적 안정성을 확보하기 위한 것이다.

헌법개정안에 대해서는 국회의 수정의결이 불가능하다. 그리고 헌법개정안에 대한 국회표결은 기명투표로 한다(국회법 112④).

4. 국민투표

헌법개정안은 국회의결 후 30일 이내에 국민투표에 부쳐 국회의원 선거권자 과반수의 투표와 투표자 과반수의 찬성을 얻어야 한다(§130②).

5. 공포

헌법개정안이 국민투표에서 국회의원 선거권자 과반수의 투표와 투표자 과반수의 찬성으로 헌법개정은 확정되며, 대통령은 즉시 이를 공포하여야 한다

(§130③).

Ⅱ. 헌법개정의 한계

1. 실정법적 한계

제1공화국의 제2차 개정헌법은 "국민주권주의·민주공화국가·국민투표에 관한 규정은 개폐할 수 없다"고 규정하여 헌법개정에 대한 실정법적 한계를 설정하고 있었다.

2. 헌법 내재적 한계

헌법제정권자의 근본결단인 헌법핵은 개정이 불가능하다는 입장을 취할 경우 헌법제정권자의 근본결단은 헌법개정의 내재적 한계가 된다.

우리헌법에서 헌법의 내재적 한계를 찾는다면 제1조의 민주공화국이나 국민주권주의의 규정, 제10조의 기본권보장주의, 제119조 등에서 규정하고 있는 사회적 시장경제의 원리 등이 이에 해당할 것이다.

3. 헌법 초월적 한계(외재적 한계, 자연법적 한계)

초헌법적인 인간의 존엄과 가치 등 자연권에 속하는 기본권은 헌법개정에 의해서 개정할 수 없다는 입장을 취할 경우 이러한 자연권적 기본권은 헌법 초월적 한계가 될 것이다. 그러나 우리 헌법에서는 이러한 한계를 헌법 내재적 한계로도 설명할 수 있으므로 굳이 헌법 초월적 한계를 주장할 필요가 없다는 견해도 있다.

4. 헌법재판소 판례

헌법재판소는 국가배상법 제2조 제1항에 대한 위헌소원 사건에서 일단 성립한 헌법 규정 상호간에 효력 상의 차등을 인정할 수 없다는 점을 이유로 헌법개정의 한계를 인정할 수 없다는 입장을 취하고 있다.

제6절 헌법의 보호

Ⅰ. 의의

헌법이 확립해 놓은 헌법의 가치질서를 지키는 것을 헌법의 보호라고 한다. 이러한 헌법의 보호는 '국가의 보호'라는 개념과는 구별되는데 국가의 보호는 국가의 존립자체를 보호한다는 의미인데 반하여 헌법의 보호는 성문 또는 불문 헌법에 의해서 정해진 일정한 국가형태·정치형태 또는 기본권적 가치질서를 보호의 대상으로 한다.

Ⅱ. 헌법의 수호자

독일의 바이마르 공화국 시대에 헌법의 수호자는 누구인가에 대한 논쟁이 있었는데 이 논쟁에서 슈미트(C. Schmitt)는 국민에 의하여 선출된 중립적 권력으로서의 대통령이 헌법의 수호자의 역할을 담당해야 한다고 주장한 반면에 켈젠(H. Kelsen)은 헌법의 규범력을 최종적으로 담보하는 헌법해석기관인 헌법재판소와 대통령 및 의회가 함께 헌법수호자의 역할을 수행해야 한다고 주장했다.

그러나 헌법의 수호는 어느 특정의 국가기관만의 임무가 아니고 모든 국가기관과 국민이 헌법의 규범적 효력을 존중하려는 '헌법에 대한 의지'를 보일 때 가능하다고 할 수 있다.

Ⅲ. 헌법보호의 수단

1. 하향식 헌법침해에 대한 보호

1) 헌법개정권력으로부터의 헌법의 보호

헌법개정권력의 부당한 헌법개정노력으로부터 헌법을 보호하기 위해서 헌법개정을 어렵게 하는 경성헌법을 채택하거나 헌법개정의 한계규정을 헌법에 둘 수 있다.

2) 국가권력으로부터의 헌법의 보호

국가권력을 행사하는 국회나 대통령 등의 권한남용에 의한 헌법침해로부터 헌법을 보호하기 위해서 권력 분립제도를 채택하거나 위헌법률심사·권한쟁의·헌법소원 등의 헌법소송제도를 도입하거나 탄핵제도를 도입할 수 있다.

2. 상향식 헌법침해에 대한 보호

1) 기본권의 실효제도

특정인이나 특정조직이 헌법적 질서를 파괴하기 위한 오도된 목적으로 기본권을 행사하는 경우에 헌법재판에 따라 헌법상 보장된 기본권을 상실시킴으로써 헌법적 질서의 적으로부터 헌법을 수호하기 위한 제도(예; 독일기본법 §18)이다.

2) 위헌정당해산제도

위헌정당해산제도란 민주적 기본질서를 침해하려는 비민주적 정당의 조직적 활동으로부터 헌법 질서와 민주주의를 지키기 위한 헌법 보장 제도를 말한다. 방어 민주주의에 기반을 둠으로써, 자유의 이름으로 자유를 파괴하거나, 민주주의의 이름으로 민주주의를 파괴하려는 것을 막는다.

3) 기타

형사법적 보호수단으로는 형법상의 내란죄·외환죄 등이 있으며, 행정법적 보호수단으로는 공무원 임용시의 신원조회제도와 사회단체 신고제도 등이 있다.

Ⅳ. 헌법보호 수단으로서의 저항권

1. 개관

국가권력에 의한 헌법침해에 대한 최후적·초실정법적 보호수단으로 저항권을 인정할 것인가? 인정한다면 저항권의 행사요건을 어떻게 설정할 것인가에 대한 논의가 필요하다.

2. 인정여부

1) 부정설

법실증주의자들을 실정법에 없는 저항권을 인정하지 않는다. 홉스(T. Hobbes)는 그의 저서 『리바이어던(*Leviathan*) 혹은 교회적 정치적 국가의 소재 형체 및 권력(1651)』에서 인간의 성악설에 근거하여 헌법의 보호는 국가에 의한 보호만을 인정하고 인간에 의한 보호는 부정하고 있다.

저항권을 부인하는 학설은 저항권 행사의 정당성 여부를 심판할 권위 있는 기관이 존재하지 않기 때문에 저항권을 인정하면 무질서가 초래된다는 점을 논거로 하고 있다.

2) 긍정설

이와는 달리, 로크(J. Locke)는 '국가를 통한 헌법의 보호' 외에 '국가에 대한 보호'를 주장하며 저항권을 인정하였다. 일반적으로 자연법사상은 저항권을 지지한다고 할 수 있다. 저항권을 인정하는 학설에서는 권위 있는 심판기관을 상정할 수 없는 것이 바로 예비성, 최후성에 의해서 상징되는 저항권의 특징이라고 한다.

3) 소결

학계의 다수설은 저항권을 인정하는 입장이다. 한편 우리나라 헌법은 전문에서 "불의에 항거한 4·19 민주이념을 계승"한다는 점을 강조함으로써 우리 헌법이 저항권을 우회적으로나마 인정하고 있다고 할 수 있다.

저항권은 일반적으로 물리력을 이용한 힘의 행사로서 혁명을 의미할 수 있으나 저항권이 반드시 물리력을 사용하는 것만을 의미하는 것은 아니고 정신적인 차원의 저항권 행사도 가능하다.

3. 행사요건

저항권을 행사하기 위해서는 다음의 요건을 갖추어야 한다. 즉, 첫째, 국가권력기관의 불법이 명백해야 한다. 둘째, 국가권력기관이 헌법의 존재 자체를 부인하거나 민주주의 기본질서에 대한 중대한 침해를 한 경우에 한하여 인정된다. 셋째, 저항권은 국가권력기관의 불법을 저지하기 위하여 다른 적절한 수단이 없을 때 보충적으로 인정된다. 이러한 의미에서 저항권은 보충성 또는 예비성이 있다. 넷째, 저항권은 국가권력기관의 불법을 저지하기 위하여 모든 가능한 실정법상의 수단을 활용한 다음 최후적 수단으로 사용되어야 한다는 것이다.

물리력을 사용하지 않고 정신적 차원에서 행사된다면 저항권은 국민이 국가권력을 비판하고 견제할 수 있는 유용한 무기가 될 수 있다.

4. 국가비상사태와 헌법의 보호

천재지변, 국내적·국외적 요인에 의한 비상사태가 발생하여 정상적인 헌법보호 수단으로는 사태의 수습이 곤란한 경우 강력한 비상수단이 필요할 수 있다.

우리나라에서는 이러한 경우에 대비하기 위하여 우리 헌법은 제76조에서 대통령의 긴급명령권, 긴급재정경제명령권·긴급재정경제처분권을 규정하고, 제77조에서는 계엄권을 규정하고 있다.

3
chapter

국가형태와 헌법의 기본원리

제1절 국가형태와 구성요소

Ⅰ. 국가의 개념

국가는 일정한 지역을 기초로 하여 존립하는 다수인의 조직화된 정치공동체로서 그 구성원의 공동이익을 달성하기 위해 그 지역에 존재하는 모든 사회조직에 우월하는 권력을 가진다. 옐리네크(G. Jellinek)는 일정한 지역을 지배하는 최고권력에 의하여 결합된 인류의 집단이 국가라고 정의한 바 있다.

국가의 성립에 관하여는 신의설 · 실력설 · 정복설 · 재산설 · 가족설 · 사회계약설 등의 학설이 있다. 사회계약설은 17~18세기 홉스(T. Hobbes), 로크(J. Locke), 루소(J. J. Rousseau) 등에 의하여 주장된 것으로, 절대왕정의 왕권신수설에 대항하여 성립된 국가이론이다. 계약설 또는 국가계약설이라고도 한다. 사회계약설에 의하면 국가는 개인의 자유와 재산을 수호하기 위하여 사회구성원간의 계약에 의하여 성립되었다고 한다.

이런 의미에서 국가는 그 구성원인 국민이 합의하여 제정한 헌법에 의하여 그 의사를 결정하는 능력과 스스로 행동할 수 있는 능력을 가진다. 즉, 국가는 의사능력과 행위능력을 가진 권리와 의무의 주체이다.

Ⅱ. 국가형태

1. 의의

국가형태란 국가 권력의 조직과 실현 형태를 기준으로 한 국가의 유형을 말한다. 근대헌법 이후 국가의 전체적 성격을 타나내는 의미를 가진 국가형태에 관한 규정을 두는 것이 일반적이다. 민주공화국, 인민공화국, 사회주의연방공화국 등이 그 일례이다. 이와 같은 국가형태를 나타내는 용어들은 국가의 전체적 성격을 나타낸다.

2. 국가형태의 분류

1) 국체와 정체

고전적 국가형태론을 살펴보면 Platon은 군주국과 민주국으로 구분하였고, Aristoteles는 지배자의 수를 표준으로 하여 군주국 · 귀족국 · 민주국으로 구분하였다. 그리고 Machiavelli는 군주국, 공화국으로 구분하였다. 또 근대에 이르러 G. Jellinek는 국가의사 결정주체가 한사람인지 아니면 다수인지에 따라 군주국과 공화국으로 구분하였다. 이와 같이 주권의 소재를 표준으로 한 국가형태의 분류를 국체(國體)라 하고, 주권의 행사방법을 표준으로 한 국가형태의 분류를 정체(政體)라 하였다.

그러나 오늘날에는 군주국도 군주에게 주권이 있는 것이 아니라는 점에서 국체를 논하는 것은 그다지 의미가 없다. 정체는 주권의 행사방법이 통합되어 있는 전제정체(專制政體)와, 분산되어 행사되는 입헌정체(立憲政體)로 구분할 수 있다. 오늘날에는 국체론의 의미가 퇴색함에 따라서 국체와 정체의 분류는 그 이론적 가치가 약해졌다. 현대에는 군주국과 공화국, 민주공화국과 전제공화국, 단일국가 · 연방국가 · 국가연합 등으로 분류된다.

2) 군주국과 공화국

군주국은 군주에 의해 지배되는 국가로서, 그 선출방법을 기준으로 선거군주국과 세습군주국으로, 군주의 권력행사에 대한 제한 여부를 기준으로 전제군주국(절대군주국)과 제한군주국(입헌군주국)으로 구분한다.

이에 비하여 공화국은 주권이나 통치권의 주체가 국민이고, 국가원수로서의 군주가 없는 국가를 말한다.

3) 민주공화국과 전제공화국

공화국은 다시 주권이나 통치권의 행사에 제한이 있는지 여부에 따라 민주공화국과 전제공화국으로 나눈다.

민주공화국은 국민주권원리에 입각하여 주권자인 국민이 직·간접으로 국가의 최고 의사결정에 참여하는 국가를 말한다. 입헌공화국이라고도 한다. 민주공화국은 권력분립의 형태에 따라 대통령제, 의원내각제, 의회정부제로 구분된다.

전제공화국은 전제주의 또는 전체주의적 이념을 정치이념으로 하는 국가 형태로 특정기관이나 특정인에게 권력이 집중된 국가형태로서, 인민공화국, 신대통령제 국가가 이에 속한다.

4) 단일국가·연방국가·국가연합

단일국가(unitary state)는 통치권이 중앙에 집중되어 있는 국가로 통일된 집권주의 국가를 말한다. 연방국가(federal state)는 주권을 지닌 수개의 주(州)가 각기 국가적 성격을 보유하면서 결합하여 하나의 국가를 형성하는 경우이다. 미국, 독일, 오스트레일리아 등이 그 예이다.

그리고 국가연합(confederation)이란 조약에 의하여 국제법상 성립된 국가간의 연합이다. 예컨대, 1991년 소련(USSR)이 해체되면서 독립 후 소련에 속해 있던 12개국이 결성한 정치공동체인 독립국가연합(CIS : Commonwealth of Independent States)을 들 수 있다. 국가연합은 국가가 아니다. 따라서 통치권은 개별국가가 보유한다.

3. 우리나라의 국가형태

1) 국가형태에 관한 헌법규정

헌법 제1조 제1항은 '대한민국'은 '민주공화국'이라고 규정하고 있다. 여기에서 '대한민국'은 우리나라의 국호를 의미하고, '민주공화국'은 우리나라의 국가형태를 의미한다.

민주공화국의 의미에 관하여 학설은 ① 민주공화국의 민주는 정체를, 공화국은 국체를 의미한다는 견해, ② 민주는 민주정체를, 공화국은 공화정체를 의미하며, 제1조 제2항의 국민주권은 국체를 의미한다는 견해, ③ 국체와 정체의 구별을 부인하고 민주공화국이라는 규정자체가 우리나라의 국가형태라는 견해이다. 민주공화국을 국가형태라고 하는 견해는 민주공화국의 민주는 공화국의 내용에 관한 규정이라고 한다. 이 견해가 다수설이다.

2) 민주공화국의 법적 성격과 규범성

(1) 법적 성격

우리 헌법은 국가형태를 민주공화국로 규정하고 있다. 그러므로 대한민국은 법적으로는 군주국이 되어서는 아니 된다.

또한 대한민국은 어떠한 형태의 인민공화국 등 전제공화국이 아닌 권력분립적 입헌공화국이어야 한다.

(2) 민주공화국의 규범성

헌법 제1조 제1항은 우리나라의 국가형태를 밝히고 있는 규정이다. 이는 헌법제정권력의 근본결단으로서 우리 헌법의 기본성격을 선언한 규정이다. 이 규정은 우리 헌법의 근본규범이며 헌법핵이다. 그러므로 헌법개정의 대상이 되지 아니한다.

3) 우리나라의 국가형태의 특색

우리의 국가형태인 민주공화국에서의 민주주의는 자유민주주의와 대의제도를 기본으로 하며, 다음과 같은 특색을 지니고 있다.

첫째, 대의제도를 원칙으로 하되, 국가안위에 관한 중요정책에 대한 국민투표(§72)와 헌법개정안의 국민투표(§130②)에서와 같이 직접민주제의 요소를 가미하여 혼합민주주의를 채택하고 있다. 둘째, 헌법 제8조 제4항에서 정당을 헌법에 편입하는 한편 복수정당제를 보장함으로써 정당제 민주주의를 채택하고 있다. 셋째, 그럼에도 헌법은 제8조 제2항에서 정당은 그 목적 · 조직과 활동이 민주적이어야 하며, 국민의 정치적 의사형성에 참여하는데 필요한 조직을 가져야 한다고 규정하는 등 민주주의의 적으로부터 민주주의를 방어할 것을 목적으로 하는 방어적(전투적) 민주주의를 채택하고 있다.

Ⅲ. 국가의 구성요소

1. 개설

전통적 국가이론인 국가 3요소설에 의하면 시원적 지배력인 국가권력, 일정한 인간의 집단인 국민, 그리고 공간적으로 한정된 일정한 영역을 기초로 한다.

우리 헌법은 제1조 제2항에서 주권, 즉 국가권력이 국민에게 있음을 규정하고 있고, 제2조에서는 대한민국의 국민이 되기 위한 요건을 규정하고 있으며, 제3조에서는 대한민국의 영역을 규정하고 있다.

2. 국가권력

1) 국가권력의 개념 및 특성

(1) 국가권력의 개념

국가권력은 주권과 통치권을 지칭한다. 통치권은 국가목적의 실현을 위한 총괄적인 현실적 지배권으로서 주권의 내포이다. 주권과 통치권은 다음과 같이 엄격히 구별된다.

(2) 주권

주권은 국가의사를 전반적 최종적으로 결정할 수 있는 최고권력이다. 주권은 단일불가분성 · 불가양성 · 대내적 최고성 · 대외적 독립성을 그 특징으로 한다.

우리 헌법에서와 같이 국민주권을 선언하고 있는 헌법의 경우에는 주권은 국민으로부터 나온다.

⑶ 통치권

통치권은 주권에서 유래되며 주권에 의하여 조직된 권력이다. 통치권은 국가조직을 유지하고 국가목적을 실현하기 위한 현실적 구체적 권력을 말한다. 통치권을 분담하는 국가기관은 헌법에 규정된 절차와 범위 내에서만 통치권을 행사할 수 있다.

통치권은 실질적 내용을 기준으로 구분할 경우 자주조직권, 영민고권 및 영토고권으로 나눌 수 있으며, 형식적인 발동형태를 기준으로 하여 입법권 · 사법권 · 행정권으로 구분된다. 주권은 이러한 3권의 포괄적 기초이다.

⑷ 주권과 통치권의 비교

통치권은 가분적, 제한적, 상대적 권력이다. 이에 반하여 주권은 통일적, 포괄적, 불가분적, 절대적 권력이다.

2) 주권개념의 역사적 발전

근대 민족국가의 등장과 함께 주권(sovereignty) 개념이 등장하였다. 주권개념은 기 시작한 것은 15, 16세기이다. 원래 '우월'을 뜻하는 라틴어 Superanus에서 유래하며, 최고성과 독립성을 의미하는 souveraintè가 되었다.

프랑스의 보댕(J. Bodin)은 그의 저서 『공화국론(*Les Six Livres de la Republique*)』에서 주권을 '한 국가의 절대적이고 항구적인 권력'이라 규정하고, 신(神)과 자연법 이외에는 어떠한 제한도 받지 않으며, 군주 자신은 법에 구속되지 않는다고 하여 군주주권론(君主主權論)을 주장하였다.

군주주권론이 등장한 이후 국민주권론(國民主權論)을 처음으로 제창한 사람은 독일의 알투지우스(J. Althusius)이다. 그 밖에 로크(J. Locke), 루소(J. J. Rousseau) 등 사회계약론자들도 사회계약론과 함께 국민주권론을 주장했다. 국민주권주의를 헌법에 최초로 규정한 실정법은 미국의 Virginia 인권선언(1776년)과 프랑스 인권선언(1789년)이다. 그리고 제2차 세계 대전 이후에는 거의 모든 헌법이 국민주권주의를 선언하게 되었다.

19세기 옐리네크(G. Jellinek) 등 독일의 법실증주의자들은 국가도 법인격의 주체가 된다는 국가법인설에 입각하여 국가에게 주권이 있다는 국가주권설(國家主權說)을 주장하였다. 이는 주권이 군주나 국민에게 속하는 것이 아니라 사회적 단일체이며 법률상의 인격체인 국가 자체에 귀속한다고 한다. 국가주권설은 국가법인설(國家法人說)과 밀접한 관계가 있으며, 19세기 후반 절대적 군주정(君主政)과 극단적 민주정(民主政)과의 타협의 결과로 생겨난 독일 입헌군주정의 전위적 학설이었다. 오늘날은 주권이 국민에게 있다는 국민주권론이 대세이다.

3) 대한민국의 주권

우리 헌법은 제1조 제2항에서 "대한민국의 주권은 국민에게 있고, 모든 권력은 국민으로부터 나온다"라고 규정하고 있다. 이는 국가권력, 즉 주권과 통치권에 관한 규정이다.

'대한민국의 주권은 모든 국민에게 있고'라는 제1조 제1항 전단의 규정은 본래의 주권 및 국민주권에 관한 규정이다.

이에 반하여, '모든 권력은 국민으로부터 나온다'는 후단의 규정 중 '모든 권력'은 주권에 의하여 조직되고 주권이 위임한 현실적 권력인 통치권을 말한다.

3. 국민

1) 국민의 개념

'국민(國民)'이라 함은 국가에 소속하는 개개의 자연인, 즉 국가의 인적 요소 혹은 항구적 소속원을 말하며, 개개인은 전체로써 국민을 구성한다. 국민은 헌법상 주권자로서의 지위, 기본권 주체로서의 지위 및 피치자인 의무주체로서의 지위를 가진다.

국민으로 신분과 자격을 취득하기 위해서는 국적(國籍)을 필요로 한다. 그러므로 국민은 대한민국의 국적을 지닌 자를 의미하며, 이 점에서 대한민국 국민은 외국국적자와 무국적자와 구별된다.

그러므로 '국민'은 법적 개념으로서, 혈연중심의 자연적·문화적 개념인 민족

(民族)이나 사회구성원, 사회학적 개념의 사회구성원을 뜻하는 인민(人民) 또는 자연적, 생물학적 개념인 종족(種族) 등의 유사 개념과 구별된다.

2) 대한민국 국민의 요건

우리 헌법 제2조 제1항은 국민이 되는 요건을 법률로 정하도록 하고 있다. 이를 국적법정주의라 한다. 이에 따라 국적법(國籍法)에서는 국적의 취득·상실 및 회복 등에 관하여 규정하고 있다.

국적법은 단일국적주의·속인주의(혈통주의) 등을 원칙으로 하고 있다.

(1) 국적의 취득

국적의 취득은 출생으로 인한 선천적 취득과 출생 이외의 사실에 의한 후천적 취득으로 대별된다.

국적법은 국적의 선천적(先天的) 취득에 관하여 ① 출생한 당시에 부 또는 모가 대한민국의 국민인 자와 ② 출생하기 전에 부가 사망한 때에는 그 사망한 당시에 부가 대한민국의 국민이었던 자는 출생과 동시에 대한민국의 국적을 취득하며, ③ 부모가 모두 분명하지 아니한 때 또는 국적이 없는 때에는 대한민국에서 출생한 자와 ④ 대한민국에서 발견된 기아는 대한민국에서 출생한 것으로 추정한다고 규정(법 2)하고 있다. 따라서 국적법은 혈통주의를 원칙으로 하고, 출생지주의를 예외로 하고 있음을 알 수 있다.

또한, 국적의 후천적(後天的) 취득은 혼인, 미성년자의 인지, 귀화허가, 수반취득 및 국적회복 등에 의한 국적취득이다. 수반취득이란 외국인의 자로서 미성년인 자는 그 부 또는 모가 귀화신청을 할 때 함께 국적취득을 신청할 수 있으며 그 부 또는 모가 귀화허가를 얻은 때에는 함께 국적을 취득하는 것을 말한다.

(2) 국적의 상실과 회복

이중국적자는 22세 때 하나의 국적을 선택해야 한다(법 12). 외국국적을 선택하면 우리나라 국적을 상실하게 된다. 이 경우 자진하여 외국국적을 취득하면 즉시 우리 국적을 상실하고, 혼인 등으로 외국국적을 취득하면 6월 내에 국적을 결정해야 한다(법 15).

국적을 상실한 자는 대한민국 국민이 아니면 누릴 수 없는 권리를 향유할 수 없다. 양도 가능한 것은 3년 이내에 한국인에게 양도하여야 한다.

국적을 상실한 자는 법무부장관의 허가로 국적을 회복할 수 있다.

(3) 재외국민의 보호

헌법 제2조 제2항은 "국가는 법률이 정하는 바에 의하여 재외국민을 보호할 의무를 진다"라고 규정하고 있다. 이에 따라 제정된 법률이 재외동포의출입국과법적지위에관한법률이다. '재외국민'이란 원칙적으로 한국국적을 보유하고 있는 외국 체류자를 말한다. 그런데 재외동포의출입국과법적지위에관한법률은 '재외국민'뿐만 아니라 '외국국적동포'도 보호대상으로 하고 있다.

재외국민에 대한 '보호'의 의미에 대하여 헌법재판소는 재외국민이 모든 분야에서의 정당한 대우를 받도록 거류국과의 관계에서 국가가 하는 외교적 보호와 국외거주 국민에 대하여 정치적인 고려에서 특별히 법률로써 정하여 베푸는 각종 지원을 의미한다고 판시한 바 있다.

> [헌재 1993.12.23. 89헌마189] 헌법 제2조 제2항에서 규정한 재외국민을 보호할 국가의 의무에 의하여 재외국민이 받는 조약 기타 일반적으로 승인된 국제법규와 해당 거류국의 법령에 의하여 누릴 수 있는 모든 분야에서의 정당한 대우를 받도록 거류국과의 관계에서 국가가 하는 외교적 보호와 국외거주 국민에 대하여 정치적인 고려에서 특별히 법률로써 정하여 베푸는 각종 지원을 뜻하는 것이다.

4. 영역

1) 영역의 개념과 범위

'영역'이라 함은 국가 존립의 기초가 되는 일정한 범위의 공간을 말하며, 국제법적 제한이 없는 한 국가가 배타적 지배를 할 수 있는 장소적 한계를 가리킨다. 영역에 대한 국가 권력을 영역권 혹은 영토고권이라 한다. 이는 영역 내의 모든 사람과 물건에 대한 독점적·배타적 지배권이다. 영역은 영토와 영해 및 영공으로 구분된다.

2) 영역의 범위

(1) 영토

영토는 국가영역의 기초인 일정한 범위의 육지를 말한다. 여기에는 지표는 물론 그 지하까지를 포함한다. 국경은 한 나라의 영토의 경계인 동시에 타국과의 경계선이 된다.

대한민국의 영토는 한반도와 그 부속도서이다(§3). '한반도와 그 부속도서'의 의미나 범위는 지리적 · 역사적 사실에 입각하여 결정할 문제이다. 북한지역도 한반도와 그 부속도서에 포함된다.

헌법 제3조에서 규정하고 있는 영토조항은 우리의 주권이 미치는 공간적 범위와 한계를 규정한 것일 뿐만 아니라 대한민국이 한반도의 유일한 합법정부이고, 대한민국의 영역은 구한말 시대의 국가영역을 그대로 승계한 것이라는 것을 의미한다. 따라서 휴전선의 북방지역은 이른바 인민공화국이 불법적으로 점령한 미수복지역이라는 것을 선언하고 있는 것이다. 북한의 헌법상 지위에 대해서 대법원과 헌법재판소는 북한을 '반국가단체'로 보고 있다. 그래서 제3조는 북한의 지배체제를 찬양 · 지지하는 행위를 처벌하는 국가보안법의 근거가 되고 있다.

(2) 영해

영해는 영토에 접속한 일정한 범위의 해역을 말한다. 국가에 따라 영해의 범위를 해안선으로부터 3해리, 6해리, 12해리 등으로 정하고 있다. 영해및접속수역법은 육지로부터 12해리까지를 영해로 하고 있다. 다만, 대한해협은 3해리로 한다(법 1). 영해에 대하여 각국은 배타적 지배권을 가진다. 다만, UN해양법협약상의 무해통항권[1](無害通航權 : right of innocent passage)에 의한 제한이

1) 국제법상 타국의 영해에 해를 끼치지 않는 한 통항할 수 있는 권리를 말한다. 여기서 무해(無害)란 연안국의 평화 · 질서 · 안전을 해치지 않는 것을 말하며, 통항(通航)이란 영해를 계속적으로 또 신속히 항해하는 것을 말한다. 영해에는 해당 국가의 배타적 권리가 있으나 공해와 접속하는 해상교통의 통로이기도 하므로 공동이익을 위해 일정 부분 항행의 자유를 확보할 필요가 있어 무해통항권이 인정되고 있다. 무해통항권은 모든 국가의 선박에 인정되며, 선박은 단지 통행만 할 수 있으며, 어업이나 연안운수 등의 행위는 할 수 없다. 그리고 항해 중 조난을 당하여 위험에 처한 경우와 조난당한 사람이나 선박 · 항공기 등을 구조할 경우에만 정선(停船)이 허용된다.

있다.

또한 우리나라는 영해기선[2])으로부터 24해리에 이르는 수역을 접속수역(接續水域 ; adjacent zone)으로 하고 있다(법 3의2). 접속수역에서 관계당국은 대한민국의 영토 또는 영해에서 관세 · 재정 · 출입국관리 또는 보건 · 위생에 관한 대한민국의 법규를 위반하는 행위의 방지 및 제재를 할 수 있다(법 6의2).

그리고 UN해양법협약은 영해밖에 배타적 경제수역(排他的經濟水域 ; exclusive economic zone)을 인정하고 있다. 이는 자국 연안으로부터 200해리까지의 모든 자원에 대해 독점적 권리를 행사할 수 있는 수역이다. 한편 대륙붕에관한협약[3])(大陸棚協約 ; Convention on the Continental Shelf)은 수심 200m까지 연안국의 지배권 행사를 인정하고 있다.

(3) 영공

영공은 영토와 영해의 수직상공이다. 영공의 범위에 대해서는 영공무한계설, 인공위성설, 부양력설, 인력설, 대기권설 등이 있으나 통설적 견해는 실효적 지배설이다. 이에 따르면 지배가능한 범위 내에 한하여 영공의 범위를 정할 수 있다.

3) 영역의 변경

영역도 변경될 수 있다. 영역변경은 주로 영토의 변경에 의하여 이루어진다. 영역변경의 원인과 법적 성격 및 법적 효과는 다음과 같다.

(1) 영역변경의 원인

영역변경의 원인으로는 ① 무주지 선점, 자연적 영토변경 또는 화산의 폭발 등에 의한 영토의 함몰 등 자연적 조건 또는 사실행위에 의한 변경과, ② 영토의 병합이나 할양 등을 내용으로 하는 국제조약에 의한 변경이 있다.

---

2) 영해의 폭을 측정하기 위한 통상의 기선은 대한민국이 공식적으로 인정한 대축척해도에 표시된 해안의 저조선으로 한다(영해및접속수역법2).

3) 1958년의 제1차 국제연합해양법회의에서 채택된 제네바 해양법 4조약의 하나로 15개조로 이루어져 있으며 대륙붕제도를 규정하였다. 대륙붕을 해안(섬의 해안을 포함)에 인접하고 있지만 영해 외에 있는 해저구역으로 수심이 200m까지인 것 또는 수심이 이 한도를 초과하고 있지만 그 천연자원의 개발을 가능하게 하는 한도까지인 것의 해저라고 정의하고(1조), 대륙붕 탐사 및 그 천연자원을 개발하기 위한 연안국의 주관적 권리행사를 승인하고(2조 1항) 그 개발의 방식(5조) 등을 규정하였다.

⑵ 영역변경의 법적 성격

영역변경은 통치권이 미치는 지역적 범위의 변경을 초래한다. 할양의 경우에는 통치권의 승계취득이 이루어지고, 무주지 선점의 경우에는 통치권의 원시취득이 이루어지며, 병합의 경우에는 피병합국의 일체의 권리·의무의 포괄적 이전이 이루어진다.

⑶ 영역변경의 법적 효과

영역변경이 가져오는 효과는 다음과 같다. ① 그 지역 주민의 국적에 관한 효과로서 병합의 경우에는 피병합국의 주민은 병합국의 국적을 취득한다. 일부 할양의 경우에는 원칙적으로 할양조약으로 정하나, 관례상 주민에게 선택의 여지를 부여하고 있다. ② 그 지역에 적용되는 법에 관한 효과로는 할양지의 법은 신법에 의하여 변경될 때까지 효력을 가진다. 다만, 국가의 근본 통치조직법은 신 영유국의 법이 적용된다.

4) 평화통일조항과의 관계

우리 헌법 제4조는 "대한민국은 통일을 지향하며, 자유민주적 기본질서에 입각한 평화적 통일정책을 수립하고 이를 추진한다"고 규정하고 있다. 이를 평화통일조항이라 한다.

이 평화통일조항에 근거하여 1990년의 남북교류협력법이 제정되었고, 1991년에는 우리 정부는 북한과 남북사이의화해와불가침및교류협력에관한합의서를 체결하였다. 헌법재판소는 남북교류협력법에 의하여 북한주민과의 접촉 시 정부의 승인을 받도록 요구하는 것은 평화통일조항에 위배되지 않는다고 결정하였다.

문제는 영토조항(§3)에 의하면 한반도에서는 대한민국 정부가 유일한 합법정부가 되는데 평화통일조항(§4)에 의하면 북한의 실체를 인정하고 북한과 대화를 통하여 평화통일 추구해야 하는 모순이 발생하게 된다. 이에 관하여는 영토조항우위설과 평화통일조항우위설 및 동등효력설이 대립하고 있다. 이에 대하여 헌법재판소는 양 조항은 대등한 가치를 지니고 있으며 이를 상호 규범조화적 해석을 하여야 한다는 동등효력설의 입장을 취하고 있다. 즉, 양 조항이 대등한 가치를 지니고 있다고 하면서, 영토조항은 미래지향적 · 역사적 · 미완성적 · 개방적 · 프로그램적 성격을 가진 조항이고, 평화통일조항은 현실적 · 구체적 · 법적 성격을 가진 조항이라는 것이다.

제 2 절 한국헌법의 법원과 구조

Ⅰ. 법원

1. 성문법원

1) 헌법전

우리나라의 헌법전은 1948년에 제정된 후 제9차에 걸쳐 개정되었다. 현행 대한민국 헌법전이 한국 헌법의 가장 중요한 법원이다.

2) 헌법 부속법령

헌법전 외에 헌법의 내용을 구체화하고 있는 법률 등이 한국헌법을 이해하고 적용하는 데에 있어서 중요한 법원으로서의 역할을 담당하고 있다. 이러한 법률 등을 헌법부속법령이라고 한다. 헌법부속법령으로 기본권 분야에서는 교육법, 형사소송법, 국가배상법, 근로기준법, 신문법, 방송법 등 그 예가 대단히 많으며, 국가권력조직 분야에서는 정부조직법, 국회법, 법원조직법, 헌법재판소법, 공직선거법 등이 있다.

3) 조약과 국제법규

헌법에 의하여 체결 · 공포된 조약과 일반적으로 승인된 국제법규는 헌법 제6조 제1항에 의하여 국내법과 같은 효력이 있으므로 이러한 조약과 국제법규 중 국민의 기본권에 관한 것이나 국가권력조직에 관한 것은 우리 헌법의 법원이 된다.

2. 불문법원

헌법재판소는 신행정수도건설특별법에 대한 위헌결정에서 헌법재판소는 '국민은 헌법전에 포함되지 아니한 헌법사항을 필요에 따라 관습의 형태로 직접 형성할 수 있다'고 판시(헌재 2004.10.21. 2004헌마554·556(병합))하여 관습헌법의 존재가능성을 인정한 다음 실제로 수도가 서울이라는 사실 등이 관습헌법이 된다고 하였다.

예컨대, 대한민국의 국어는 한글이라는 사실도 국민적 승인을 얻어 관습헌법으로 등장할 수도 있다.

Ⅱ. 한국헌법의 구조

현행 우리나라의 헌법은 전문과 제10장, 제130개 조로 이루어진 본문 및 부칙으로 구성되어 있다.

Ⅲ. 한국헌법의 전문

1. 헌법 전문(preamble)의 의의

헌법 전문(前文)은 헌법 본문 앞의 문장 혹은 조문으로서 헌법전의 일부를 구성한다. 그러나 국가에 따라서는 전문이 없는 헌법을 가진 경우도 있다.

헌법 전문의 내용과 형식은 다양한데 보통 헌법의 제정유래, 목적, 제헌권자, 헌법의 지도이념 내지 기본원칙을 명시하고 있다.

2. 헌법 전문의 법적 성격

헌법 전문에 규범적 성격을 인정할 것인지 여부에 대해서는 학설이 대립하고 있다.

1) 학설

(1) 부정설

부정설은 헌법 전문의 규범적 성격을 인정하지 아니하고, 헌법 전문은 헌법제정의 유래나 목적을 선언하는 것에 불과하다고 보는 입장이다. 미국 연방대법원 판례의 입장이기도 하다.

(2) 긍정설

헌법 전문은 헌법제정권력의 소재를 밝힘으로써 국민의 전체적 결단으로서의 헌법의 본질적 부분을 포함한다는 입장이다. 긍정설이 통설적 입장이라고 할 수 있다. 독일연방헌법재판소의 입장이기도 하다.

2) 헌법 전문의 규범성

헌법 전문의 규범성을 인정하는 경우 헌법 전문은 최고규범성을 가진다. 다만, 재판규범성에 대하여는 학설이 나뉜다.

(1) 최고규범성

헌법 전문은 국내법질서의 최상위에 위치하고, 모든 법령해석의 궁극적 기준이 되며 해석 지침을 제공한다.

(2) 재판규범성

헌법 전문의 재판규범성에 관하여는 헌법 전문의 규범성은 인정하면서도 재판규범성은 부인하는 견해(부정설), 헌법 전문이 구체적 사건에 직접 재판규범으로 적용할 수 있다는 견해(긍정설) 및 본문 각 조항에서 구체화되어 있지 않은 권리나 불명확한 권리를 인정할 수 있는 근거가 되고, 근본원칙 위반의 국가행위에 대해서는 직접 헌법 전문 위반으로 다툴 수 있다는 견해(절충설)로 학설이 나뉘고 있다.

헌법재판소의 판례는 헌법 전문의 재판규범성을 인정하고 있다.

> [헌재 1990.4.2. 89헌가113 ; 헌재 1992.3.13. 92헌마37 ; 헌재 1994.3.13. 92헌마37(병합)] 헌법은 그 전문에서 기회균등을 선언하고 있는 바, 그것은 우리 헌

법의 최고원리로서 국가가 입법을 하거나 법을 해석하고 집행함에 있어서 따라야 할 기준이다.

[헌재 1996.6.13. 94헌마118] 헌법은 전문과 각 개별조항이 서로 밀접한 관련을 맺으면서 하나의 통일된 가치체계를 이루고 있는 것이다.

[헌재 1989.9.4. 88헌마22] 정당한 이해관계가 있는 정부보유의 정보의 개시(開示)에 대하여 행정청이 아무런 검토 없이 불응한 부작위(不作爲)는 헌법 제21조에 규정된 표현의 자유와 자유민주주의적 기본질서를 천명하고 있는 헌법 전문, 제1조, 제4조의 해석상 국민의 정부에 대한 일반적 정보 공개를 구할 권리(청구권적 기본권)로서 인정되는 "알" 권리를 침해한 것이고 위 열람·복사 민원의 처리는 법률의 제정이 없더라도 불가능한 것이 아니다.

3) 헌법개정의 한계

헌법 전문은 헌법제정권자의 근본 결단과 헌법의 지도 이념을 포함하고 있기 때문에 헌법개정을 통해서도 함부로 개정할 수 없다.

3. 헌법 전문의 내용

첫째, "유구한 역사와…대한국민은…제정되고…국민투표에 의하여 개정한다"고 규정함으로써 우리 헌법의 성립유래 및 국민이 제헌권자·개헌권자임을 선언하고 있다.

둘째, "대한국민은 3·1운동으로…임시정부의 법통과…4·19민주이념을 계승…평화적 통일의 사명에 입각하여…"라고 하여 대한민국이 임시정부의 법통을 계승하고 민주공화국을 지향하고 있음을 선언하고 있다.

셋째, "…자율과 조화를 바탕으로 자유민주적 기본질서를 더욱 확고히 하여…"라고 규정하여 자유민주주의적 기본질서를 기본으로 하고 있다.

넷째, "정치, 경제, 사회, 문화의 영역에 있어서 각인의 기회를 균등히 하고…국민생활의 균등한 향상을 기하고…우리들과 우리들의 자손의 안전과 자유와 행복을 영원히 확보…" 한다고 규정함으로써 기본권 존중주의를 선언하고 있다.

다섯째, "…자유와 권리에 따르는 책임과 의무를 완수…"라고 규정함으로써 자유와 권리에 따르는 책임과 의무의 완수를 강조하고 있다.

여섯째, "…밖으로는 항구적인 세계 평화와 인류공영에 이바지…"라고 규정하여 국제평화주의를 선언하고 있다.

일곱째, "…조국의 민주개혁과 평화적 통일의 사명에 입각하여…"라고 규정하여 평화적 통일의 사명을 선언하고 있다.

제3절 헌법의 기본원리

헌법 전문(前文) 및 본문 중에서 우리나라의 헌법의 기본원리 내지 지도원리를 추출할 수 있는데 이러한 헌법의 기본원리는 모든 법령의 해석기준이 되며, 입법 및 정책결정의 방향을 제시해 주며, 헌법개정권력도 함부로 개정할 수 없는 한계가 된다. 그러나 국내의 주요 저술마다 헌법의 기본원리에 대한 분류가 다르기 때문에 이를 요약해 보면 다음과 같다.

Ⅰ. 민주주의의 원리

1. 민주주의 의의 및 본질

1) 민주주의의 의의

민주주의는 단순한 이론적 개념이라기보다는 역사적 개념이다. 오늘날 민주주의는 단순한 정치원리 내지 헌법원리를 벗어나 국민의 생활원리로 기능하고 있다.

민주주의란 자유와 평등이라는 기본가치를 실현하기 위하여 국민이 주인이라는 통치원리를 말한다. 즉, 민주주의는 자유와 평등을 실현하기 위한 정치원리이다. 바꾸어 말하면, 국가권력의 정당성은 국민으로부터 유래되며, 국가권력이 국민에 의하여 만들어지고 행사되는 통치원리이다.

2) 민주주의의 본질

그런데 민주주의의 본질은 무엇으로 볼 것인가의 문제가 대두된다. 이에는 민주주의를 정치방식 또는 정치형태로 보는 견해와, 정치의 이념이나 목적으로 보는 견해로 구분된다.

⑴ 정치형태설

이는 민주주의를 정치형태로 보는 입장이다. 예컨대, 켈젠(H. Kelsen)은 "국민에 의한 정치가 민주주의"라고 하였고, 슈미트(C. Shmitt)는 "민주주의는 지배자와 피지배자, 통치자와 피통치자, 명령자와 피명령자의 자동성의 원리"라고 하였다.

이와 같이 민주주의를 정치형태로 보는 경우에는 민주주의란 국민에 의한 정치, 치자와 피치자의 자동성을 의미하게 된다.

정치행태설에 의하면 민주주의의 요소로는 ① 국민의 국정에의 참여, ② 국가의사형성에서의 다수의 지배, ③ 국민의 능동적 참정권 보장, ④ 자유 · 평등 · 복지의 보장 등을 들 수 있다.

그러나 이러한 입장은 국민에 의한 정치는 모두 민주정치로 인식함으로써, 국민자신의 이익에의 합치여부를 불문하게 되는 문제점이 있다.

⑵ 정치이념설

정치이념설의 입장에서는 민주주의를 정치이념으로 본다. 예컨대, 아들러(M. Adler)는 "국민을 위한 정치가 민주주의"라고 하였다.

이러한 입장은 민주주의를 실현되어야 할 정치의 목적 또는 내용으로 파악한다. 그러나 정치이념설은 국민을 위한 정치는 모두 민주정치라고 함으로써 수단과 방법을 가리지 않는 데에 문제가 있다. 특히 국민을 위해 폭력적 지배와 자의적 지배가 동원되는 경우에도 이를 민주주의라고 하게 되는 것이다.

⑶ 사견

민주주의에서는 주권자인 국민이 주체가 되어 자신을 위하여 정치를 행하는 것으로 보아야 한다. 그런데 정치행태설은 국민에 의한 정치, 즉 정치의 주체가 국민이라는 점만을 강조하고 있다. 이에 반하여 정치이념설은 정치의 주체나 그 수단과 방법을 지나치게 경시하고 그 목적이나 이념만을 강조하고 있다. 따라서 양자는 일면적 타당성만을 가지고 있다고 하겠다.

생각건대, 민주주의의 이념은 자유와 평등이다. 특히 형식적 자유와 형식적 평등에 주목한다. 왜냐하면, 실질적 자유와 실질적 평등은 복지국가의 원리의 이념이다. 복지국가의 원리를 민주주의의 원리와는 별도로 하나의 헌법원리라고 하는 경우에는 자유와 평등을 형식적 의미에서 파악하여야만 한다.

따라서 형식적 자유와 형식적 평등 가운데 어느 쪽을 중시하는 가에 따라 견해가 나뉜다. 자유민주주의는 자유를 중시한다. 이에 비하여 평등민주주의는 평등을 중시한다. 평등민주주의를 그 발전단계에 따라 사회주의 또는 공산주의라고 하기도 한다. 여하튼 자유민주주의 평등민주주의는 각각의 정치공동체가 중점적으로 지향하고자 하는 가치관의 차이에 기인하는 것이라 할 것이다.

여하튼 궁극적으로는 민주주의란 국민의, 국민에 의한 그리고 국민 각자의 인간으로서의 존엄과 가치를 최대한으로 보장을 위한 정치라 할 것이다.

2. 민주주의의 원리의 내용

1) 개설

형식적 의미의 자유와 평등을 달성하기 위한 민주주의 원리의 구체적 내용으로는 국민주권, 국민의 정치형성, 다수결, 정당, 선거, 표현의 자유 등을 드는 것이 일반적이다.

2) 국민주권

(1) 연혁

주권개념은 프랑스의 보댕(J. Bodin)이 정립하였으나 그 당시는 주권이 군주에게 있다는 군주주권론이 대세였다. 이러한 군주주권론이 독일의 알투지우스(J. Althusius)에 의하여 국민주권이론으로 발전된 이래 국민주권론은 오늘날 대표적인 주권이론이 되었다.

국민주권이론은 미국의 Virginia권리장전(1776년)과 프랑스 인권선언(1789년)의 내용을 담은 프랑스 제1공화국헌법[4](1793년) 등을 통하여 실정법에 규

4) 프랑스 제1공화국 헌법은 국민주권이 무엇보다도 우위에 있음을 명시적으로 규정하고 있다.

정되게 되었다.

그리고 제2차 세계대전이후에는 거의 모든 국가의 헌법이 국민주권주의를 선언하고 있다. 따라서 현대 민주국가에 있어서의 주권의 주체는 자연인(自然人)인 국민(國民)이어야 한다. 그러므로 외국인과 법인은 제외된다. 이와 관련하여 국민과 주권의 의미를 명확히 할 필요가 있다.

(2) 국민의 개념

국민(國民)은 주권의 주체인 동시에 주권의 행사자이다. 주권의 주체란 주권의 보유자로서 추상적 · 이념적 통일체인 전체 국민을 의미한다. 이러한 견해를 국민주권이론이라 한다. 국민주권이론은 전체 국민이 주권을 행사한다는 의미가 아니라 국가권력은 전체 국민의 이익을 위하여 행사되어야 한다는 국가권력의 정당성의 근거를 의미한다.

한편, 전체 국민과 유권자로서의 국민을 구분하여 스스로 의사능력을 가지고 있는 유권자의 총합을 국민으로 이해할 수도 있다. 이를 인민주권이론이라고 한다.

오늘날의 헌법은 위의 두 이론 중 어느 하나에 전적으로 근거하기 보다는 국민주권이론과 인민주권이론을 적절하게 조화하여 채택하고 있다고 할 수 있다. 실제에 있어서는 국민주권이론이 보다 많은 영향을 미쳤다고 할 수 있다.

(3) 주권의 개념

주권(主權)이란 국가의사를 최종적으로 결정할 수 있는 최고의 권력 또는 권위(헌법상 최고권한 내지 최고권위설)이다. 대내적으로는 국가통치형태를 결정할 수 있는 최고의 권력(헌법제정권력)이고, 대외적으로는 독립성을 갖는 절대적 항구적 권력으로서의 속성을 가진다.

주권은 통치권과 구별된다. 통치권이란 구체적 국가목적 수행을 위한 현실적 국가권력을 말한다. 통치권은 입법권과 사법권 및 행정권을 총칭하는 개념이다. 통치권은 주권에서 유래하며 주권이 위임한 권력을 총칭하여 지칭한다.

(4) 국민주권원리의 구현형태

국민이 국가의 정책결정과정에 참여하는 방법에 따라 직접민주제와 간접민주제로 구분된다.

간접민주제는 대의제의 원리에 따라 주권자인 국민이 대표기관을 선출하여 그들로 하여금 국민을 대신하여 국가의사나 국가정책을 결정하게 하는 제도이다. 대의제에서는 의회제도와 선거제도가 필수적으로 요구된다.

직접민주제는 주권자인 국민이 직접 국가의사 또는 국가정책을 결정하는 제도이다. 직접민주제 에서는 치자와 피치자를 동일체로 간주하는 동일성의 원리가 지배한다.

오늘날은 대부분의 국가가 간접민주제를 원칙으로 채택하고 예외적으로 국민투표제, 국민발안제, 국민소환제 등의 직접민주제적 요소를 도입하고 있다.

(5) 우리 헌법과 국민주권

우리 헌법 전문(前文)에서 헌법제정권자가 대한민국 국민이며, 제정헌법을 국민투표에 의해 개정하였다고 명시하여 헌법개정권자 역시 국민임을 명시적으로 규정하고 있다. 이는 국민이 주권자로서 헌법제정권력 및 헌법개정권력의 주체임을 밝힌 것이다.

또한 헌법 제1조 제1항의 '민주공화국' 규정도 국민주권을 규정한 것이며, 제1조 제2항 등에서 국민주권주의를 규정하고 있다. 즉 제1조 제2항 전단에서 '대한민국의 주권은 국민에게 있고'라고 규정함으로써 국민주권주의를 직접적으로 천명하고 있는 것이다. 국민주권주의를 규정하고 있는 헌법 제1조 제2항은 우리 헌법의 근본규범으로서 헌법 각 조항의 해석기준이 되는 동시에 헌법 개정의 한계가 된다.

우리 헌법은 국민주권원리를 구현하기 위하여 간접민주제와 직접민주제, 정당제도, 지방자치제도, 정치적 기본권 보장 및 직업공무원제도 등을 규정하고 있다.

첫째, 원칙적으로는 간접민주제 형태(단원제 의회제도 및 대통령과 국회의원 선거제도)로 구현되고 있으며, 예외적으로 헌법개정 및 국가중요정책에 대한 국민투표제도라는 직접민주제의 요소를 규정하고 있다. 그러나 우리나라에서는 국민발안제와 국민소환제는 도입하지 않고 있다.

둘째, 정당제도에 의한 구현이다. 헌법 제8조 제1항은 "정당의 설립은 자유이며, 복수정당제는 보장된다"고 규정하는 한편, 동조 제2항은 "정당은 그 목적 ·

조직과 활동이 민주적이어야 하며, 국민의 정치적 의사형성에 참여하는데 필요한 조직을 가져야 한다"고 규정하여 정당제도가 국민주권을 구현하는 제도임을 명시하고 있다.

셋째, 지방자치제도에 의한 구현이다. 지방자치제도는 자치사무에 관하여 지역 단위로 국민주권원리를 구현하는 제도이다. 우리 헌법은 제8장에서 지방자치제도에 관한 규정을 두고 있다.

넷째, 정치적 기본권의 보장을 통한 구현이다. 헌법은 공무원 선거권, 공무담임권, 표현의 자유, 청원권 등 정치적 기본권을 보장하고 있다.

다섯째, 직업공무원제도에 의한 구현이다. 이와 관련하여 헌법 제7조는 "공무원은 국민전체에 대한 봉사자이며, 국민에 대하여 책임을 진다"고 규정하고 있다.

그 밖에도 권력분립주의, 법치주의, 헌법재판제도 등도 직접적으로 또는 간접적으로 국민주권의 구현에 기여하고 있다.

Ⅱ. 권력분립의 원리

1. 의의 및 연혁

1) 권력분립의 의의

권력분립의 원리는 국민의 자유와 권리를 보장하기 위하여 국가권력을 입법권 · 행정권 · 사법권으로 분립시킴으로써 권력의 집중을 방지하고 상호 견제와 균형을 유지하도록 하는 통치구조의 구성 원리로서 등장한 것이다.

2) 권력분립의 연혁

17세기 말 영국의 로크(J. Locke)에 의하여 입법권과 집행권의 2권분립론이 주창되어 그것이 18세기 초에 프랑스의 몽테스키외(C. S. Montesquieu)에 의하여 3권분립주의로 완성되었으며, 18세기 말에 이르러 1787년 미국 헌법과 1791년 프랑스 헌법에 채택된 후 세계 각국 헌법에 계수되어 근대입헌주의 헌법의 본질적 요소 또는 기본원리로 확립되었다.

3권분립주의는 국가권력을 입법 · 사법 · 행정의 3권으로 나누어 각각 입법부

(의회)·사법부(법원)·행정부(정부 또는 내각)에 분담시켜 서로 견제·균형하게 함으로써, 국민의 자유와 권리를 국가권력의 남용으로부터 보호하려는 것인데, 그 구체적 발현형태는 나라에 따라 약간씩 차이가 있다.

2. 권력분립의 본질

권력분립은 국민의 자유와 권리를 위한 자유주의적 원리이며, 적극적으로 능률을 증진시키기 위한 분업적 원리가 아니라 국가권력의 남용을 방지하기 위한 소극적 원리이다. 또한 권력분립은 정치적 중립성을 위한 중립적 원리이며, 국가권력의 남용과 자의적 행사를 방지하기 위한 권력균형적 원리이다.

3. 권력분립제의 유형

1) 입법부와 행정부와의 관계로 본 유형

입법부와 행정부의 관계를 기준으로 하면, 입법부 우위형(프랑스혁명시의 국민공회제, 스위스의 의회정부제), 행정부 우위형(프랑스 제5공화국), 엄격한 분립형(미국 연방헌법, 1791년의 프랑스 헌법) 그리고 균형형(영국 등 대부분의 의원내각제)으로 구분된다.

2) 입법부와 사법부의 관계로 본 유형

또한, 입법부와 사법부의 관계를 기준으로 하면, 입법부 우위형(영국), 사법부 우위형(독일, 오스트리아)으로 구분된다. 입법부 우위형은 위헌법률심사제도를 인정하지 않는 데에 반하여 사법부 우위형은 위헌법률심사를 제도화한 헌법이다.

4. 우리 헌법과 권력분립

우리 헌법 제40조는 "입법권은 국회에 속한다"고 규정하고 있으며, 제66조 제4항은 "행정권은 대통령을 수반으로 하는 정부에 속한다"고 규정하고, 제101조 제1항에서는 "사법권은 법관으로 구성된 법원에 속한다"고 규정하여 권력분립제도를 채택하고 있다.

그러나 엄격한 권력분립제도라고 하기는 어렵다. 우리 헌법은 미국식의 엄격한 권력분립제도를 취하는 것이 아니라, 프랑스 제5공화국의 대통령 우위제(대통령의 긴급재정경제처분 및 명령권과 긴급명령권) 및 영국의 의원내각제적인 요소(정부의 법률안제출권, 국무총리 및 국무위원에 대한 국회의 해임건의권, 국무총리 및 국무위원의 국회 출석·발언권과 이들에 대한 국회의 출석요구 및 질문권, 국정조사권, 국회의원의 국무총리·국무위원 제한완화 등)가 다수 포함되어 있기 때문이다. 따라서 우리 헌법은 행정부가 입법부에 우월하는 유형에 속한다. 나아가 입법부와 행정부 간의 권력의 융화를 도모하고 있다고 하겠다.

Ⅲ. 법치주의의 원리

1. 의의

법치주의라 함은 국가가 국민의 자유와 권리를 제한하거나 새로운 의무를 부과하기 위해서는 국민의 의사를 대표하는 국회가 제정한 법률에 의하거나 법률의 근거를 필요로 하며 법률이 국민뿐만 아니라 국가권력의 담당자도 규율한다는 원리를 말한다. 이는 권력자의 자의에 의한 지배가 아니라 법에 의한 지배를 의미한다.

법치주의는 사전에 입법을 함으로써 행정의 내용을 인식할 수 있게 함으로써 예측가능성을 부여하고 법적 안정성을 도모하는 동시에, 법적 분쟁에 있어서 법률에 따른 구제를 확보하고자 하는 것이다.

결국, 법치주의는 선재하는 국가권력에 대한 사후적인 제한원리가 아니라 민주주의의 내용요소인 자유와 평등 및 정의의 이념을 현실화하기 위하여 국가의 전체적인 기능이나 조직형태에 관한 구조적 원리로 파악할 수도 있다.

1) 법치주의의 이념

법치주의는 국가권력에 대항하여 국민의 자유와 권리를 보장한다는 의미에서 국민의 자유를 최우선가치로 생각하는 자유주의적 원리를 그 이념으로 한다.

2) 법치주의의 구성요소

법치주의는 입법권과 행정권 및 사법권의 분립을 전제로 하여 이루어지게 된다. 그리하여 다음의 세 가지의 원리가 도출된다. 첫째, 의회입법의 원리이다. 이는 법률의 제정은 국민의 대표인 의회에 의하여 이루어져야 한다는 것이다. 둘째 법치행정의 원리이다. 이는 행정은 소정의 법률에 의하여 이루어져야 한다는 원리이다. 셋째, 사법심사의 원리이다. 법적 분쟁은 법률에 따라 독립된 법원에 의하여 이루어져야 한다는 것이다.

3) 법치주의의 요소

기본권보장, 권력분립, 형식적 법률의 개념, 국가권력행사의 예측가능성, 포괄적 권리보장, 성문헌법주의, 입법의 헌법에 의한 구속과 위임입법의 제한 등이 법치주의의 요소가 된다.

2. 법치주의의 발전

1) 독일의 법치주의

(1) 형식적 법치주의

독일의 고전적 법치국가이론은 17세기 후반에 확립되었다. 이를 형식적 법치국가론이라고도 한다. 특히 Stahl은 '법치주의는 국가의 목적이나 내용을 의미하는 것이 아니라 이를 실현하기 위한 방법과 성격을 의미하는데 불과하다'고 하여 법치주의를 국가목적의 실현을 위한 법기술적인 수단으로 보였다. 고전적 법치국가론자로는 Pufendorf, Kant, Fichte, Humboldt 등을 들 수 있다.

형식적 법치국가론은 형식적 합법성의 원칙에 따라서 법률의 내용과는 관계없이 법률의 형식만 갖추면 된다는 법실증주의적 세계관에 의하여 불법국가가 되고만 것이다.

(2) 실질적 법치주의

Weimar 공화국 말기 의회의 무력화로 인한 긴급명령과 포괄적 수권법으로 법치국가의 위기가 도래했던 경험을 토대로 독일 기본법은 국가의 적극적인 사회정책의 실시를 촉구하는 새로운 사회적 법치국가를 규정하게 되었다.

오늘날 실질적 법치주의는 통치의 정당성을 요구하여 법률의 형식으로 통치하는 것 이상으로 법률의 내용, 목적도 정의에 합치하는 정당한 것이어야 한다고 요구한다. 법적 안정성의 유지 외에 인간존엄성의 존중, 실질적 평등 등의 정의 실현을 내용으로 한다.

2) 영미의 법의 지배이론

(1) 영국의 법의 지배

영국에서의 '법의 지배'는 '법의 우위'를 의미하여, 지배자의 전단적인 권력행사를 억제하기 위해 중세 이래 영국헌법의 법이념이 되었다. 17세기 코크(E. Coke)는 군주 대권의 절대성을 반대하고, 보통법(common law)의 우위성을 주장하였다. 법의 지배는 명예혁명에 의하여 제도적으로 확립되었다.

다이시(A. v. Dicey)는 법의 지배 원리를 이론적으로 체계화하였다. 그에 의하면, '법의 지배는 영국헌법 하에서 개인의 권리에 부여된 보장'이라고 하면서 다음의 3원칙을 법치주의의 내용으로 제시하였다. 첫째, 전제권력의 부인 및 이에 갈음하는 보통법의 절대적 우월, 둘째, 법 앞의 평등(국가에 대한 시민의 소송은 보통법재판소의 관할), 셋째, 헌법은 개인의 권리의 원천이 아니라 결과(법원은 그 내용을 규정, 집행)가 그것이다.

그러나 오늘날 자유국가에서 복지국가로 이행함에 따라 국가기능이 변천하고, 행정기관의 권한이 확대됨에 따라 많은 수정이 가해지고 있다. 오늘날 기본적 인권의 존중을 본질로 한다.

(2) 미국의 기본권 보장과 위헌법률심사제

미국에서는 성문의 경성헌법이 기본권을 보장하고 있으며, 의회의 입법권에 대한 헌법의 우위가 위헌법률심사제에 의해서 보장되고 있다는 점이 영국과 다르다.

3. 법치행정의 원리

(1) 형식적 법치행정의 원리

법치주의는 입법과 행정과의 관계에서는 행정권의 행사가 국민의 대표기관인 의회가 재정한 법률에 의하여야 하며 헌법, 법률에 위배한 행정처분의 효력을 부인할 수 있다는 원리를 말한다.

마이어(O. Mayer)는 법치행정의 내용으로 법률의 우위, 법률의 유보, 법률의 법규 창조력을 들고 있다.

플라이너(F. Fleiner)는 여기에 법적 평등을 추가하였다. 그러나 이들 이론은 형식적 법치주의의 개념에 기초하고 있다.

(2) 실질적 법치행정의 원리

실질적 법치주의 하에서는 행정의 형식적 합법성 외에 실질적인 내용에 있어서 행정이 헌법과 법률에 적합할 것을 요청(합헌성, 적법성의 요청)하고 있다. 즉 소극적 의의에 있어서의 법의 우월성, 행정행위의 예측가능성을 보장해주는 법률의 규정, 기본권 침해시의 법률의 근거와 유보, 행정의 적법성보장을 위한 재판에 의한 행정작용의 법적 통제 등의 원리(협의의 법치행정의 원칙)를 요청하고 있다.

4. 우리나라 헌법상의 법치주의

1) 근거규정

제헌헌법 이래 법치주의를 도입해오고 있으며, 현행헌법은 직접 법치주의를 규정하지는 않고 있으나, 헌법의 전반에 걸쳐 그 이념을 선언하고 있다(§10, §11, §34, §37②, §119② 등).

2) 법치주의 원리와 그 구현

(1) 기본권보장

기본권보장은 법치주의의 목적으로 제10조, 제37조 제2항에 규정되어 있다.

(2) 권력의 분립

자유와 권리를 보장하기 위하여 권력분립의 원칙을 채택하고 있다. 우리 헌법은 국가권력을 입법권, 행정권, 및 사법권 등으로 나누어 규정함으로써 권력분립의 원리를 명시적으로 규정하고 있다.

(3) 사법권의 독립

사법권의 독립을 보장함으로써 사법에 의한 국민의 권리보장이 가능하게 된다. 명령 · 규칙 · 처분의 위헌 · 위법 여부를 법원이 심사(§107②)하여 국민의 권리를 보장하고 있다. 행정재판도 일반법원이 담당한다.

그리고 헌법재판소에 위헌법률심판권과 헌법소원심판권을 부여하여 국민의 기본권을 보장하고 있다.

(4) 포괄적 위임입법의 금지

헌법은 법률의 하위입법형식인 대통령령과 총리령 · 부령의 입법권을 규정하는 동시에, 포괄적인 위임입법을 금지하고 있다. 즉, 우리 헌법은 "대통령은 법률에서 구체적으로 범위를 정하여 위임 받은 사항과 법률을 집행하기 위하여 필요한 사항에 관하여 대통령령을 발할 수 있다"고 규정하고 있으며(§75), "국무총리 또는 행정각부의 장은 소관 사무에 관하여 법률이나 대통령령의 위임 또는 직권으로 총리령 또는 부령을 발할 수 있다"(§95)고 규정하고 있다.

이는 입법권이 '구체적으로 범위를 정하여' 위임하도록 하여 입법권의 포괄적 위임을 금지하고 있음을 의미한다. 이를 위반하는 입법권의 위임, 즉 입법권의 포괄적 위임은 헌법에 위배되는 것이다.

[헌재 2011.9.29. 2010헌가93] 의료기기 판매업자의 의료기기법 위반행위 등에 대하여 보건복지가족부령이 정하는 기간 이내의 범위에서 업무정지를 명할 수 있도록 규정한 의료기기법 소정의 업무정지기간은 국민의 직업의 자유와 관련된 중요한 사항으로서 업무정지의 사유 못지않게 업무정지처분의 핵심적 • 본질적 요소라 할 것이고, 비록 입법부가 복잡 • 다기한 행정영역에서 발생하는 상황의 변화에 따른 적절한 대처에 필요한 기술적 • 전문적 능력에 한계가 있어서 그 구체적 기준을 하위법령에 위임할 수밖에 없다 하더라도 최소한 그 상한만은 법률의 형식

으로 이를 명확하게 규정하여야 할 것인데, 이 사건 법률조항은 업무정지기간의 범위에 관하여 아무런 규정을 두고 있지 아니하고, 나아가 의료기기법의 다른 규정이나 다른 관련 법률을 유기적·체계적으로 종합하여 보더라도 보건복지가족부령에 규정될 업무정지기간의 범위, 특히 상한이 어떠할지를 예측할 수 없으므로 헌법 제75조의 포괄위임금지원칙에 위배된다.

[헌재 2010.7.29. 2009헌가4] 퇴역연금 지급정지제도의 본질에 비추어 지급정지의 요건 및 내용을 규정함에 있어서는 소득의 유무뿐만 아니라 소득의 수준에 대한 고려 역시 필수적인 것임에도 불구하고 구 군인연금법(1974.12.26. 법률 제2728호로 개정되고, 1982.12.28. 법률 제3587호로 개정되기 전의 것) 제21조 제3항 제2호 및 제3호는 지급정지와 소득수준의 상관관계에 관하여 아무런 정함이 없이 대통령령에 포괄적으로 위임함으로써 위 조항들만으로는 일정 수준 이상의 소득자만을 지급정지의 대상으로 할 것인지 여부 및 소득의 수준에 따라 지급정지율 내지 지급정지금액을 달리할 것인지 여부가 불분명할 뿐만 아니라 이와 관련한 일체의 규율을 행정부에 일임한 결과가 되어 아무리 적은 보수 또는 급여를 받는 경우에도 대통령령에서 연금지급을 정지할 수 있도록 정하거나 재취업 소득의 수준에 관계없이 지급정지율 내지 지급정지금액을 일률적으로 정하는 것이 가능하게 되었으므로, 위 조항들은 포괄위임금지원칙에 위배된다.

3) 법치주의의 원리에 대한 제한

(1) 국가긴급권 발동에 의한 제한

법치주의의 원리는 헌법 제76조의 긴급명령·긴급재정경제명령권과 제77조의 계엄선포권의 행사에 의하여 제한될 수 있다. 그러나 국가긴급권 역시 헌법적 질서를 유지하기 위한 최소한에 그쳐야 한다.

(2) 특별행정법관계에 의한 제한

특별행정법관계(특별권력관계 또는 특별신분관계)를 부인하는 것이 다수설이다. 그러므로 오늘날에는 특별행정법관계도 원칙적으로 법치주의가 적용된다고 본다. 그러나 목적달성을 위해 필요하고 합리적인 범위 내에서 예외가 인정된다고 할 수 있다.

Ⅳ. 복지국가의 원리

우리 헌법은 전문에서 국민생활의 균등한 향상을 선언하는 한편, 제2장 '국민의 권리와 의무'에서 자유권뿐만 아니라 생존권도 아울러 보장하고 있다.

즉, 제34조 제1항에서는 '인간다운 생활을 보장'하고, 제2항에서는 '사회보장 및 사회복지에 관한 국가의 의무'를 규정함으로써 복지국가 건설을 지향하고 있다.

또한 제11조에서는 실질적 경제적 평등을 보장하고 있으며, 제23조 제2항에서는 '재산권 행사의 공공복리 적합 의무'를 규정하는 동시에, 제119조 제2항에서는 사회적 시장경제주의를 채택하고 있다.

Ⅴ. 기타

1. 문화국가의 원리

1) 의의

우리 헌법은 개인의 문화적 창작활동의 자유를 보장하고 국민들이 문화생활을 영위할 수 있도록 노력하는 문화국가를 지향하고 있다.

이러한 문화국가원리는 물질적 차원에서의 인간다운 생활 이상의 문화적 차원에서의 인간다운 생활을 국민들이 영위할 수 있도록 하기 위하여 필요한 측면이 있다.

2) 문화국가원리와 문화정책

문화국가원리를 구현하기 위해서 국가는 소극적으로 개인의 문화적 창작활동을 간섭하거나 방해해서는 아니될 것이나, 적극적으로는 여러 가지의 조성이나 육성 정책을 통하여 국가의 문화적 기반을 확대하여 국민들의 문화생활을 향유할 수 있도록 노력하여야 한다.

그러나 여기서 중요한 것은 국가가 어떠한 특정의 문화현상은 선호하고 다른 문화현상은 배척하는 경향을 보이지 않는 불편부당한 입장을 견지하는 것이다.

결국 문화국가에서의 문화정책은 그 초점을 문화 그 자체에 두기보다는 문화가 생겨날 수 있는 문화풍토를 조성하는데 두어야 한다.

3) 우리 헌법상의 문화국가의 원리

우리 헌법은 제헌헌법 이래 문화국가의 원리를 헌법의 기본원리로 채택하고 있다. 현행 헌법은 전문(前文)에서 "유구한 역사와 전통"을 강조하는 한편, "문화의 영역에 있어서 각인의 기회균등"을 선언하고 있다.

그리고 제9조에서는 "전통문화의 계승·발전과 민족문화의 창달을 위한 국가의 노력"을 규정하고 있으며 그 외에도 제69조에서는 민족문화 창달을 위한 대통령의 의무를 명시하고 있다.

문화국가원리와 관련하여 헌법재판소는 국가영화의무상영제(스크린쿼터)는 국산영화의 보호를 위하여 직업선택의 자유 등에 대한 합리적 제한이라고 보았다(헌재 1995. 7. 21. 94헌마125. 영화법 제26조 등 위헌확인(기각)).

그리고 과외교습금지와 관련해서는 과외금지가 국민 개개인의 개별성과 다양성을 지향하는 헌법상의 문화국가원리에도 위배된다고 판시하였다(헌재 2004. 4. 27. 98헌가 16등. 학원의설립·운영에관한법률 제22조 제1항 제1호 등 위헌확인).

2. 평화국가의 원리

1) 의의

평화국가란 국제협력과 국제평화를 지향하고자 하는 이념을 기반으로 하는 국가를 말한다. 평화국가의 원리란 국제적 차원에서 평화공존·국제분쟁의 평화적 해결, 각 민족국가의 자결권 존중, 국내문제에의 불간섭 등을 내용으로 하는 국제평화주의를 국가목적으로 지향하는 헌법 원리를 말한다.

국제평화주의는 인류가 겪은 제1차 및 제2차의 세계대전에 대한 반성적 고려에서 출발하여, 오늘날 대부분의 국가는 국제평화주의를 지향하고 있다.

2) 우리 헌법상 평화국가의 원리

헌법 전문은 "밖으로는 항구적인 세계평화와 인류공영에 이바지함으로써"라고 규정하고 있다. 그리고 헌법 제5조 제1항에서는 "대한민국은 국제평화의 유지에 노력하고 침략적 전쟁을 부인한다"고 규정함으로써 국제평화주의를 규정하고 있다.

이는 전쟁의 참화로부터 위협받게 될 우려로부터 우리들과 우리들의 안전과 자유와 행복을 영원히 확보하고자 하는 것이다.

또한 헌법 전문에서는 '조국의 평화적 통일의 사명에 입각하여'라고 규정하는 한편, 제69조에서는 대통령의 취임에 있어 '조국의 평화적 통일'에 노력하여 그 직책을 성실히 수행할 것을 선서하도록 하고 있어 한반도의 문제를 해결함에 있어서도 평화주의의 원리에 입각하도록 규정하고 있다.

제 4 절 헌법의 기본질서

Ⅰ. 민주적 기본질서

1. 헌법규정

현행 헌법의 전문은 "자율과 조화를 바탕으로 자유민주적 기본질서를 더욱 확고히 하여"라고 규정하고 있으며, 헌법 제4조는 "자유민주적 기본질서에 입각한 평화통일정책을 수립하고 이를 추진한다"고 규정하고 있다.

이와는 달리 헌법 제8조 제4항은 "정당의 목적이나 활동이 민주적 기본질서에 위배될 때에는… 해산된다"라고 규정하고 있다.

이와 같이 우리 헌법은 '자유민주적 기본질서'와 '민주적 기본질서'라는 두 가지의 용어를 사용하고 있다. 따라서 이 두 가지의 용어가 지닌 차이점의 유무나 '민주적 기본질서'라는 개념이 무엇인지가 문제된다.

우리와는 달리, 독일기본법은 제21조의 정당조항, 제18조의 자유민주적 기본질서를 공격하는 경우의 기본권 상실, 제91조 제1항의 자유민주적 기본질서를 유지하기 위한 비상권의 발동 등을 규정하고 있다.

2. 민주적 기본질서

1) 의의

민주정치는 이념, 형태에 의하여 개념이 확정되기보다는 그 내용에 의해 특정 지워지는 것이다. 생각건대, 민주정치의 개념에는 국민주권주의, 국민의 국정참여, 다수의 지배, 자유로운 투표에 의한 다수의 확정, 시민의 정치적 평등(특히 선거권 및 투표가치의 평등, 대다수 국민에 의한 참정권 향유, 의견과 반대의견의 자유로운 형성, 자유로운 여론의 형성, 자유로운 교육제도의 확립 및 교육의 기회균등, 공직취임의 평등과 자유, 정치적 의미에서의 자치행정 그리고 이러한 원칙들이 국가 및 다른 공적 영역, 즉 공법상의 단체, 지방자치단체나 영조물, 정당 등에 미칠 것 등의 요소가 내포되어 있다.

2) 자유민주적 기본질서와 사회민주적 기본질서

(1) 자유민주적 기본질서의 내용

자유민주적 기본질서의 내용은 민주적 기본질서의 내용에 자유주의에 바탕을 둔 법치주의와 권력분립의 원리가 추가된다. 법치주의 원리와 권력분립원리은 모두 국민의 자유와 권리를 보장하기 위하여 국가권력을 제한하고자 하는 원리이기 때문이다. 그리고 자유민주적 기본질서는 자유권을 중시하고, 개인의 경제상의 자유와 창의를 존중하다.

(2) 사회민주적 기본질서의 내용

사회민주적 기본질서의 내용으로서는 민주적 기본질서의 요소에 평등적 요소, 정의, 복지, 평화주의 등이 추가된다.

기본권 보장에 있어서 생존권 중시, 사회적 법치주의, 국민의 복지향상을 위한 국가의 적극적 개입이 강조되고 있다.

3. 우리 헌법에 있어서의 민주적 기본질서 또는 민주주의

1) 민주적 기본질서의 개념

헌법 제8조 제4항의 '민주적 기본질서'는 자유민주적 기본질서로만 파악하는 입장과 자유민주적 기본질서 뿐만 아니라 사회민주적 기본질서까지도 포괄한다고 보는 입장으로 견해가 대립된다.

그러나 민주적 기본질서를 자유민주적 기본질서로 파악하면서 사회민주적 기본질서를 배척하는 입장은 민주적 기본질서를 자유주의와의 결합으로서만 보고 민주주의와 복지주의의 결합을 무시하기 때문에 타당하지 못하다.

민주적 기본질서 또는 민주주의는 자유민주주의와 사회민주주의 등을 함께 내포하는 상위개념이며 그 공통개념이다. 그리고 민주적 기본질서는 공산주의와 전체주의의 국가질서에 대립되는 개념이며 사회적 법치주의를 배척하는 개념은 아니다. 또한 우리 헌법은 복지국가의 원리 및 사회적 시장경제질서 등을 통하여 자유민주주의만을 규정하고 있다고 할 수 없다. 게다가 우리나라 정당의 정강정책이 모두 고전적 자유민주주의가 아닌 복지국가적·사회적 법치주의를 지향하고 있다.

따라서 우리나라 헌법상의 민주적 기본질서는 자유민주적 기본질서와 사회민주적 기본질서를 포괄하는 개념으로 보아야 할 것이다. 다만 자유민주적 기본질서와 사회민주적 기본질서 그 자체만을 비교할 경우에는 자유민주적 기본질서가 앞서는 것으로 파악할 수 있다.

[헌재 1990.4.2. 89헌가113; 1994.4.28. 89헌마221; 2001.9.27. 2000헌마 238 등] 우리 헌법은 자유민주적 기본질서의 보호를 그 최고의 가치로 인정하고 있고, 그 내용은 모든 폭력적 지배와 자의적 지배 즉 반국가단체의 일인독재 내지 일당독재를 배제하고 다수의 의사에 의한 국민의 자치, 자유·평등의 기본원칙에 의한 법치주의적 통치질서를 말한다. 구체적으로는 기본적 인권의 존중, 권력분립, 의회제도, 복수정당제도, 선거제도, 사유재산과 시장경제를 근간으로 한 경제질서 및 사법권의 독립 등을 의미한다.

2) 민주적 기본질서의 내용

'민주적 기본질서'라는 용어는 정당조항인 제8조에만 사용되고 있으나, 헌법제정권자의 근본결단으로서의 민주적 기본질서는 형태개념으로서 제1조에 '민주공화국'으로 규정되어 있다.

민주적 기본질서의 내용에는 자유민주적 기본질서와 사회민주적 기본질서의 요소로서 국민주권, 권력분립, 기본권의 보장, 정부의 책임성, 법치주의, 사법권의 독립, 복수정당제 및 정당 활동의 자유, 복지국가의 원리 및 사회적 시장경제질서, 국제평화주의 등이 우리 헌법에 규정되어 있다.

3) 민주적 기본질서의 효력

민주적 기본질서는 헌법제정권자의 기본적 결단을 의미하는 국가적 이념·목표이며 헌법의 기본원리이다. 따라서 최고규범성을 지니며 헌법 개정의 한계가 된다. 그리고 민주적 기본질서는 모든 법령의 해석 기준이 되며, 민주적 기본질서는 모든 국가작용을 구속하며, 국가권력발동의 척도로서 그 타당성의 근거가 된다.

4) 민주적 기본질서의 침해에 대한 보장

(1) 민주적 기본질서의 침해

민주적 기본질서의 내용적 요소가 국가기관, 기타 단체, 개인 특히 정당에 의하여 자의적 방법으로 배제되는 경우에 민주적 기본질서는 침해될 수 있다. 헌법 제8조 제4항은 여러 가지의 침해 유형 중에서 정당에 의한 침해의 경우를 설정하고 위헌정당해산제도[5]를 두고 있다.

(2) 민주적 기본질서의 보장

우선, 적극적 방법에 의하여 민주적 기본질서를 보장하여야 한다. 민주적 기본질서를 형성, 유지하기 위한 제도(선거제도, 권력분립, 사법권의 독립, 복수정당제 등)의 적극적인 채택이 필요하다. 민주적 기본질서의 형성을 위해서는 특히 표현의 자유와 정치과정의 공개가 보장되어야 한다.

이와 아울러, 민주적 기본질서의 침해에 대한 배제가 이루어져야 할 것이다.

---

5) 헌법재판소의 권한 중 하나인 정당해산심판은 어떤 정당의 목적이나 활동이 헌법이 정하는 민주적 기본질서에 위배되는 경우 정부의 청구에 의하여 그 정당을 해산할 것인지 여부를 심판하는 것이다. 즉, 정당을 보호하면서 동시에 이러한 위헌정당으로부터 자유민주주의를 지키기 위하여 정당을 오직 헌법재판에 의해서만 해산시킬 수 있도록 한 것이 정당해산심판제도이다. 정부는 정당의 목적이나 활동이 민주적 기본질서에 위배되는 경우에는 국무회의의 심의를 거쳐 헌법재판소에 그 정당의 해산심판을 청구할 수 있는데, 정당해산심판은 정부를 대표하는 법무부장관이 헌법재판소에 이러한 정당을 해산시켜 줄 것을 청구함으로써 시작된다.

현행 헌법의 민주주의는 민주주의 그 자체를 부정하는 행위를 '민주주의의 적'으로 간주하는 방어적(투쟁적) 민주주의를 특징으로 하고 있다.

과거 Weimar 헌법이 민주주의를 상대주의, 가치중립적 원리로 파악했다. 따라서 자유민주주의를 부정하는 Nazi 등에 대해서도 무제한의 자유를 허락한 결과 Weimar 공화국 자체가 붕괴되었다. 이를 경험 삼아 독일기본법은 민주주의의 적에 대해서는 가치중립적인 태도를 부인하고 자유민주주의 수호를 위한 의지를 명문화하게 된 것인데 이것이 방어적 민주원리이다.

그러므로 민주적 기본질서가 정당에 의하여 침해되는 경우에는 정당해산을 통하여 방어하여야 하며, 국가기관에 의한 침해의 경우에는 탄핵심판제도[6](대통령 등), 해임건의(총리, 장관), 위헌 · 위법심사제도(국회), 헌법소원 등을 통하여 방어하여야 하며, 최후에는 국민의 저항권 행사 등을 통하여 방어하여야 한다. 개인에 의하여 민주적 기본질서가 침해된 경우에는 형법이나 국가보안법 등에 의한 처벌로써 방어하게 된다.

Ⅱ. 사회적 시장경제질서

1. 헌법과 경제조항

1) 경제조항의 대두배경

경제조항이란 헌법상의 경제에 관한 제규정을 말한다. 자유방임주의와 개인주의에 입각하여 사유재산권의 신성과 계약자유의 원칙을 강조하던 18 · 19세기의 헌법에서는 경제에 관한 헌법의 규정으로서는 재산권의 신성불가침 및 계약자유의 원칙을 규정한 것 이외에는 이를 찾아볼 수 없었다.

그러나 20세기에 들어와서 자본주의가 사회적 · 경제적인 모든 면에서 여러

6) 현행 헌법(§65①)은 탄핵의 대상이 되는 공직자를 대통령 · 국무총리 · 국무위원 · 행정각부의 장 · 헌법재판소 재판관 · 법관 · 중앙선거관리위원회위원 · 감사원장 · 감사위원 · 기타 법률이 정하는 공무원으로 정하고 있다(헌법재판소법 48). 헌법재판소 재판관이 탄핵대상이 되는 경우에는 재판관 3인 이상을 동시에 소추할 수는 없다(법 23①). 탄핵제도가 갖는 특별한 소추절차의 성격을 감안할 때, 다른 방법으로 그 법적 책임을 물을 수 있는 공직자는 탄핵의 대상에서 제외된다고 보아야 한다.

문제를 발생시키고, 그 밖에 자력으로 이를 극복할 자극성을 상실하게 되자 국민의 경제적 · 사회적 생활에 대하여 국가의 합리적인 관여 및 통제가 강력하게 요청되게 되었다.

이리하여 역사적으로는 Weimar헌법이 최초로 경제조항을 두어 자본주의의 수정을 추진하였다. 즉, Weimar헌법은 19세기적인 자유민주주의를 기본으로 하면서 20세기적 사회국가의 이념을 취하여 근대 헌법상 처음으로 소유권의 의무성(사회성)과 재산권행사의 공공복리 적합성을 규정하고, 인간다운 생존(생존권)을 보장하면서 경제조항(經濟條項)을 규정함으로써 20세기 현대 헌법의 전형(典型)이 되었다. 제1차 대전 후의 20세기 각국의 헌법도 경제조항을 두어 매우 중요시하게 되었다.

2) 한국헌법상의 경제조항

우리 헌법도 이러한 경향에 따라 헌법 전문에서는 '경제영역에 있어서 능력을 최고도로 발휘하게 하며'라고 선언하고, 나아가 '제9장 경제'에서 경제에 관한 기본원칙을 천명하고 있다.

우선, 제119조 제1항에서는 "대한민국의 경제질서는 개인과 기업의 경제상의 자유와 창의를 존중함을 기본으로 한다"고 함으로써 자본주의 경제체제를 선언하는 한편, 제2항에서는 "국가는 균형 있는 국민경제의 성장 및 안정과 적정한 소득의 분배를 유지하고, 시장의 지배와 경제력의 남용을 방지하며, 경제주체간의 조화를 통한 경제의 민주화를 위하여 경제에 관한 규제와 조정을 할 수 있다"고 규정하여 자본주의 경제체제에 대한 규제와 조정의 근거를 마련해 두고 있다.

나아가 제120조에서부터 제127조까지 이를 구체화하는 규정을 두고 있다. 중요한 자원과 자연력에 대한 국가의 보호(§120), 농지 소작제도 금지(§121), 국토의 효율적 이용을 위한 법정의 제한과 의무(§122), 농어촌개발에 의한 지역경제의 발전 도모 및 중소기업보호 육성(§123), 소비자보호 운동의 보장(§124), 대외무역의 육성과 규제 · 조정(§125), 사영기업의 국 · 공유의 원칙적 금지(§126), 과학기술혁신과 정보 및 인력개발을 통한 경제발전 노력(§127) 등이 그것이다.

2. 사회적 시장경제의 의의

1) 개념

사회적 시장경제는 시장경제를 바탕으로 하고, 여기에 사회적 요소를 가미한 경제를 말한다. 바꾸어 말하면, 사유재산제도의 보장과 자유경쟁을 기본원리로 하는 자본주의적 시장경제질서를 근간으로 하되, 사회적 정의를 실현하고 건강한 사회질서와 사회경제적 약자의 보호를 위하여 필요한 한도에서 경제에 대한 국가의 조정과 규제가 가하여지는 경제질서를 의미한다.

이러한 경제질서는 복지국가의 원리와 부합되는 경제질서이다. 개인과 기업 등 사경제주체의 자유와 창의를 기본으로 하는 자본주의적 시장경제의 원칙에 사회적 정의의 요청이 가미된 것이다.

2) 사회적 시장경제의 내용적 특정

첫째, 사유제산제도의 보장이다. 이는 자본주의 경제의 근간을 이루고 있다.

둘째, 계약의 자유, 직업의 자유, 기업의 자유 등 자유경쟁을 원칙으로 하는 시장경제의 유지이다.

셋째, 사회적 불균형, 사회적 부정의와 사회적 위기와 분규를 예방하고 배제하기 위하여 필요한 경우 개인과 기업의 자유영역에 대한 국가의 개입이 허용된다. 불공정거래나 독과점의 규제, 토지거래허가제 · 주택거래신고제 · 최저임금제 등의 도입을 예로 들 수 있다.

3. 우리나라 경제헌법의 기본원리

현행 헌법은 한편으로는 경제적 자유를 인정하면서도 다른 한편으로는 경제활동에 대한 통제를 행하는 사회적 시장경제의 원칙을 선언하고 있다.

1) 재산권 및 사유재산제도의 보장

우리 헌법은 제23조 제1항에서 "모든 국민의 재산권은 보장된다. 그 내용과 한계는 법률로 정한다"고 규정하여 재산권과 사유재산제도의 보장을 선언하고 있다. 또한 제3항에서는 법률이 정한 정당한 보상이 없으면 법률로써도 공공필요에 의한 재산권의 수용·사용 및 제한을 할 수 없게 하고 있다.

2) 경제적 자유의 존중

헌법 제119조 제1항에서는 "대한민국의 경제 질서는 개인과 기업의 경제상의 자유와 창의를 존중함을 기본으로" 하고 있다는 점에서 경제적 자유를 존중하는 자본주의를 근간으로 하고 있음을 밝히고 있다.

3) 경제활동에 대한 규제와 조정

우리 헌법에서는 모든 국민의 인간다운 생활의 확보와 균형 있는 국민경제의 발전과 적정한 소득의 분배 및 경제의 민주화를 위하여 '경제에 대한 규제와 조정'을 할 수 있도록 하고 있다(§119②).

그리고 사회적 정의의 요청에 따라 재산권의 사회화·상대화의 경향을 따르고 있다. 즉, 재산권 행사의 공공복리 적합의무를 규정하고 있는 헌법 제23조 제2항과 천연자원의 원칙적 국유화를 선언한 제120조 및 국토의 이용 강제·제한 등을 규정한 제122조 등을 통하여 사유재산제도에 대한 한계를 설정하고 있다.

결국 우리 헌법은 완전한 자본주의가 아닌 수정자본주의를 원칙으로 하고 있는 것이다. 그리고 여기서 말하는 경제에 대한 규제와 조정은 시장경제의 실패를 극복하기 위한 경제에의 개입을 의미한다. 따라서 규제와 조정은 시장의 실패를 극복하는 것에 한정되어야 한다. 그런데 규제와 조정이 과도하여 시장경제의 실패를 극복하지 못하고 오히려 더욱 왜곡시킬 우려도 있다. 이를 정부의 실패라고 한다. 이를 시정하기 위한 노력이 규제완화이다.

헌법재판소도 우리의 경제질서는 자유시장 경제질서를 기본으로 하면서 사회국가원리를 수용하여 실질적인 자유와 평등을 달성하려고 한다고 판시한 바 있다.

4) 사회적 시장경제의 한계

경제에 대한 규제와 조정의 면에서 계획경제를 도입할 수 있는가의 문제가 대두된다. 그러나 우리 헌법의 경제조항은 시장경제질서에 평등요소를 가미하는 데에 그치는 것이므로 시장경제질서를 전혀 무시하는 전면적인 계획경제질서를 도입할 수 없다. 다만, 자본주의 틀 안에서의 경제계획은 가능하고 바람직하다.

또한 국토의 균형 있는 이용을 위한 개발계획의 수립이나 농·어촌 종합개발계획의 수립 등은 헌법 스스로가 인정하고 있다. '계획은 현대를 이끌어가는 위대한 견인차'라는 말에서와 같이 행정 전반에 걸쳐 계획이라는 수법이 등장하고 있다. 그렇다고 하여 전면적 통제경제 또는 계획경제가 가능하다는 것은 아니다.

Ⅲ. 평화적 국제질서

1. 국제평화주의

1) 의의

국제평화주의란 국제간의 친선을 도모하고 침략전쟁을 부인함으로써 인류를 전쟁의 참화로부터 지켜내려는 주의를 말한다. 오늘날 각국의 헌법은 대부분 국제평화에 관한 규정을 두고 있다.

제1·2차 세계대전의 참혹성과 비합리성으로 세계인류는 평화를 희구하게 되었고, 각 국민의 평화정신은 대외적으로는 국제간 침략전쟁 방지를 위한 조약의 체결, 국내적으로는 헌법에 평화정신의 선언으로 나타나게 되었다. 그리하여 국가간의 평화적 공동생활을 문란하게 할 우려가 있거나 그 의도로써 행하여지는 행동, 특히 침략전쟁의 대행을 준비하는 행동을 위헌으로 하는 각 국가의 노력이 구체화되었다.

2) 연혁

국제사회를 구성하는 국가간의 이해대립으로 야기되는 전쟁상태에 종말을 짓게 해서 거기에 질서를 부여하고자 하는 영구평화론은 근대 유럽에 이르러 명백한 형태로 나타난다. 그 대표적인 것이 칸트(I. Kant)의 평화론이다.

칸트는 그의 저서 『영구평화를 위하여(*Zum ewigen Frieden*, 1795)』에서 전쟁의 되풀이가 인류를 멸망의 길로 이끌 것이라고 경고하면서, 이와 같은 참극을 막기 위해서는 각국이 주권의 일부를 양도하여 전쟁을 막는 국제조직을 설치할 것을 주장하였다. 또한 전쟁의 불씨가 되는 비밀조약 및 상비군 등의 폐지와, 폭력에 의한 타국에의 간섭을 금지할 것 등을 역설하고, 영구평화를 위한 세계공민법의 확립을 주장하였다.

그 후 1791년 프랑스헌법에서는 침략적 전쟁의 포기에 관한 규정이 등장하였다. 제1차 세계대전 이전에는 전쟁 수행은 주권국의 당연한 권리라고 생각되었다. 상대국의 국제법상의 의무 불이행을 강제적으로 이행시키기 위해 무력에 호소할 수 있다는 것이다. 전쟁을 통한 무력행사가 막대한 피해를 초래함에 따라 전쟁을 금지하여야 한다는 경향이 나타났다. 이러한 경향은 1907년 제2차 헤이그평화회의에서 나타났다. 러시아의 니콜라이 2세에 의해서였다. 이 회의는 44개국 대표가 참석한 가운데 개최되었다. 군비축소안은 또다시 부결되었다. 그러나 1907년 회의는 계약상의 채무를 회복하기 위한 수단으로서의 폭력의 사용, 육전과 해전에 있어서의 중립국과 그 국민들의 권리 · 의무, 자동촉발해저수뢰(自動觸發海底水雷)의 부설, 적국 상선(商船)의 지위, 전시 해군에 의한 포격, 국제포획심판소의 설치 등의 문제에 관한 다수의 조약을 체결했다. 1915년에 예정되었던 제3차 회의는 제1차 세계대전의 발발로 인하여 무산되었지만 이러한 경향은 제1차 세계대전 후 국제연맹의 창설과 부전조약(不戰條約)의 성립으로써 실현되었다.

제2차 대전 후 1945년의 국제연합헌장에서는 무력행사 일반을 제한하고, 이를 집단안보체제로 담보하고자 하였다.

이후 각국 헌법이 다양한 형태로 평화주의 채택하였다. 예컨대 1946년 프랑스 제4공화국 헌법전문, 1947년 이탈리아 헌법(§11), 1949년 독일기본법(§26), 1947년 일본헌법(§9) 등을 들 수 있다.

3) 국제평화주의의 헌법적 보장 유형

1949년의 독일기본법은 평화파괴행위의 처벌과 무기의 제조 · 운반 · 거래의 금지를 규정하고, 필요한 경우 국가주권의 국제기구에의 이양과 국제법규의 국내법규에 대한 우월을 인정하여 국제법존중주의를 선언하였다.

네덜란드와 포르투갈의 헌법은 국제분쟁의 평화적 해결을, 프랑스 제4공화국 헌법은 전쟁수단으로서의 군비제한을, 1947년의 일본헌법은 전쟁의 포기 및 군비폐지를 규정하는 등 국제평화유지를 위한 노력을 하고 있다.

4) 현행 헌법상의 국제평화주의

우리 헌법은 그 전문에서 '항구적인 세계평화와 인류공영에 이바지'할 것을 선언하고 있으며, 제5조에서는 "국제평화의 유지에 노력하고 침략적 전쟁을 부인한다"고 하여 국제평화주의를 선언하고 있다.

다만, 우리 헌법은 침략적 전쟁을 부인하고 있으나 일본 헌법은 교전권 자체를 부인하고 있어, 양국의 헌법이 국제평화주의를 표방하는 방법에는 차이가 있다. 그리고 제5조 제2항은 국군은 국가의 안전 보장과 국토방위의 신성한 의무를 수행함을 사명으로 하며 그 정치적 중립성은 준수된다고 규정하고 있다. 여기에서의 국군의 국토방위의무도 자위를 위한 전쟁만을 인정한다는 의미로 보아야 한다.

Ⅳ. 국제법 존중주의

1. 헌법규정

헌법 제6조 제1항은 "헌법에 의하여 체결·공포된 조약과 일반적으로 승인된 국제법규는 국내법과 같은 효력을 가진다"고 규정하여 국제법을 국내법으로 수용·존중하는 입장을 채택하고 있다.

여기에서 국제법과 국내법과의 관계에 관하여 학설은 대립되고 있다.

2. 국제법과 국내법의 관계

1) 학설

(1) 일원론

국제법과 국내법의 양자가 동일한 법적 기초에 근거를 둔 하나의 통일법 질서를 구성하며, 각각은 그 부분질서로서 상호 타당한 위임관계에 있다고 한다. 이러한 일원론은 다시 국제법에 우위에 있다고 보는지 국내법이 우위에 있다고 보는지 여부에 따라 국제법우위론과 국내법우위론으로 나뉜다.

국제법우위론은 국내법은 국제법에 의하여 위임된 부분질서이며, 자연법체계

중의 상위법인 국제법이 국내법보다 우월적 효력을 가진다고 한다. 이에 반하여, 국내법우위론은 국제법의 성립근거는 국내헌법에 있음으로 국제법의 타당근거는 국내법 자체에서 구해야 한다고 한다.

(2) 이원론

국제법과 국내법은 상호 상이한 구조 · 기능 · 발전과정을 지닌 별개 차원의 법질서로서 상호간 영향을 미치지 않는 독립의 법질서라고 한다.

2) 우리나라 헌법의 태도

헌법 제6조 제1항은 국제법이 국내법과 같은 효력을 지닌다고만 규정하고 있을 뿐, 그 효력의 우열을 명시하고 있지 아니하다. 그러므로 일원론 또는 이원론의 어느 입장에서도 해석이 가능하다.

3. 국제법의 국내법적 효력

1) 조약

(1) 조약의 의의

조약이라 함은 명칭 여하를 불문하고 국가 간에 법률상의 권리 · 의무를 창설 · 변경 · 소멸시키는 문서에 의한 합의를 말한다.

(2) 조약체결 · 비준

조약은 그 안을 국무회의의 심의(§89)를 거쳐 대통령이 체결 · 비준한다(§73). 여기에서 비준(批准 : ratification)이란 대표자가 체결한 조약안을 당사국이 최종적으로 확인하는 행위이다. 이는 당해 국가가 그 조약에 동의한다는 뜻으로 조약체결권자가 당해 국가를 대표하여 조약의 구속력을 최종적으로 인정하는 행위이다. 비준의 필요성은 대체로 대표자가 권한 내에서 행동했는가를 조사하고, 그 조약의 내용을 세밀히 검토할 기회를 주며, 아울러 국내법상 국회의 동의를 요하는 경우 그 동의를 구할 시간적 여유를 부여하기 위한 것이다.

그러나 상호원조 또는 안전보장에 관한 조약, 중요한 국제조직에 관한 조약, 우호통상항해조약, 주권의 제약에 관한 조약, 강화조약, 국가나 국민에게 중대한 재정적 부담을 지우는 조약 또는 입법사항에 관한 조약의 체결 · 비준에는 국회의 동의가 필요하다(§60①). 이는 대통령의 전횡을 방지하기 위한 민주적 통제 장치로서 국민주권원리를 구현하기 위한 것이다.

국회의 동의는 비준 전에 이루어져야 하며, 이는 조약의 효력발생요건으로 보아야 한다.

국회의 동의를 거치지 아니한 조약은 절차상의 하자로 인하여 국내법적으로는 당연 무효이나, 국제법적 효력에 관하여는 유효설과 무효설이 대립하고 있다.

또한 국회가 조약을 수정하여 동의할 수 있는가에 관하여는 긍정설과 부정설이 대립된다. 권력분립적 견지에서 수정동의권을 부정하는 것이 타당하다.

2) 일반적으로 승인된 국제법규

제6조 제1항이 조약과 일반적으로 승인된 국제법규가 국내법과 같은 효력을 지닌다고 규정하고 있다.

⑴ 의의

'일반적으로 승인된 국제법규'라 함은 국제사회의 일반적 보편적 규범으로서 세계 대다수 국가에 의하여 승인된 국제규범을 말하며, 성문의 국제법규와 국제관습법(예: 포로살해금지와 인도적 처우에 관한 전시국제법상의 기본원칙, 조약준수원칙, 외교사절의 특별한 법적지위에 관한 원칙 등) 및 국제사회에서 일반적으로 규범력이 인정되는 조약(예: UN헌장의 일부, 부전조약, 집단학살금지협정 등)을 포함한다.

우리나라에서 어떤 국제법규가 일반적으로 승인된 것인지 여부의 판단권은 최종적으로 헌법재판소에 있다고 할 것이다.

⑵ 효력

제6조 제1항은 특별한 국내적 수용절차 없이 일반적으로 승인된 국제법규를 국내법으로 편입시키고 있는 데 이 경우 국제법규를 국내법의 어느 단계의 법규범에 해당하는 효력을 가진다고 하며(동위설), 그 논거로서 '일반적으로 승인된 국제법규'의 국내법적 효력이 국내헌법에 의해 인정되므로 헌법이 이들 국제법규보다 우위의 효력을 가진다는 점을 들고 있다.

그러나 일반적으로 승인된 국제법규 중에도 그 내용이 헌법의 구성 원리를 형성하는 경우에는 헌법률적 효력을, 그 밖의 경우에는 법률적 효력 또는 명령적 효력을 인정하여야 할 것이다.

제 5 절 헌법상의 기본제도

Ⅰ. 헌법과 제도보장

1. 제도보장의 의의

우리나라에서는 여러 가지의 기본제도를 헌법에서 규정함으로써 이를 제도로 보장하고 있다.

우리 헌법상의 제도보장으로는 복수정당제도, 선거제도, 직업공무원제도, 사유재산제도, 교육제도와 대학자치제도, 가족제도 등을 들 수 있다. 제도보장은 국가존립의 기반이 되는 일정한 제도를 헌법의 수준에서 보장하고자 하는 것이다.

제도보장을 하는 이유는 헌법제정권자가 특히 중요하고도 가치 있는 것으로 인정하여 헌법적으로 보장할 필요가 있다고 생각하는 제도의 본질을 훼손 없이 유지하고자 하는 것을 말한다. 이러한 제도보장은 헌법을 개정함으로써 폐지될 수도 있다. 즉, 헌법개정권력에는 대항할 수 없다.

헌법에 의하여 일정한 제도가 보장되면 입법부는 그 제도를 설정하고 유지할 입법의무를 지게 될 뿐만 아니라, 그 제도가 헌법에 의하여 보장되고 있으므로, 법률로써 이를 폐지하거나 그 본질을 훼손할 수 없는 구속을 받게 된다. 그러나 본질적 내용을 침해하지 않는 범위 안에서 구체적 내용의 결정권을 입법자에게 인정된다.

2. 제도보장의 성격

1) 객관적 법규범성

제도보장은 국법질서에 의하여 국가 내에서 인정되는 객관적 법규범이다. 따라서 헌법에 의하여 보장되면, 입법권은 그 제도를 유지할 입법의무를 부담하며, 그 제도의 폐지나 본질적 내용을 제한할 수 없다.

2) 최소한의 보장성

제도보장은 헌법상 보장할 필요가 있는 제도를 헌법에 규정하여 당해 제도의 본질을 유지하고자 하는 것으로서, 제도의 폐지나 본질을 침해하지 못하도록 하는 소극적 의미에서의 보장이다. 따라서 최대한의 보장을 내용으로 하는 기본권과 달리 최소보장의 원칙이 적용된다.

3) 재판규범성

제도보장은 입법·행정·사법을 직접적으로 구속하는 법규범이다. 따라서 제도보장규정은 국가정책 지침으로만 보는 프로그램적 규정이 아니라 재판규범으로서의 성격을 가진다.

다만 제도보장은 권리보장 규범이 아니므로 소권성(訴權性)은 부인된다. 따라서 제도보장 그 자체만을 근거로 소를 제기할 수는 없다. 예컨대 기본권 침해를 주장하지 아니하고 제도보장의 침해만을 이유로 헌법소원을 제기할 수는 없는 것이다.

3. 제도보장의 내용

제도보장에서 보장되는 제도는 국가적 공동체 내에서 역사적 전통적으로 확립되어 온 전통적 제도이다. 따라서 의원내각제 또는 대통령제 등 헌법규정에 의하여 비로소 창설되는 제도는 여기에 포함되지 않는다.

그러나 헌법이 보장하는 제도의 구체적인 내용은 법률에 의하여 규정된다. 그러므로 입법권은 제도보장의 본질적 내용을 훼손하지 아니하는 범위 내에서 그 제도의 내용을 형성할 자유를 가진다.

4. 제도보장과 기본권과의 관계

제도보장은 기본권보장과는 무관한 경우도 있다. 직업공무원제와 지방자치제가 이에 속한다. 이와는 달리 기본권보장과 관계가 있는 경우도 있다.

첫째, 정치적 기본권을 위한 선거제도의 보장과 같이, 특정 기본권을 위한 수단으로서의 제도보장(제도보장의 기본권 수반형)형이 있으며, 둘째, 제도보장과 기본권 보장이 동시에 존재(양자보장 병존형)하는 경우도 있다. 사유재산제도와 재산권의 보장이 그 예이다. 셋째, 특정 제도의 보장에 의해 부수적 간접적으로 기본권이 보장되는 형태(기본권의 제도종속형)가 있다. 복수정당제도의 보장과 정당설립의 자유가 이에 속한다.

5. 헌법상의 제도보장

우리의 학설과 판례 역시 기본권과 제도보장이 분리되어 있다고 인정하고 있다. 그러나 제도보장의 범위에 대해서는 의견이 다소 다르다. 복수정당제도, 선거제도, 직업공무원제도, 사유재산제도, 민주적 교육제도와 대학자치제도, 혼인제도와 가족제도 등은 다수가 인정하고 있다.

Ⅱ. 복수정당제도

1. 서론

1) 정당의 개념

정당은 국민의 정치적 의사형성에 참여하는 것을 목적으로 하는 자발적인 정치적 결사이다. 정당법에 의하면, 정당이란 국민의 이익을 위하여 책임 있는 정치적 주장이나 정책을 추진하고 공직선거의 후보자를 추천 또는 지지함으로써 국민의 정치적 의사형성에 참여함을 목적으로 하는 국민의 자발적 조직(법 2)이다.

2) 민주정치와 정당

⑴ 정당제 민주정치로의 구조변화

보통선거제도의 채택과 정당제도의 발달에 따라 민주정치는 종래의 명망가 민주정치에서 대중민주정치와 정당제 민주정치로 변모하였다.

즉, 보통선거제의 채택으로 대중민주정치로 이행하였으나, 대중이 정치적으로 무관심하고 그 의사가 다양하며 유동적일 뿐 아니라 정치적 선거권의 행사가 자유로울 정도로 성숙하지 못함에 따라 국민의 정치적 의사형성을 위하여 정당이 출현하게 된 것이다.

⑵ 정당제 민주정치의 특징

첫째, 정당제 민주정치에 있어서는 주권자인 국민이 정당을 매개로 하여 실질적인 통일체가 되어 정치적 의사를 표현한다. 따라서 정당은 직접 민주정치의 대용품으로서의 성격을 가진다. 둘째, 대부분의 경우 집권당이 행정부와 입법부를 장악하게 되어 국가권력의 통합현상이 나타나게 된다. 셋째, 의원이 정당에 예속되는 현상이 나타난다. 넷째, 선거가 특정 정당의 정강·정책에 입각한 정부를 선택하기 위한 국민투표로서의 성격을 띠게 된다.

3) 현행 헌법과 정당조항

헌법은 제8조에서 정당에 관한 기본적인 규정을 두고 있다. 즉, 제1항은 "정당의 설립은 자유이며, 복수정당제는 보장된다"고 규정하고 있으며, 제2항은 "정당은 그 목적·조직과 활동이 민주적이어야 하며, 국민의 정치적 의사형성에 참여하는데 필요한 조직을 가져야 한다"고 규정하고 있다. 또한 제3항은 "정당은 법률이 정하는 바에 의하여 국가의 보호를 받으며, 국가는 법률이 정하는 바에 의하여 정당운영에 필요한 자금을 보조할 수 있다"고 규정하고 있다. 그러나 제4항에서는 "정당의 목적이나 활동이 민주적 기본질서에 위배될 때에는 정부는 헌법재판소에 그 해산을 제소할 수 있고, 정당은 헌법재판소의 심판에 의하여 해산된다"고 규정하여 정당해산제도를 도입하고 있다.

그 외에도 정당제도와 관련하여 헌법 제41조 제3항에서는 국회의원의 비례대표제 선거 규정을, 제112조 제2항에서는 헌법재판소 재판관의 정당가입 금지 규정을, 제113조 제1항에서는 정당해산 인용 의결정족수에 관한 규정을, 제114조 제4항에서는 중앙선거관리위원회 위원의 정당가입·정치참여 금지규정을 두고 있으며, 제116조 제2항에서는 선거공영제 규정을 두고 있다.

2. 정당의 헌법상 지위와 법적 형태

1) 정당의 헌법상 지위

정당의 헌법상의 지위에 대하여는 이를 헌법재판소나 중앙 선거관리위원회와 같은 헌법기관(국가기관)으로 보는 견해, 정당은 국민의 정치적 의사형성을 담당함으로써 국가의사와 국민의 의사를 연결시키는 매개체 역할을 하는 중개적 권력(매개체)으로 보는 견해, 정당이 국민의 정치적 의사형성에 참여하는 헌법상의 기능을 수행하고 있으나, 그 본질은 국가조직이 아니라 자유로운 사회적 결사라는 견해가 있다. 중개적 권력설이 우리 학계의 다수설이고 헌법재판소의 판례의 입장이기도 하다.

[헌재 1996.3.28. 96헌마18,37,64,66(병합)] 정치적 결사로서의 정당은 국민의 정치적 의사를 적극적으로 형성하고 각계각층의 이익을 대변하며, 정부를 비판하고 정책적 대안을 제시할 뿐만 아니라, 국민 일반이 정치나 국가작용에 영향력을 행사하는 매개체의 역할을 수행하는 등 현대의 대의제민주주의에 없어서는 안 될 중요한 공적 기능을 수행하고 있으므로 그 설립과 활동의 자유가 보장하고(헌법 제8조 제1항) 국가의 보호를 받는다(같은 조 제3항).

[헌재 1996.8.29. 96헌마99] 정당은 책임 있는 정치적 주장이나 정책을 추진하고 공직선거의 후보자를 추천함으로써 국민의 정치적 의사형성에 참여함을 목적으로 하는 정치적 조직체로서 그 고유한 기능과 기본적·통상적 활동은 헌법과 법률에 의해 보장되고 정당이 당사에 선전물을 설치하는 것은 정당의 통상적인 활동이므로, 정당은 선거법 제145조의 규정에 의하여 선거기간 중은 물론 선거기간 전이라도 당사의 외벽면 등에 선전물을 설치할 수 있는 데 반하여 무소속후보자는 선거기간이 개시되어야 비로소 선거사무소 등 선거운동기구에 선전물을 설치할 수 있어 차별이 존재한다 하여도 이를 불합리한 차별이라고 할 수 없다.

2) 정당의 법적 형태

정당의 법적 형태에 관하여는 민법상의 법인격 없는 사단이라는 견해와, 정당은 헌법과 정당법에 의해 특수한 지위와 기능이 부여되어 있으므로 헌법제도와 사법상의 사단의 혼성체로 보아야 한다는 혼성체설이 대립하고 있다.

정당은 국민의 정치적 의사형성에 참여하는 것을 목적으로 하는 정치적 결사라는 점에서 헌법과 정당법에 의하여 특수한 지위와 기능이 부여되어 있기는 하나 그 형태는 당원들에 의해 자발적으로 구성된 단체이므로 그 법적 형태는 법인격 없는 사단의 일종이라 하겠다.

> [헌재 1993.7.29. 92헌마262] 정당의 법적 지위는 적어도 그 소유재산의 귀속관계에 있어서는 법인격 없는 사단으로 보아야 하고, 중앙당과 지구당과의 복합적 구조에 비추어 정당의 지구당은 단순한 중앙당의 하부조직이 아니라 어는 정도의 독자성을 가진 단체로서 역시 법인격 없는 사단에 해당한다고 보아야 할 것이다. 그런데 민법은 법인이 아닌 사단의 재산은 그 구성원의 총유(總有)로 보고, 그 구성원은 정관 기타 규약에 좇아 총유물(總有物)을 사용·수익할 수 있다고 규정하고 있다(민법 제275조 및 제276조 제2항 참조).

3) 복수정당제도의 불가침성

복수정당제도는 일당독재를 배제하고 둘 이상의 복수 정당이 경쟁하도록 함으로써 국민의 정당선택권을 보장하는 기능을 담당한다. 이러한 의미에서 복수정당제도는 민주주의의 기본질서 가운데 하나이다. 그러므로 복수정당제도에 관한 헌법규정은 헌법개정을 통해서도 함부로 고칠 수 없다.

3. 정당의 권리와 의무

정당은 헌법상 국민의 정치적 의사형성에 참여하고 정치지도자를 발굴·양성함으로써 국민의사와 국가의사를 중개하는 역할을 담당한다. 이러한 지위에서 정당은 국가에 대한 일정한 권리와 의무를 가진다.

1) 정당의 자유

(1) 정당설립의 자유와 복수정당제의 보장

헌법 제8조 제1항은 정당설립의 자유와 복수정당제를 보장하고 있다. 정당설립의 자유는 정당설립에 있어서 국가로부터의 부당한 간섭을 받지 아니할 것과 그러한 외부적 압력에 의한 침해에 대한 구제가 중심이 된다. 따라서 관제정당의 설립이나 정당설립의 허가제는 금지된다.

다만, 올바른 정치문화의 창달과 불필요한 정당의 난립을 방지하기 위해서 최소한 필요한 등록제의 채택은 허용된다. 정당법에 의해 중앙당은 중앙선거관리위원회에 등록(법 4)함으로써, 시·도당은 관할 선거관리위원회에 등록(법 11)함으로써 설립하도록 하는 등록제를 규정하고 있다. 지구당제도는 폐지되었다.

2) 정당활동의 자유

정당법 제4장에서는 정당 활동의 자유(입당·탈당·당내 의사발표의 자유)에 관하여 규정하고 있다. 또한 제6장에서는 정당활동의 보장에 관한 규정을 두고 있다. 구체적으로는 정당의 헌법과 법률에 의한 활동의 자유, 당의 정책이나 정치적 현안에 대한 입장의 홍보행위와 당원모집활동, 당원협의회의 설치(법 37), 정책연구소의 설치·운영(법 38), 정책토론회에의 참여(법 39), 정책선거 활성화를 위한 공익광고(법 39의2) 등에 관한 것이다.

3) 정당의 보호

헌법 제8조 제3항에서는 "정당은 법률이 정하는 바에 의하여 국가의 보호를 받으며, 국가는 법률이 정하는 바에 의하여 정당운영에 필요한 자금을 보조할 수 있다"고 규정하고 있다. 그리고 제8조 제4항에서는 정당의 존립 보장, 제116조 제2항에서는 선거공영제에 관한 규정을 두어 정당을 보호하고 있다.

4) 정당의 의무

정당은 국가 및 민주적 기본질서를 긍정하여야 하고, 국민의 정치적 의사형성에 참여하는데 필요한 조직을 갖추어야 하며, 정당의 목적·활동 및 내부질서가 민주적이어야 하고, 정당의 재정은 공개하여야 하며(정치자금에관한법률 2②),

중앙선거관리위원회에 정당의 정책을 보고해야 할 의무 등을 준수하여야 한다.

4. 정당의 해산

1) 개설

정당법은 정당이 그 대의기관의 결의로 해산하는 자진해산(법 45)과, 등록취소(법 44)에 관하여 규정하고 있다. 등록취소는 정당이 조직 기준에 미달되거나, 최근 4년간 국회의원 총선거 또는 지방선거에 참여하지 아니한 때 또는 국회의원 총선거에서 의석을 획득하지 못하고 총 유효투표의 100분의 2 이상을 획득하지 못한 경우에는 당해 선거관리위원회는 그 등록을 취소하고, 등록을 취소한 때에는 당해 선거관리위원회는 지체 없이 그 뜻을 공고하도록 하고 있다.

이와는 달리 헌법은 제8조 제4항에서 정당의 강제해산에 관한 규정을 두고 있다. 즉, 정당은 헌법재판소의 심판에 의하여도 해산되는데 이것이 좁은 의미의 정당해산이라 한다. 일반적으로 정당해산이라고 하는 경우 정당의 강제해산으로 이해한다.

2) 좁은 의미의 정당해산

정당의 해산이라 함은 정당의 목적이나 활동이 민주적 기본질서에 위배될 때 정부의 제소에 따라 헌법재판소의 심판에 의하여 정당이 해산되는 것을 말한다.

정당의 해산을 규정하고 있는 헌법 제8조 제4항은 한편으로는 정당의 존립을 보장하면서, 다른 한편으로는 정당이 민주적 기본질서를 긍정할 의무를 부여하고 있다. 이는 민주주의 및 헌법의 수호를 의미하는 투쟁적 또는 방어적 민주주의의 표현이라고 할 수 있다.

3) 정당해산의 요건

(1) 실질적 요건

정당의 목적이나 활동이 민주적 기본질서에 위배될 것을 요한다. 민주적 기본질서에의 위배란 민주주의의 기본원리에 위배됨을 의미한다. 이는 반민주적 · 반국가적 정당의 조직이나 활동을 방지하기 위한 것이다.

그러나 자유민주적 기본질서에 대한 위배만을 대상으로 한다는 견해도 있다.

민주적 기본질서에 대한 위배는 민주적 기본질서를 침해하거나 파괴하는 것을 의미한다. 정당의 목적이 민주적 기본질서에 위배되는지 여부는 정당의 강령이나 당헌의 내용을 통해서 알 수 있다.

⑵ 절차적 요건

정당해산은 국무회의의 심의를 거쳐(§89) 정부가 해산을 제소하고, 헌법재판소의 결정으로 정당은 해산된다. 헌법재판소에서 정당해산의 결정에 관한 인용결정을 할 때에는 재판관 6인 이상의 찬성이 있어야 한다(§113①).

헌법재판소의 해산결정의 통지가 있는 때에는 당해 선거관리위원회는 그 정당의 등록을 말소하고 지체 없이 그 뜻을 공고하여야 한다(정당법 47).

4) 정당해산의 효과

헌법재판소의 정당해산결정으로 해산된 정당은 모든 특권을 상실한다. 헌법재판소의 정당해산 결정은 정당의 위헌성을 인정하는 창설적 효력을 가진다. 대체정당의 설립은 금지되며(정당법 40), 해산된 정당의 잔여재산은 국고에 귀속한다(법 48).

해산된 정당의 소속의원이 의원직을 상실하는지에 대한 명문의 규정은 없다. 이와 관련하여, 헌법재판소는 해산된 정당의 소속의원은 그 당선방식을 불문하고 의원직을 상실한다고 판시한 바 있다. 독일에서는 연방 헌법재판소가 1952년의 판결에서 의원직을 상실한다고 판단하였으며, 그 이후 독일에서는 연방선거법을 개정하여 강제 해산된 정당의 소속 의원들은 의원직을 상실하도록 하여 입법적으로 문제를 해결하였다.

> [헌재 2014.12.19. 2013헌다1] 정당해산심판제도의 본질은 민주적 기본질서에 위배되는 정당을 정치적 의사형성과정에서 배제함으로써 국민을 보호하는 데에 있는데 해산정당 소속 국회의원의 의원직을 상실시키지 않는 경우 정당해산결정의 실효성을 확보할 수 없게 되므로, 이러한 정당해산제도의 취지 등에 비추어 볼 때 헌법재판소의 정당해산결정이 있는 경우 그 정당 소속 국회위원의 의원직은 당선 방식을 불문하고 모두 상실되어야 한다.

Ⅲ. 선거제도

1. 개설

1) 선거의 의의와 법적 성격

⑴ 선거의 의의

선거란 유권자의 집합체인 선거인단이 그들을 대표할 국가기관의 구성원(공무원, 통치권의 담당자)을 선임하는 집합적 합성행위이다. 선거와 구별해야 할 개념으로 선거권이 있다. 선거권은 선거인단에 참여하는 권리를 말한다. 따라서 선거는 개별적 선거행위와 구분되며, 공무원의 임명행위나 지명행위 또는 위임행위와도 구분된다.

⑵ 선거의 기능

선거는 국가기관을 구성하고, 국가권력에게 민주적 정당성을 부여하며, 국민의 참정권을 현실화하고, 국가기관을 정치적으로 통제하는 기능을 수행함으로써, 궁극적으로는 국민주권의 원칙과 민주주의를 구현하는 수단이 된다.

반면, 국민의 무관심 또는 금권·폭력의 개입으로 선거의 공정성이 상실될 경우에는 지배자의 폭력적 지배나 금권정치를 정당화시키는 도구로 전락할 가능성도 있다.

오늘날의 정당국가에서는 선거의 의의가 변천되어, 인물선거로서의 성격을 상실하고 정당에 대한 신임투표(Plebizit)의 성격을 지니고 있다.

⑶ 선거인과 대표자의 관계

선거인과 대표자 사이의 법률관계 여하가 문제된다. 이는 선거를 통하여 선거인의 권능이 대표자에게 위임되는가의 문제이다.

이에 관하여는 긍정설(강제위임설), 부정설(정치적 대표설) 및 절충설(대표위임설)이 대립된다.

강제위임설(强制委任說)은 선거로 선출된 대표기관에게 국민의 권리를 강제

위임하는 관계가 형성되는 것으로 본다. 이와는 달리, 정치적 대표설(政治的代表說)은 법적 대표관계를 부정한다. 즉, 대표자는 선거인의 의사와 법적으로 전혀 관계없이 의사결정을 하기 때문에 의회의 의사와 국민의 의사간에는 전혀 법적 관계가 없으며, 대표자는 선거인의 의사를 존중해야 할 정치적 의무를 부담할 뿐이므로 양자 간에는 정치적 대표관계가 존재할 뿐이라 한다. 대표위임설(代表委任說)은 국민과 대표자의 관계를 전혀 무관한 것으로 보지 않고, 또한 강제적으로 국민의 권한을 위임한 것으로 보지 않는 절충적 입장이다. 이 학설은 국민주권론에 입각하여, 선거는 입법권의 위임행위이며 여기서의 위임은 강제위임이 아닌 대표위임이라고 한다.

생각건대, 선거는 위임행위가 아닌 공무원선임행위라는 점에서 강제위임설이나 대표위임설은 문제가 있다. 또 대표관계의 의미가 불분명하다. 그러므로 국민대표는 선거인의 의사와 관계없이 자유롭게 국가의사를 결정할 수 있다는 정치적 대표설이 타당하다.

2. 선거의 기본원칙

근대 이후 선거의 기본원칙으로서 보통 · 평등 · 직접 · 비밀 · 자유선거를 드는 것이 일반적이다. 헌법은 제41조 제1항에서 "국회는 국민의 보통 · 평등 · 직접 · 비밀선거에 의하여 선출된 국회의원으로 구성한다"고 규정하는 한편, 헌법 제67조 제1항에서 "대통령은 국민의 보통 · 평등 · 직접 · 비밀선거에 의하여 선출한다"고 규정하여 이를 확인하고 있다.

이와 관련하여, 헌법재판소는 헌법상의 선거원칙은 보통 · 평등 · 직접 · 비밀선거이고 이에 자유선거의 원칙이 더해진다고 판시하고 있다.

> [헌재 2003.11.27. 2003헌마259 • 250(병합)] 우리 헌법 제41조 제1항은 국민의 보통 • 평등 • 직접 • 비밀 선거에 의해 국회를 구성하도록 하고 있다. 이는 제한선거제도를 부정하는 보통선거제를 제1의 원칙으로 채택함으로써 재력, 신분, 직업 등으로 차별대우를 받지 않고 평등한 참정권을 행사할 수 있도록 보장하여 실질적 국민주권주의를 구현하기 위한 것이라고 할 수 있다. 그러므로 헌법상의 선거원칙은 보통 • 평등 • 직접 • 비밀 선거이고 이에 자유선거의 원칙이 더해진다고 할 수 있다.

1) 보통선거

보통선거는 제한선거에 대응하는 선거원칙이다. 재력이나 납세액 또는 사회적 신분·인종·신앙·성별·교육 등 자격요건을 정함이 없이 19세(공직선거법 15)에 달한 모든 국민에게 원칙적으로 선거권을 인정하는 선거원칙(피선거권에도 적용)을 말한다.

2) 평등선거

평등선거는 차등선거에 대응하는 선거원칙이다. 평등선거는 1인 1표를 원칙으로 하며, 모든 선거인의 투표가치를 평등하게 취급하는 제도를 말한다. 평등선거는 평등의 원칙이 선거제도에 적용된 것으로 투표의 수적 평등과 투표가치의 평등 및 선거참여자의 평등을 그 내용으로 한다. 따라서 정당추천 후보자와 무소속 후보자간의 차별이나 정당과 정당 이외의 단체 간의 차별도 허용되지 아니한다.

평등선거에 반하여 복수투표제, 등급투표제 등이 행해질 경우 차등선거 내지 불평등선거라고 할 수 있다.

헌법재판소는 과도한 기탁금과 불합리한 기탁금의 차등은 선거원칙에 반한다고 판시한 바 있다.

> [헌재 1989.9.8. 88헌가6] 국회의원선거법 제33조의 기탁금은 너무 과다하여 국민주권주의와 자유민주주의의 기본원칙과 관련하여 헌법 제11조의 평등보호원칙, 제24조 참정권, 제25조의 공무담임권을 침해할 뿐만 아니라 정당추천 후보자와 무소속 후보자의 기탁금에 1,000만원과 2,000만원의 차등을 둔 것은 정당인과 비정당인을 불합리하게 차별하는 것으로 헌법 제41조의 선거원칙에 반하고 헌법 제11조의 평등보호규정에 위배된다.

> [헌재 2001.7.19. 2000헌마91·112·134(병합)] 현행 1인1표제하에서의 비례대표의석배분방식에서, 지역구후보자에 대한 투표는 지역구의원의 선출에 기여함과 아울러 그가 속한 정당의 비례대표의원의 선출에도 기여하는 2중의 가치를 지니게 되는데 반하여, 무소속후보자에 대한 투표는 그 무소속후보자의 선출에만 기여할 뿐 비례대표의원의 선출에는 전혀 기여하지 못하므로 투표가치의 불평등이 발생하는 바, 자신이 지지하는 정당이 자신의 지역구에 후보자를 추천하지 않아 어쩔 수

없이 무소속후보자에게 투표하는 유권자들로서는 자신의 의사에 반하여 투표가치의 불평등을 강요당하게 되는 바, 이는 합리적 이유 없이 무소속 후보자에게 투표하는 유권자를 차별하는 것이라 할 것이므로 평등선거의 원칙에 위배된다.

[헌재 2009.3.26. 2006헌마240 · 371(병합)] 자치구 · 시 · 군의회의원 선거구 획정에는 인구 외에 행정구역 · 지세 · 교통 등 여러 가지 조건을 고려하여야 하므로, 그 기준은 투표가치의 평등으로서 가장 중요한 요소인 인구비례의 원칙과 우리나라의 특수한 사정으로서 자치구 · 시 · 군의회의원의 지역대표성 및 인구의 도시집중으로 인한 농어촌 간의 극심한 인구편차 등 3개의 요소를 합리적으로 참작하여 결정되어야 할 것인 바, 이러한 점에서 자치구 · 시 · 군의회의원 선거구 획정에서는 국회의원 선거구 획정에서 요구되는 기준보다 더 완화된 인구편차 허용기준을 적용하는 것이 타당하고, 인구비례 · 지역대표성 등 고려할 사정이 유사한 시 · 도의회의원 선거구 획정에서의 선례 또한 평균인구수로부터 상하 60%의 편차를 허용기준으로 삼았으므로, 이와 동일한 기준에 따르는 것이 상당하다.

3) 직접선거

직접선거는 간접선거에 대응하는 선거원칙이다. 일반선거인이 대표자를 직접 선출하는 제도를 말한다. 간접선거에서 일반선거인은 중간선거인을 선출하는 데 그친다. 여기에서는 중간선거인이 대표자를 선출하게 된다. 미국의 대통령선거제도와 과거 통일주체국민회의에 의한 대통령선거제도가 이에 속한다.

헌법재판소는 비례대표 선거에 있어서 정당명부에 대한 별도의 투표가 없으므로 직접선거의 원칙에 위배된다고 결정하였다.

[헌재 2001.7.19. 2000헌마91 · 112 · 134(병합)] 비례대표제를 채택하는 경우 직접선거의 원칙은 의원의 선출뿐만 아니라 정당의 비례적인 의석확보도 선거권자의 투표에 의하여 직접 결정될 것을 요구하는 바, 비례대표의원의 선거는 지역구의원의 선거와는 별도의 선거이므로 이에 관한 유권자의 별도의 의사표시, 즉 정당명부에 대한 별도의 투표가 있어야 함에도 현행제도는 정당명부에 대한 투표가 따로 없으므로 결국 비례대표의원의 선출에 있어서는 정당의 명부작성행위가 최종적 · 결정적인 의의를 지니게 되고, 선거권자들의 투표행위로써 비례대표의원의 선출을 직접 · 결정적으로 좌우할 수 없으므로 직접선거의 원칙에 위배된다.

4) 비밀선거

비밀선거는 공개선거에 대응하는 선거원칙이다. 이는 선거인이 누구에게 투표하였는지를 제3자가 알지 못하게 하는 선거제도를 말한다. 무기명투표제, 투표용지 관급주의, 투표내용에 관한 진술거부권 등이 비밀선거를 보장하기 위해 채택되고 있다.

공직선거법에서는 선거의 결과를 예상하기 위하여 방송국·신문사가 선거일에 투표소로부터 100m(과거 300m) 밖에서 질문하는 것을 허용하고 있다(동법 167②).

5) 자유선거

자유선거는 강제선거에 대응하는 선거원칙이다. 헌법재판소는 자유선거의 원칙은 비록 우리 헌법에 명시되지는 아니하였지만 민주국가의 선거제도에 내재하는 법 원리로서, 선거권자의 의사형성의 자유와 의사실현의 자유를 말한다고 판시하고 있다. 따라서 자유선거는 직·간접의 압력 없이 자유롭게 투표가 행해지는 것을 의미한다.

선거권자로 하여금 투표를 하도록 강제하는 과태료나 벌금 등의 수단을 채택하는 등 선거권을 의무화시키는 것은 자유선거의 원칙과 합치되지 않는다.

[헌재 1999.9.16. 99헌바5] 민주정치는 주권자인 국민이 되도록 정치과정에 참여하는 기회가 폭 넓게 보장될 것을 요구한다. 따라서 국민의 주권행사 내지 참정권행사의 의미를 지니는 선거과정에의 참여행위는 원칙적으로 자유롭게 행하여질 수 있도록 최대한 보장하여야 한다. 자유선거의 원칙은 비록 우리 헌법에 명시되지는 아니하였지만 민주국가의 선거제도에 내재하는 법원리인 것으로서 국민주권의 원리, 의회민주주의의 원리 및 참정권에 관한 규정에서 그 근거를 찾을 수 있다. 이러한 자유선거의 원칙은 선거의 전과정에 요구되는 선거권자의 의사형성의 자유와 의사실현의 자유를 말하고, 구체적으로는 투표의 자유, 입후보의 자유 나아가 선거운동의 자유를 뜻한다.

[헌재 2001.7.19. 2000헌마91·112·134(병합)] 1인 1표제 하에서는 유권자가 지지하는 후보자와 지지하는 정당이 다를 경우 유권자는 후보자와 정당 중 어느 한 쪽에 대한 지지를 포기하지 않을 수 없게 되는데 이것은 지지하는 후보자나

정당을 위하여, 지지하지 않는 정당측이나 후보자측에게, 투표하지 않을 수 없도록 강제하는 것이고 경우에 따라서는 후보자와 정당 중 하나를 선택하기 어려워 투표 자체를 포기하고 말게 강제하는 것을 의미하므로 결국 유권자의 의사형성의 자유 내지 결심의 자유를 부당하게 축소하고 그 결과로 투표의 자유를 침해하는 것이 되므로 자유선거의 원칙에도 어긋난다.

그러나 각종 선거에서 투표율이 50%에도 미치지 못하게 됨에 따라서 투표율 제고를 위한 인센티브나 제제조치를 강구할 필요성이 논의되고 있다. 중앙선거관리위원회의 발표에 의하면 벨기에에서는 투표를 하지 않으면 5~25유로의 벌금형을 부과하고 있으며 스위스와 호주에서도 각각 미화 2달러와 20호주달러를 벌금으로 부과하고 있다고 한다. 그리고 벌금형 외에 벨기에에서는 주마다 조금씩 다르긴 하지만 15년간 투표를 4번 하지 않은 유권자는 선거인명부에서 이름을 말소하고 향후 10년 동안 참정권을 주지 않으며 공무원이 이 조항에 해당할 경우에는 승진에서도 제외된다고 한다.

브라질은 투표를 하지 않으면 공직제한은 물론 여권취득을 제한하며, 아르헨티나는 3년간 공직취임 및 취업을 제한하고, 우루과이는 아예 투표권을 상실시킨다고 한다.

Ⅳ. 공무원제도

1. 개설

1) 공무원의 의의

공무원이라 함은 국가공무원법 · 지방공무원법 등의 법령에 의하여 국가 또는 공공단체의 공법상의 근무관계를 맺고 있는 자를 말한다. 공법상의 근무관계의 성립이 임명의 형식에 의하건 촉탁에 의하건 또는 선거에 의하건 불문한다.

2) 공무원의 종류와 구분

공무원은 국가에 의하여 임용되고 국가기관에 근무하며 국가로부터 보수를 받으며 국가공무원법의 적용을 받는 국가공무원과, 지방자치단체에 의하여 임용되고 지방자치단체에 근무하며 지방자치단체로부터 보수를 받으며 지방공무원법의 적용을 받는 지방공무원으로 대별된다.

국가공무원법과 지방공무원법은 공무원을 경력직공무원과 특수경력직공무원으로 구분한다. 경력직공무원은 실적과 자격에 따라 임용되고 그 신분이 보장되며 평생 동안(근무기간을 정하여 임용하는 공무원의 경우에는 그 기간 동안) 공무원으로 근무할 것이 예정되는 공무원을 말하며, 일반직공무원(기술 · 연구 또는 행정 일반에 대한 업무를 담당하는 공무원)과 특정직공무원(법관, 검사, 외무공무원, 경찰공무원, 소방공무원, 교육공무원, 군인, 군무원, 헌법재판소 헌법연구관, 국가정보원의 직원과 특수 분야의 업무를 담당하는 공무원으로서 다른 법률에서 특정직공무원으로 지정하는 공무원)으로 구분된다.

한편, 국가공무원법에 의하면 특수경력직공무원은 경력직공무원 외의 공무원을 말하며, 정무직공무원과 별정직공무원으로 구분된다(법 2).

3) 공무원의 범위

넓은 의미에서의 공무원은 전체국민에 대한 봉사자로서의 공무원을 의미한다. 여기에는 경력직 공무원과 특수경력직 공무원은 물론, 공무원의 신분은 아니지만 공무를 위탁받아 이에 종사하는 공무수탁사인도 이에 포함된다.

2. 현행 헌법과 공무원제도

근대 이전의 전제국가에서 공무원은 군주 개인에 대한 봉사자였다. 그러나 근대국가 이후 국민주권주의 하에서 공무원은 국민 전체에 대한 봉사자로 되어, 공무원의 사생활 공생활이 명확히 구분되고, 공무원직은 세습되는 것이 아니라 일정한 자격을 갖춘 자 중에서 임용된다.

근대국가 초기에 있어서는 공무원직을 선거에 승리한 집권당이 독식하는 것을 당연시하는 엽관제도(spoils system)는 공무원사회의 부패와 무능을 초래함에 따라 공무원 임용제도는 성적제도(merit system)로 바뀌었다. 성적제도는 객관적인 능력의 실증에 의한 공무원 임용, 공무원 임용에의 기회균등, 그리고 공무원의 정치적 중립을 핵심으로 한다.

현행 헌법은 제7조 제1항에서 "공무원은 국민전체에 대한 봉사자이며, 국민에 대하여 책임을 진다"고 규정하는 한편, 제2항에서는 "공무원의 신분과 정치적 중립성은 법률이 정하는 바에 의하여 보장된다"고 하여 공무원의 법적 지위, 책임, 신분과 정치적 중립성 등에 관하여 규정하고 있다. 이는 우리나라의 공무원제도가 민주적 · 직업적 공무원제도를 기본원칙으로 하고 있음을 규정한 것이다. 공무원은 국민 전체에 대한 봉사자의 지위에 놓이게 되며, 경찰공무원으로의 임용기회가 모든 국민에게 평등하게 보장된다. 그리고 공무원은 직업공무원으로서 신분과 정치적 중립성이 보장되며, 성적주의를 바탕으로 하는 인사관리와 능률보장을 위한 여러 제도가 적용된다.

경찰공무원제도의 기본원칙으로 민주적 경찰공무원제도와 직업공무원제도를 들 수 있다.

1) 국민 전체에 대한 봉사자

국민주권주의에 입각한 우리 헌법 하에서 공무원은 과거와 같이 특정인이나 특정의 정당 · 계급 · 종교 · 직역 등에 대한 개인적 부분적 봉사자가 아니라 주권자인 국민의 수임자로서 국민 전체의 최대의 이익에 대한 봉사자이어야 한다(§7①1문).

따라서 공무원은 무제한으로 권력을 행사하고 무제한의 의무를 지는 자가 아니라, 법률에 의하여 부여된 권한만을 행사하고 법률에 의하여 일정한 권리 · 의무의 주체가 되며, 의무위반에 대하여는 책임을 부담하도록 되어 있다.

2) 공무원의 국민에 대한 책임

공무원은 국민의 수임자로서 국민에 대하여 책임을 진다(동항 2문). 공무원은 각종 공무원법령에 의하여 부여된 직무의 수행과 관련하여 국민의 수권자로서 국민에 대하여 책임을 지는 것은 당연하다.

공무원의 국민에 대한 책임은 정치적 책임과 법적 책임으로 구분된다. 정치적 책임의 예로서는 선거를 통한 심판, 국회의 국무위원과 국무총리 해임건의, 불법행위를 한 공무원에 대한 국민의 청원 등을 들 수 있다. 법적 책임의 예로는 탄핵소추와 탄핵심판에 따른 대통령 등 고위공직자의 파면, 손해배상청구권 행사를 통한 공무원의 책임, 공무원의 직무상 행위에 대한 변상 · 형사책임과 공무원법상의 의무위반에 따른 징계책임 등을 들 수 있다.

3) 직업공무원제도

(1) 의의

헌법 제7조 제2항은 "공무원의 신분과 정치적 중립성은 법률이 정하는 바에 의하여 보장된다"고 규정하여 직업공무원제도를 채택하고 있다.

직업공무원제도라 함은 공직에 종사하는 것을 일생의 직업으로 생각하고 또 여기에 대하여 긍지와 명예심을 갖도록 조직·운영되는 인사제도를 말한다. 이러한 직업공무원제도가 확립되기 위해서는 채용과 승진에서의 능력주의, 공무원의 신분보장과 정치적 중립 등과 같은 실적주의 정신이 확립되어야 한다.

> [헌재 1989.12.18. 89헌마32,33(병합)] 조직의 운영 및 개편상 불가피한 경우 외에는 임명권자의 자의적 판단에 의하여 직업공무원에게 면직 등 불리한 인사조치를 함부로 할 수 없음을 의미하는 것으로서 이에 어긋나는 것일 때에는 직업공무원제도의 본질적 내용을 침해하는 것이 되기 때문이다.

(2) 신분보장

경력직공무원의 신분보장은 정권담당자에 의한 영향을 받지 아니하는 신분보장이 필요하다. 이는 국민전체의 봉사자로서의 공무원이 영속적으로 직무에 전념할 수 있도록 하기 위한 것이다.

이와 관련하여 국가공무원법 제68조는 공무원은 형의 선고, 징계처분 또는 국가공무원법에서 정하는 사유에 따르지 아니하고는 본인의 의사에 반하여 휴직·강임 또는 면직 등의 신분조치를 당하지 않도록 보장하고 있는 것이다.

경찰공무원의 경우 경찰공무원법에서는 경찰공무원 중 치안총감과 치안정감에 대하여는 국가공무원법 제68조 소정의 신분보장에 관한 규정의 적용이 배제되도록 규정(법 30①)하고 있으므로, 치안총감과 치안정감은 신분보장의 대상에서 제외된다.

(3) 정치적 중립성

공무원의 정치적 중립성은 법률이 정하는 바에 의하여 보장된다(§7②). 이를 근거로 하여 국가공무원법은 공무원이 ① 정당이나 그 밖의 정치단체의 결성에 관여하거나 이에 가입하는 행위, ② 선거에서 특정 정당 또는 특정인을 지지 또는 반대하기 위한 행위, ③ 다른 공무원에게 위 ① 및 ②를 하도록 요구하거나, 정치적 행위에 대한 보상 또는 보복으로서 이익 또는 불이익을 약속하는 행위 등 공무원의 정치운동을 금지하고 있다(법 65).

이는 선거로 인해 정권이 교체되더라도 공무원집단은 영향을 받지 않고 중립적인 입장에서 영속적으로 공무를 수행하도록 하기 위한 것이다.

그러나 정치적 중립과 일반적인 정치적 자유는 구분되어야 한다. 위에서 열거한 정치운동 외의 정치적 표현의 자유는 보장되어야 한다.

(4) 성적주의

성적주의란 공무원이 직업으로서 전문적·능률적인 직무 수행을 위해서는 공무원의 신규채용 및 승진 등의 인사관리가 정실이나 당파성에 의해서가 아니라 객관적인 능력의 실증에 의해서 이루어져야 한다는 것을 말한다. 이를 능력주의 또는 성과주의라고도 한다.

국가공무원법은 공무원의 임용은 시험성적·근무성적, 그 밖의 능력의 실증에 따라 행한다고 규정하여, 성적주의의 원칙을 채택하고 있다.

다만, 헌법의 기본원리인 사회국가의 원리와 이에 관한 특정 헌법조항에 비추어 능력주의원칙에 대한 예외를 인정할 수 있는 경우가 있다. 그리하여 국가공무원법은 장애인·이공계전공자·저소득층 등에 대한 채용·승진·전보 등 인사관리상의 우대와 실질적인 양성 평등을 구현하기 위한 적극적인 정책을 실시할 수 있다고 규정하여, 합리적인 범위 내에서 성적주의에 의한 임용원칙에 대한 예외를 인정하고 있다(법 26).

> [헌재 1999.12.23, 98헌바33] 선거직 공직과 달리 직업공무원에게는 정치적 중립성과 더불어 효율적으로 업무를 수행할 수 있는 능력이 요구되므로, 직업공무원으로의 공직취임권에 관하여 규율함에 있어서는 임용희망자의 능력·전문성·적성·품성을 기준으로 하는 이른바 능력주의 또는 성과주의를 바탕으로 하여야 한다. 헌법은 이 점을 명시적으로 밝히고 있지 아니하지만, 헌법 제7조에서 보장하는 직업공무원제도의 기본적 요소에 능력주의가 포함되는 점에 비추어 헌법 제25

조의 공무담임권 조항은 모든 국민이 누구나 그 능력과 적성에 따라 공직에 취임할 수 있는 균등한 기회를 보장함을 내용으로 한다고 할 것이다. "공무원의 임용은 시험성적·근무성적 기타 능력의 실증에 의하여 행한다"고 규정하고 있는 국가공무원법 제26조와 "공개경쟁에 의한 채용시험은 동일한 자격을 가진 모든 국민에게 평등하게 공개하여야 하며……"라고 하고 있는 동법 제35조는 공무담임권의 요체가 능력주의와 기회균등에 있다는 헌법 제25조의 법리를 잘 보여주고 있다. 따라서 공직자선발에 관하여 능력주의에 바탕한 선발기준을 마련하지 아니하고 해당 공직이 요구하는 직무수행능력과 무관한 요소, 예컨대 성별·종교·사회적 신분·출신지역 등을 기준으로 삼는 것은 국민의 공직취임권을 침해하는 것이 된다. 다만, 헌법의 기본원리나 특정조항에 비추어 능력주의원칙에 대한 예외를 인정할 수 있는 경우가 있다. 그러한 헌법원리로는 우리 헌법의 기본원리인 사회국가원리를 들 수 있고, 헌법조항으로는 여자·연소자근로의 보호, 국가유공자·상이군경 및 전몰군경의 유가족에 대한 우선적 근로기회의 보장을 규정하고 있는 헌법 제32조 제4항 내지 제6항, 여자·노인·신체장애자 등에 대한 사회보장의무를 규정하고 있는 헌법 제34조 제2항 내지 제5항 등을 들 수 있다. 이와 같은 헌법적 요청이 있는 경우에는 합리적 범위 안에서 능력주의가 제한될 수 있다.

Ⅴ. 교육제도

1. 개관

1) 교육의 의의 및 교육이념

(1) 교육의 의의

교육은 근본적으로 인간애(人間愛)로부터 출발한다. 교육은 인간의 발달과정을 도와 그 인간에게 영향을 끼쳐서 그 인격과 능력을 바람직하고 가치 있는 모습으로 성장하도록 하는 인간형성의 과정이며, 사회개조를 위한 수단이다.

바꾸어 말하면, 교육은 바람직한 인간을 형성하여 개인생활·가정생활·사회생활에서 보다 행복하고 가치 있는 나날을 보내게 하며 나아가 사회발전을 꾀하는 작용인 것이다.

(2) 교육의 이념과 목적

교육의 목적은 국민 개개인의 타고난 소질을 계발하여 인격을 도야하게 하고,

자주적 생활능력을 습득하게 하는 한편, 민주시민으로서 필요한 자질을 구비하게 하여 인간형성을 도와 개개 국민이 인간다운 생활을 향유할 수 있도록 하는 것을 1차적인 목표로 한다. 그리고 이를 통하여 사회개조 즉, 민주국가의 발전은 물론 나아가 인류공영의 이상을 실현하는 것을 2차적 목표로 한다.

교육기본법은 제2조에서 교육이념을 밝히고 있다. 즉, 대한민국의 교육은 홍익인간(弘益人間)의 이념 아래 모든 국민으로 하여금 인격을 도야하고 자주적 생활능력과 민주시민으로서 필요한 자질을 갖추게 함으로써 인간다운 삶을 영위하게 하고 민주국가의 발전과 인류공영의 이상을 실현하는 데에 이바지하게 함을 목적으로 한다.

2) 교육제도의 유형

현대 민주국가의 헌법에서는 교육을 제도적으로 보장하고 있다. 교육제도란 교육의 이념과 방침, 교육담당기관, 교육의 내용, 교육관리 행정기구 등에 관한 종합적 체제를 의미한다. 교육제도는 국가에 따라 다르다. 현재 우리나라의 교육제도는 헌법 및 교육기본법을 기본법규로 하여 성립되어 있다.

3) 현행 헌법과 교육제도

헌법은 제31조에서 교육을 받을 권리를 규정하고 있다. 즉, 제1항에서는 "모든 국민은 능력에 따라 균등하게 교육을 받을 권리를 가진다"고 밝히고 있다. 아울러 "모든 국민은 그 보호하는 자녀에게 적어도 초등교육과 법률이 정하는 교육을 받게 할 의무를 진다"고 규정하는 한편, 제3항에서는 "의무교육은 무상으로 한다"고 규정함으로써 의무교육제도를 채택하고 있다.

그리고 제4항에서는 교육의 기본원칙인 "교육의 자주성 · 전문성 · 정치적 중립성 및 대학의 자율성은 법률이 정하는 바에 의하여 보장된다"고 규정하고 있다. 나아가 제5항에서는 학교교육 외에 평생교육의 중요성을 인식하여 "국가는 평생교육을 진흥하여야 한다"고 규정하였다.

국가에 의한 자의적인 규제를 배제하기 위하여 제6항에서는 "학교교육 및 평생교육을 포함한 교육제도와 그 운영, 교육재정 및 교원의 지위에 관한 기본적인 사항은 법률로 정하여야 한다"고 규정하고 있다.

교육은 자주성과 전문성 및 정치적 중립성이 보장되어야 한다. 교육의 자주성은 교육내용과 교육기구가 교육자에 의하여 자주적으로 결정되어야 확보될 수 있다. 교육의 전문성은 교육전문가에 의한 교육계획의 수립 및 집행이 이루어져야만 확보될 수 있다.

그리고 교육은 정치적 종교적 중립성이 확보되어야 한다. 교육이 국가권력이나 특정한 정치세력 또는 특정 종교세력에 의하여 부당한 간섭을 받거나 편향되게 이루어져서는 아니 되기 때문이다. 교육기본법은 "교육은 교육 본래의 목적에 따라 그 기능을 다하도록 운영되어야 하며, 정치적·파당적 또는 개인적 편견을 전파하기 위한 방편으로 이용되어서는 아니 된다"고 하여 교육의 정치적 중립성을 강조(법 6①)하는 한편 "국가와 지방자치단체가 설립한 학교에서는 특정한 종교를 위한 종교교육을 하여서는 아니 된다"고 규정하여 교육의 종교적 중립성(동조②)을 밝히고 있다.

아울러 "교원은 특정한 정당이나 정파를 지지하거나 반대하기 위하여 학생을 지도하거나 선동하여서는 아니 된다"(법 14④).

한편, 헌법 제31조 제4항은 "대학의 자율성은 법률이 정하는 바에 의하여 보장된다"고 규정하여 대학자치제를 보장하고 있다. 이는 헌법 제22조 제1항 소정의 학문의 자유를 실효적으로 보장하고자 하는 규정이다.

Ⅵ. 기타 제도보장

1. 가족제도

가족제도란 공동생활을 영위하는 혈연적 가족공동체에 관한 제도를 말한다. 헌법 제36조 제1항은 "혼인과 가족생활은 개인의 존엄과 양성의 평등을 기초로 성립되고 유지되어야 하며, 국가는 이를 보장한다"고 규정하여 민주적인 혼인제도와 가족제도를 헌법적으로 보장하고 있다. 즉 혼인제도와 가족제도를 지배하는 원리는 개인의 인간으로서의 존엄성과 양성 평등이며, 혼인은 개인의 존엄과 남녀평등에 입각한 양성의 결합이라는 일부일처제를 제도로서 보장하고 있는 것이다.

따라서 이에 반하는 인신매매적 혼인, 조혼, 중혼, 강제혼 내지 약탈혼은 허용되지 않는다. 혼인퇴직제는 헌법에 반하며 사실혼관계도 법적 보호가 이루어져야 한다.

가족은 부부관계와 친자관계를 근간으로 한다. 따라서 부부관계는 물론 친자관계도 개인의 존엄과 양성의 평등을 기초로 이루어져야 한다.

2. 사유재산제도

넓은 뜻으로는 원시공산제(原始共産制)에 대하여 재산의 사유를 인정하는 제도를 말한다. 협의로는 토지 기타 천연자원 · 공장 등의 재산을 사인(私人)의 소유로 하여 이를 국가가 보호하고, 원칙적으로 소유자의 자유로운 관리 · 처분에 맡기는 제도를 의미한다.

이런 의미의 사유재산제도는 근세 초기의 개인주의 사상에 의하여 확립되고, 계약자유의 원칙과 더불어 자본주의 문명의 원동력이 되었다. 그러나 자본주의가 고도로 발달함에 따라 재산의 집중 현상이 나타나, 이 원칙을 형식적으로 관철하면 경제적 약자의 생존을 위협할 뿐만 아니라, 자원의 효율적 이용이라는 원칙에도 어긋나게 된다. 그러므로 20세기에 들어오면서 차츰 사유재산권을 적당하게 제한하는 경향이 생기게 되었다. 다만 이러한 경향은 국가에 따라 다르다.

공산주의 경제체제하에서는 원칙적으로 소비재를 제외한 모든 재화의 사유를 인정하지 않는다. 그러나 그 밖의 국가에서는 모두 이 제도를 인정하고 있으며, 특수한 것만 국유(國有) 또는 국가관리하에 두거나 적당한 제한을 가하는 태도를 취하고 있다. 헌법의 재산권에 대한 태도도 이에 속한다.

현행 헌법은 제23조에서 재산권의 보장과 사유재산제도의 보장을 규정하고 있다. 즉 제1항에서는 "모든 국민의 재산권은 보장된다. 그 내용과 한계는 법률로 정한다"고 규정하고 있다. 제1문은 재산권보장규정이다. 그리고 제2문은 사유재산제도의 보장에 관한 규정이다. 헌법이 보장하는 재산권의 내용과 한계는 의회제정법인 법률의 형식으로 규정되어야 한다는 재산권보장법정주의를 규정하고 있는 것이다. 따라서 개개인이 향유할 수 있는 재산권의 사용 · 수익 및 처분의 자유는 제2문에 따라 법률로 규정된 재산권의 내용과 한계 즉, 사유재산제도의 범위 내에서 허용된다.

이와 같이 헌법이 사유재산제도를 헌법적으로 보장하고 있으므로 사유재산제도를 철폐하거나 형해화하는 입법은 허용되지 아니 한다. 따라서 재산권을 전면적으로 사회화하거나 국·공유화할 수도 없으며, 상속제도를 폐지하여서도 아니 된다. 또한 전면적 계획경제체제를 도입할 수도 없다. 아울러 제2항에서는 재산권의 행사는 공공복리에 적합하도록 하여야 한다고 규정하여 재산권행사의 공공복리적합의무를 규정하고 있다. 이는 공공복리를 위한 무보상부의 재산권에 대한 사회적 제약을 긍정하는 것이다. 그러나 사회적 제약의 범위를 넘어서는 공용침해에 대하여는 법률이 정하는 정당한 보상을 하여야 한다. 이를 제3항에 규정하고 있다. 즉, "공공필요에 의한 재산권의 수용·사용 또는 제한 및 그에 대한 보상은 법률로써 하되, 정당한 보상을 지급하여야 한다". 그러므로 재산권에 대한 공용침해가 무보상으로 이루어지는 경우에는 위헌무효가 된다.

제6절 현행 헌법의 특징

Ⅰ. 일반적 특징

현행 헌법은 제5공화국 헌법의 개정절차에 따라 이루어진 제9차 개헌이다. 이에 대하여는 헌법이 전면 개정되었으므로 실질적으로는 새로운 제6공화국의 헌법의 제정이라는 견해도 있다.

여하튼 현행 헌법은 제5공화국 헌법에 비하여 국민의 기본권을 강화하는 한편, 국회의 지위를 격상하고 사법권의 독립을 강화하였으며, 대통령의 국민직선제 채택 등을 채택함으로써 비교적 엄격한 권력분립이 이루어진 자유 민주국가 헌법이며, 현대적 복지국가적 의미의 헌법이다.

Ⅱ. 헌법 전문과 총강의 특징

1. 헌법 전문

헌법은 ① 헌법의 성립유래 및 국민이 제헌권자 · 개헌권자임을 선언하고 있으며, ② 대한민국의 건국이념을 밝히는 한편, 대한민국이 임시정부의 법통을 계승하고 있음을 밝히고 있다. 또한 ③ 대한민국이 자유민주주의적 기본질서를 기본으로 하고 있음과, ④ 기본권 존중주의에 입각하고 있음 선언하고 있다. 그리고 ⑤ 자유와 권리에 따르는 책임과 의무의 강조하는 한편, ⑥ 국제평화주의와 조국의 민주개혁 및 평화적 통일의 사명을 선언하고 있다.

2. 총강

국가형태를 민주공화국으로 정하고 국민주권주의를 선언하며(§1), 국가의 재외국민보호 의무를 규정(§2)하였다.

대한민국의 영역을 한반도와 그 부속도서로 규정(§3)하는 한편, 평화적 통일 정책의 수립 · 추진할 것을 규정(§4)하였다.

그리고 군의 정치적 중립성 규정을 새로이 규정(§5)하였다. 그 외에도 국제평화주의(§5, §6)와 공무원의 정치적 중립(§7)을 규정하고, 복수정당제를 보장하는 조항(§8)을 두고 있다.

Ⅲ. 기본권 보장의 특징

1. 천부인권의 불가침성 강조

우리 헌법은 제10조에서 전국가적 자연권인 인간의 존엄과 가치 및 행복추구권을 규정하고 있으며, 제37조 제2항에서는 기본권 제한에 대한 법률유보와 기본권의 본질적 내용에 대한 침해를 금지하여 기본권 침해의 한계에 관한 규정을 두고 있다.

2. 평등권의 보장

헌법은 전문(前文)에서 각인의 기회균등을 선언하고 있으며, 제11조에서는 평등의 일반원칙과 실질적 평등을 강조하고 있다. 나아가 제36조 제1항에서는 혼인과 가정생활에서 양성의 평등을 규정하고 있다.

3. 자유권적 기본권의 보장

현행 헌법은 신체의 자유(적법절차제도의 도입, 구속이유 및 변호인의 조력을 받을 권리가 있음을 고지할 의무의 신설, 구속적부심제 확대)와 표현의 자유(허가제, 검열제 금지의 명문화) 및 사회적 · 경제적 · 정신적 · 정치적 자유를 과거보다 강화하여 보장하고 있다.

4. 생존권적 기본권의 보장

현행 헌법은 모든 국민의 인간다운 생활을 보장하기 위해 대학의 자율성 보장, 최저임금제 도입, 근로3권의 확충, 여성근로의 특별보호, 모성보호, 쾌적한 주거환경권 등에 관하여 규정하고 있다.

5. 청구권적 기본권의 보장

현행 헌법은 형사피해자의 진술권, 형사피의자의 형사보상청구권, 형사피해자의 국가구조청구권 등을 규정하고 있다.

6. 참정권

현행 헌법은 선거권, 공무담임권, 국민표결권을 보장하고 있다.

Ⅳ. 통치구조상의 특징

미국에 유사한 3권의 엄격한 분립과 상호간의 견제 · 균형을 유지하고 있다.

1. 국회의 지위 격상

현행 헌법은 국회의 회기일수 제한규정을 삭제하고 대통령의 국회해산권을 삭제하였으며, 국정감사권이 부활하였다.

2. 대통령의 지위 약화

현행 헌법은 대통령의 국민직선제를 도입하고, 임기를 5년 단임제로 하며, 비상조치권을 긴급명령권으로 대체하여 대통령의 지위를 약화시켰다.

3. 사법권의 독립 강화

현행 헌법은 대법관 임명에 국회의 동의를 받도록 하였으며, 일반법관을 대법원장이 대법관회의의 동의로 임명하도록 하는 한편, 헌법적 분쟁에 대한 최종적 해결기관으로 헌법재판소제도를 도입하고 있다.

V. 개헌절차의 특징

개헌절차는 국회의 의결을 거쳐 국민투표로 확정하도록 제도를 일원화하였다(§128~§130).

제 2 편

기본권 일반이론

제 1 장 개 관
제 2 장 기본권의 의의와 법적 성격
제 3 장 기본권의 분류와 체제
제 4 장 기본권의 주체
제 5 장 기본권의 효력
제 6 장 기본권의 한계와 제한
제 7 장 기본권의 침해의 구제

1 chapter 개 관

제1절 인권과 기본권

Ⅰ. 인권의 의의

인권(人權 ; human rights)이란 모든 사람이 인간답게 살아갈 권리로, 인간이라면 누구나 출생과 동시에 부여받는다. 인간으로서 누려야 할 최소한의 인간 존엄성 즉, 자유롭게 이동하거나, 자기 의사를 표현하거나, 인종, 국적, 종교 때문에 차별받지 않을 권리라든가, 존엄한 가치를 인정받고 행복하게 살 권리 등을 말한다. 이를 본래적 의미의 인권이라 한다.

본래적 의미의 인권은 천부인권사상을 바탕으로 하여 인간이 인간이기 때문에 태어나면서부터 당연히 가지는 자연적인 권리이다. 따라서 인권 개념은 국가와 헌법을 전제로 하지 않는 자연법적 개념이다. 따라서 인권의 범주는 불확정적이며 재판규범으로 기능할 수도 없다. 대법원의 태도 또한 같다.

[대법원 1980.8.26. 선고 80도1278 판결] 저항권의 개념 그 자체가 초실정법적

자연법질서내의 권리주장으로서 그 개념자체가 막연할 뿐 아니라 실정법을 근거로 국가사회의 법질서위반여부를 판단하는 재판권 행사에 있어 이를 주장하는 것은 그 이유 없다(대법원 1975.4.8. 선고 74도3323 및 1980.5.20. 선고 80도306 판결 참조).

Ⅱ. 인권사상의 유래

인권의 개념은 헬레니즘 시대의 스토아(Stoa)학파의 자연법사상에서 유래한다. 스토아학파는 자연에 합치되는 것을 정의(正義)라고 하였다. 즉, '자연을 따른다'는 말은 '신의 뜻을 따른다'는 의미로 해석되었으며, 신의 힘은 물질에 내재된 것이므로 인간의 내부에도 신의 힘이 존재하기 때문에 인간은 이성적 존재이고 신의 법칙성을 인식하고 따른다고 한다. 따라서 인간의 행동은 자연법에 따라야 하는 것이다.

인권이 보편적인 사회적 요구와 현실로 받아들여진 것은 르네상스(Renaissance)와 인본주의(humanism)가 본격적으로 발달하였던 시기에서부터 17세기에 이르는 기간이었다. 1215년의 Magna Carta, 1628년의 권리청원(權利請願), 1689년의 권리장전(權利章典) 등은 천부인권사상을 기초로 하고 있다. 인권의 관념은 주로 계몽주의적 자연법론자들에 의하여 천부인권론(天賦人權論)이 주장된 18세기에 형성되었으며, 18~19세기 절대주의에 대한 투쟁에 의해서 더욱 발전되었다. 이 시기에 제퍼슨(T. Jefferson)과 라파예트(M. D. Lafayette)가 정교화한 자유의 개념은 프랑스 혁명의 인권선언(1789), 미국 권리장전(1791), 미국의 헌법(1787) 등에 나타나 있다.

인권의 기초로서의 자연법사상은 18세기에 버크(E. Burke), 흄(D. Hume) 등과 공리주의의 창시자인 벤담(J. Bentham)에 의해 비판을 받았다. 자연법사상에 대한 공격은 20세기 초까지 계속되었다.

그러나 인권사상은 노예제의 폐지, 노동법의 제정, 공공교육 실시, 노동조합의 인정, 보통선거권 실시 등 다양한 형태로 표현되었다. 인권의 존재에 대해서는 이론의 여지가 없지만 인권의 본질과 범위는 여전히 논란의 대상이 되고 있다. 예를 들어 인권의 원천, 인권이 보장될 수 있는 방법과 인권의 한계, 또한 인권이 과연 양도할 수 없는 천부적인 권리인가 하는 것 등이 지속적인 논쟁점이 되고 있다.

20세기에 이르러 모든 인간은 일정한 기본적인 권리를 부여받았다는 일반적인 합의에 기초해 국제적인 인권선언들이 마련되었다. 국제연합(UN) 헌장에서는 "인종 · 성 · 언어 · 종교에 상관없이 인간의 권리와 기본적인 권리를 존중하고 준수할 것"을 서약하고 있다. 1948년 UN 총회에서는 세계인권선언을 의결하고 이러한 내용을 다시 한 번 확인했다.

이밖에 다른 국제기구에서도 인권에 대해 지속적인 관심을 기울였다. 예를 들어 유럽 안전보장협력회의가 1973~75년 헬싱키에서 회의를 갖고 헬싱키 선언을 발표한 것을 비롯하여, 인권과 기본적 자유의 보호를 위한 유럽 회의의 시민권과 정치적 권리를 위한 국제규약 및 유럽 사회헌장, 제9차 범아메리카회의(9th Pan-American Conference)[1]의 '인간의 권리와 의무에 관한 선언(보고타선언, 1948)', 아프리카 통일기구의 아프리카 인권헌장(1901) 등 국제인권선언들이 발표되었다.

1980년대에는 각국의 사법기관에서 국제적 인권을 보장하는 것과 같은 인권옹호를 위한 새로운 방법이 시도되었다. 국제기구 이외에 민간조직에서도 인권옹호를 위해 활동하고 있다.

---

1) 1948년 8월 30일 콜롬비아 보고타에서 열린 제9회 미주회의에서 미주기구헌장(보고타헌장)과 미주조약을 채택하면서 미주연합을 발전적으로 계승한 미주기구(Organization of American States ; OAS)가 출범했다.

제2절 시민혁명과 인권

Ⅰ. 영국의 시민혁명과 인권

1. 영국의 시민혁명

영국에서는 1215년의 Magna Carta 이후에도 왕권을 제약하려는 시도가 부단히 계속되었다. 그리하여 1295년의 모범의회(Model Parliament)에 이르러 의회제도의 기초가 형성되었으며, 1372년에는 고위성직자와 귀족으로 구성된 상원(House of Lords Spiritual and Temporal)과, 기사와 시민으로 구성된 하원(House of Commons)의 양원제가 확립되었다.

Stuart왕조가 등장하여 왕권신수설을 제창하고 의회를 무시하자 의회는 인권의 확보와 근대적 재정이념을 관철시키기 위해 국왕과의 투쟁을 전개하게 된다. 이것이 두 차례의 시민혁명, 즉 청교도혁명(1640)과 명예혁명(1688)이다.

2. 권리청원과 권리장전

1) 권리청원

권리청원(權利請願 : Petition of Right)은 1628년 하원에서 기초하여 국왕의 승인을 얻은 국민의 인권에 관한 선언이다. 권리장전(權利章典)이 명예혁명의 결과로 이루어진 인권선언인 데 대해서, 권리청원은 청교도혁명과 관련을 가지는 인권선언이다. 당시 국왕의 전제정치와 대립하던 의회가 국왕에게 청원의 형식으로 한 권리선언이다. 그 주요내용은 의회의 동의 없이는 어떠한 과세나 공채도 강제되지 않는다는 것, 법에 의하지 않고는 누구도 체포·구금되지 않는다는 것, 육군 및 해군은 민의에 반하여 민가에 숙박할 수 없다는 것, 민간인의 군법에 의한 재판은 금지한다는 것, 각종의 자유권을 보장한다는 것 등이었다.

권리청원을 승인한 국왕은 이듬해인 1629년에 권리청원을 무시하고 의회를 해산함과 동시에 의회의 지도자를 투옥한 뒤 11년간 의회를 소집하지 않고 전제정치를 함에 따라 1640년 청교도혁명이 일어나게 되었다.

권리청원은 주권이 국왕으로부터 의회로 옮겨지는 첫걸음이었으며, 영국 헌법상 중대한 의의를 가지는 것이었다.

2) 권리장전

권리청원(權利請願)이 영국의 청교도혁명과 관련된 인권선언인 데 대해서, 권리장전[2]은 명예혁명의 결과 이루어진 인권선언이다. 주요내용은 제임스 2세의 불법행위를 12개조로 열거하였고 의회의 동의 없이 왕권에 의하여 이루어진 법률이나 그 집행 및 과세의 위법, 의회의 동의 없이 평화 시에 상비군의 징집 및 유지의 금지, 국민의 자유로운 청원권의 보장, 의원선거의 자유 보장, 의회에서의 언론 자유의 보장, 지나친 보석금이나 벌금 및 형벌(刑罰)의 금지 등이었다.

이러한 권리장전은 영국의 의회정치 확립의 기초가 되고, 영국의 절대주의를 종식시켰다는 점에 큰 의의가 있다. 또 영국의 권리장전은 미국의 독립선언, 버지니아 권리장전, 매사추세츠 권리선언 등에도 영향을 주었고, 이들을 통하여 다시 프랑스 인권선언에도 영향을 끼쳤다.

오늘날 권리장전이라는 말은 일반화되어, 각국의 헌법전 속에 규정된 인권을 보장하는 조항을 가리키는 말로 사용되기도 한다. 한국 헌법 '제2장 국민의 권리와 의무'는 한국의 권리장전이라 할 수 있다.

Ⅱ. 미국의 독립혁명과 인권

1. 미국의 독립혁명

1775년 영국군과 아메리카 식민지군 사이에 무력충돌이 발생하여 식민지의

---

2) 제임스 2세의 전제정치와 가톨릭 신앙에 반대하여 일어난 명예혁명은 1688년 12월 23일 국왕 제임스2세가 프랑스로 망명하고, 그 이듬해 2월 13일 국민협의회가 윌리엄 3세와 메리 2세를 공동 국왕으로 추대함으로써 무혈혁명으로 끝났다. 이때 의회는 새 왕을 추대하면서 왕관과 함께 권리선언(權利宣言)을 제출하여 그 승인을 받았고, 이 선언을 토대로 1689년 12월 16일 '신민(臣民)의 권리와 자유를 선언하고 왕위계승을 정하는 법률'이라는 의회제정법이 공포되었는데, 이것이 곧 권리장전이다.

항쟁은 무력항쟁 단계로 접어들었다. 그러나 이러한 상황에서도 식민지측은 본국으로부터 독립할 것은 생각하지 않고 영 제국의 일환으로서 머무를 생각을 가지고 있었다.

그러다가 외국의 원조를 받아야 할 필요와 더불어 내부적으로 급진파가 대두하면서 독립의 기운이 고조되었다. 이러한 기운에 힘입어, 1775년 5월 제2차 대륙회의에서는 각 식민지에 대하여 새 정부의 수립을 권고하였고, 그 권고에 따라 각 식민지는 새로운 헌법을 제정하고, 사실상 독립 상태로 들어갔다.

2. 독립선언

대륙회의에서 버지니아 대표 중 한 사람이었던 리차드 헨리 리(Richard Henry Lee)의 독립결의 제안에 따라 6월 7일에 5인의 기초위원이 임명되어 미국 독립선언문를 작성하였다. 원안은 위원의 한 사람인 제퍼슨(T. Jefferson)이 작성하였고, 역시 위원인 프랭클린(B. Franklin), 애덤스(J. Adams)가 약간 가필하여 대륙회의에 제출하였다. 이는 7월 4일 전원일치로 가결, 공포되었는데, 이것이 이른바 독립선언문이다.

이 독립선언문에서는 '생명 · 자유 및 행복'의 추구라는 천부의 권리가 존재함을 명시하고, 그러한 권리를 확보하기 위하여 정부가 조직되어야 한다는 정부의 정당성을 주장함과 동시에, 이러한 정부의 정당성은 '피치자(被治者)의 동의(同意)'에 유래한 것이라고 말하여 혁명권(革命權)을 긍정하였다.

3. 버지니아헌법

근대입헌주의헌법의 시원으로 불리는 버지니아주 헌법(1776) 중 기본적 인권을 규정한 부분을 말한다. 이 헌법은 크게 ① 삼권분립을 원칙으로 한 통치기구에 관한 규정들과 ② 권리장전, 즉 기본적 인권에 관한 규정들로 구성되어 있다.

4. 미국연방헌법 수정

1787년에 제정된 미국 연방헌법에는 기본권 규정 즉, 권리장전(Bill of Rights)이 포함되지 않았다.

그 후 1791년의 10개조의 연방헌법수정(10 Amendments) 중 8개 조에 종교의 자유, 의사표현의 자유, 보도의 자유, 집회의 자유, 청원의 자유, 무지소지의 자유, 개인주택병영화의 금지, 생명 · 자유 · 재산침해시의 적법절차의 보장, 재산권의 보장과 적정한 수용보상, 이중처벌의 금지, 불리한 진술거부권, 신속한 공개재판을 받을 권리, 배심재판제도, 과다한 보석금의 금지, 잔인한 형벌의 금지 등에 관한 기본권규정이 추가되었다.

또한 1865년의 연방헌법수정 제13조에서는 노예제도와 강제노역을 폐지하였고, 1868년의 연방헌법수정 제14조에서는 헌법수정 제5조의 적법절차가 모든 주에 확대하여 적용하도록 하였으며, 1870년의 연방헌법수정 제15조에 의하여 선거에 있어서의 인종차별이 금지되었다. 그리고 1920년 수정 제19조에 의해 여성의 참정권이 제도화되었다.

Ⅲ. 프랑스 혁명과 인권

1. 프랑스 혁명

프랑스 혁명[3)]은 절대왕정을 뒤엎고 국민주권의 현대 민주주의국가의 시초가 되었고 자유, 평등, 박애를 기본으로 하는 천부인권사상을 바탕으로 하고 있다. 재산권을 침해당하던 국민들이 재산에 대한 권리를 쟁취하여 자본주의의 발전을 가져왔다.

2. 프랑스 인권선언

프랑스 인권선언의 정식 명칭은 '인간 및 시민의 권리선언'(Déclaration des droits de I'homme et du citoyen)'이다. 프랑스 인권선언은 프랑스혁명 때인 1789년 8월 26일 제헌국민회의가 인간의 자유와 평등, 저항권, 주권재민 등 인

---

3) 1789년 베르사유 궁전에서 소집된 삼부회(귀족 300명, 성직자 300명, 제3신분 600명)가 투표방식에 관한 논란으로 결렬되자, 제3신분이 주축이 되어 실내 테니스 코트에서 새로운 헌법이 제정될 때까지 해산하지 않겠다는 선언(테니스 코트의 서약)을 하고, 국민의회(1789년 6월 17일~1789년 7월 9일)를 조직하였다. 이에 국왕은 국민의회를 무력으로 해산시키고 시민들의 움직임을 무력으로 진압하려 하자 프랑스 시민들은 혁명을 계획하고 혁명에 필요한 무기들을 탈취하기 위해 1789년 7월 14일에 바스티유 감옥을 습격하면서 프랑스 혁명이 일어나게 된다.

간으로서 누려야 할 권리를 공포한 선언으로 전문(前文) 및 17조로 이루어져 있다. 제1조에서 "인간은 나면서부터 자유로우며 평등한 권리를 가진다"라고 하여, 천부인권으로서의 자유와 권리의 평등을 내세우고 있다. 그밖에 압제에 대한 저항권(§2), 주권재민(§3), 사상·언론의 자유(§11), 소유권의 신성불가침(§17) 등 인간의 기본권과 근대 시민사회의 정치이념을 명확히 표현하였다.

이 선언의 근본사상은 근세의 자연법사상과 계몽사상을 통해 자라난 인간해방의 이념으로서, 인간의 자연적 권리(자유, 소유권, 안전 및 압제에의 저항)의 존재를 전제로 하고, 이를 보전하기 위하여 정치적 결합, 즉 국가의 형성을 인정하며, 국가 형성의 기본원칙으로서 시민적 제 권리(주권재민, 권력분립, 법률제정권 등)를 보장하는 내용으로 구성되었다. 이 인권선언은 1891년의 프랑스 헌법을 비롯하여 이후 세계 여러 나라의 헌법 및 정치에 큰 영향을 미쳤다.

3. 프랑스헌법

1) 1791년 헌법

1791년 헌법(Constitution de 1791)은 1791년 9월 3일 제정된 프랑스 최초의 헌법[4)]이다. 이 헌법으로 프랑스는 입헌군주국으로 왕권신수설을 버린 국왕은 "국가 대표"의 지위로 세비를 받는 한 관료로 규정되었다. 입법 의회는 일원제로, 745명의 의원으로 구성되며, 임기는 2년이며, 선거권은 소득 금액에 따른 제한된 선거권이었다.

따라서 국민의 대다수를 차지하는 농민과 빈민은 정치에서 배제되었고, 그들의 불만은 쌓일 수밖에 없었다. 헌법의 내용은 혁명파, 반혁명파의 타협의 산물이며 혁명의 혼란종식이 목적인 헌법이라고 할 수 있다. 이 헌법에 의해 10월 입법 의회가 조직되지만, 1792년 8월 10일 튈르리 궁전 습격으로 1791년 헌법은 사실상 파탄에 이르게 된다.

---

4) 1789년 6월 9일 테니스 코트의 서약 이후 국민 의회는 헌법을 제정할 뜻을 표하고, 7월 9일에는 국민 의회는 "입헌 의회(Assemblée nationale constituante)"로 개칭하여 입헌 체제 확립에 착수했다. 그러나 7월 14일 바스티유 감옥 습격 사건을 계기로 프랑스 혁명이 시작되고, 프랑스인권선언이 채택되고 또한 성직자기본법의 제정 등 우여곡절을 거쳐 1791년 9월 3일 처음으로 헌법이 제정되게 되었다.

2) 1793년 헌법

1793년 헌법(Constitution de l' an I)은 1793년 6월 24일, 프랑스 혁명 과정에서 국민공회가 채택한 헌법이다. 당시의 정식 명칭은 '공화력 1년 헌법'이다.

1793년 헌법은 태양력의 호칭으로, 그 특성상 자코뱅 헌법 또는 몽테뉴 헌법이라고도 불린다. 몽테뉴는 산악파를 의미한다. 인민주권, 남성 보통선거 제도, 인민의 생활 노동 권리 등을 인정할 철저한 민주주의의 입장에 서 있으며, 국민투표에 의한 압도적인 지지로 통과되었지만, 혁명의 강화를 이유로 결국 실시되지 않았다.

3) 1795년 헌법

공화력 3년 헌법(Constitution de l' an III)이라고도 한다. 이 헌법은 프랑스 혁명력 3년인 1795년에 프랑스에서 제정된 헌법이다. 이 헌법에 근거하여 총재 정부가 성립되었다.

이 헌법 의회는 '오백의원'과 '원로원'으로 이루어진 양원제를 채택하고, 입법은 하원에 해당하는 '오백의원'만 발의할 권한이 있고 제출된 법안은 상원에 해당하는 '원로원'만이 심사하여 통과되면 법안이 성립되는 두 단계 방식이었다. 이것은 의회 독재를 방지하기 위함이었다. 이 양원 모두 2/3 규정에 의해 매년 1/3이 개선되는 것이 정해져 있었지만, 선거권은 극히 일부 납세자 또는 지주에 한정되어 선거도 유권자가 선택한 명부에서 선택한 민의가 최대한 반영되지 않은 방식이었다. 오백의원은 30세 이상, 10년 이상 공화국에 거주한 사람만 선출하며, 원로원 의원은 40세 이상, 15년 이상 공화국에 거주한 사람으로 제한되었다.

행정을 담당한 총재 정부에서 5명의 총재(임기 5년, 매년 추첨으로 1명이 새로 바뀜)에 의해 운영되었다. 5총재는 3개월마다 1명의 총리가 임명되는 교대제였다. 그러나 총재는 예산 심의 권한을 가지지 못했고, 예산은 의원으로 구성된 국고위원회가 관할했다. 총재 선출에 직접 민의를 반영하는 것이 아니라, 오백의원에 의해 만들어진 후보자 목록에서 원로원이 총재를 선출하는 방식이 채택되었다. 총재는 입법을 할 수 없고, 독재적인 권한을 휘두르지 못하도록 방지책을 수행했다.

이 헌법은 극단적인 분권 구조가 특징으로, 삼권분립은 철저했지만, 매우 비효율적이었다. 특히 행정부와 입법부의 대립이 심각했고, 총재 정부는 스스로를 지키기 위해 쿠데타를 통해 선거를 무효화시킬 필요가 있게 되었다. 나폴레옹 보나파르트의 쿠데타에 의해 총재 정부는 붕괴되었고, 이 헌법을 대신한 새로운 공화력 8년 헌법(1799년 헌법)이 결정되었다.

4) 1799년 헌법

공화력 8년 헌법(Constitution de l' an VIII)는 1799년에 프랑스에서 제정된 헌법이다. 1799년 헌법 등으로도 불린다. 나폴레옹을 제일통령으로 통령 정부(Consulat) 프레임 워크를 규정했다.

공화력 3년 헌법(1795년 헌법)에 의해 규정된 총재 정부가 나폴레옹의 안개달 18일 쿠데타에 의해 전복되면서 이어 출범한 임시 정부에 의해 공화력 8년 헌법(1799년 헌법)이 결정되었다. 입법부는 "호민원(Tribunate, 100명)", "입법원(Core Legislatif, 300명)", 원로원(Senate, 31명)의 삼원제로 구성되었지만, 입법부의 권한은 1795년부터 감소하여, 3명의 통령, 특히 제일통령으로 나폴레옹에 의해 운영되는 행정부의 권력 집중이 진행되었다. 지금까지 헌법과 다른 권리 선언 (인권 선언)이 명시되지 않았다.

제 3 절 한국헌법과 기본권규정

Ⅰ. 미군정에서의 기본권보장제도

우리나라에 근대적 의미의 인권관념의 보급과 기본권보장제도가 확립된 것은 제2차 세계대전 이후의 일이다. 즉, 1945년 광복과 더불어 실시된 미군정 하에서 1948년 3월에 군정법령 제176호에 의하여 도입된 구속적부심사제도(拘束適否審査制度)가 우리에게 알려진 최초의 기본권보장제도의 등장이라 할 수 있다.

Ⅱ. 제헌헌법과 기본권보장

1948년 7월 대한민국헌법의 제정으로 서구식 기본권보장제도가 도입되고, 이에 따른 기본권이론도 다양하게 전개되었다. 1948년의 건국헌법은 그 제2장에서 평등의 원칙과 신체의 자유를 비롯한 고전적 기본권을 보장하는 한편, 법률유보에 의한 자유권적 기본권의 제한이 규정되었다.

그 밖에 노동3권과 사기업에 있어서 노동자의 이익분배균점권, 생활무능력자의 보호, 혼인의 순결과 보건에 관한 국가의 보호 등 일련의 사회적 기본권이 규정되었다.

Ⅲ. 제2공화국 헌법과 기본권보장

1960년 제2공화국 헌법에서는 기본권의 보장을 보다 강화시켜 자유권에 대한 법률유보조항을 삭제하고, 기본권의 법률에 의한 제한도 본질적 내용을 훼손할 수 없게 하였으며, 언론 · 출판 · 집회 · 결사의 자유를 더욱 확대하였다.

Ⅳ. 제3공화국 헌법과 기본권보장

1962년 제3공화국 헌법에서는 기본권보장이 제2공화국 헌법에 비하여 다소 후퇴한 느낌을 주었으며, 건국헌법상의 특징이었던 공무원파면청원권과 이익분배균점권을 삭제하고, 대통령긴급명령제도를 부활하였다.

Ⅴ. 제4공화국 헌법과 기본권보장

1972년 제4공화국 헌법에서는 기본권에 관한 법률유보조항을 두드러지게 강화함으로써 기본권이 다시 제1공화국 시절로 후퇴하였으며, 개별적인 기본권도 자연권에서 실정권적인 것으로 규정하게 되었다.

Ⅵ. 제5공화국 헌법과 기본권보장

1980년 제5공화국 헌법의 기본권조항은 ① 기본적 인권의 불가침성과 행복추구권, 자유와 권리의 본질적 내용의 침해금지 등으로 기본적 인권의 자연권성 내지 천부적 인권성을 보다 명확하게 규정하고, ② 형사피고인의 무죄추정, 사생활의 비밀과 자유의 불가침, 환경권, 근로자의 적정임금의 보장 등 여러 가지 현대적 유형의 인권을 새로이 규정하고, ③ 일사부재리의 원칙과 소급입법의 금지 외에 다시 연좌제폐지에 관한 명문규정을 둔으로써 죄형법정주의를 보다 명확하게 규정하였으며, ④ 기본권보장을 위한 국가적 의무를 크게 강화하고, ⑤ 자유와 권리에 따르는 책임과 의무를 환기시키고 언론의 사회적 책임을 강조하는 등 기본권의 내재적 제약성을 명문화하고, ⑥ 행정부에 의한 권력남용의 가능성을 배제함으로써 부당한 기본권침해를 예방하려 하였으며, ⑦ 대통령은 위기나 비상사태에 있어서 국정 전반에 걸쳐서 필요한 비상조치를 할 수 있고, 이 비상조치로 국민의 자유와 권리를 잠정적으로 정지할 수 있지만, 이 비상조치권의 발동요건을 엄격하게 규정하고, 국회에 의한 통제를 규정함으로써 대통령의 긴급권 남용으로 인한 기본권침해를 방지하려 하고 있다.

또한 기본권보장을 그 사명의 하나로 하는 사법권의 독립을 강화함으로써 행정권에 의한 기본권침해에 대한 사법적 구제도 어느 정도 기대할 수 있게 하였다.

2
chapter

기본권의 의의와 법적 성격

제 1 절 기본권과 실정법상의 인권

Ⅰ. 기본권의 의의

기본권(基本權 : fundamental human rights) 또는 기본적 인권이란 인간다운 생활을 영위하기 위해 필요불가결한 기본적인 권리로서 헌법에 의하여 수용된 인권을 말한다.

이와 같이 기본권은 헌법이 보장하는 국민의 기본적인 모든 권리를 의미하는 실정법적 권리이다. 그러므로 기본권 개념은 국가와 헌법의 존재를 당연히 전제로 하는 실정법적 개념이다.

Ⅱ. 기본권과 실정법상의 인권

1. 기본권

기본권은 헌법에 의하여 수용된 인권을 말하며, 본래적 의미의 인권은 천부인권사상을 바탕으로 하여 인간이 인간이기 때문에 태어나면서부터 당연히 가지는 자연적인 권리이다. 따라서 인권 개념은 국가와 헌법을 전제로 하지 않는 자연법적 개념이다.

2. 실정법상의 인권

이와 관련하여, 실정법에서 인권 개념을 채택하고 있는 예도 있다. 예컨대, 국가인권위원회법[1] 제2조 제1호에서는 인권 개념을 '대한민국헌법 및 법률에서 보장하거나 대한민국이 가입·비준한 국제인권조약 및 국제관습법에서 인정하는 인간으로서의 존엄과 가치 및 자유와 권리'라고 정의하고 있다. 이는 헌법과 법률 및 국제법상 보장되는 인권을 의미한다. 이를 실정법상의 인권이라 할 수 있다.

실정법으로 제도화된 인권 개념은 인권 개념을 기본권 개념보다 넓게 정의하고 있다. 이러한 인권 개념은 외국인과 무국적자의 기본권적 지위를 논의하는 데에 있어서 의미 있는 기준이 된다. 다만, 헌법에서는 '일반적으로 승인된 국제법규'도 국내법과 동일한 효력을 가진다고 규정하고 있음에 비추어 '국제관습법'이라고만 규정한 점은 입법상의 흠결로 생각된다. 일반적으로 승인된 국제법규에는 국제관습법 외에 우리나라가 체약국이 아닌 성문국제법도 포함되기 때문이다.

1) 국가인권위원회법은 국가인권위원회를 설립하여 모든 개인이 가지는 불가침의 기본적 인권을 보호하고 그 수준을 향상시킴으로써 인간으로서의 존엄과 가치를 실현하고 민주적 기본질서의 확립에 이바지함을 목적으로 한다.

Ⅲ. 기본권과 민주주의원리

민주주의의 원리에 따라 모든 국가권력의 원천은 국민이며, 국가권력의 정당성 또한 국민에게 있다. 국가권력이 정당성을 갖기 위해서는 국민이 국가의사의 형성에 참여할 수 있는 기회가 보장되어야 한다. 그래야만 국가권력이 정당성을 가지게 되는 것이다. 이와 아울러 국가권력은 국민의 기본권을 최대한으로 존중하고 보장하기 위한 것이므로 국민의 기본권 행사를 보장함으로써 그 실질적 정당성을 가지게 된다.

물론 민주주의를 채택하지 아니한 헌법에서도 기본권은 보장될 수 있다. 외견적 입헌군주정이 그 대표적인 예이다. 외견적 입헌주의는 국민주권주의가 아니라 국가주권주의를 표방하여 국민의 권리는 천부인권이 아닌 국가에 의해 부여되는 국가 내의 권리로 인정될 뿐만 아니라, 권력분립 등이 인정되지 않아 권력자를 실제적으로 구속하지 못하기 때문이다. 이 경우 헌법에서 기본권이 보장되어 있다고 하더라도 이는 법률이 허용하는 범위 내에서 의미가 있을 뿐이다. 그러므로 진정한 의미의 기본권이라고 할 수 없다.

Ⅳ. 기본권의 일반적 특성

기본권은 보편성 · 고유성 · 항구성 · 불가침성 등의 특성을 가지고 있다. 또한 기본권은 주관적 공권으로서의 성격과 동시에 국가의 기본적 법질서의 구성요소로서의 성격도 지니고 있다.

1. 기본권의 보편성

기본권은 인종이나 성별, 사회적 신분 등에 구애되지 않고 모든 인간이 보편적으로 누리는 권리이다. 특히, 현대에 와서는 인권의 보장이 국제적인 관심사가 됨으로써 기본적 인권의 보편화 현상이 두드러지게 나타난다. 이를 기본권의 보편성이라 한다.

2. 기본권의 고유성

기본권은 인간이 인간으로서 생존하기 위하여 당연히 누려야 할 고유한 권리이다. 이를 기본권의 고유성 또는 천부성 내지 전국가성이라고 한다. 그러므로 기본권은 국가나 헌법에 의하여 창설된 권리가 아니다. 자연적 권리인 인권을 국가나 헌법이 확인한 것이기 때문이다. 기본적 인권의 천부성이나 전국가성을 주장하는 이유도 이러한 고유성에 기인하는 것이다.

3. 기본권의 항구성

기본권은 일정한 기간만 보장되는 권리가 아니라 영구히 박탈당하지 않는 권리이며, 장래의 국민에게도 인정되는 항구적인 권리이다. 그것은 헌법개정절차로도 폐지될 수 없다.

4. 기본권의 불가침성

기본권은 개인이 가지는 불가침의 권리이므로 모든 국가권력은 기본적 인권을 최대한으로 존중하고 보장할 의무를 지며, 기본적 인권의 본질적 내용은 행정권과 사법권은 물론 입법권에 의해서도 침해될 수 없다.

제 2 절 기본권의 법적 성격

Ⅰ. 주관적 공권성

기본권은 개인이 자신을 위하여 국가의 작위 또는 부작위를 요구할 수 있는 구체적 권리로서의 성격을 지닌다. 다만, 생존권적 기본권이 개인을 위한 현실적 구체적 권리인가의 여부에 대하여는 견해가 나뉜다. 다수설은 이를 추상적 권리로 본다.

Ⅱ. 전국가적 권리성

기본권이 실정법상의 권리인가 아니면 인간의 생래적 권리인가에 대하여는 견해가 나뉜다. 법실증주의자들은 기본권이 실정 헌법에 규정된 이상 실정법상의 권리로 보아야 하며, 나아가 자유는 전국가적인 것이라 할지라도 자유권은 국가내적인 실정법상의 권리라고 한다.

생각건대, 기본권은 역사적 발전과정에 비추어 볼 때 천부의 자연권으로서 전국가적 권리라고 할 것이다. 헌법재판소도 기본권 자체는 사람인 이상 천부 · 생래의 것이라 판시한 바 있다.

> [헌재 2003.1.30. 2002헌마358] 개인의 기본적 인권을 보장하는 것은 국가의 가장 중요한 의무로서 국가의 존재의의가 여기에 있다. 침해의 태양은 새로운 것이 생겨날 수 있지만 기본권 자체는, 사람인 이상, 천부(天賦) · 생래(生來)의 것이기 때문이다.

Ⅲ. 기본권의 이중성

헌법상의 기본권은 주관적으로는 개인을 위한 주관적 공권을 의미하지만, 객관적으로는 국가의 기본적 법질서의 내용을 이루는 법질서의 구성요소로서의 성격을 가지고 있다. 이를 기본권의 이중적 성격이라 한다.

3
chapter

기본권의 분류와 체계

제 1 절 기본권의 분류

Ⅰ. 개설

우리나라에서도 실정헌법상 보장되는 국민의 자유와 권리를 자유권 · 수익권 · 참정권으로 나누는 삼분법이 지배적이었다. 그러나 오늘날에 와서는 다음과 같이 기본권을 다양하게 분류하고 있다.

Ⅱ. 주체에 의한 분류

기본권은 일반적으로 주체를 기준으로 하여 인간의 권리와 국민의 권리, 자연인의 권리와 법인의 권리로 분류된다.

1. 인간의 권리

인간의 권리란 국적에 상관없이 모든 인간에게 귀속되는 전국가적 자연법적 권리이다. 인격권 · 평등권 · 자유권 등이 이에 속한다.

2. 국민의 권리

참정권 등 실정법에 의하여 비로소 보장되는 권리이다. 국적보유자에게만 인정된다.

Ⅲ. 성질에 의한 분류

성질을 기준으로 하여 전국가적 기본권과 국가내적 기본권, 절대적 기본권과 상대적 기본권, 진정한 기본권과 부진정한 기본권으로 분류된다.

1. 전국가적 기본권과 국가내적 기본권

1) 전국가적 기본권

자연법적 천부적 인권으로서 국가에 의하여 제한되거나 박탈될 수 없는 기본권을 말한다. 행복추구권 · 평등권 · 인격권 등이 이에 속한다.

2) 국가내적 기본권

재산권 · 선거권 · 공무담임권 등 국가의 실정법에 의하여 인정되는 기본권으로서 실정법에 의하여 그 내용이 확정 · 제한될 수 있는 기본권이다.

2. 절대적 기본권과 상대적 기본권

1) 절대적 기본권

절대적 기본권이란 내심의 자유로서의 양심의 자유, 신앙의 자유, 학문연구의 자유 등 법률로써도 제한할 수 없는 기본권이다.

2) 상대적 기본권

국가안전보장 · 질서유지 또는 공공복리를 위하여 법률로써 제한할 수 있는 기본권을 상대적 기본권이라 한다.

3. 진정한 기본권과 부진정한 기본권

1) 진정한 기본권

진정한 기본권이란 개인을 위한 실질적 권리로서의 주관적 공권을 말한다.

2) 부진정한 기본권

헌법이 규정하고 있는 일정한 문화·사회·경제질서, 교육제도, 혼인·가족제도 등 객관적 질서에 의하여 반사적으로 누리게 되는 권리를 부진정한 기본권이라 한다. 독과점거부권, 문화시설이용권, 교육시설이용권 등이 이에 해당한다.

Ⅳ. 내용에 의한 분류

1. 옐리네크의 3분설

옐리네크(G. Jellinek)는 국민의 국가에 대한 지위에 착안하여 기본권을 소극적 지위에서 나오는 자유권, 적극적 지위에서 나오는 수익권, 능동적 지위에서 나오는 참정권으로 분류했다. 아울러 국민의 국가에 대한 수동적 지위에서는 국민의 공의무가 발생하는 것으로 보았다.

우리나라의 학자들은 옐리네크의 3분설을 바탕으로 이를 세분화하여 다양한 견해를 보이고 있다.

본서에서는 기본권은 내용에 따라 주기본권인 인간의 존엄과 가치 및 행복추구권을 위시하여, 협의의 인간의 존엄과 가치 및 행복추구권, 평등권·자유권적 기본권·생존권적 기본권·청구권적 기본권·참정권의 6가지로 분류하기로 한다.

Ⅴ. 효력에 의한 분류

효력을 기준으로 하여 현실적 기본권과 입법방침적 기본권, 그리고 대국가적 기본권과 제3자적 기본권으로 분류된다.

1. 현실적 기본권과 입법방침적 기본권

1) 현실적 기본권

입법권 · 행정권 · 사법권 등 모든 국가권력을 직접적으로 구속하는 기본권을 말한다. 기본권규정은 원래 국가로부터의 자유를 보장하기 위한 대국가적 방어권에 관한 규정이기 때문에 기본권 내지 기본권규정은 원칙적으로 모든 국가권력을 구속한다. 따라서, 입법부는 기본권규정에 위배되는 법률을 제정할 수 없고, 사법부는 재판절차나 판결내용을 통해서 기본권을 침해할 수 없으며, 행정부도 공권력의 발동으로 권력적 작용을 하는 경우에는 기본권규정에 구속된다.

2) 입법방침적 기본권

입법방침적 기본권이란 헌법이 입법의 방침을 규정한 결과 국민이 향유하게 되는 기본권을 말한다. 이를 프로그램적 기본권이라고도 한다. 이는 행정권과 사법권을 직접 구속하는 것이 아니라 구체적인 입법에 의하여 비로소 현실적 권리가 되는 기본권이다. 과거 생존권적 기본권을 입법방침적 기본권으로 이해하는 것이 일반적이었다.

2. 대국가적 기본권과 대국가적 · 대사인적 기본권

1) 대국가적 기본권

국가배상청구권이나 변호인의 조력을 받을 권리 등 국가에 대하여만 효력을 가지는 기본권을 말한다. 기본권은 원칙적으로 대국가적인 권리로서 모든 국가권력을 구속한다.

2) 대국가적 · 대사인적 기본권

대국가적 · 대사인적인 기본권이란 국가에 대해서 뿐 아니라 사인간에 있어서도 효력을 가지는 기본권을 말한다. 예컨대, 인간의 존엄과 가치 · 행복추구권, 남녀평등권, 노동3권 등이 이에 속한다.

제2절 기본권의 체계

Ⅰ. 주기본권과 파생적 기본권

헌법상 기본권은 제10조에서 규정하고 있는 인간의 존엄과 가치·행복추구권을 주기본권 또는 포괄적 기본권으로 하고, 주기본권으로부터 협의의 인간의 존엄과 가치 및 행복추구권, 평등권·자유권적 기본권·생존권적 기본권·청구권적 기본권·참정권을 개별적 기본권으로서 헌법에 열거하고 있다. 나아가 헌법 제37조 제1항은 헌법에 열거되지 아니한 자유와 권리를 규정하고 있다.

Ⅱ. 주기본권

헌법 제10조를 주기본권으로 인정할 것인가에 대하여는 견해가 나뉜다. ① 인간의 존엄과 가치 및 행복추구권을 기본권보장의 단순한 원리규정으로 보는 견해와, ② 이를 포괄적 기본권으로 보는 견해, 그 외에 ③ 인간의 존엄과 가치의 기본권성을 부인하고 행복추구권만을 포괄적 기본권으로 보는 견해가 그것이다.

헌법재판소는 헌법 제10조를 주기본권으로 인정하고 있다.

> [헌재 1991.9.16. 89헌마165] 우리 헌법 제10조는 "모든 국민은 인간으로서의 존엄과 가치를 가지며, 행복을 추구할 권리를 가진다."라고 규정하고 있고 제17조는 "모든 국민은 사생활의 비밀과 자유를 침해받지 아니한다."고 규정하고 있으며 한편 제21조의 제1항은 "모든 국민은 언론·출판의 자유를 가진다."라고 규정하고, 제4항은 "언론·출판이 타인의 명예나 권리 또는 공중도덕이나 사회윤리를 침해하여서는 아니된다."고 규정함으로써 언론·출판의 자유를 보장하는 동시에 언론·출판의 자유가 민주사회에서 비록 중요한 기능을 수행한다고 하더라도 그것이 인간의 존엄성에서 유래하는 개인의 일반적 인격권 등의 희생을 강요할 수는

없음을 분명히 밝히고 있다.

Ⅲ. 파생적 기본권

주기본권인 제10조의 인간의 존엄과 가치 및 행복추구권으로부터 파생된 협의의 인간의 존엄과 가치 및 행복추구권, 제11조에서부터 제36조까지 규정되어 있는 평등권 · 자유권적 기본권 · 생존권적 기본권 · 청구권적 기본권 · 참정권이라는 개별적 기본권이 헌법에 열거되어 있다.

> [헌재 1990.9.10. 89헌마82] 헌법 제10조는 "모든 국민은 인간으로서의 존엄과 가치를 가지며, 행복을 추구할 권리를 가진다. 국가는 개인이 가지는 불가침의 기본적 인권을 확인하고 이를 보장할 의무를 진다."라고 규정하여 모든 기본권을 보장의 종국적 목적(기본이념)이라 할 수 있는 인간의 본질이며 고유한 가치인 개인의 인격권과 행복추구권을 보장하고 있다. 그리고 개인의 인격권 • 행복추구권에는 개인의 자기운명결정권이 전제되는 것이고, 이 자기운명결정권에는 성행위여부 및 그 상대방을 결정할 수 있는 성적자기결정권이 또한 포함되어 있다.

Ⅳ. 헌법에 열거되지 아니한 기본권

1. 의의

헌법에 열거되지 아니한 자유와 권리란 헌법의 궁극적 이념인 인간으로서의 존엄과 가치를 보장하기 위해 인간이 가지는 기본권으로서 헌법에 규정되지 아니한 자유와 권리를 말한다.

현행 헌법은 제37조 제1항에서 "국민의 자유와 권리는 헌법에 열거되지 아니한 이유로 경시되지 아니한다"라고 하여, 자유와 권리의 전국가성과 포괄성을 명문으로 확인하고 있다.

2. 헌법에 열거되지 아니한 기본권을 인정하기 위한 요건

헌법재판소는 헌법에 열거되지 아니한 기본권을 새롭게 인정하려면, 그 필요성이 특별히 인정되고, 그 권리내용(보호영역)이 비교적 명확하여 구체적 기본권으로서의 실체 즉, 권리내용을 규범 상대방에게 요구할 힘이 있고 그 실현이 방해되는 경우 재판에 의하여 그 실현을 보장받을 수 있는 구체적 권리로서의 실질에 부합하여야 할 것이라고 판시하고 있다(헌재 2009. 5. 28. 2007헌마369).

3. 헌법에 열거되지 아니한 기본권의 유형

헌법재판소는 생명권(2004헌바81), 일반적 인격권(2007헌가23), 자기결정권(89헌마82), 일반적 행동자유권 및 개성의 자유로운 발현권(89헌마204), 휴식권(2000헌마159), 계약의 자유(89헌마204), 문화향유에 관한 권리(2003헌가1, 2004헌가4 병합) 등을 헌법에 열거되지 아니한 자유와 권리로 인정하고 있다.

> [헌재 2001.9.27. 2000헌마159] 휴식권은 헌법상 명문의 규정은 없으나 포괄적 기본권인 행복추구권의 한 내용으로 볼 수 있을 것이다. 이 행복추구권은 헌법 제10조에 의하여 보장되는 것으로 포괄적이고 일반조항적인 성격을 가지며 또한 그 구체적인 표현으로서 일반적인 행동자유권과 개성의 자유로운 발현권을 포함한다.

> [헌재 1991.6.3. 89헌마204] 이른바 계약자유의 원칙이란 계약을 체결할 것인가의 여부, 체결한다면 어떠한 내용의, 어떠한 상대방과의 관계에서, 어떠한 방식으로 계약을 체결하느냐 하는 것도 당사자 자신이 자기의사로 결정하는 자유뿐만 아니라, 원치 않으면 계약을 체결하지 않을 자유를 말하여, 이는 헌법상의 행복추구권속에 함축된 일반적 행동자유권으로부터 파생되는 것이라 할 것이다.

> [헌재 2004. 5.27. 2003헌가1, 2004헌가4(병합)] 오늘날 영화 및 공연을 중심으로 하는 문화산업은 높은 부가가치를 실현하는 첨단산업으로서의 의미를 가지고 있다. 따라서 직업교육이 날로 강조되는 대학교육에 있어서 문화에의 손쉬운 접근가능성은 중요한 기본권으로서의 의미를 갖게 된다. 이 사건 법률조항은 대학생의 자유로운 문화향유에 관한 권리 등 행복추구권을 침해하고 있다.

4 chapter 기본권의 주체

제 1 절 기본권의 주체로서의 국민

Ⅰ. 일반국민

1. 일반국민의 기본권 주체성

모든 국민은 헌법상의 기본권주체성이 인정된다. 여기에서 국민이란 대한민국의 국적을 가진 자를 말한다. 다수자로서의 국민이든 소수자로서의 국민이든 이를 가리지 않는다. 국민은 국가의 영속적 구성원으로서 소재지에 관계없이 국가의 통치권에 복종하고 기본권을 누린다. 이와 같이 기본권의 향유자로서의 국민은 개개인으로서의 국민이기 때문에 여기에는 미성년자나 정신병자 · 수형자 등도 포함된다.

후술하는 바와 같이, 특정한 기본권(참정권)의 경우에는 그 주체가 되기 위해서는 일정한 연령에 도달하여야 한다.

헌법재판소는 태아(胎兒)[1]와 사자(死者)[2] 및 미성년자(未成年者)[3]의 기본권 주체성을 인정한 바 있으나, 태아의 기본권 주체성과 관련하여 초기배아[4]의 기본권 주체성을 부정하였다.

[헌재 2010.5.27, 2005헌마346] 출생 전 형성 중의 생명에 대해서 헌법적 보호의 필요성이 크고 일정한 경우 그 기본권 주체성이 긍정된다고 하더라도, 어느 시점부터 기본권 주체성이 인정되는지, 또 어떤 기본권에 대해 기본권 주체성이 인정되는지는 생명의 근원에 대한 생물학적 인식을 비롯한 자연과학·기술 발전의 성과와 그에 터 잡은 헌법의 해석으로부터 도출되는 규범적 요청을 고려하여 판단하여야 할 것이다. 초기배아는 수정이 된 배아라는 점에서 형성 중인 생명의 첫 걸음을 떼었다고 볼 여지가 있기는 하나 아직 모체에 착상되거나 원시선이 나타나지 않은 이상 현재의 자연과학적 인식 수준에서 독립된 인간과 배아 간의 개체적 연속성을 확정하기 어렵다고 봄이 일반적이라는 점, 배아의 경우 현재의 과학기술 수준에서 모태 속에서 수용될 때 비로소 독립적인 인간으로의 성장가능성을 기대할 수 있다는 점, 수정 후 착상 전의 배아가 인간으로 인식된다거나 그와 같이 취급하여야 할 필요성이 있다는 사회적 승인이 존재한다고 보기 어려운 점 등

---

1) 태아란 포유류의 모체 안에서 자라고 있는 유체(幼體)를 말한다. 사람의 경우는 수태하여 2개월이 지난 뒤 인체의 모양이 분명히 된 것을 이른다[헌재 2008. 7. 31. 2004헌바81] 인간의 생명은 고귀하고, 이 세상에서 무엇과도 바꿀 수 없는 존엄한 인간 존재의 근원이다. 이러한 생명에 대한 권리, 즉 생명권은 비록 헌법에 명문의 규정이 없다 하더라도 인간의 생존본능과 존재목적에 바탕을 둔 선험적이고 자연법적인 권리로서 헌법에 규정된 모든 기본권의 전제로서 기능하는 기본권 중의 기본권이다. 모든 인간은 헌법상 생명권의 주체가 되며, 형성 중의 생명인 태아에게도 생명에 대한 권리가 인정되어야 한다. 따라서 태아도 헌법상 생명권의 주체가 되며, 국가는 헌법 제10조에 따라 태아의 생명을 보호할 의무가 있다.

2) [헌재 2010. 10. 28. 2007헌가23] 친일반민족행위반민규명위원회의 조사대상자 선정 및 친일반민족행위결정이 이루어지면, 조사대상자의 사회적 평가에 영향을 미치므로 헌법 제10조에서 유래하는 일반적 인격권이 제한받는다. 다만 이러한 결정에 있어서 대부분의 조사대상자는 이미 사망하였을 것이 분명하나, 조사대상자가 사자(死者)의 경우에도 인격적 가치에 대한 중대한 왜곡으로부터 보호되어야 한다. 사자(死者)에 대한 사회적 명예와 평가의 훼손은 사자(死者)와의 관계를 통하여 스스로의 인격상을 형성하고 명예를 지켜온 그들의 후손의 인격권, 즉 유족의 명예 또는 유족의 사자(死者)에 대한 경애추모의 정을 제한하는 것이다.

3) [헌재 2004. 5. 27. 2003헌가1, 2004헌가4(병합)] 헌법이 보장하는 인간의 존엄성 및 행복추구권은 국가의 교육권한과 부모의 교육권의 범주 내에서 아동에게도 자신의 교육환경에 관하여 스스로 결정할 권리, 그리고 자유롭게 문화를 향유할 권리를 부여한다고 할 것이다. 이 사건 법률조항은 아동 · 청소년의 문화향유에 관한 권리 등 인격의 자유로운 발현과 형성을 충분히 고려하고 있지 아니하므로 아동 · 청소년의 자유로운 문화향유에 관한 권리 등 행복추구권을 침해하고 있다.

4) 태아(胎兒)는 수정된 후 태어나기 전의 아이(아기)를 말한다. 영어의 fetus에 해당하는 어느 정도 형성된 후를 말할 때는 태아(胎兒)라고 하고 그 이전은 태아(胎芽, 아이가 될 싹, embryo) 또는 배아라고 부르기도 한다.

을 종합적으로 고려할 때, 기본권 주체성을 인정하기 어렵다.

2. 기본권능력과 기본권행사능력과의 관계

1) 기본권능력

기본권능력이란 기본권을 보유 내지 향유할 수 있는 능력을 말한다. 기본권능력을 기본권보유능력 또는 기본권향유능력이라고도 한다. 우리 헌법은 모든 국민에게 이를 인정하고 있다.

2) 기본권행사능력

기본권행사능력이란 특정한 기본권을 유효하게 행사할 수 있는 능력을 말한다. 이는 기본권에 따라 다르다. 기본권행사능력을 헌법에서 명문으로 규정하고 있는 경우와 입법형성권에 의하여 제한되는 경우가 있다.

⑴ 헌법상 명문규정에 의한 기본권행사능력

헌법상의 명문 규정에 의하여 대통령으로 선거될 수 있는 자는 국회의원의 피선거권이 있고 선거일 현재 40세에 달하여야 한다(§67④). 헌법은 대법원장에 대하여는 임기 6년의 단임제를 규정하고 있다(§105①).

⑵ 헌법과 입법권자의 입법형성권에 의한 기본권행사능력

국회의원과 지방의회의원 및 지방자치단체의 장의 선거권은 19세, 피선거권은 25세에 달하여야 하며, 선거권과 피선거권이 있어야 한다(§24 · 25 · 41③, 공직선거법 15 · 16 · 18 · 19).

헌법 제105조 제4항은 법관정년제를 법률로 정하도록 하고 있으며, 이에 따라 법원조직법은 대법원장 70세, 대법관 65세, 기타 법관 63세의 정년을 규정하고 있다(법 45④)

한편, 성년을 19세로 규정하는 민법 제4조와 관련하여 헌법은 명문의 규정을 두고 있지 아니하다. 그리고 미성년자의 거주 · 이전의 자유가 친권자의 거소지정권(민법 914)에 의하여 제약되기도 한다.

3. 기본권행사능력에 관한 입법형성권의 근거와 한계

1) 미성년자 관련 입법형성권의 근거

미성년자 관련 입법형성권은 미성년자의 인격형성과 교육에 도움이 되는 범위 내에서 결정되어야 한다. 예컨대, 유아나 초등학생 등 미성년자에게 프라이버시권이나 통신의 자유를 제한하는 입법을 하는 경우가 이에 해당된다.

이와 관련하여 우리 헌법은 "모든 국민은 그 보호하는 자녀에게 적어도 초등교육과 법률이 정하는 교육을 받게 할 의무를 진다"(§31①)고 규정하고 있다. 여기에서 부모와 자녀의 관계를 '보호관계'의 해석을 둘러싸고 논란이 있다. 즉, 부모의 교육권과 자녀의 기본권주체로서의 기본권행사능력이 충돌될 수 있다.

한편, 헌법재판소는 학교정화구역 내에서 극장운영을 금지함으로써 아동과 청소년의 문화향유에 관한 권리와 인격의 자유로운 형성과 발현을 위한 권리를 침해하였다고 판시하여 이들의 기본권주체성을 인정한 바 있다.

그런데 가족생활이 개인의 존엄을 기초로 유지되어야 하며, 국가는 이를 보장한다(§36①)는 헌법규정에 비추어 가족구성원의 인격적 가치를 무시하고 개성신장의 기회를 근본적으로 봉쇄하는 전근대적인 교육권(친권)의 행사는 부모의 자에 대한 교육권(친권)의 한계를 일탈하는 것이며, 그러한 친권행사를 정당화하는 입법이 이루어진다면, 이는 기본권행사능력에 관한 입법형성권의 한계를 벗어난 과잉입법이라 하지 않을 수 없을 것이다.

2) 기본권제한입법의 한계 ; 과잉금지의 원칙

기본권을 제한하는 입법을 하는 경우에는 기본권제한입법의 한계라고 할 수 있는 과잉금지의 원칙을 준수하여야 한다(헌재 2003. 5. 15. 2001헌가31).

과잉금지의 원칙은 (1) 목적의 정당성과 수단의 적합성, (2) 최소침해성, (3) 법익 균형성을 충족하여야 한다.

Ⅱ. 이른바 특별권력관계에 있는 국민

오늘날의 특별권력관계에서는, 전통적 특별권력관계이론에서와는 달리, 법치주의 원리가 당연히 적용되는 것으로 보는 것이 일반적이다. 즉 특별권력관계에 있는 공무원이나 군인 · 학생 · 수형자 등도 국민이므로 당연히 기본권의 주체가 된다. 다만, 근무관계 등의 특수성으로 인하여 헌법이나 법률이 정하는 바에 의하여 일정한 경우에 특별히 기본권이 제한되는 경우가 있다.

공무원에 대한 정치활동권, 근로3권 등의 제한, 군인이나 군무원에 대한 재판을 받을 권리의 제한(군사법원의 재판, 비상계엄하의 단심제), 국가배상청구권의 제한(이중배상의 금지), 거주 · 이전의 자유 제한, 수형자의 통신의 자유[5], 거주 · 이전의 자유 제한 등이 그것이다.

Ⅲ. 재외동포

재외동포란 재외국민(대한민국의 국민으로서 외국의 영주권을 취득한 자 또는 영주할 목적으로 외국에 거주하고 있는 자)과 외국국적동포(대한민국의 국적을 보유하였던 자 또는 그 직계비속으로서 외국국적을 취득한 자 중 대통령령으로 정하는 자)를 말한다(재외동포의출입국과법적지위에관한법률 2).

재외동포에 대하여는 국내거소이전신고의무(법 6), 체류기간의 제한(최장 3년) 및 체류기간 연장허가 등(법 10), 외국국적동포의 부동산(외국인토지법에 의한 군사시설보호구역 등 제외)의 취득 · 보유 · 이용 · 처분의 자유(법 11) 등

5) [헌재 1995. 7. 21. 92헌마144] 질서유지 또는 공공복리를 위하여 구속제도가 헌법 및 법률상 이미 용인되어 있는 이상, 미결수용자(未決收容者)는 구속제도 자체가 가지고 있는 일면의 작용인 사회적 격리의 점에 있어 외부와의 자유로운 교통과는 상반되는 성질을 가지고 있으므로, 증거인멸이나 도망을 예방하고 교도소 내의 질서를 유지하여 미결구금제도를 실효성 있게 운영하고 일반사회의 불안을 방지하기 위하여 미결수용자의 서신에 대한 검열(檢閱)은 그 필요성이 인정된다고 할 것이고, 이로 인하여 미결수용자의 통신의 비밀이 일부제한되는 것은 질서유지 또는 공공복리라는 정당한 목적을 위하여 불가피할 뿐만 아니라 유효적절한 방법에 의한 최소한의 제한으로서 헌법에 위반된다고 할 수 없다.

대한민국에의 출입국과 대한민국 안에서의 법적 지위에 관한 규정이 적용된다.

제 2 절 외국인의 기본권주체성

Ⅰ. 외국인의 의의

외국인이란 대한민국의 국적을 가지지 아니한 자를 말한다. 외국인은 외국의 국적을 가진 자와 무국적자를 포함하는 개념이다.

Ⅱ. 외국인의 기본권주체성

외국인의 기본권주체성을 인정하는 명문의 규정을 둔 경우(독일기본법 19③)에는 논란의 소지가 없다. 그러나 우리 헌법은 이를 규정하고 있지 않다. 이에 관하여는 긍정설과 부정설이 대립되고 있다.

1. 긍정설

긍정설은 ① 기본권은 천부적·전국가적 권리이므로 외국인의 기본권주체성을 인정하여야 한다는 견해와 ② 진정한 의미의 사회통합을 이루기 위해서는 외국인에게도 자국민의 동화적 통합을 해치지 아니하는 범위 내에서는 기본권의 주체성을 인정하여야 한다는 견해, ③ 헌법상 외국인의 기본권 주체성을 부인하는 명문규정이 없으므로 기본권의 성질상 외국인에게도 인정될 수 있는 기본권에 대하여는 외국인의 기본권주체성을 인정하여야 한다는 견해(통설)로 나뉜다.

2. 부정설

부정설은 ① 기본권주체는 법적 공동체의 구성원만이 될 수 있다고 하는 법실증주의적 견해, ② 기본권이란 사회공동체 통합을 위해 필요한 당위론적 가치질서이므로 외국인은 기본권의 주체가 될 수 없다는 견해, ③ 헌법 문언상 '국민'에게만 기본권주체성을 인정하고 있고, 외국인은 국민이 아니므로 외국인의 기본권주체성을 인정할 수 없다는 견해로 나뉜다.

3. 결론

기본권 중 천부인권 내지 초국가적 자연권은 인간의 권리이므로 이 경우에는 외국인의 기본권주체성을 긍정하여야 한다.

기본권의 성질상 인간으로서의 권리(예: 인간으로서의 존엄과 가치 및 행복추구권)는 외국인도 기본권의 주체가 된다. 평등권은 외국인에게 인정되나 상호주의원칙에 의하여 제한이 따를 수도 있다. 자유권 역시 외국인에게 인정되나 거주·이전의 자유, 출입국의 자유, 정치활동의 자유 등은 외국인에게 인정되지 않거나 제한적으로 인정되고 있다. 참정권 등 국민으로서의 권리는 원칙적으로 인정되지 않는다고 본다.

헌법재판소도 외국인의 기본권주체성을 원칙적으로 긍정한다.

> [헌재 2001.11.29, 99헌마494] 헌법재판소법 제68조 제1항 소정의 헌법소원은 기본권을 침해받은 자만이 청구할 수 있고, 여기서 기본권을 침해받은 자만이 헌법소원을 청구할 수 있다는 것은 곧 기본권의 주체라야만 헌법소원을 청구할 수 있고 기본권의 주체가 아닌 자는 헌법소원을 청구할 수 없다고 한 다음, '국민' 또는 국민과 유사한 지위에 있는 '외국인'은 기본권의 주체가 될 수 있다 판시하여(헌재 1994. 12. 29. 93헌마120) 원칙적으로 외국인의 기본권 주체성을 인정하였다. 청구인들이 침해되었다고 주장하는 인간의 존엄과 가치, 행복추구권은 대체로 '인간의 권리'로서 외국인도 주체가 될 수 있다고 보아야 하고, 평등권도 인간의 권리로서 참정권 등에 대한 성질상의 제한 및 상호주의에 따른 제한이 있을 수 있을 뿐이다. 이 사건에서 청구인들이 주장하는 바는 대한민국 국민과의 관계가 아닌, 외국국적의 동포들 사이에 재외동포법의 수혜대상에서 차별하는 것이 평등권 침해라는 것으로서 성질상 위와 같은 제한을 받는 것이 아니고 상호주의가 문제되는 것도 아니므로, 청구인들에게 기본권주체성을 인정함에 아무런 문제가 없다.
>
> [헌재 2011.9.29, 2007헌마1083] 직업의 자유 중 직장 선택의 자유는 인간의

존엄과 가치 및 행복추구권과도 밀접한 관련을 가지는 만큼 단순히 국민의 권리가 아닌 인간의 권리로 보아야 할 것이므로 외국인도 제한적으로라도 직장 선택의 자유를 향유할 수 있다고 보아야 한다. 청구인들이 이미 적법하게 고용허가를 받아 적법하게 우리나라에 입국하여 우리나라에서 일정한 생활관계를 형성, 유지하는 등, 우리 사회에서 정당한 노동인력으로서의 지위를 부여받은 상황임을 전제로 하는 이상, 이 사건 청구인들에게 직장 선택의 자유에 대한 기본권 주체성을 인정할 수 있다 할 것이다.

Ⅲ. 법인의 기본권주체성

1. 법인의 의의

법인이란 전형적인 권리능력의 주체인 자연인 이외의 것으로서 권리능력을 부여받은 인격체이다. 일정한 목적과 조직을 가진 사람의 결합인 단체(사단 또는 조합)와 일정한 목적을 위하여 조성된 재산(재단)도 각각 사회에서 중요한 역할을 담당하기 때문에 법률관계의 주체가 될 수 있다. 법인은 공법인과 사법인, 재단법인과 사단법인, 영리법인과 비영리법인, 외국법인과 내국법인 등으로 구분된다.

2. 법인의 기본권주체성

종래 기본권의 주체성에 관한 논의는 자연인인 국민을 중심으로 하여 이루어졌다. 그러나 오늘날에는 법인이나 단체의 역할과 중요성이 점차 증대되면서 법인의 기본권주체성 인정 여부도 논의의 대상이 되고 있다.

독일에서와는 달리 우리 헌법은 법인의 기본권주체성을 명시적으로 규정하고 있지 아니하다.

기본권은 자연인의 권리로서 인정된 것이므로 법인의 기본권주체성은 부정되어야 한다는 것이 바이마르헌법 하의 다수설의 입장이었다. 그러나 법인도 법에 의하여 법인격이 부여되는 것이며, 궁극적으로는 자연인의 이익을 목적으로 하는 것이므로 기본권의 성질상 가능한 기본권에 대하여는 법인에게도 기본권의 주체성을 인정하여야 한다는 견해가 오늘날의 다수설이다. 헌법재판소의 견해이기도 하다.

기본권의 성질상 인신권, 생명권, 양심의 자유 등 자연적인 인격을 전제로 한 기본권은 법인에게는 인정되지 않는다.

> [헌재 1991.6.3. 90헌마56] 우리 헌법은 법인의 기본권향유능력을 인정하는 명문의 규정을 두고 있지 않지만, 본래 자연인에게 적용되는 기본권규정이라도 언론·출판의 자유, 재산권의 보장 등과 같이 성질상 법인이 누릴 수 있는 기본권을 당연히 법인에게도 적용하여야 한 것으로 본다. 따라서 법인도 사단법인·재단법인 또는 영리법인·비영리법인을 가리지 아니하고 위 한계 내에서는 헌법상 보장된 기본권이 침해되었음을 이유로 헌법소원심판을 청구할 수 있다. 또한, 법인 아닌 사단·재단이라고 하더라도 대표자의 정함이 있고 독립된 사회적 조직체로서 활동하는 때에는 성질상 법인이 누릴 수 있는 기본권을 침해당하게 되면 그의 이름으로 헌법소원심판을 청구할 수 있다.

3. 기본권의 주체로서의 법인

헌법재판소는 공법인성과 사법인성을 겸유하는 특수한 법인인 축협중앙회의 기본권주체성을 긍정하고 있다.

> [헌재 2000. 6.1. 99헌마553] 축협중앙회는 지역별·업종별 축협과 비교할 때, 회원의 임의탈퇴나 임의해산이 불가능한 점 등 그 공법인성이 상대적으로 크다고 할 것이지만, 이로써 공법인이라고 단정할 수는 없을 것이고, 이 역시 그 존립목적 및 설립형식에서의 자주적 성격에 비추어 사법인적 성격을 부인할 수 없으므로, 축협중앙회는 공법인성과 사법인성을 겸유한 특수한 법인으로서 이 사건에서 기본권의 주체가 될 수 있다. 또한 기본권의 성질이 허용되는 범위 내에서 사법인과 이에 준하는 권리능력 없는 사단도 기본권의 주체가 된다. 법인 등 결사체도 그 조직과 의사형성에 있어서, 그리고 업무수행에 있어서 자기결정권을 가지고 있어 결사의 자유의 주체가 된다고 봄이 상당하므로, 축협중앙회는 그 회원조합들과 별도로 결사의 자유의 주체가 된다.

한편, 공법인 중에서 국가와 지방자치단체는 헌법의 수범자로서 기본권적 가치질서를 실현하여야 할 책임과 의무를 부담하므로, 이와 조화되는 범위 내에서만 즉, 대사인적 효력을 주장하는 것이 아니라 공법인 대 공법인의 관계에서만 기본권의 주체가 된다고 할 수 있다. 헌법재판소는 공법인의 기본권 주체성을 부정하고 있다. 다만, 학문의 자유의 보장과 관련하여 대학의 기본권주체성을 긍정하고 있다.

[헌재 1994.12.29. 93헌마120] 기본권의 보장에 관한 각 헌법규정의 해석상 국민 또는 국민과 유사한 지위에 있는 외국인과 사법인(私法人))만이 기본권의 주체라 할 것이고, 국가나 국가기관 또는 국가조직의 일부나 공법인은 기본권의 '수범자(受範者 ; Adressat)'이지 기본권의 주체로서 그 '소지자(所持者 ; Trager)'가 아니고 오히려 국민의 기본권을 보호 내지 실현해야 할 '책임'과 '의무'를 지니고 있는 지위에 있을 뿐이다.

[헌재 2000.6.1, 99헌마553] 헌법상 기본권의 주체가 될 수 있는 법인은 원칙적으로 사법인에 한하는 것이고 공법인은 헌법의 수범자이지 기본권의 주체가 될 수 없다.

[헌재 2006.4.27, 2005헌마1047・1048(병합)] 헌법재판소는 대학의 자율성은 헌법 제22조 제1항이 보장하고 있는 학문의 자유의 확실한 보장수단으로 꼭 필요한 것으로서 대학에게 부여된 헌법상의 기본권으로 보고 있다(1992.10.1. 92헌마68 등, 판례집 4, 659, 670).

그러나 대학의 자치의 주체를 기본적으로 대학으로 본다고 하더라도 교수나 교수회의 주체성이 부정된다고 볼 수는 없고, 가령 학문의 자유를 침해하는 대학의 장에 대한 관계에서는 교수나 교수회가 주체가 될 수 있고, 또한 국가에 의한 침해에 있어서는 대학 자체 외에도 대학 전 구성원이 자율성을 갖는 경우도 있을 것이므로 문제되는 경우에 따라서 대학, 교수, 교수회 모두가 단독, 혹은 중첩적으로 주체가 될 수 있다고 보아야 할 것이다.

5
chapter

기본권의 효력

제 1 절 대국가적 효력

1. 국가의 공권력적 작용에 대한 효력

기본권은 모든 국가권력을 기속한다. 따라서 입법권 · 사법권 · 행정권은 물론, 헌법개정권력과 지방자치권력까지도 기본권을 존중하여야 할 헌법적 기속을 받는다.

기본권은 시대의 흐름과 생활방식의 변화에 따라 그 내용과 중점이 달라질 수 있다. 그렇지만 원칙적으로 인간의 존엄과 가치를 핵심내용으로 하는 자유 · 평등 · 정의를 실현하고자 하는 것이므로 기본권은 사생활영역을 비롯한 정치 · 경제 · 사회 · 문화 · 정신 등 모든 영역에서 국가권력을 기속한다. 따라서 현대에 이르러 중시되고 있는 사회적 기본권의 영역에서도 기본권은 국가권력을 기속한다. 그러므로 국가권력은 사회국가의 원리를 실현하기 위한 교육의 기회균등, 사회보장, 고용증진 등 각종 사회적 기본권을 실질적으로 보장하여야 할 헌법적 기속을 받는 것이다.

2. 국가의 비권력적 작용에 대한 효력

국가의 비권력적 작용에는 관리행위와 국고행위가 있다. 관리행위란 행정법상의 행정주체가 공공복리의 증진 등 특정한 행정목적의 달성을 위해 행하는 공물관리·사업경영 등의 비권력적 행위를 말한다. 관리행위는 그 성격상 사법행위와 본질적으로 다를 바 없으나, 특정한 행정목적의 달성을 위한 행위이므로 그 목적 달성에 필요한 한도 내에서 사법상의 순수한 대등당사자의 관계가 수정·보완되어 국가가 우위에 서게 된다. 그러므로 관리행위에 의하여 기본권이 침해된 경우에는 기본권의 효력이 미친다고 할 것이다.

국고행위는 행정주체가 사인과 마찬가지로 재산권의 주체로서 하는 행위를 말한다. 국고행위는 행정주체가 공권력의 주체로서 하는 행위인 권력행위 및 행정주체가 관리권의 주체로서 하는 행위인 관리행위와 다르다. 일반적으로 국가의 물품구입계약, 건설공사도급계약, 잡종재산의 매각, 국고수표의 발행, 국채의 모집, 은행으로부터의 일시차입 등이 이에 해당하는 것으로 본다. 국고행위는 행정주체가 개인과 대등한 존재로서 하는 행위이므로 같은 성질의 관계는 같은 법규에 의해 규율되어야 한다는 원칙에 따라 사인의 행위와 같이 사법행위(私法行爲)에 속하며, 사법의 적용을 받으므로, 국고행위에 대하여 사인은 기본권을 주장할 수 없으며, 이러한 국고행위에 대하여는 기본권의 효력이 직접 미치지 않는다고 보아야 한다.

제 2 절 대사인적 효력

Ⅰ. 필요성

기본권은 국가권력에 대한 방어권으로부터 인정되기 시작하였다. 따라서 기본권의 효력도 대국가적 효력만 인정되는 것으로 보았다. 그러나 오늘날과 같은 다원적 사회에서는 기본권이 국가권력에 의하여 침해되는 경우 외에도 각종 사회단체 또는 사인에 의하여 침해될 수 있다.

따라서 현실적으로는 사회 또는 사인에 의한 기본권침해로부터 기본권을 보호하여야 할 필요성이 대두되었다. 이것이 기본권의 대사인적 효력 또는 제3자적 효력의 문제이다.

Ⅱ. 미국의 국가작용의제이론

기본권의 효력이 사인 간에도 미치는 것으로 이론을 구성하기 위해서는 사인의 행위(private action)를 국가의 행위(State action)로 의제할 필요가 있다. 이러한 필요에서 등장한 것이 미국 연방대법원의 판례에 의하여 등장한 국가작용의제이론이다. 이를 국가작용설(State-action-doctrine) 또는 국가동시설(國家同視說 ; Doctrine of looks like government)이라고도 한다. 그 헌법적 근거는 연방헌법수정 제14조 제1항이다.

미국 연방헌법수정 제14조 제1항은 "모든 주(any State)는 적법절차에 의하지 아니하고는 국민의 생명 · 자유 · 재산을 박탈하여서는 아니되며(due process clause), 누구든지 사법절차에서 법에 의한 평등한 보호를 받을 권리(equal protection clause)가 있다"고 규정하고 있다.

이 적법절차조항과 법의 평등보호조항은 사인간의 기본권 효력에 관한 이론구성의 중요한 논거를 제공하고 있다.

이 이론은 사인의 행위에 대하여 어떠한 형태로든 국가가 관련되었거나 앞으로 관련될 가능성이 있는 경우에는 사인의 행위를 국가행위와 같은 것으로 보거나 국가작용으로 의제하여 그 사인의 행위에 기본권의 효력을 미치게 하려는 것이다. 인종차별이나 의사표현의 자유 그리고 종교의 자유 및 보도의 자유 등의 판례에서 주로 뚜렷하게 나타난다. 기본권의 대국가적 효력만을 인정하고 대사인적 효력을 지속적으로 부인해 오던 연방대법원에 의하여 국가작용의제이론이 처음으로 적용된 것은 1883년의 민권사건에 관한 판례(Civil Rights Cases, 109U.S.3)이다. 이는 노예제의 철폐에도 불구하고 흑백차별의 악습이 지속되던 시기에 그 고리를 끊고자 하는 이론이다. 그리고 가장 널리 알려진 판례가 Shelly v. Kraemer, 334U.S.1(1948)[1]이다. 주요 판례를 살펴보면 다음과 같다.

1. Turner v. City of Memphis, 369U.S.350(1962)

1) 사건의 개요

멤피스에 거주하는 흑인 Turner는 City of Memphis로부터 공항청사 내 식당을 임차하여 운영하는 자가 백인과 흑인을 분리하여 운영함으로써 헌법상의 평등권을 침해하였다고 주장하면서, 임대차의 근거법이 헌법위반이라는 점을 들어 제소한 사건이다.

2) 쟁점

이 사건의 쟁점은 고객의 좌석을 백인과 유색인종으로 구분하는 것이 인종차별에 해당하는가의 여부 및 이 인종차별을 조장한 근거법이 헌법위반인가의 여부이다.

3) 판단

이들 쟁점에 관하여 연방대법원은 식당경영주가 헌법상의 평등권을 침해하였다고 판단하여 하급심을 파기 환송하였다. 나아가 식당경영주가 사인이라 할지라도 City of Memphis로부터 인가를 받아 임차하였다면 식당경영주의 인종차별은 City of Memphis가 인종차별을 한 것과 동일한 결론에 도달한다는 이론을 제시하였다. 이를 국가재산이론(state property theory)라 한다. 국가재산의 이용행위라고 부르기도 한다.

1) Shelly v. Kraemer, 334U.S.1(1948) 판례에서와 같이 사건의 원고이자 상고인인 Shelly를 먼저 표기한다. 이어 v.(versus) 뒤에 피고를 표기한다. 여기에서 피고는 Kraemer이다. 334U.S.1(1948)의 334는 판례집 번호를 의미하며, U.S.는 United States Reports(미국 연방판례집)을 말한다. 1은 이 판결문이 수록된 첫 페이지를 말한다. (1948)은 판결연도가 1948년임을 표시한다.

2. Steele v. Louisville and Nashville R. R. Co., 323U.S.192(1944)

1) 사건의 개요

앨러버마주 Louisville and Nashville Railroad Company의 긴급소방대원인 Steele은 흑인소방대원들을 노동조합에서 배제하는 노동조합과 이를 방관하고 있는 Louisville and Nashville R. R. Co.를 상대로 소송을 제기하였다.

2) 쟁점

이 사건의 쟁점은 헌법상의 평등조항이 Steele 등 흑인소방대원들을 차별한 회사와 노동조합을 기속하는가의 여부 및 이 회사의 차별행위의 근거가 되는 철도노동법(the Railway Labor Act)이 연방헌법수정 제14조를 위반한 위헌 법률인가의 여부이다.

3) 판단

연방대법원은 직접적으로는 Louisville and Nashville R. R. Co.와 노동조합이 Steele 등을 차별한 것이지만, Louisville and Nashville R. R. Co.가 앨러버마 주정부로부터 재정적 원조를 받았으므로 주정부도 책임이 있다고 판시하였다. 또 회사의 차별행위를 조장한 철도노동법도 헌법에 위배된다고 판시하였다.

이러한 경향의 판례이론을 국가원조이론(state assistance theory)이라 한다.

3. Smith v. Allwright 321U.S.649(1944)

1) 사건의 개요

이 사건은 민주당 텍사스주 지구당이 민주당이 실시한 예비선거에서 텍사스주 Harris County에 거주하는 흑인 Smith에게 투표권을 부여하지 않자 Smith가 텍사스주 선거관리위원장인 Allwright를 상대로 제기한 사건이다.

2) 쟁점

이 사건에서는 투표권을 부여하지 아니한 행위가 헌법상의 평등권을 침해하였는가의 여부 및 정부나 정부기관이 아닌 정당(political party)의 행위를 정부의 행위로 간주할 수 있느냐의 여부이다.

3) 판단

연방대법원은 미합중국은 입헌민주국이며, 선거법을 비롯하여 정부를 조직하고 구성하는 중요한 법률들은 인종에 상관없이 모든 사람에게 아무런 제한 없는 결정권을 부여하여야 한다고 판시하여 Smith의 주장을 인용하였다. 또한 정당도 어느 정도는 정부와 같은 기능을 수행하므로 정당의 차별행위도 정부의 행위로 간주할 수 있다고 판시하였다.

이 판결에서 제시한 이론을 정부기능이론(governmental function theory) 또는 통치기능이론이라고 한다.

4. Shelly v. Kraemer, 334U.S.1(1948)

1) 사건의 개요

1911년 St. Louis 시 Labadie Avenue에 거주하는 총 39세대 중 백인 세대주 30명이 모여 향후 50년간 자신들의 부동산을 백인이 아닌 유색인종에게 매매 또는 임대하지 아니하기로 하는 협약을 체결하였다. 그런데 이 협약에 서명한 한 세대주가 이를 망각하고 1945년 흑인인 Shelly에게 부동산을 매각하였다. 이에 이 협약에 서명한 세대주 중 한명인 Kraemer는 Shelly가 취득한 부동산 매매계약은 협약을 위반한 무효이므로 Shelly의 소유권이 반환되어야 한다고 주장하였다. 이에 대하여 미주리 주 대법원이 Kraemer의 주장을 인용하여 협약서의 내용이 유효하다고 판시하고, Shelly의 부동산에 대한 강제집행을 명하였다. 이에 Shelly가 연방대법원에 상고하게 된 사건이다.

2) 쟁점

이 사건의 쟁점은 헌법상의 평등조항과 관련하여 사인간의 법률관계에 주 대법원이라는 국가기관이 개입한 것을 어떻게 판단하느냐의 여부이다. 즉, 인종차별을 내용으로 하는 협약에 바탕을 둔 주 대법원의 판결이 문제가 되는 것이다.

3) 판단

연방대법원은 연방헌법 수정 제14조에 의하여 인종이나 피부색을 이유로 제한을 한 협약에 근거하는 주 법원의 강제집행은 금지된다고 판시하여, 주 대법원의 판결을 파기 환송하였다.

이는 결국 미주리 주정부가 판결과 강제집행이라는 도구를 가지고 위헌적인 행위를 한 것과 마찬가지라고 판단하기에 이른 것이다. 이후 이러한 경향의 판례이론을 사법부를 상징하는 강제집행이라는 용어를 사용하여 강제집행이론 또는 사법적 집행이론(judicial enforcement theory)이라고 부르고 있다.

Ⅲ. 독일의 학설

독일의 경우에는 근로자의 단결권을 보장하면서 이 권리를 제한하거나 방해할 목적의 협약이나 조치를 위법하고 무효로 하는 규정(§9③)을 두고 있다. 그리하여 근로자의 단결권이 사인인 사용자에 대하여 그 효력을 인정할 수 있는 헌법적 근거가 마련되었다.

그러나 독일에서는 기본권의 대사인적 효력에 대한 학설과 판례는 이 조항에 근거를 둔 것이라기보다는 헌법이론에 바탕을 둔 것이라 할 수 있다. 이를 살펴보면 다음과 같다.

1. 부정설

이 견해는 기본권을 대국가적 방어권으로만 파악하여 사인간의 법률관계에는 기본권의 효력이 인정되지 아니한다는 것이다. 그 논거로는 ① 기본권의 역사와 전통, ② 기본권의 국가권력에 대한 기속 규정(§1③) 및 공권력에 의한 기본권 침해규정(§19④) 외에 대사인적 효력이나 기속에 대한 명시적 규정의 부재 등이 제시된다. 현재 이를 지지하는 학자는 거의 없다.

2. 간접적 사인효력설(公序良俗理論)

이 견해는 사인간의 사적 법률관계는 사법에 의하여 규율되는 것이므로 기본권도 사법의 일반원칙(공서양속 등)을 매개로 하여 간접적으로 사인 상호간에도 적용될 수 있다고 한다. 독일의 뒤리히(G. Dürig)가 처음으로 주장하였다. 이 학설은 독일의 연방헌법재판소가 그 판례에서 수용한 이래 오늘날 독일의 통설이 되고 있다.

우리 민법은 선량한 풍속 기타 사회질서에 위반한 사항을 내용으로 하는 법률행위(법 103)와 당사자의 궁박, 경솔 또 무경험으로 인하여 현저하게 공정을 잃은 법률행위(법 104)는 무효로 한다고 규정하고 있다.

3. 직접적 사인효력설

이 견해는 ① 모든 기본권 규정이 예외 없이 사인간의 법률관계에 직접적으로 적용된다는 전면적 직접적용설과, ② 헌법에서 직접적 사인효력을 명시적으로 규정하고 있거나 기본권의 성질상 사인 상호간에 직접 적용될 수 있는 일부의 기본권만이 사인간의 법률관계에 직접적으로 적용된다는 한정적 직접적용설로 나뉜다. 전자에 대하여는 지지하는 학자가 없다. 이 견해는 니퍼디(H. Nipperdey)가 주창하였으며, 그가 책임을 맡았던 독일연방노동법원의 혼인퇴직제 위헌·무효판결 등 노사분쟁 관련 판례를 통하여 확립되었다.

이에 대하여는 사인간의 법률관계는 원칙적으로 대등한 기본권주체간의 관계이므로 일방의 기본권이 타방을 완전히 기속한다고 할 수 없다는 점 및 사법상의 법률관계의 분쟁해결은 1차적으로 사법규정에 의하여야 한다는 점을 간과하고 있다는 비판이 가해진다. 또한 이 견해에 대하여는 공법과 사법의 2원체계를 무너뜨릴 위험이 있다는 점, 사적 자치의 보장이 자율적 책임과 자유의 신장에 기여함에도 불구하고 사적자치의 배제를 초래한다는 점도 비판의 논거로 제시된다.

4. 방어권설

이 견해는 사인간의 법률관계에서 발생한 기본권 침해는 국가의 공동침해로 보아 기본권이 침해된 국민은 국가에 대한 방어권과 같은 권리를 주장할 수 있다고 한다. 슈바베(J. Schwabe)가 주장하였다.

5. 보호권설(기본권보호의무설)

국가는 국민의 기본권이 다른 국민으로부터 침해되는 것으로부터 보호해야 할 의무가 있으며, 국민은 국가에 대하여 자신의 기본권을 보호해 주도록 요청할 수 있는 권리가 있다고 하는 견해이다. 알렉시(R. Alexy)가 주장하였다.

Ⅳ. 우리의 학설동향

우리 헌법은 독일과는 달리 명문의 규정을 두고 있지 않다. 따라서 기본권의 대사인적 효력에 관하여는 학설과 판례에 일임되어 있다고 볼 수 있다.

우리나라의 학설은 독일의 이론적인 영향으로 원칙적으로 사인 간의 기본권 효력을 인정하지 아니한다. 즉, 기본권은 그 성질상 사인 간에 적용될 수 없는 것도 있다. 예컨대 ① 죄형법정주의, 이중처벌금지의 원칙, 사전영장주의, 연좌제 금지, 자백의 증거능력제한, 무죄추정의 원칙 등 헌법상의 지도원리, ② 고문을 받지 아니할 권리 및 불리한 진술거부권, 영장제시요구권, 체포·구속의 이유를 알 권리, 변호인의 조력을 받을 권리, 신속한 공개재판을 받을 권리, 형사보상청구권 등 국가권력만을 기속대상으로 하는 기본권이 이에 속한다.

이러한 기본권을 제외하고는 신의성실의 원칙(민법 2), 공서양속에 반하는 법률행위(법 103) 등 사법상의 일반원칙을 통해서 간접적으로 사인 간에도 효력을 미치는 것이 원칙이다.

학설에 따라서는 헌법의 명문상 사인 간에 직접적으로 효력을 미치는 기본권도 있다고 본다. 인간의 존엄성과 이를 바탕으로 하는 행복추구권(§10), 언론·출판의 자유(§21), 참정권(§24, §25, §72, §130②), 근로자의 노동3권(§33) 등이 그 예로 제시되고 있다. 그러나 견해가 일치되는 것은 아니다.

제 3 절 기본권의 갈등

기본권의 갈등이란 기본권 상호간의 마찰과 모순으로 야기되는 제반 문제를 말한다. 기본권 주체가 국가권력에 대하여 기본권을 주장하거나 사인 상호간의 관계에서 기본권이 적용되는 경우에 문제가 제기된다. 기본권의 경합 또는 경쟁(Grundrechtkonkurrenzen) 및 기본권의 상충 또는 충돌(Grundrechtskollisionen)이 그것이다.

기본권의 경합은 동일한 기본권의 주체를 전제로 하며, 기본권의 상충 또는 충돌은 상이한 기본권주체를 전제로 한다.

Ⅰ. 기본권의 경합

1. 의의

국가권력작용에 의하여 동일한 기본권주체가 동시에 여러 기본권영역이 침해되었거나, 동일한 기본권주체가 국가권력에 대하여 동시에 여러 기본권의 효력을 주장하는 경우에 어느 기본권을 어느 정도 인정할 것인가의 문제가 발생한다. 이를 기본권의 경합 또는 경쟁이라 한다.

예컨대, 국가가 직업선택의 기회균등을 제한하는 경우 헌법상의 직업선택의 자유와 평등권이 경합된다. 그리고 집회에 참가하려는 자를 체포하는 경우에는 집회의 자유와 신체의 자유가 경합되며, 정치단체에 가입한 교사를 파면하는 경우에는 결사의 자유와 직업수행의 자유 및 수업권이 상호 경합된다.

2. 기본권경합관계의 효과

1) 상호보완적 경합관계

예컨대 국가가 직업선택의 기회균등을 제한하는 경우 헌법상의 직업선택의 자유와 평등권은 상호보완적 경합관계가 된다. 이와 같이 대개의 경우 기본권경합관계는 기본권의 상호보완 내지는 상승작용을 통하여 국가권력을 기속하는 정도가 심화되고 기본권의 효력이 강화되는 것이 원칙이다.

2) 상호배타적 경합관계

상호보완적 경합관계가 성립되지 않는 경우에는 해결책이 강구되어야 한다. 상호 경합하는 기본권이 특별법과 일반법의 관계에 있을 때에는 특별법적 기본권이 우선적인 효력을 가진다. 예컨대 국가권력이 종교목적의 집회를 제한하는 경우 종교의 자유가 집회의 자유에 우선해서 적용된다.

그 밖에 상호배타적인 경합관계에서 기본권의 선택적 보호가 불가피한 경우의 해결책으로는 최강효력설과 최약효력설이 대립하고 있다. 다수설인 최강효력설은 기본권존중사상을 바탕으로 하여 경합하는 기본권 중 그 제한의 가능성과 제한의 정도가 가장 작은(즉, 가장 강한) 기본권에 따라서 국민의 자유과 권리가 보호되어야 한다는 견해이다. 소수설인 최약효력설은 경합관계에서의 기본권은 가장 약한 기본권의 효력만큼만 나타난다고 하는 견해이다.

생각건대, 기본권경합의 경우에는 구체적인 사안과 가장 밀접한 관계가 있는 핵심적인 기본권을 중심으로 하여 융통성 있게 문제를 해결하여야 한다고 본다. 헌법재판소는 기본권경합의 경우에는 기본권침해를 주장하는 제청신청인과 제청법원의 의도 및 기본권을 제한하는 입법자의 객관적 동기 등을 참작하여 사안과 가장 밀접한 관계에 있고 또 침해의 정도가 큰 주된 기본권을 중심으로 해서 문제를 해결하여야 할 것으로 보고 있다.

> [헌재 1998.4.30. 95헌가16] 이 사건 법률조항은 언론・출판의 자유, 직업선택의 자유 및 재산권을 경합적으로 제약하고 있다. 이처럼 하나의 규제로 인해 여러 기본권이 동시에 제약을 받는 기본권경합의 경우에는 기본권침해를 주장하는 제청신청인과 제청법원의 의도 및 기본권을 제한하는 입법자의 객관적 동기 등을 참작하여 사안과 가장 밀접한 관계에 있고 또 침해의 정도가 큰 주된 기본권을 중심으로 해서 그 제한의 한계를 따져 보아야 할 것이다. 이 사건에서는 제청신청인과 제청법원이 언론・출판의 자유의 침해를 주장하고 있고, 입법의 일차적 의도도 출판내용을 규율하고자 하는 데 있으며, 규제수단도 언론・출판의 자유를 더

제약하는 것으로 보이므로 언론 · 출판의 자유를 중심으로 해서 이 사건 법률조항이 그 헌법적 한계를 지키고 있는지를 판단하기로 한다.

Ⅱ. 기본권의 상충

1. 의의

기본권의 상충이란 복수의 기본권주체가 각자 자신의 기본권을 실현시키기 위하여 국가에 대해 대립되는 기본권 중 자신이 가지는 기본권의 효력을 주장하는 경우를 말한다. 이 경우 국가권력은 복수의 기본권주체가 주장하는 기본권의 내용과 효력을 비교 형량하여 상충되는 기본권이 충분히 존중될 수 있는 합헌적인 해결책을 찾아내야 하는 헌법적 의무를 부담하게 된다.

예컨대, 개인의 사생활을 작품에서 구체적으로 언급한 작가의 예술의 자유와 사생활의 자유의 상충, 특정 범죄인의 범죄사실의 보도에서 야기된 범죄인의 인격권과 언론의 자유의 상충, 공해사업주의 직업의 자유와 인근주민의 환경권의 상충 등이 있다.

2. 해결방법

1) 이익형량을 통한 해결

기본권의 상충은 사적인 이해관계의 다툼에서 발생하는 것이므로 전통적인 이익형량이라는 수단을 통하여 해결할 수 있다고 한다. 이 경우에는 우선 무제한의 기본권을 고집하지 않아야 하며, 기본권 상호간에는 모든 기본권의 핵이라고 할 수 있는 인간의 존엄성을 중심으로 하여 일정한 위계질서가 있다는 가설을 전제하여야 한다.

그리하여 상하기본권이 상충하는 경우에는 상위기본권 우선의 원칙에 따라 해결하고, 동위의 기본권이 상충하는 경우에는 재산적 가치에 대한 인격적 가치 우선의 원칙과 평등에 대한 자유우선의 원칙에 의하여 해결할 수 있을 것이라 한다.

그러나 이익형량을 통해 해결되지 않는 경우가 얼마든지 있을 수 있으므로 이 경우에는 규범조화적인 해석으로 이를 해결하여야 한다고 한다.

> [헌재 2004.8.26, 2003헌마457] 흡연권은 사생활의 자유를 실질적 핵으로 하는 것이고 혐연권은 사생활의 자유뿐만 아니라 생명권에까지 연결되는 것이므로 혐연권이 흡연권보다 상위의 기본권이다. 상하의 위계질서가 있는 기본권끼리 충돌하는 경우에는 상위기본권우선의 원칙에 따라 하위기본권이 제한될 수 있으므로, 흡연권은 혐연권을 침해하지 않는 한에서 인정되어야 한다.

2) 규범조화적 해석을 통한 해결

규범조화적 해석을 통한 해결이란 상충하는 기본권 중 어느 하나를 우선시키지 않고 헌법의 통일성을 유지하기 위해 상충하는 기본권 모두가 최대한으로 그 기능과 효력을 나타낼 수 있도록 하는 조화로운 방법을 찾아 해결하자는 견해이다.

구체적 방법으로는 ① 상충하는 기본권 모두의 효력을 인정하되 각각의 기본권에 대한 제약을 필요한 최소한도에 그치도록 하는 과잉금지의 원칙을 사용하는 방법, ② 상충하는 기본권을 다치지 않는 일종의 대안을 찾아 해결하는 대안식 해결방법, ③ 유리한 위치에 있는 기본권의 보호를 위해서 가능하고 필요한 수단이라 할지라도 그 모든 수단을 최후의 선까지 동원하는 것만은 삼가는 방법인 최후수단의 억제방법 등이 제시되고 있다.

> [대법원 2011.3.17. 선고 2006도8839 판결(대법관 박시환, 대법관 김지형, 대법관 이홍훈, 대법관 전수안, 대법관 이인복의 반대의견)] 언론기관의 통신비밀 보도행위의 위법성 여부를 둘러싸고 우열관계를 가리기 어려운 기본권인 통신의 비밀 보호와 언론의 자유가 서로 충돌하는 경우에는 추상적인 이익형량에 의하여 양자택일식으로 어느 하나의 기본권만을 쉽게 선택하고 나머지를 희생시켜서는 안 되며, 충돌하는 기본권이 모두 최대한 실현될 수 있는 조화점을 찾도록 노력하되 개별 사안에서 언론의 자유로 얻어지는 이익 및 가치와 통신의 비밀 보호에 의하여 달성되는 이익 및 가치를 형량하여 규제의 폭과 방법을 정하고 그에 따라 최종적으로 보도행위가 정당행위에 해당하는지 여부를 판단하여야 할 것이다. 그리고 이와 같은 이익형량을 함에 있어서는 통신비밀의 취득과정, 보도의 목적과 경위, 보도에 의하여 공개되는 통신비밀의 내용, 보도 방법 등을 종합적으로 고려하여야 한다.

3) 새로운 해결방법 모색의 필요성

학자들도 이익형량과 규범조화적 해석만으로 기본권의 상충문제를 해결할 수 없음을 인정하고 있다. 따라서 기본권의 상충문제를 해결하기 위한 새로운 방법이 모색되어야 한다.

6
chapter

기본권의 한계와 제한

제 1 절 기본권의 한계

Ⅰ. 기본권의 내재적 한계성

1. 국가의 기본권 보장의무

헌법 제10조 제2항은 '국가는 개인이 가지는 불가침의 기본권을 확인하고 보장할 의무를 진다'고 규정하고 있다. 이에 따라 개인의 기본권은 아무런 제약이나 제한 없이 절대적 무제한적으로 보장되는 것은 아니다.

헌법 자체가 명시적으로 일정한 제한을 규정하고 있는 경우도 있으며, 이러한 명시적 제한이 없는 경우에도 일정한 제약을 받는 것으로 보는 것이 일반적이다.

기본권은 공동체를 전제로 한 보장이므로 공동체생활에 있어서는 타인의 생활영역을 존중하여야 한다. 따라서 실정헌법상의 규정 유무에 불구하고 기본권에 필연적으로 내재하는 한계가 있다. 이를 헌법 내재적 한계라 한다. 그 인정 필요성 여부에 관하여는 학설이 나뉜다.

다수설은 일반적 법률유보가 있으므로 우리나라에서는 내재적 한계를 논할 실익이 없다고 본다.

여하튼, 개인은 공동체의 구성원이므로 타인의 생활영역을 존중하고 방해하지 아니하여야 하기 때문이다. 개인의 자유와 권리도 정의 · 도덕률 · 윤리규범에 어긋나지 아니하는 범위 안에서 향유될 수 있을 뿐이다.

따라서 내심의 자유 등 절대적으로 보장되는 기본권을 제외한 개인의 자유와 권리는 헌법유보나 법률유보의 규정이 없더라도 그 내재적 한계 내에서만 행사될 수 있고 보장되는 것이다.

> [헌재 1990.9.10. 89헌마82] 기본권도 국가적 • 사회적 공동생활의 테두리 안에서 타인의 권리 • 공중도덕 • 사회윤리 • 공공복리 등의 존중에 의한 내재적 한계가 있는 것이며, 따라서 절대적으로 보장되는 것은 아니다.

Ⅱ. 내재적 한계사유

독일기본법 제2조 제1항은 '누구든지 타인의 권리를 침해하지 않고, 헌법질서나 도덕률에 반하지 아니하는 한 자신의 인격을 자유로이 발현할 권리를 가진다'라고 규정하고 있다. 즉, 인격발현권 행사의 내재적 한계사유로서 '타인의 권리의 불가침', '도덕률의 준수' 및 '헌법질서의 존중'을 명시하고 있는 것이다.

현행 헌법 제21조 제4항은 '언론 · 출판은 타인의 명예나 권리 또는 공중도덕이나 사회윤리를 침해하여서는 아니된다'고 규정하여 언론출판의 자유의 내재적 한계를 명시하고 있다. 또한 헌법 제8조에서는 '정당은 그 목적 · 조직과 활동이 민주적이어야' 한다고 규정하는 동시에 '정당의 목적이나 활동이 민주적 기본질서에 위배될 때'에는 정당해산심판대상이 된다고 규정하여 내재적 한계를 명시하고 있다.

> [헌재 2009.5.28. 2006헌바109 등] 우리 헌법 제21조 제4항은 언론 • 출판의 자유의 헌법적 한계를 명시하고 있으므로, 그 한계를 벗어난 표현은 헌법상 언론 • 출판의 자유의 보호영역에 속하지 아니한다고 할 것이고, 이른바 음란 표현이 언론 • 출판의 자유의 보호영역에 속하는지, 속하지 않는지는 규범적 개념인 음란의 판단기준을 어떻게 정립하느냐에 따라 달려있는 문제라고 할 수 있다.

[헌재 2009.11.26. 2008헌바58 등] (반대의견) 남녀간의 이성교제나 정교관계는 남녀간의 내밀한 사생활 영역에 속하는 것이므로, 헌법 제17조에 의하여 사생활의 비밀과 자유로서 보호된다. 따라서 어떠한 사유이든 남녀간의 정교행위를 처벌하는 것은 사생활의 비밀과 자유를 제한하는 것이라고 할 수 있다. 다수의견은 이 사건 법률조항이 혼인을 빙자하여 부녀를 간음한 남자의 성적자기결정권을 침해한다고 보지만, 동의하기 어렵다. 헌법상 기본권으로 보장되는 자기결정권은 인격의 주체가 자기의 인격을 형성하고 발현하기 위하여 자기 자신에 관한 사항을 자율적으로 결정할 수 있는 인격적 자율권을 말하는 것이다. 어느 남자가 어느 여자를 사랑하고 정교관계를 맺는 것은 자기결정권의 보호영역이라고 할 수 있지만, 혼인을 빙자하여 부녀를 간음하는 행위는 자신만의 영역을 벗어나 다른 인격체의 법익을 침해하는 행위이기 때문에 자기결정권의 내재적 한계를 벗어나는 것이다.

제 2 절 기본권의 제한

Ⅰ. 기본권 제한의 의의

헌법상 보장되고 있는 기본권은 여러 가지 면에서 제한이 가해진다. 기본권은 그 내용의 구성요건의 확정에 따라 규범영역에 확정되며 이에 따라 그 효력범위가 제한된다. 또 헌법에 의하여 직접 제한되거나 법률유보에 따라 제한되기도 한다. 그리고 헌법 내재적 한계에 의하여 제한될 수도 있다.

Ⅱ. 기본권의 구성요건

개개의 기본권은 특정한 규율영역을 가지게 되며 그 내용에 따라 제한된다. 언론 · 출판의 자유에서의 언론 · 출판이란 무엇인가에 따라 언론 · 출판의 자유가 보장되는 영역이 확정된다. 이와 같이 개별적 기본권의 구성요건이나 규범영역을 확정함으로써 개별적 기본권의 실질적 효력범위를 확정할 수 있게 된다.

이 경우 대개의 기본권개념은 입법자에 의하여 구체화된다. 따라서 입법자는 어느 정도 기본권의 구성요건 결정에 어느 정도 형성의 자유가 인정된다.

[헌재 2009.5.28. 2006헌바109 등] 이 사건 법률조항에서 정한 '음란' 개념은 이른바 엄격한 의미의 '음란', 즉 "인간존엄 내지 인간성을 왜곡하는 노골적이고 적나라한 성 표현으로서 오로지 성적 흥미에만 호소할 뿐 전체적으로 보아 하등의 문학적, 예술적, 과학적 또는 정치적 가치를 지니지 않은 것"을 뜻한다고 볼 것인바, 이에 의하면 예술의 자유나 학문의 자유 등 정신적 자유의 보호영역에 포함될 수 있는 진지한 문학적, 예술적 가치를 지닌 성적 표현은 '음란' 표현에 해당할 여지도 없는 것이 되고, 결국 이와 같은 '음란' 표현에는 미국 연방대법원이 수정헌법 제1조의 보호영역에 속하지 않는다고 보는 음란물(obscenity) 또는 독일 형법에 규정된 '하드코어 포르노그래피'와 유사하거나 그 이상의 해악을 지닌 성적 표현만이 해당될 수 있는 것이다. 따라서 이른바 엄격한 의미의 '음란' 표현은 헌법 제21조 제4항의 헌법적 한계를 벗어난 것이어서, 언론・출판의 자유에 의해서 보호되지 않는다.

Ⅲ. 기본권제한의 유형

1. 헌법유보에 의한 제한

헌법이 직접 기본권을 제한하는 규정을 둔 경우를 말한다. 이를 헌법에 의한 직접적 제한이라고도 한다. 이는 헌법제정권자에 의한 기본권제한이기도 하다.

이는 다시 일반적 헌법유보와 개별적 헌법유보가 있다.

1) 일반적 헌법유보

독일기본법 제2조 제1항은 "누구든지 타인의 권리를 침해하지 않고, 헌법질서나 도덕률에 반하지 아니하는 한 자신의 인격을 자유로이 발현할 권리를 가진다"라고 규정하고 있다. 이와 같이 헌법이 직접 기본권 전반에 대하여 제한을 가하는 것을 일반적 헌법유보라 한다.

우리의 현행 헌법에는 일반적 헌법유보조항이 존재하지 않는다.

2) 개별적 헌법유보

헌법이 특정의 기본권에 대하여 제한을 가하는 것을 개별적 헌법유보라고 한다. 예컨대 "언론·출판은 타인의 명예나 권리 또는 공중도덕이나 사회윤리를 침해해서는 아니된다(§21④)"는 언론·출판의 사회적 책임 규정을 비롯하여, 군인·군무원·경찰공무원의 국가배상청구권 제한(§29②)[1], 재산권행사의 공공복리적합의무(§23②) 등이 이에 속한다.

2. 법률유보에 의한 제한

기본권의 법률유보란 헌법이 입법자에게 기본권을 법률에 의하여 제한할 수 있도록 위임한 경우를 의미한다. 헌법에 의한 간접적 제한이라고도 한다. 이에는 개별적 법률유보와 일반적 법률유보가 있다.

1) 개별적 법률유보

개별 기본권 규정에 헌법이 입법자에게 기본권을 법률에 의하여 제한할 수 있도록 규정한 데에 따른 것이다. 이에는 다시 기본권제한적 법률유보와 기본권형성적 법률유보로 나뉜다.

(1) 기본권제한적 법률유보

헌법 제33조 제1항에서는 "근로자는 근로조건의 향상을 위하여 자주적인 단결권·단체교섭권 및 단체행동권을 가진다"고 규정하여 근로자의 노동3권을 보장하고 있다.

그러나 제2항에서는 "공무원인 근로자는 법률이 정하는 자에 한하여 단결권·단체교섭권 및 단체행동권을 가진다"고 규정하고, 제3항에서는 "법률이 정하는 주요방위산업체에 종사하는 근로자의 단체행동권은 법률이 정하는 바에 의하여 이를 제한하거나 인정하지 아니할 수 있다"고 규정하고 있다. 공무원인 근로자의 근로3권 제한(§33②) 및 주요 방위산업체에 종사하는 근로자의 단체행동권 제한(동조③)이 기본권제한적 법률유보의 예이다. 이러한 제한은 이에 관

---

1) 제29조 ①공무원의 직무상 불법행위로 손해를 받은 국민은 법률이 정하는 바에 의하여 국가 또는 공공단체에 정당한 배상을 청구할 수 있다. 이 경우 공무원 자신의 책임은 면제되지 아니한다. ②군인·군무원·경찰공무원 기타 법률이 정하는 자가 전투·훈련 등 직무집행과 관련하여 받은 손해에 대하여는 법률이 정하는 보상 외에 국가 또는 공공단체에 공무원의 직무상 불법행위로 인한 배상은 청구할 수 없다.

한 법률에 의하여 그 범위가 정해진다.

⑵ 기본권형성적 법률유보

헌법은 "모든 국민의 재산권은 보장된다. 재산권의 내용과 한계는 법률로 정한다"(§23①2문)고 하여 재산권보장의 원칙을 선언하고, 그 보장이 되는 재산권의 구체적 범위를 법률로써 형성하도록 하고 있다.

그리고 "저작자 · 발명가 · 과학기술자와 예술가의 권리는 법률로써 보호한다"(§22②)고 규정하고 있는 바, 저작자 등의 권리가 무제한적으로 보장되는 것이 아니라, 보장되는 권리의 범위를 법률이 구체화하도록 규정하고 있다.

또한, 헌법은 "모든 국민은 능력에 따라 균등하게 교육을 받을 권리를 가진다"(§31①)고 규정하면서, "모든 국민은 그 보호하는 자녀에게 적어도 초등교육과 법률이 정하는 교육을 받게 할 의무를 진다"(§31②). "교육의 자주성 · 전문성 · 정치적 중립성 및 대학의 자율성은 법률이 정하는 바에 의하여 보장된다"(동조④). "학교교육 및 평생교육을 포함한 교육제도와 그 운영, 교육재정 및 교원의 지위에 관한 기본적인 사항은 법률로 정한다"(동조⑥)라고 규정하여 의무교육의 범위 및 교육제도 등에 관하여는 법률로써 그 구체적인 범위를 정하도록 위임하고 있다.

2) 일반적 법률유보

모든 기본권에 대하여 법률로써 제한할 수 있도록 규정하는 경우를 말한다. 헌법 제37조 제2항에 따라 모든 기본권을 제한할 수 있다. 이를 일반적 법률유보라 한다. 그러나 '모든' 기본권에는 내심의 자유와 같은 절대적 기본권도 포함되어 있다. 절대적 기본권은 성질상 제한될 수 없으므로 제한할 수 있는 기본권에는 포함되지 않는다.

즉, 국민의 모든 자유와 권리는 국가안전보장 · 질서유지 또는 공공복리를 위하여 필요한 경우에 한하여 법률로써 제한할 수 있으며, 제한하는 경우에도 자유와 권리의 본질적인 내용을 침해할 수 없다. 이에 관하여는 후술한다.

Ⅳ. 기본권제한의 일반원칙

1. 기본권제한의 형식

1) 일반적 법률유보에 있어서의 법률의 의미

기본권은 법률이라는 입법형식에 의하여야 한다. 여기에서의 법률에는 국회에서 정한 형식적 의미의 법률이 당연히 포함된다. 조례로써도 제한이 가능한가에 대하여는 논란이 있다. 지방세조례주의에 의한 재산권 제한이나 도시계획고권에 의한 계획제한 등에서 보는 바와 같이 지방자치단체의 조례제정권의 합헌적 행사 범위 내에서는 조례로써도 가능하다고 하여야 할 것이다.

따라서 기본권은 법률이나 그 동위의 명령인 긴급명령 · 긴급재정경제명령 및 조례와 그 위임에 따라 제정된 법규명령에 의하여 제한될 수 있다.

2) 법률의 일반성 및 명확성

(1) 일반성

기본권을 제한하는 법률은 일반적이어야 한다. 처분적 법률은 원칙적으로 인정되지 않는다. 처분적 법률이란 개별사건법률이나 개인적 법률 등 사법이나 행정을 매개하지 아니하고 직접 구체적 사건을 규율하여 국민의 권리 · 의무를 발생시키는 법률을 말한다. 과거 부정선거자처벌법이나 정치풍토쇄신에관한법률 등이 그 예이다.

이에 관하여 헌법재판소는, 헌정질서파괴범죄행위에 대하여 공소시효의 진행이 정지되도록 한 5 · 18민주화운동에관한특별법(법 2)에 대하여, 우리 헌법에 개별사건법률을 금지하는 명문규정도 없고 실질적 정의의 실현을 위한 공익이 인정될 수 있어 개별사건법률에 내재된 불평등을 정당화할 수 있는 합리적인 이유가 있는 경우 개별사건법률도 가능하다고 판시한 바 있다[헌재 1996. 2. 16. 96헌가2, 96헌바7, 13(병합)].

(2) 명확성과 구체성

기본권을 제한하는 법률은 명확해야 하고, 제한되는 기본권을 구체적으로 적시하여야 한다. 명확성의 요구는 법치국가원리의 한 표현이다. 미국헌법에서의 '애매하기 때문에 무효(void for vagueness)'의 이론이 그것이다.

이는 수범자의 예측가능성과 법적 안정성의 확보 및 당해 법률의 자의적 집행에 따른 기본권침해 가능성을 배제하기 위한 것이다.

> [헌재 1998.4.30. 95헌가16] 법치국가원리의 한 표현인 명확성의 원칙은 기본적으로 모든 기본권제한입법에 대하여 요구된다. 규범의 의미내용으로부터 무엇이 금지되는 행위이고 무엇이 허용되는 행위인지를 수범자가 알 수 없다면 법적 안정성과 예측가능성은 확보될 수 없게 될 것이고, 또한 법집행 당국에 의한 자의적 집행을 가능하게 할 것이기 때문이다(헌재 1990.4.2. 89헌가113, 판례집 2, 49; 1996.8.29. 94헌바15, 판례집 8-2, 74; 1996.11.28. 96헌가15, 판례집 8-2, 526 참조). 표현의 자유를 규제하는 입법에 있어서 이러한 명확성의 원칙은 특별히 중요한 의미를 지닌다. 민주사회에서 표현의 자유가 수행하는 역할과 기능에 비추어 볼 때, 불명확한 규범에 의한 표현의 자유의 규제는 헌법상 보호받는 표현에 대한 위축적 효과를 수반하기 때문이다. 즉, 무엇이 금지되는 표현인지가 불명확한 경우에는, 자신이 행하고자 하는 표현이 규제의 대상이 아니라는 확신이 없는 기본권주체는-형벌 등의 불이익을 감수하고서라도 자신의 의견을 전달하고자 하는 강한 신념을 가진 경우를 제외하고-대체로 규제를 받을 것을 우려해서 표현행위를 스스로 억제하게 될 가능성이 높은 것이다. 그렇기 때문에 표현의 자유를 규제하는 법률은 그 규제로 인해 보호되는 다른 표현에 대하여 위축적 효과가 미치지 않도록 규제되는 표현의 개념을 세밀하고 명확하게 규정할 것이 헌법적으로 요구된다. 그러나 모든 법규범의 문언을 순수하게 기술적 개념만으로 구성하는 것은 입법기술적으로 불가능하고 또 바람직하지도 않기 때문에 어느 정도 가치개념을 포함한 일반적, 규범적 개념을 사용하지 않을 수 없다. 따라서 명확성의 원칙이란 기본적으로 최대한이 아닌 최소한의 명확성을 요구하는 것이다. 그러므로 법문언이 해석을 통해서, 즉 법관의 보충적인 가치판단을 통해서 그 의미내용을 확인해낼 수 있고, 그러한 보충적 해석이 해석자의 개인적인 취향에 따라 좌우될 가능성이 없다면 명확성의 원칙에 반한다고 할 수 없다 할 것이다. 이 사건 법률조항은 "음란"에 대해서 개념규정을 하고 있지 않으며 출판등록법의 어디에도 별도의 개념규정이 존재하지 아니한다. 그러나 이 사건 법률조항은 음란한 간행물의 출판 자체를 금지시키는 규율내용을 담고 있는 점에 비추어 여기서의 "음란"이란

곧 헌법상 보호되지 않는 성적 표현을 가리키는 것임을 알 수 있다. 그리고 헌법상 보호되지 않는 성적 표현이란 앞에서 제시한 바와 같이 '인간존엄 내지 인간성을 왜곡하는 노골적이고 적나라한 성표현으로서 오로지 성적 흥미에만 호소할 뿐 전체적으로 보아 하등의 문학적, 예술적, 과학적 또는 정치적 가치를 지니지 않은 것'을 의미한다고 하겠다.

대법원도 형법 제243조 소정의 '음란'개념을 해석·적용하면서 대체로 위와 동일한 의미로 그 개념을 파악하여 왔고, 그 판단을 위한 구체적 기준을 거의 일관되게 제시하여 왔다.

[대법원 1995.6.16. 선고, 94도1758 판결; 1995.6.16. 선고, 94도2413 판결] 음란한 문서라 함은 일반 보통인의 성욕을 자극하여 성적 흥분을 유발하고 정상적인 성적 수치심을 해하여 성적 도의관념에 반하는 것을 가리킨다고 할 것이고, 문서의 음란성의 판단에 있어서는 당해 문서의 성에 관한 노골적이고 상세한 묘사서술의 정도와 그 수법, 묘사서술이 문서전체에서 차지하는 비중, 문서에 표현된 사상 등과 묘사서술과의 관련성, 문서의 구성이나 전개 또는 예술성·사상성 등에 의한 성적 자극의 완화의 정도, 이들의 관점으로부터 당해 문서를 전체로서 보았을 때 주로 독자의 호색적 흥미를 돋구는 것으로 인정되느냐의 여부 등의 모든 점을 검토하는 것이 필요하고, 이들의 사정을 종합하여 그 시대의 건전한 사회통념에 비추어 그것이 '공연히 성욕을 흥분 또는 자극시키고 또한 보통인의 정상적인 성적 수치심을 해하고, 선량한 성적 도의관념에 반하는 것'이라고 할 수 있는가의 여부를 결정하여야 할 것이다. 이 사건 법률조항 소정의 "음란" 개념을 형법상의 "음란" 개념과 달리 볼 특별한 이유가 없고, 대법원도 이 사건 법률조항의 음란개념을 형법상의 음란개념과 동일하게 보고 있다(대법원 1997.12.26. 선고, 97누11287 판결; 1995.6.29. 선고, 94누2558 판결). 그렇다면 이 사건 법률조항의 "음란" 개념은 적어도 수범자와 법집행자에게 적정한 지침을 제시하고 있다고 볼 수 있고 또 법적용자의 개인적 취향에 따라 그 의미가 달라질 수 있는 가능성도 희박하다고 하지 않을 수 없다. 따라서 이 사건 법률조항의 "음란" 개념은 그것이 애매모호하여 명확성의 원칙에 반한다고 할 수 없다.

[헌재 1998.4.30. 95헌가16] 이 사건 법률조항은 음란한 간행물뿐만 아니라 "저속한 간행물"의 출판에 대해서도 등록취소를 할 수 있도록 규정하고 있다. 우선 이러한 "저속" 개념이 지나치게 애매모호하여 명확성의 원칙에 반하는지의 여부를 살핀다. 통상의 사전적 풀이에 따르면, "음란"이란 "음탕하고 난잡함"을 의

미하고, "저속"이란 "품위가 낮고 속됨"이라고 풀이되고 있다. 그렇다면 이 사건 법률조항의 "저속"이란 그 외설성이 음란에는 달하지 않는 성적 표현뿐만 아니라 폭력적이고 잔인한 표현 및 욕설 등 상스럽고 천한 내용 등의 표현을 가리키는 것이라고 파악할 수 있다. 따라서 "음란"의 개념과는 달리 이 "저속"의 개념은 우선 그 적용범위가 매우 광범위하다고 하지 않을 수 없다. 그리고 "저속"이라는 문언은 보충적인 해석에 의한다 하더라도 그 의미내용을 확정하기 어려울 정도로 매우 추상적이다. 어느 정도의 성적 표현이 저속한 것인지, 어느 정도의 폭력성과 잔인성이 있는 경우에 저속에 해당되는지, 그리고 어느 정도 상스러운 표현이 저속에 해당되는지 도무지 알 수 없기 때문에 수범자나 법집행자에게 적정한 지침을 제시하지 못하고 있는 것으로 판단된다. 다시 말하면, 이 "저속"의 개념에는 출판사등록이 취소되는 성적 표현의 하한이 열려 있을 뿐만 아니라 폭력성이나 잔인성 및 천한 정도도 그 하한이 모두 열려 있어서, 출판을 하고자 하는 자는 어느 정도로 자신의 표현내용을 조절해야 되는지를 도저히 알 수 없도록 되어 있다. 성을 소재로 한 유머나 왜곡된 사회도덕이나 윤리를 풍자하는 다소 품위 없는 표현도 여기의 "저속"에 해당될 수 있고, 한두 번의 폭력적인 표현이나 살인현장의 다소 상세한 묘사도 여기의 "저속"에 해당될 수도 있을 것이다. 이렇게 된다면 이 사건 법률조항은 결국 자의적인 법집행의 가능성을 열어 주는 셈이 될 것이고, 이로 말미암아 언론·출판의 자유가 매우 위축될 수 있는 것임은 의심의 여지가 없다고 하겠다. 물론 이 사건 법률조항은 출판사등록취소의 요건으로서 "저속한 간행물"의 출판 외에 "공중도덕이나 사회윤리의 침해"라는 요건을 함께 요구하고 있어서 "저속" 여부를 판단하기 위한 기준을 제시하고 있는 것으로 볼 수도 있다. 그러나 "공중도덕"이나 "사회윤리"의 개념 자체도 확정적인 개념이 아니기 때문에 이들 기준을 사용한다 하더라도 "저속"의 의미내용을 확정짓는 것이 용이한 일은 아니라고 하겠다. 그렇다면 이 사건 법률조항 중 "저속한 간행물" 부분은 불명확하고 애매모호할 뿐만 아니라 지나치게 광범위한 표현내용을 규율하는 것이어서 명확성의 원칙 및 과도한 광범성의 원칙에 반한다고 하지 않을 수 없다.

2. 기본권제한의 대상

기본권제한의 일반적 법률유보에 관한 규정인 헌법 제37조제2항은 국민의 '모든 자유와 권리'를 제한의 대상으로 규정하고 있다. 그 범위에 관하여는 자유권에 한정하는 견해와 기본권전반으로 보는 견해가 있다.

1) 자유권에 한정하는 견해

자유권 이외의 기본권에 대한 법률유보는 그 기본권의 내용이나 절차를 형성하거나 구체화하는 의미를 지닌다. 그러므로 제한의 대상이 되는 기본권은 자유권에 국한되는 것으로 본다.

2) 기본권 전반으로 보는 견해

이 견해는 자유권을 포함한 모든 기본권이 제한의 대상이 된다고 본다. 그래야만 자유권을 포함한 모든 기본권제한에 있어서 본질적 내용을 침해하지 못하도록 함으로써 입법자의 권한남용을 방지할 수 있기 때문이라고 한다. 이 견해가 다수설이다.

3) 결어

기본적으로는 제한의 대상을 기본권 전반이라고 보는 것이 타당하다. 다만, 기본권에 대한 제한은 기본권의 성질상 제한이 가능한 기본권에 한정된다. 따라서 내심의 작용을 내용으로 하는 기본권은 제한 대상이 될 수 없다.

3. 기본권제한의 목적

1) 국가안전보장

국가안전보장이란 국가의 존립 및 헌법상 기본질서의 유지 등을 포함하는 개념으로서 결국 국가의 독립, 영토의 보전, 헌법과 법률의 기능, 헌법에 의하여 설치된 국가기관의 유지 등을 의미한다. 국가안전보장을 위하여 기본권을 제한하고 있는 법률로는 형법, 군형법, 국가보안법, 군사기밀보호법 등이 있다.

2) 질서유지

질서유지란 공공의 안녕질서(타인의 권리유지, 도덕질서, 사회의 공공질서)를 말한다. 이에는 형법, 경찰관직무집행법, 도로교통법, 소방법, 경범죄처벌법, 집회및시위에관한법률, 해사안전법 등이 있다.

3) 공공복리

공공복리란 사회구성원 전체를 위한 공통의 이익을 의미한다. 이는 현대 복지국가 이념을 적극적으로 구현하는 의미를 가진다. 예로는 국토의계획및이용에관한법률, 주택법, 토지보상법, 도로법 등이 있다.

4. 기본권제한의 정도(필요성과 비례성)

기본권은 기본권제한의 목적을 달성하기 위하여 필요한 경우에 한하여 합리적인 범위 내에서 제한할 수 있다. 이를 비례성의 원칙 내지는 과잉금지의 원칙이라 한다.

1) 기본권제한의 필요성

기본권은 제한의 목적 즉, 국가안전보장, 질서유지, 공공복리를 달성하기 위하여 불가피한 경우에 한하여 필요한 범위 내에서 최소한에 그쳐야 한다는 원칙이다.

2) 비례성의 원칙 ; 과잉금지의 원칙

⑴ 목적의 정당성

기본권을 제한하는 입법의 목적이 헌법과 법률의 체계 내에서 정당성을 인정받아야 한다.

⑵ 수단(방법)의 적정성

기본권 제한 입법의 경우 법률에 규정된 기본권제한방법은 입법목적 달성을 위해 효과적이고 적절한 것이어야 한다. 이를 적합성의 원칙이라고도 한다.

⑶ 피해의 최소성

목적을 달성할 수 있는 수단 중 보다 완화된 수단이나 방법을 모색함으로써 그 제한을 필요최소한의 것이 되도록 하여야 한다. 최소침해의 원칙 또는 가장 부드러운 수단의 원칙이라고도 한다.

⑷ 법익의 균형성

기본권 제한입법이 위 원칙들에 적합한 경우라 하더라도 기본권 제한이 의도

하는 정치 · 경제 · 사회적 유용성과 그 제한에 의하여 야기되는 국민적 · 사회적 손실을 비교 형량하여 양자간에 합리적인 균형관계가 성립되어야 한다. 즉 제한으로 초래되는 사적 불이익과 공적 이익을 비교하여 공익이 보다 더 큰 경우에 해당하여야 한다. 상당성의 원칙이라고도 한다.

[헌재 2009.11.26, 2008헌바58, 2009헌바191(병합)] 형법 제304조 중 "혼인을 빙자하여 음행의 상습 없는 부녀를 기망하여 간음한 자"라고 규정한 법률조항의 경우 입법목적에 정당성이 인정되지 않는다. 첫째, 남성이 위력이나 폭력 등 해악적 방법을 수반하지 않고서 여성을 애정행위의 상대방으로 선택하는 문제는 그 행위의 성질상 국가의 개입이 자제되어야 할 사적인 내밀한 영역인데다 또 그 속성상 과장이 수반되게 마련이어서 우리 형법이 혼전 성관계를 처벌대상으로 하지 않고 있으므로 혼전 성관계의 과정에서 이루어지는 통상적 유도행위 또한 처벌해야 할 이유가 없다. 다음 여성이 혼전 성관계를 요구하는 상대방 남자와 성관계를 가질 것인가의 여부를 스스로 결정한 후 자신의 결정이 착오에 의한 것이라고 주장하면서 상대방 남성의 처벌을 요구하는 것은 여성 스스로가 자신의 성적자기결정권을 부인하는 행위이다. 또한 혼인빙자간음죄가 다수의 남성과 성관계를 맺는 여성 일체를 '음행의 상습 있는 부녀'로 낙인찍어 보호의 대상에서 제외시키고 보호대상을 '음행의 상습 없는 부녀'로 한정함으로써 여성에 대한 남성우월적 정조관념에 기초한 가부장적 • 도덕주의적 성 이데올로기를 강요하는 셈이 된다. 결국 이 사건 법률조항은 남녀 평등의 사회를 지향하고 실현해야 할 국가의 헌법적 의무(헌법 제36조 제1항)에 반하는 것이자, 여성을 유아시(幼兒視)함으로써 여성을 보호한다는 미명 아래 사실상 국가 스스로가 여성의 성적자기결정권을 부인하는 것이 되므로, 이 사건 법률조항이 보호하고자 하는 여성의 성적자기결정권은 여성의 존엄과 가치에 역행하는 것이다. 결혼과 성에 관한 국민의 법의식에 많은 변화가 생겨나 여성의 착오에 의한 혼전 성관계를 형사법률이 적극적으로 보호해야 할 필요성은 이미 미미해졌고, 성인이 어떤 종류의 성행위와 사랑을 하건, 그것은 원칙적으로 개인의 자유 영역에 속하고, 다만 그것이 외부에 표출되어 명백히 사회에 해악을 끼칠 때에만 법률이 이를 규제하면 충분하며, 사생활에 대한 비범죄화 경향이 현대 형법의 추세이고, 세계적으로도 혼인빙자간음죄를 폐지해 가는 추세이며 일본, 독일, 프랑스 등에도 혼인빙자간음죄에 대한 처벌규정이 없는 점, 기타 국가 형벌로서의 처단기능의 약화, 형사처벌로 인한 부작용 대두의 점 등을 고려하면, 그 목적을 달성하기 위하여 혼인빙자간음행위를 형사처벌하는 것은 수단의 적절성과 피해의 최소성을 갖추지 못하였다. 이 사건 법률조항은 개인의 내밀한 성생활의 영역을 형사처벌의 대상으로 삼음으로써 남성의 성적자기결정권과

> 사생활의 비밀과 자유라는 기본권을 지나치게 제한하는 것인 반면, 이로 인하여 추구되는 공익은 오늘날 보호의 실효성이 현격히 저하된 음행의 상습없는 부녀들만의 '성행위 동기의 착오의 보호'로서 그것이 침해되는 기본권보다 중대하다고는 볼 수 없으므로, 법익의 균형성도 상실하였다. 결국 이 사건 법률조항은 목적의 정당성, 수단의 적절성 및 피해최소성을 갖추지 못하였고 법익의 균형성도 이루지 못하였으므로, 헌법 제37조 제2항의 과잉금지원칙을 위반하여 남성의 성적 자기결정권 및 사생활의 비밀과 자유를 과잉제한하는 것으로 헌법에 위반된다.

5. 기본권제한의 한계

기본권을 제한하는 경우라 하더라도 기본권의 '본질적 내용'을 침해하여서는 아니 된다는 한계를 존중하여야 한다.

1) 본질적 내용의 의미

기본권의 본질적 내용이란 당해 기본권의 내용 중 그 기본권의 근본요소 내지 핵심부분을 말한다. 이에는 절대적 본질내용설과 상대적 본질내용설이 대립된다. 기본권의 본질적 내용이 침해되었는가의 여부는 구체적으로 법원의 판결에 따라야 할 것이나, 헌법에서 보장하는 기본권 즉, 자유나 권리가 유명무실한 것이 되는 정도의 침해가 있으면 그 본질적 내용이 침해된 것으로 보아야 할 것이다.

이에 해당하는 것으로는 재산권의 무상몰수, 언론 · 출판 · 집회 · 결사의 허가제, 거주이전의 허가제 등이 있을 것이다.

> [헌재 2008.5.29. 선고 2007헌마712] 우리 헌법은 모든 국민에게 집회의 자유를 보장하고 있고, 집회에 대한 사전허가제를 금지하고 있는 바, 옥외집회를 주최하고자 하는 자는 집시법이 정한 시간 전에 관할경찰관서장에게 집회신고서를 제출하여 접수시키기만 하면 원칙적으로 옥외집회를 할 수 있다. 그리고 이러한 집회의 자유에 대한 제한은 법률에 의해서만 가능하므로 법률에 정하여지지 않은 방법으로 이를 제한할 경우에는 그것이 과잉금지 원칙에 위배되었는지 여부를 판단할 필요 없이 헌법에 위반된다.

2) 절대적 기본권의 제한

우리 헌법상 양심의 자유, 신앙의 자유, 학문연구의 자유 등 내심의 자유는 본질적 내용으로만 구성되어 있으므로 법률로써도 제한할 수 없다.

3) 신뢰보호원칙의 적용

신뢰보호의 원칙은 법치국가원리의 파생원리이다. 그러므로 기본권을 제한하는 법률의 제정이나 개정 시 구법질서에 대한 당사자의 신뢰가 합리적이고도 정당하며 법률의 제정이나 개정으로 당사자의 손해가 극심하여 새로운 입법으로 달성하고자 하는 공익적 목적이 그러한 당사자의 신뢰를 파괴하여 정당화할 수 없다면, 그러한 입법은 신뢰보호의 원칙상 허용될 수 없다.

V. 기본권의 예외적 제한

1. 비상계엄에 의한 제한

비상계엄이 선포된 경우에는 특정의 기본권(영장제도, 언론 · 출판 · 집회 · 결사의 자유)에 대한 특별한 조치를 할 수 있다(§77 참조).

한편, 계엄법은 거주 · 이전의 자유와 근로자의 단체행동권에 대하여도 제한할 수 있도록 규정하고 있으며(법 9①), 비상계엄지역에서는 민간에 대하여도 군사법원이 재판할 수 있다(법 10).

2. 특별행정법관계에 있어서의 제한

1) 특별행정법관계

종래 권력관계를 일반권력관계와 특별권력관계로 구분하고, 특별권력관계는 공법상의 특별한 법률원인에 의하여 성립하는 관계로서, 특정한 목적을 위하여 필요한 한도 내에서 포괄적인 지배권에 복종하게 됨으로써 법치주의의 적용에서 배제되는 영역으로 보았다.

그러나 법치주의를 위협하는 특별권력관계이론은 강력한 비판에 직면하게 되었고, 오늘날에는 특별권력관계를 부인하는 견해가 유력하게 대두되고 있다.

2) 특별행정법관계에서의 기본권제한

판례와 통설은 특별행정법관계 내부에서도 법치주의의 원리가 원칙적으로 적용되어야 한다는 점에서 법률의 유보 및 사법심사를 인정하고 있다.

3. 조약 등 국제법규에 의한 제한

헌법에 의하여 체결 공포된 조약과 일반적으로 승인된 국제법규는 국내법과 동일한 효력을 가진다. 그러므로 조약 등 국제법규에 의하여 기본권이 제한될 수도 있다.

4. 헌법개정에 의한 제한

개헌으로 기본권을 제한할 수 있는가에 대하여는 자연법사상을 배경으로 하는 부정설과 법실증주의 사상에 따른 긍정설이 대립된다.

어떠한 경우에도 인간의 존엄과 가치를 침해하거나 기본권의 본질적 내용을 침해하는 개헌은 부정되어야 한다.

7 chapter

기본권의 침해의 구제

제1절 개 관

기본권을 최대한으로 보장하기 위해서는 기본권침해에 대한 사전 예방적 조치를 강구하고 기본권이 침해된 경우에는 침해의 제거 및 사후 구제절차가 완비되어야 한다.

기본권 침해의 태양은 침해의 주체에 따라 입법기관 · 행정기관 · 사법기관 등 국가기관에 의한 침해와 사인에 의한 침해로 구별된다.

기본권침해에 대한 헌법상의 구제수단으로는 청원권(§26), 손실보상청구권(§23③), 국가배상청구권(§29) 등과, 재판청구권(§27①), 위헌법령심사청구권(§107), 행정쟁송제기권(§107②③), 헌법소원심판청구권(§111)이 있다.

그 밖에 자구행위나 저항권을 통한 구제를 생각할 수 있다.

제 2 절 입법기관에 의한 침해와 구제

입법기관에 의한 침해에는 입법기관이 적극적 입법으로 기본권을 침해하는 경우와 입법기관의 부작위를 통하여 기본권을 침해하는 경우로 구분된다.

Ⅰ. 적극적 입법에 의한 침해와 구제

1. 침해

기본권은 입법권을 비롯한 모든 국가권력을 구속한다. 따라서 입법기관은 기본권을 침해하는 입법을 하여서는 아니된다. 기본권을 침해하는 입법은 위헌으로 무효화되게 된다.

2. 구제

1) 규범통제소송

규범통제소송은 예방적 규범통제소송과 추상적 규범통제소송과 구체적 규범통제소송으로 구분[1]된다. 우리 헌법은 구체적 규범통제소송만을 허용하고 있다. 즉, 법률의 위헌 여부 또는 명령·규칙의 위헌이나 위법 여부가 재판의 전제가 된 경우에만 소송을 제기할 수 있도록 하고 있는 것이다.

헌법 제107조 제1항은 법률이 헌법에 위반되는 여부가 재판의 전제가 된 경

---

1) 법률에 대한 통제방식은 대별하여 세 가지로 구분된다. 첫째, 법률이 성립하기 전에, 즉 대통령이 공포하기 전에 헌법에 위반되는지 심사하는 형태가 있는데, 예방적 규범통제라 한다. 둘째, 법률이 성립하였으나 실제 피해자가 발생하지 않은 상태에서 위헌성을 심사하는 것을 추상적 규범통제라고 한다. 셋째, 구체적인 사건이 발생해서 기본권이 침해당한 사람이 생기고, 그 당사자가 소송을 제기하여 재판이 진행되는 과정에서 그 법률의 위헌 여부를 심사하는 것을 구체적 규범통제라고 한다. 우리의 경우 위헌법률심판은 일반 재판 과정에서 그 사건에 적용하여 재판하여야 할 법률이 헌법을 위배한다는 의심이 드는 경우, 재판을 담당하는 법원이 헌법재판소에 위헌법률심판을 제청하고 그 결과에 따라서 재판을 한다. 그동안 재판(일반 재판)은 진행되지 않고 중지된다(헌법재판소법 42①).

우에는 법원은 헌법재판소에 제청하여 그 심판에 의하여 재판한다고 규정하는 한편, 헌법 제111조에서는 헌법재판소가 법원의 제청에 의한 법률의 위헌여부 심판을 관장하도록 규정하고 있으며, 헌법 제107조 제2항에서는 명령·규칙 또는 처분이 헌법이나 법률에 위반되는 여부가 재판의 전제가 된 경우에는 대법원은 이를 최종적으로 심사할 권한을 가진다고 규정하고 있다.

2) 헌법소원

헌법소원(憲法訴願)이란 헌법정신에 위배된 법률에 의하여 기본권의 침해를 받은 사람이 직접 헌법재판소에 구제를 청구하는 것을 헌법소원심판청구라고 한다(§111①ⅴ). 대한민국 국민이면 누구나 청구할 수 있다.

법원에 위헌법률심판제청신청을 하였으나 기각된 경우에 제청신청을 한 당사자가 헌법재판소에 헌법소원을 제기할 수 있다. 이를 규범통제형 헌법소원이라 한다.

3) 청원

기본권침해입법의 폐지나 개정을 국회에 청원할 수 있다(§26). 국회에 대한 청원에 관하여는 국회법 제9장에서 규정하고 있다. 즉, 국회에 청원을 하려고 하는 자는 의원의 소개를 얻어 청원서를 제출하여야 한다(국회법 123). 의장은 청원을 접수한 때에는 청원요지서를 작성하여 각 의원에게 인쇄하거나 전산망에 입력하는 방법으로 배부하는 동시에 그 청원서를 소관위원회에 회부하여 심사를 하게 한다(법 124). 위원회는 청원심사를 위하여 청원심사소위원회를 둔다(법 125①).

위원회에서 본회의에 부의하기로 결정한 청원은 의견서를 첨부하여 의장에게 보고(동조⑤)하고, 위원회에서 본회의에 부의할 필요가 없다고 결정한 청원은 그 처리결과를 의장에게 보고하고, 의장은 청원인에게 통지하여야 한다(동조⑥).

4) 선거권의 행사

입법기관 구성원(국회의원이나 지방의회의원, 대통령, 지방자치단체의 장 등)에 대하여 선거권의 행사를 통한 정치적 책임을 추궁할 수 있다.

그러나 국회의원 소환제, 국민발안제, 국민투표에 의한 입법 등은 현행헌법상 인정되고 있지 않고 있다.

Ⅱ. 입법자의 부작위에 의한 침해와 구제

1. 침해

국가의 적극적 입법행위를 통해 실현될 수 있는 생존권, 청구권 등에 있어서 입법부작위 또는 불충분한 내용의 입법으로써 기본권을 침해할 수 있다.

2. 구제

1) 헌법소원

(1) 진정 입법부작위

입법자가 헌법상 입법의무가 있는 어떤 사항에 관하여 전혀 입법을 하지 아니하여 입법행위의 흠결이 있는 경우에는 헌법재판소법 제69조에 의하여 헌법소원을 제기할 수 있다.

> [헌재 1989.3.17, 88헌마1] 입법행위(立法行爲)의 소구청구권(訴求請求權)은 원칙적으로 인정될 수 없고 다만, 헌법(憲法)에서 기본권보장(基本權保障)을 위하여 법령(法令)에 명시적(明示的)인 입법위임(立法委任)을 하였을 때, 그리고 헌법해석상(憲法解釋上) 특정인에게 구체적인 기본권(基本權)이 생겨 이를 보장(保障)하기 위한 국가의 행위의무(行爲義務) 내지 보호의무(保護義務)가 발생(發生)하였을 때에는 입법부작위(立法不作爲)가 헌법소원(憲法訴願)의 대상이 된다.

> [헌재 1994.12.29, 89헌마2] 공권력(公權力)의 불행사로 인한 기본권침해(基本權侵害)는 그 불행사가 계속되는 한 기본권침해(基本權侵害)의 부작위(不作爲)가 계속된다 할 것이므로, 공권력의 불행사에 대한 헌법소원심판(憲法訴願審判)은 그 불행사가 계속되는 한 기간의 제약이 없이 적법하게 청구할 수 있다.

(2) 부진정 입법부작위

입법은 하기는 하였으나 그 내용 · 범위 · 절차 등이 불완전 · 불충분 · 불공정하여 입법행위의 흠결이 있는 경우 헌법소원을 제기할 수 있다. 단, 이 경우 제소기간[2]을 준수하여야 한다.

[헌재 2004.1.29, 2002헌바36] 헌법재판소법 제68조 제2항에 의한 헌법소원은 '법률'의 위헌성을 적극적으로 다투는 제도이므로 '법률의 부존재' 즉, 입법부작위를 다투는 것은 그 자체로 허용되지 아니한다. 다만 법률이 불완전·불충분하게 규정되었음을 근거로 법률 자체의 위헌성을 다투는 취지로 이해될 경우에는 그 법률이 당해사건의 재판의 전제가 된다는 것을 요건으로 허용될 수 있다.

[헌재 1996.10.31, 94헌마204] 이른바 부진정입법부작위를 대상으로 憲法訴願을 제기하려면 그것이 平等의 원칙에 위배된다는 등 헌법위반을 내세워 積極的인 헌법소원을 제기하여야 하며, 이 경우에는 헌법재판소법 소정의 提訴期間(청구기간)을 준수하여야 한다.

2) 법원의 사법심사

입법의 부작위에 의한 침해에 대한 법원의 사법심사는 권력분립의 원칙상 이를 부정하여야 한다.

법원에 의한 사법심사를 인정할 경우에는 법원의 의회에 대한 입법명령을 승인하는 결과를 초래하게 될 것이기 때문이다.

3) 청원에 의한 구제

기본권침해입법의 부작위나 불완전한 제·개정 시 이를 이유로 하여 국회에

---

2) 권리구제형 헌법소원의 경우에는 기본권의 침해가 있음을 안 날부터 90일 이내에, 기본권의 침해가 있는 날부터 1년 이내에 청구하여야 한다. 이 둘 중 어느 하나의 기간이 지났으면 헌법소원은 부적법하여 각하된다. 법령에 의하여 직접 기본권이 침해되었음을 이유로 헌법소원을 청구할 때에는 법령의 시행일이 위 청구기간의 기산일이 된다. 따라서 법령이 시행된 사실을 안 날부터 90일 이내에, 법령이 시행된 날부터 1년 이내에 청구하여야 한다. 그러나 법령이 시행된 뒤에 비로소 그 법령에 해당하는 사유가 발생하여 기본권이 침해를 받게 된 때에는 시행일이 아니라 그 사유가 발생하였음을 안 날부터 90일 이내에, 그 사유가 발생한 날부터 1년 이내에 청구하면 된다. 한편, 다른 법률에 의한 구제절차를 거치고 헌법소원을 청구하는 경우에는 그 구제절차에서 내린 최종결정을 통지받은 날부터 30일 이내에 헌법소원을 청구하여야 한다. 그리고 위헌심사형 헌법소원의 경우에는 법원으로부터 위헌제청신청을 기각(또는 각하)한다는 결정문을 송달받은 날부터 30일 이내에 청구하여야 한다.

청원할 수 있다(§26).

4) 기타 선거권의 행사에 의한 정치적 책임의 추궁

차기 선거에서 입법부작위에 대한 정치적 책임을 추궁할 수 있다.

제 3 절 행정기관에 의한 침해와 구제

Ⅰ. 침해의 유형

기본권의 침해는 주로 행정기관이 법을 적용하는 과정에서 발생한다. 행정기관에 의한 기본권침해는 ① 기본권을 침해하는 위헌적인 법률의 적용에 의한 경우, ② 법률의 해석 · 적용을 그르쳐서 기본권을 침해하는 경우 또는 ③ 법률에 위반하여 기본권을 침해하는 경우 등으로 구분될 수 있다.

Ⅱ. 구제

1. 행정기관에 의한 구제

1) 청원

기본권의 침해를 초래한 관계공무원의 해임이나 처분의 시정 등을 내용으로 하는 청원을 할 수 있을 것이다. 청원에 관한 일반법으로서 청원법이 있다.

> [헌재 1997.7.16, 93헌마239] 헌법상 보장된 청원권은 공권력과의 관계에서 일어나는 여러 가지 이해관계, 의견, 희망 등에 관하여 적법한 청원을 한 모든 당사자에게 국가기관이 청원을 수리할 뿐만 아니라 이를 심사하여 청원자에게 그 처리결과를 통지할 것을 요구할 수 있는 권리를 말하나, 청원사항의 처리결과에 심판서나 재결서에 준하여 이유를 명시할 것까지를 요구하는 것은 청원권의 보호범위에 포함되지 아니하므로 청원 소관관서는 청원법이 정하는 절차와 범위 내에서

청원사항을 성실·공정·신속히 심사하고 청원인에게 그 청원을 어떻게 처리하였거나 처리하려고 하는지를 알 수 있는 정도로 결과통지함으로써 충분하고, 비록 그 처리내용이 청원인이 기대하는 바에 미치지 않는다고 하더라도 헌법소원의 대상이 되는 공권력의 행사 내지 불행사라고는 볼 수 없다.

2) 행정절차

사전적 행정절차를 통해 구제를 받을 수도 있다. 일반법으로서 행정절차법이 시행되고 있다. 행정절차법은 행정절차에 관한 공통적인 사항을 규정하여 국민의 행정참여를 도모함으로써 행정의 공정성·투명성 및 신뢰성을 확보하고 국민의 권익을 보호하기 위해 1996년에 제정되었다.

처분·신고·행정상 입법예고·행정예고 및 행정지도 등의 행정절차에 관해 다른 법률에 특별한 규정이 있는 경우를 제외하고는 행정절차법이 적용된다. 그러나 국회의 의결 또는 법원의 재판 등을 거친 사항, 국가안전보장·국방·외교 등에 관한 사항으로서 행정절차를 거칠 경우 국가의 중대한 이익을 현저히 해할 우려가 있는 사항 등에 대해서는 적용하지 않는다.

행정청은 신청인의 편의를 위해 처분의 처리기간 및 처분기준을 미리 정하여 공표해야 한다. 또 당사자에게 의무를 과하거나 권익을 제한하는 처분을 하는 경우에는 사전통지하고, 청문 등을 통해 의견을 청취하고 처분의 근거와 이유를 제시해야 한다. 청문과 공청회는 다른 법령에 규정된 경우와 행정청이 필요하다고 인정하는 경우에 실시한다. 행정청은 상당한 이유가 있다고 인정하는 경우에는 청문과 공청회의 결과를 처분에 반영해야 한다.

일정한 사항을 행정청에 통지함으로써 의무가 끝나는 신고의 경우 법령 등에 규정된 요건을 갖춘 신고서가 해당 기관에 도달된 때에 신고의 의무가 이행된 것으로 본다. 법령 등을 입법하고자 할 때에는 이를 예고해야 하되, 입법내용이 국민의 권리·의무와 관련이 없거나 입법이 긴급을 요하는 경우 등은 예외로 한다. 또 국민의 일상생활에 매우 큰 영향을 주거나 많은 국민의 이해가 상충되는 사항 등과 관련된 정책·제도 및 계획을 수립·시행·변경할 때에도 이를 예고해야 한다.

행정지도는 그 상대방의 의사에 반하여 부당하게 강요해서는 안 되며, 행정지도에 따르지 않는다는 이유로 불이익한 조치를 해서도 안 된다. 그 상대방은 해당 행정지도의 방식과 내용 등에 관해 행정기관에 의견제출을 할 수 있다.

3) 처분청의 직권취소 등에 의한 시정

행정행위의 직권취소는 일단 유효하게 성립한 행정행위에 대하여 그 성립에 흠이 있음을 이유로 행정청이 그 효력을 소멸시키는 독립한 행정행위를 뜻한다.

4) 상급행정청의 지휘 · 감독권의 행사에 의한 직접 취소 또는 취소명령

법령에서 상급행정청의 취소 · 정지권을 명문으로 규정하는 경우도 있다. 예컨대, 정부조직법은 대통령의 취소 · 정지권(법 11②) 국무총리의 취소 · 정지권(법 16②)을 규정하고 있다. 또 행정권한의위임및위탁에관한규정에 의해 위임 또는 위탁기관은 수임 또는 수탁기관의 처리가 위법하거나 부당하다고 인정될 때에는 이를 취소하거나 정지시킬 수 있다(규정 6). 이와 같이 명문의 규정이 있는 경우에는 취소 · 정지권을 행사하는 데에 아무런 문제가 없다.

이러한 규정이 없는 경우에도 감독청은 감독권의 당연한 내용으로서 하급행정청의 행위에 대한 취소 · 정지권을 행사할 수 있는지에 관하여는 견해가 갈린다. 적극설은 취소 · 정지권은 감독 목적을 달성할 수 있는 불가결의 수단이라는 이유로 상급행정청은 법령의 근거가 없더라도 당연히 하급행정청의 위법 부당한 행위를 취소 · 정지할 수 있다고 한다. 소극설은 상급행정청은 법령의 근거가 없는 한 하급행정청에 대하여 취소 · 정지를 명할 수 있을 뿐이고 직접 취소 · 정지권을 행사할 수 없다고 한다. 소극설이 타당하다. 왜냐하면, 행정관청의 권한은 국회가 법률의 형식으로 분배한 것이어서 상급 행정관청도 이에 기속되어야 하고, 상급 행정관청이 하급 행정관청의 소관사무를 침해하여 권한의 심급상 한계를 위반한 것이 되기 때문이다.

5) 행정심판에 의한 구제

헌법 제107조 제3항에서는 "재판의 전심절차로서 행정심판을 할 수 있다. 행정심판의 절차는 법률로 정하되, 사법절차가 준용되어야 한다"고 규정하고 있다. 행정심판이란 행정청의 위법 · 부당한 처분 그밖에 공권력의 행사 · 불행사 등으로 인한 국민의 권리 또는 이익을 침해받은 국민이 행정기관에 제기하는 제도이다(행정심판법 1).

행정심판의 종류로는 취소심판, 무효 등 확인심판, 의무이행심판의 3가지가 인정된다. 취소심판은 행정청의 위법·부당한 처분의 취소 또는 변경을 하는 심판을 말하며, 무효 등 확인심판은 행정청의 처분의 효력유무 또는 존재여부에 대한 확인을 하는 심판이고, 의무이행심판이란 행정청의 위법·부당한 거부처분이나 부작위에 대하여 일정한 처분을 하도록 하는 심판을 가리킨다(법 4).

6) 형사보상

형사보상(刑事補償, indemnity)이란 형사 절차에서 억울하게 죄인의 누명을 쓰고 구금되거나, 형의 집행을 받은 사람에 대하여 국가가 그 피해를 보상해 주는 제도이다.

형사피의자 또는 형사피고인으로서 구금되었던 자가 법률이 정하는 불기소처분을 받거나 무죄판결을 받은 때에는 법률이 정하는 바에 의하여 국가에 정당한 보상을 청구할 수 있다(§28).

형사보상청구권은 국가배상청구권과 함께 청구권적 기본권의 하나이다. 형사보상청구권은 기소유예 이외의 불기소처분이나 무죄판결을 받은 경우에 국가에 대해 그가 받은 정신적·물질적 손실에 대한 정당한 보상을 청구할 수 있는 권리다. 불기소처분이나 무죄 외에도 면소 또는 공소기각의 재판을 받은 이도 청구 가능하다. 면소는 소송조건(소송을 진행시켜 실체판결을 하기 위한 조건) 중 실체적 소송조건(형사소송법 326)을 결하기 때문에 공소가 부적당하다고 하여 소송을 종결시키는 재판이며, 공소기각이란 형사소송에 있어서 공소가 제기된 경우, 피고인에 대한 재판권이 없거나 피고인이 사망한 경우 등 형식적 소송조건의 흠결이 있을 때에 법원이 이를 이유로 하여 실체적 심리에 들어감이 없이 소송을 종결시키는 형식적 재판이다. 공소기각에는 판결로써 해야 하는 경우(법 327)와 결정으로써 해야 하는 경우(법 328)의 2가지가 있다.

이는 형사재판절차에서 억울하게 구금 또는 형의 집행을 받은 사람에 대하여 공무원의 고의·과실 유무와 상관없이 국가가 그로 인하여 입은 손해에 대한 정당한 보상을 해 주는 공법상의 손해배상이다.

7) 국가배상

공무원의 직무상 불법행위로 손해를 받은 국민은 법률이 정하는 바에 의하여 국가 또는 공공단체에 정당한 배상을 청구할 수 있다. 이 경우 공무원 자신의 책임은 면제되지 아니한다. 그러나 군인·군무원·경찰공무원 기타 법률이 정하는 자가 전투·훈련 등 직무집행과 관련하여 받은 손해에 대하여는 법률이 정하는 보상 외에 국가 또는 공공단체에 공무원의 직무상 불법행위로 인한 배상은 청구할 수 없다(§29).

2. 법원에 의한 구제

1) 행정처분에 대한 행정소송

행정소송은 가장 효과적이고 최종적인 기본권 구제수단이다. 행정소송은 항고소송(취소청구소송, 무효 등 확인소송, 부작위위법확인소송)과 당사자소송으로 구분된다.

2) 명령·규칙심사제도

명령·규칙 또는 처분이 헌법이나 법률에 위반되는 여부가 재판의 전제가 된 경우에는 대법원은 이를 최종적으로 심사할 권한을 가진다(§107②).

3) 헌법재판소에 의한 구제

헌법소원은 공권력의 행사 또는 불행사로 인하여 헌법상 보장된 기본권을 침해받은 자는 헌법재판소에 헌법소원을 제기할 수 있다. 이를 권리구제형 헌법소원이라 한다.

헌법재판소는 검사의 불기소처분에 대하여 고소인의 헌법소원심판청구를 인정하고 있다.

> [헌재 1998.11.26, 98헌마304] 심장병이 있는 환자가 15시간 이상 복부의 통증을 호소하다가 혈압이 강하되어 심장이 일시 정지함으로써 식물인간상태에 이르게 된 사건에 대하여, 환자의 복부통증의 원인이 복부내의 종괴임을 알고 있던 레지던트 1년차 의사로서는 좀더 다양한 검사를 하여 그 종괴의 원인을 밝혀내거나

자신보다 경험이 풍부한 선배나 지도교수(전문의) 등에게 도움을 청하여 그 원인을 밝혀내었어야 함에도 불구하고 자신과 비슷한 수준의 의료경력을 갖춘 의사들에게 문의하여 그 원인을 밝혀 내지 못하자 더 이상 원인을 밝혀내려는 노력을 하지 아니한 채 환자의 상태가 변화하는 것만을 관찰하려고 한 피고소인에 대하여 업무상과실이 없다고 판단하여 혐의없음 결정을 한 검사의 처분은 청구인의 평등권과 재판절차진술권을 침해한 것이다.

[헌재 1997.3.27, 96헌마195] 진료상 과실유무를 가리기 위하여는 관련자 진술 외에 진료기록부, 간호기록부 및 검사자료를 토대로 감정을 하거나 전문가의 의견을 들어 보아야 함에도 그러한 조사 없이 피의자의 변소와 위 환자의 진료와 관계있는 의사들의 진술만을 받아들여 수사를 종결하고 혐의없음 처분을 하였다면 이는 자의적 검찰권행사로서 헌법상 보장된 청구인의 평등권과 재판절차진술권을 침해한 것이다.

제 4 절 사법기관에 의한 침해와 구제

Ⅰ. 침해

사법기관은 위헌적인 법률의 적용, 법률의 해석 · 적용상의 오류, 사실인정의 잘못이나 재판의 지연 등으로 국민의 기본권을 침해할 수 있다.

Ⅱ. 구제

1. 상소

상소는 하급법원의 판결[3]이나 결정[4] 또는 명령[5]에 불복하는 것을 의미한다.

3) 민사나 형사 또는 행정소송 등의 사건에 대하여 법원이 법률에 따라 변론을 거쳐 판단하고 결정하는 재판. 법률에 따라 구두 변론을 거쳐 판단하여 결정하다

4) 판결, 명령과 함께 법원이 행하는 재판의 한 형식. 민사소송법상 결정은 판결과 달리 변론의 여부가 임의적이며 고지(告知)에 의해 그 효력이 발생하고, 형사소송법상 절차에 관한 재판은 원칙적으로 이에 의한다. 공소기각결정이나 보석허가결정 등이 있다.

이에는 항소[6], 상고[7], 항고[8], 재항고[9]가 있다.

2. 재심 및 비상상고

1) 재심

재심은 확정된 판결에 대하여 사실인정에 중대한 오류가 있는 경우에 당사자 및 기타 청구권자의 청구에 의하여 그 판결의 당부(當否)를 다시 심리하는 비상수단적인 구제방법이다. 확정판결에 대한 구제수단이라는 점에서 항소·상고와 구별되며, 사실인정의 오류를 시정한다는 점에서 법령의 해석적용의 잘못을 시정하는 비상상고와도 구별된다. 비상구제방법이므로 법령에 정한 사유에 한하여 그 신청을 허용한다.

2) 비상상고

비상상고는 형사소송법에서 판결이 확정된 후, 그 사건의 심판이 법령에 위반한 것을 발견한 때에 신청하는 비상구제절차이다.

비상상고의 신청은 검찰총장이 대법원에 대하여 행하는데(형사소송법 441) 바로 이 점이 재심과 다르고 또 비상상고의 목적이나 대상에 대하여 한정적으로 해석하고자 하는 근거가 된다.

비상상고의 신청은 법률상 의무적인 것은 아니고 구체적 사안에 대하여 비상상고의 이유를 인정한 경우에 한하여 그 신청여부는 검찰총장의 재량에 맡겨져 있다.

검찰총장은 비상상고제도의 본지(本旨)에 따라 그 신청권을 적정히 행사할 직책이 있음은 물론이다.

---

5) 재판장이나 법관이 그 권한에 속하는 사항에 대하여 행하는 재판. 판결(判決) 이외의 재판이라는 점에서는 결정(決定)과 같으나 법원의 판결이 아니라는 점에서 다르다.

6) 민사소송이나 형사소송에서 하급 법원에서 받은 제일심 판결에 불복하여 그 파기 또는 변경을 상급 법원인 고등 법원이나 지방 법원에 신청한다.

7) 항소심의 종국 판결이 확정되기 전에 법령의 해석과 적용 면에서 심사를 구하는 불복 신청. 상소의 하나이며 대법원에서 관할한다.

8) 법원의 결정이나 명령에 대하여 당사자 또는 제삼자가 불복해서 상급 법원에 상소하는 것을 말한다.

9) 항고법원의 결정이나 고등 법원의 결정 및 명령이 헌법이나 법령에 위배됨을 이유로 다시 그 상급 법원인 대법원에 항고하는 것 또는 그 항고를 말한다.

비상상고의 신청에 대하여는 기간의 제한이 없다. 공소시효, 형의 시효에 구애되지 않고 그 신청을 할 수 있다. 또 이미 원확정판결의 집행이 끝난 후라도 그 신청을 하는 일은 이론상 무방하다.

3. 헌법소원

법원의 재판은 헌법소원의 대상이 되지 않는다. 다만, 헌법재판소가 이미 위헌이라고 선언한 법령을 적용한 재판에 대하여만 예외적으로 헌법소원이 허용된다.

제 5 절 사인에 의한 침해와 구제

Ⅰ. 침해

사인 또는 사적 단체 상호간에도 일방의 불법행위에 의하여 기본권이 침해되거나 합의 · 협정 또는 자율적 규제의 이름으로 침해가 발생할 수도 있다.

불법행위란 고의 또는 과실로 인하여 타인에게 손해를 끼치는 행위를 말한다. 불법행위는 채무불이행으로 인한 손해배상책임과 더불어 채권발생의 2대 원인이 된다. 불법행위로 생긴 손해는 가해자가 배상하여야 하는데, 그 손해에는 재산상의 손해 및 재산 이외의 손해도 포함된다. 예를 들면, 트럭 운전사가 과음으로 운전하다가 젊은 여성을 치고 부상을 입힌 경우, 운전사는 치료비는 물론, 기타의 재산적 손해 및 얼굴에 상처가 남았다거나 아니면 불구자가 되었을 경우의 정신적 손해를 배상하여야 한다(민법 751).

Ⅱ. 구제

사인에 의한 기본권 침해행위에 대하여는 ① 민사상의 불법행위에 기한 손해배상청구 등 권리보호청구, ② 형사상의 고소·고발 등에 의한 불법행위 배제청구 등을 할 수 있을 것이다.

제 6 절　국가인권위원회에 의한 구제

Ⅰ. 국가인권위원회의 설치 및 구성

개인이 가지는 기본적 인권을 보호하고 그 수준을 향상시키기 위해 입법부·행정부·사법부에서 독립된 기구. 국가인권위원회는 불가침의 기본적 인권을 보호하고 그 수준을 향상시킴으로써 인간으로서의 존엄과 가치를 구현하고 민주적 기본질서의 확립에 이바지함을 목적으로 2001년 11월 26일 출범했다.

입법·사법·행정부 등 어느 곳에도 속하지 않는 국가 독립기구이자 상설기구로서 국가인권위원회는 정권교체와 관계없이 존속된다. 최고의사기구인 전원위원회는 대통령 지명 4명, 국회 추천 4명, 대법원장 추천 3명 등 11명의 위원으로 구성된다.

Ⅱ. 국가인권위원회의 기능

1. 인권관련 정책개선

국가인권위원회는 인권 관련 정책 개선 업무를 수행한다. 인권의 보호와 향상을 위하여 필요하다고 인정하는 경우 인권 관련 법령·정책 관행의 조사·연구 및 개선의 권고 또는 의견을 표명하며, 국제인권조약 가입과 조약의 이행에 관한 권고와 의견을 표명한다.

2. 인권관련 의견제출

국가인권위원회는 인권의 보호와 향상에 중대한 영향을 미치는 재판이 진행

중인 경우, 법원 또는 헌법재판소의 요청이 있거나 필요하다고 인정하는 때에는 법원의 담당재판부 또는 헌법재판소에 법률상의 사항에 관하여 의견을 제출할 수 있다.

3. 인권침해 등의 조사 및 구제

국가인권위원회는 조사·구제 업무를 담당하고 있다. 특히 인권 침해나 차별행위가 있다고 믿을 만한 상당한 근거가 있고 그 내용이 중대하다고 인정할 때에는 진정이 제기되지 않더라도 직권으로 조사할 수 있으며, 구금·보호시설의 경우 방문조사도 할 수 있다.

구체적으로는 첫째, 국가기관, 지방자치단체 또는 구금·보호시설의 업무 수행과 관련하여 인권을 침해당한 경우 이를 조사하고 구제한다.

둘째, 법인·단체 또는 사인에 의한 평등권 침해의 차별행위, 즉 합리적인 이유 없이 성별, 종교, 장애, 나이, 사회적 신분, 출신지역, 출신국가, 출신민족, 용모 등 신체조건, 혼인 여부, 임신 또는 출산, 가족 상황, 인종, 피부색, 사상 또는 정치적 의견, 형의 효력이 실효된 전과, 성적(性的) 지향, 병력(病歷)을 이유로 차별행위를 당한 경우 이를 조사·구제하고 있다.

셋째, 공공기관 종사자, 사용자 등이 업무 등과 관련하여 성희롱을 하는 경우 이에 대한 조사와 구제를 담당한다.

그리고 장애인차별금지및권리구제등에관한법률, 고용상연령차별금지및고령자고용촉진에관한법률에 따라 장애인차별과 연령차별에 대해 조사와 구제를 한다.

4. 기타

1) 구제조치 등의 권고

위원회가 진정을 조사한 결과 인권침해나 차별행위가 일어났다고 판단할 때에는 피진정인, 그 소속 기관·단체 또는 감독기관의 장에게 조정을 갈음하는 결정의 이행이나 법령 등의 시정 또는 개선을 권고할 수 있다(국가인권위원회법 44).

2) 고발 및 징계권고

위원회는 진정을 조사한 결과 진정의 내용이 범죄행위에 해당하고 이에 대하여 형사처벌이 필요하다고 인정하면 검찰총장에게 그 내용을 고발할 수 있다. 다만, 피고발인이 군인이나 군무원인 경우에는 소속 군 참모총장 또는 국방부장관에게 고발할 수 있다. 고발을 받은 검찰총장, 군 참모총장 또는 국방부장관은 고발을 받은 날부터 3개월 이내에 수사를 마치고 그 결과를 위원회에 통지하여야 한다. 다만, 3개월 이내에 수사를 마치지 못할 때에는 그 사유를 밝혀야 한다.

위원회가 진정을 조사한 결과 인권침해 및 차별행위가 있다고 인정하면 피진정인 또는 인권침해에 책임이 있는 사람을 징계할 것을 소속기관 등의 장에게 권고할 수 있다. 위원회로부터 권고를 받은 소속기관 등의 장은 권고를 존중하여야 하며 그 결과를 위원회에 통지하여야 한다(법 45).

3) 피해자를 위한 법률구조 요청

위원회는 진정에 관한 위원회의 조사, 증거의 확보 또는 피해자의 권리 구제를 위하여 필요하다고 인정하면 피해자를 위하여 대한법률구조공단 또는 그 밖의 기관에 법률구조를 요청할 수 있다. 이 경우 법률구조 요청은 피해자의 명시한 의사에 반하여 할 수 없다(법 47).

4) 긴급구제 조치의 권고

위원회는 진정을 접수한 후 조사대상 인권침해나 차별행위가 계속되고 있다는 상당한 개연성이 있고, 이를 방치할 경우 회복하기 어려운 피해가 발생할 우려가 있다고 인정하면 그 진정에 대한 결정 이전에 진정인이나 피해자의 신청에 의하여 또는 직권으로 피진정인, 그 소속기관 등의 장에게 피해자의 생명, 신체의 안전을 위하여 필요한 긴급구제조치를 하도록 권고할 수 있다(법 48①).

위원회는 필요하다고 인정하면 당사자 또는 관계인 등의 생명과 신체의 안전, 명예의 보호, 증거의 확보 또는 증거 인멸의 방지를 위하여 필요한 조치를 하거나 관계인 및 그 소속기관등의 장에게 그 조치를 권고할 수 있다(동조②).

제 7 절 예외적인 구제방법

Ⅰ. 자력구제

1. 형법상의 자력구제

1) 정당방위

자기 또는 타인의 법익에 대한 현재의 부당한 침해를 방위하기 위한 행위는 상당한 이유가 있는 때에는 벌하지 아니한다(형법 21).

방위행위가 그 정도를 초과한 때에는 정황에 의하여 그 형을 감경 또는 면제할 수 있다. 그러나 그 행위가 야간 기타 불안스러운 상태 하에서 공포, 경악, 흥분 또는 당황으로 인한 때에는 벌하지 아니한다.

[대법원 2011.5.26. 선고 2011도3682 판결] 공무집행방해죄는 공무원의 직무집행이 적법한 경우에 한하여 성립하고, 여기서 적법한 공무집행은 그 행위가 공무원의 추상적 권한에 속할 뿐 아니라 구체적 직무집행에 관한 법률상 요건과 방식을 갖춘 경우를 가리킨다. 경찰관이 현행범인 체포 요건을 갖추지 못하였는데도 실력으로 현행범인을 체포하려고 하였다면 적법한 공무집행이라고 할 수 없고, 현행범인 체포행위가 적법한 공무집행을 벗어나 불법인 것으로 볼 수밖에 없다면, 현행범이 체포를 면하려고 반항하는 과정에서 경찰관에게 상해를 가한 것은 불법체포로 인한 신체에 대한 현재의 부당한 침해에서 벗어나기 위한 행위로서 정당방위에 해당하여 위법성이 조각된다.

[헌재 2010.7.29. 2010헌마192] 그러한 행위에 이르게 된 경위, 목적, 그 수단 및 정도 등 일체의 구체적 사정들을 참작하여 그 행위가 상대방의 부당한 공격에서 벗어나거나 이를 방어하기 위한 것으로 사회적으로 상당한 것이라면 위법성이 결여된 행위로 형법 제21조의 정당방위의 성립을 인정할 수 있다(대법원 2007.3.29. 선고 2006도9307 판결; 대법원 1996.12.23. 선고 96도2745 판결; 대법원 1992. 12. 22. 선고 92도2540 판결 등 참조).

[헌재 2001.4.26. 2001헌마15] 사건의 발단과정이 피해자에 대한 집단폭행을 제지하는 데서 비롯되었고, 청구인이 싸움을 말리려다가 4인으로부터 먼저 폭행을 당하자 그 와중에서 이에 대항하여 팔을 휘두른 사실을 인정할 수 있으며, 상해의 정도가 청구인은 심한 반면 가해자들은 대수롭지 않은 정도라면, 청구인에게 폭행의 혐의를 인정하는 데 보다 신중한 판단이 필요하고, 설사 폭행의 혐의가 인정된다 하더라도 청구인의 행위가 정당방위가 되는지 여부를 검사는 충분히 검토하여야 한다.

[대법원 1999.12.28. 선고 98도138 판결] 피고인에게 경찰서까지 임의동행할 것을 요구하여 피고인을 순찰차에 태운 다음 피고인 옆에 탑승한 공소외 2이 피고인의 오른쪽 손목을 잡고 뒤로 꺾어 올리는 등으로 피고인을 제압하자 피고인이 거기에서 벗어나려고 공소외 2과 몸싸움을 하는 과정에서의 몸부림으로 앞서와 같은 상해 및 손괴가 발생한 사실을 인정할 수 있는바, 공소외 2 및 공소외 1의 이와 같은 행위는 임의동행을 거부하는 피고인을 불법하게 체포・구금한 것으로 볼 수밖에 없고, 따라서 피고인의 범행은 이러한 불법 체포・구금으로 인한 신체에 대한 현재의 부당한 침해에서 벗어나기 위한 행위로서 그 행위에 이른 경위와 그 목적 및 수단, 행위자의 의사 등 제반 사정에 비추어 위법성이 결여된 행위라고 볼 것이다.

[대전지법 2006.10.18. 선고 2006고합102 판결] 형법 제21조 제1항 에 규정된 정당방위로 인정되려면 무엇보다도 자기 또는 타인의 법익에 대한 '현재의 부당한 침해'가 있어야 하고, 형법 제22조 제1항 에 규정된 긴급피난으로 인정되려면 무엇보다도 자기 또는 타인의 법익에 대한 '현재의 위난'이 있어야 하며, 위와 같은 침해나 위난의 현재성 여부는 피침해자의 주관적인 사정에 따라 결정되는 것이 아니라 객관적으로 결정되어야 할 뿐만 아니라, 이러한 정당방위나 긴급피난이 범죄의 구성요건에 해당하는 어떤 행위의 위법성을 예외적으로 소멸시키는 사유라는 점에 비추어 그 요건으로서의 침해나 위난의 현재성은 엄격히 해석・적용되어야 한다.

2) 긴급피난

자기 또는 타인의 법익에 대한 현재의 위난을 피하기 위한 행위는 상당한 이유가 있는 때에는 벌하지 아니한다(형법 22). 그러나 위난을 피하지 못할 책임이 있는 자에 대하여는 긴급피난이 인정되지 않는다.

긴급피난의 경우에도 정당방위에 있어서와 같이 그 피난행위가 그 정도를 초과한 때에는 정황에 의하여 그 형을 감경 또는 면제할 수 있다. 그러나 그 행위가 야간 기타 불안스러운 상태 하에서 공포, 경악, 흥분 또는 당황으로 인한 때에는 벌하지 아니한다.

[대법원 2006.4.13. 선고 2005도9396 판결] 형법 제22조 제1항의 긴급피난이란 자기 또는 타인의 법익에 대한 현재의 위난을 피하기 위한 상당한 이유 있는 행위를 말하고, 여기서 '상당한 이유 있는 행위'에 해당하려면, 첫째, 피난행위는 위난에 처한 법익을 보호하기 위한 유일한 수단이어야 하고, 둘째, 피해자에게 가장 경미한 손해를 주는 방법을 택하여야 하며, 셋째, 피난행위에 의하여 보전되는 이익은 이로 인하여 침해되는 이익보다 우월해야 하고, 넷째, 피난행위는 그 자체가 사회윤리나 법질서 전체의 정신에 비추어 적합한 수단일 것을 요하는 등의 요건을 갖추어야 한다.

3) 청구권 보전의 자구행위 등

법정절차에 의하여 청구권을 보전하기 불능한 경우에 그 청구권의 실행불능 또는 현저한 실행곤란을 피하기 위한 행위는 상당한 이유가 있는 때에는 벌하지 아니한다. 그 행위가 그 정도를 초과한 때에는 정황에 의하여 형을 감경 또는 면제할 수 있다(형법 23).

[대법원 2006.3.24. 선고 2005도8081 판결] 형법상 자구행위라 함은 법정절차에 의하여 청구권을 보전하기 불능한 경우에 그 청구권의 실행불능 또는 현저한 실행곤란을 피하기 위한 상당한 행위를 말하는 것인 바(대법원 1984.12.26. 선고 84도2582, 84감도397 판결 참조), 이 사건에서 피고인들에 대한 채무자인 피해자가 부도를 낸 후 도피하였고 다른 채권자들이 채권확보를 위하여 피해자의 물건들을 취거해 갈 수도 있다는 사정만으로는 피고인들이 법정절차에 의하여 자신들의 피해자에 대한 청구권을 보전하는 것이 불가능한 경우에 해당한다고 볼 수 없을 뿐만 아니라, 또한 피해자 소유의 가구점에 관리종업원이 있음에도 불구하고 위 가구점의 시정장치를 쇠톱으로 절단하고 들어가 가구들을 무단으로 취거한 행위가 피고인들의 피해자에 대한 청구권의 실행불능이나 현저한 실행곤란을 피하기 위한 상당한 이유가 있는 행위라고도 할 수 없다.

4) 형법상의 정당행위

형법은 제20조에서 "법령에 의한 행위 또는 업무로 인한 행위 기타 사회상규에 위배되지 아니하는 행위는 벌하지 아니한다."라고 규정하여 일반적인 위법성 조각사유를 두고 있다.

> [대법원 2011.3.17. 선고 2006도8839 판결] 형법 제20조는 통신비밀보호법이 그 적용을 배제하는 명시적인 조항을 두고 있지 아니한 이상 통신비밀의 공개·누설에 의한 통신비밀보호법 위반행위에 대해서도 당연히 적용된다. 따라서 불법 감청·녹음 등에 관여하지 아니한 언론기관의 그 통신 또는 대화의 내용에 관한 보도가 통신의 비밀이 가지는 헌법적 가치와 이익을 능가하는 우월적인 가치를 지님으로써 법질서 전체의 정신이나 사회윤리 내지 사회통념에 비추어 용인될 수 있다면, 그 행위는 사회상규에 위배되지 아니하는 행위로서 위법성이 조각된다고 할 수 있다.

2. 민법상의 점유자의 자력구제

점유자는 그 점유를 부정히 침탈 또는 방해하는 행위에 대하여 자력으로써 이를 방위할 수 있다. 점유물이 침탈되었을 경우에 부동산일 때에는 점유자는 침탈 후 즉시 가해자를 배제하여 이를 탈환할 수 있고 동산일 때에는 점유자는 현장에서 또는 추적하여 가해자로부터 이를 탈환할 수 있다(민법 209).

Ⅱ. 저항권

입헌주의적 헌법질서를 침해 파괴하려는 국가기관 또는 공권력 담당자에 대하여 주권자로서의 국민(단체를 포함한다)이 헌법적 질서의 유지 회복을 위하여 최후적 수단으로서의 이에 저항할 수 있는 권리를 저항권이라 한다.

저항권은 헌법적 질서의 유지 회복을 위한 보수적인 성격을 띠는 데에 반하여, 혁명권이란 기존의 국법질서를 파괴하여 새로운 국법질서 또는 사회질서를 대치시키고자 하는 점에서 서로 구별된다.

성문헌법 체제하에서 국민주권의 행사는 그것이 저항권의 행사와 같은 특별한 예외가 아닌 한 성문헌법의 테두리 내에서만 이루어져야 할 것이다.

[대구고법 1987.7.29. 선고 87노879] 어느 행위가 정당행위에 해당한다고 할 수 있기 위해서는 국법질서 전체의 이념에 비추어 용인될 수 있는 것으로서 행위의 동기나 목적의 정당성, 행위의 수단이나 방법의 상당성, 보호법익과 침해법익의 권형성, 긴급성, 그 행위 외에 다른 수단이나 방법이 없다는 보충성이 갖추어져 있어야 하며, 저항권의 개념도 실존하는 헌법적 질서를 무시하고 초법규적 권리개념으로써 현행 실정법에 위배된 행위의 정당화를 주장하는 것은 그 자체만으로써도 받아들일 수 없다.

[대법원 1980.8.26. 선고 80도1278 판결] 저항권은 초실정법적인 자연법질서내의 권리주장으로서 그 개념자체가 막연할 뿐만 아니라 실정법을 근거로 국가사회의 법질서 위반여부를 판단하는 재판권 행사에 있어서는 적용될 수 없다.

[대법원 1980.5.20. 선고 80도306 판결] 현대 입헌 자유민주주의 국가의 헌법이론상 자연법에서 우러나온 자연권으로서의 소위 저항권이 헌법 기타 실정법에 규정되어 있는 없든 간에 엄존하는 권리로 인정되어야 한다는 논지가 시인된다 하더라도 그 저항권이 실정법에 근거를 두지 못하고 오직 자연법에만 근거하고 있는 한 법관은 이를 재판규범으로 원용할 수 없다고 할 것인바, 헌법 및 법률에 저항권에 관하여 아무런 규정없는 우리나라의 현 단계에서는 저항권이론을 재판의 근거규범으로 채용, 적용할 수 없다(다수의견). (소수의견) : 형식적으로 보면 합법적으로 성립된 실정법이지만 실질적으로는 국민의 인권을 유린하고 민주적 기본질서를 문란케 하는 내용의, 실정법상의 의무이행이나 이에 대한 복종을 거부하는 등을 내용으로 하는 저항권은 헌법에 명문화되어 있지 않았더라도 일종의 자연법상의 권리로서 이를 인정하는 것이 타당하다 할 것이고 이러한 저항권이 인정된다면 재판규범으로서의 기능을 배제할 근거가 없다고 할 것이다.

제 3 편

기본권 각론

제 1 장　포괄적 기본권
제 2 장　자유권적 기본권
제 3 장　생존권적 기본권
제 4 장　청구권적 기본권
제 5 장　정치적 기본권
제 6 장　국민의 기본의무

1 chapter

포괄적 기본권

제1절 인간의 존엄과 가치 · 행복추구권

Ⅰ. 개설

1. 헌법 규정

헌법 제10조는 "모든 국민은 인간으로서의 존엄과 가치를 가지며, 행복을 추구할 권리를 가진다. 국가는 개인이 가지는 불가침의 기본적 인권을 확인하고 이를 보장할 의무를 진다"라고 규정하여 국민의 인간으로서의 존엄과 가치, 행복을 추구할 권리 및 국가의 기본적 인권보장의무를 선언하고 있다.

2. 연혁 및 입법례

근대적 의미의 민주주의 사회에서는 '인간의 존엄과 가치'를 지도원리로 하는 18세기 계몽주의의 중심적 내용인 개인주의와 자유주의를 그 내실로 하고 있었으며, 기본적 인권은 곧 국가로부터의 자유를 의미하는 자유권적 기본권이었다.

그러나 자본주의 발전단계에서 개인의 자유와 평등은 형식화되기에 이르렀고 이에 따라 사회적 약자의 인간다운 생활보장을 위하여 국가의 적극적 활동과 간섭이 있어야 그 실효를 거둘 수 있게 됨에 따라 '생존권적 기본권'의 보장이 문제되었다. 생존권적 기본권의 보장이야말로 '인간의 존엄과 가치'의 제도적 보장으로 간주되기에 이르렀다.

1919년 Weimar헌법에서 인간다운 생활을 보장할 것을 선언한 이래 국제연합헌장 전문, 세계인권선언 제1조, 독일기본법 제1조, 일본헌법 제13조, 이탈리아 헌법 제2조 등에서 이를 선언하게 되었으며, 우리 헌법은 5차 개헌에서 이를 최초로 명문화하였다. 그 후 행복추구권은 제8차 개헌에서 추가되었다.

Ⅱ. 의의

인간으로서 존엄과 가치는 대체로 인간으로서의 자주적인 인격과 가치를 의미한다고 본다. 따라서 이러한 인격은 인간인 이상 정신병자나 범죄자에게도 있게 된다.

헌법 제10조의 '인간으로서의 존엄과 가치'를 다른 구체적 기본권과 같이 독자적인 내용을 가진 구체적인 권리로 보는 견해도 있으나, 이는 구체적 기본권이 아닌 다른 모든 기본권의 전제가 되는 기본원리로서 모든 기본적 인권의 이념적 출발점이며, 기본권의 구성원리로 봄이 타당하다.

따라서 '인간으로서의 존엄과 가치'는 어떠한 특별한 권리를 부여하는 것이 아니라 모든 기본적 인권이 도출되는 근원이다.

Ⅲ. 법적 성격

1. 기본권의 전국가성

헌법 제10조의 '인간의 존엄과 가치 및 행복추구권'이 전국가적 · 초국가적인 것인지에 관하여 학설은 대립하고 있다.

첫째, 실정법적 권리설은 인간의 존엄과 가치 및 행복추구권을 실정법적 권리로 보는 견해이다. 헌법 제10조는 기본권 특히 자유권이 실정법상의 권리라는 증거는 될지 몰라도 초국가적인 자연법상의 권리라는 증거는 되지 않는다고 한다.

둘째, 초국가적 권리설은 헌법 제10조는 개인과 이성을 창조의 기초로 보고 있는 자연법사상의 실정법화를 의미하며, 이는 천부인권, 즉 초국가적인 자연권을 선언하는 것이라고 한다.

2. 인간의 존엄과 가치와 행복추구권의 관계

헌법 제10조는 두 개의 사항을 동시에 규정하고 있기 때문에 이 양자의 관계가 법이론상 문제가 될 수 있다. 이에 대해 제10조의 기본권은 주기본권인 동시에 협의에 있어서의 인간의 존엄권과 행복추구권도 보장하고 있다는 견해와, 행복추구권은 인간의 생래적 권리로서 자연권인 동시에 실정권의 성격을 가지되 포괄적 권리라는 견해가 있다.

우리 헌법이 행복추구권을 규범화하고 있기 때문에 그 권리성을 부인할 수는 없고, 이것은 다른 구체적 기본권을 포용하는 포괄적 권리의 성격을 가지고 있으므로 이 양자를 함께 정하고 있는 구조로 보거나, 기본권의 가치체계의 일원화를 위해서도 이는 인간의 존엄과 가치를 그 이념적 또는 실천적 측면에서 보완하고 있는 규정이라고 보아야 할 것이다. 또는 인간으로서의 존엄과 가치는 '인간의 정태적(靜態的) 존재양상'을 보호하는 것이고 행복추구권은 '동태적(動態的) 행동양식'으로 볼 수도 있다.

3. 반전체주의적 성격

인간의 존엄과 가치는 각인을 그 나름의 존재이유와 가치를 지닌 인격체로 인정하는 개인주의를 요구한다. 그러므로 헌법 제10조는 개인의 가치를 부정하는 단체주의, 국가주의나 민족지상주의나 전체주의를 부정하는 것이며, 또 어떤 계급의 독재를 앞세우는 공산주의와도 대립된다.

그러나 여기서 말하는 개인주의는 고립된 이기주의가 아니고, 민주적 공동사회의 한 사람으로서의 '개인의 인권'을 존중한다는 것이다. 이리하여 헌법은 "국민의 모든 자유와 권리는 국가안전보장 · 질서유지 또는 공공복리를 위하여 필요한 경우에 한하여 법률로서 제한할 수 있다"고 하였다(§37②).

4. 근본규범성

헌법 제10조는 단순한 도덕적 · program적 선언에 그치는 것이 아니라 헌법상 국민의 기본권보장의 근원이 되는 근본규범으로서의 성격을 가지고 있다.

따라서 제10조는 기본권의 근원으로서 그 해석에 있어서 기본적인 가치규준이 되는 동시에 기본권에 제한의 한계에 있어서도 가장 중요한 기준이 된다.

또한 헌법 제10조는 헌법개정의 절차에 따른다 할지라도 개정할 수 없는 규정이다.

> [헌재 2011.8.30. 2006헌마788] 인간의 존엄성은 최고의 헌법적 가치이자 국가목표규범으로서 모든 국가기관을 구속하며, 그리하여 국가는 인간존엄성을 실현해야 할 의무와 과제를 안게 됨을 의미한다. 따라서 인간의 존엄성은 '국가권력의 한계'로서 국가에 의한 침해로부터 보호받을 개인의 방어권일 뿐 아니라, '국가권력의 과제'로서 국민이 제3자에 의하여 인간존엄성을 위협받을 때 국가는 이를 보호할 의무를 부담한다.

5. 구체적 권리성 여부

헌법 제10조의 해석과 관련하여 제10조가 어떤 구체적 권리로서의 성격을 가지고 있는 것인가가 문제가 된다.

이에 대해서는 제10조의 독자성과 직접구속성을 주장하는 견해도 있지만, 이것은 곧 개인의 구체적인 주관적 공권을 부여하는 것이 아니라 단지 헌법의 최고원리를 규정하고 있는 선언적 규정으로 보고 있는 것이 통설이다.

Ⅳ. 내용

1. 인간으로서의 존엄과 가치

인간의 존엄과 가치는 그 내용을 규정하기 곤란한 불확정 개념으로, 대체로 인간으로서의 자주적인 인격과 가치를 의미한다. 따라서 인간의 존엄과 가치는 그 내용을 하나하나 열거할 수 없는 정신적인 것으로서의 개개인의 존엄과 가치로서, 명예훼손·박해·노예화·대량살해·고문·차별행위 등은 이에 대한 명백한 침해이다.

인간으로서의 존엄과 가치는 인간의 지위에서 인정되는 것이므로 자연인인 모든 국민만이 주체가 된다. 예컨대 미성년자, 범죄인, 정신병자, 기형아 등 생존해 있는 자연인이면 누구나 이 권리의 주체가 된다. 법인에 대해서는 그 성질상 제10조의 국민에 포함되지 않는다고 해석하고 있다. 또한 이는 인간의 권리를 선언하고 있는 것이므로 외국인이나 무국적자도 자연인인 한 그 주체가 된다.

2. 행복을 추구할 권리

행복이라는 개념 또한 불확정 개념으로, 행복을 추구할 권리가 포괄성을 가지는 데에는 이견이 없으나, 그 내용에 대해서는 ① 생명권, 신체불훼손권, 휴식권, 수면권 등을 열거하는 견해, ② 일반적 행동자유권, 인격의 자유발현권과 생명권을 포함한다는 견해, ③ 평등권·자유권·생활권 등 기본적 인권이 잘 보장되어 있는 상태라는 견해 등이 있다.

행복추구권은 그 성격상 내용을 일일이 열거할 수 있는 권리는 아니다. 우리 헌법상으로는 제11조 내지 제36조에서 열거한 구체적 기본권과 제37조 제1항에 의한 열거되지 아니한 권리들에 의해 실현되는 것이다. 행복의 기준은 주관적·자의적으로 판단되는 것이 아니라 객관적·합리적으로 결정되어야 한다. 그러므로 개인의 행복추구권이 남용되어 국가안전보장·질서유지 또는 공공복리를 훼손해서는 안 되며, 반대로 국민 전체나 다수인의 행복추구를 위해 개인의 기본적 인권이 침해되어서도 아니 된다.

행복추구권 역시 인간으로서의 권리를 의미하기 때문에 원칙적으로 자연인만이 그 추체이며 법인은 성격상 주체에서 제외된다. 외국인이나 무국적자도 자연인인 한 주체가 된다.

3. 개인의 불가침의 인권확인과 보장

헌법 제10조 후단은 "국가는 개인이 가지는 불가침의 기본적 인권을 확인하고 이를 보장할 의무를 진다"고 규정하여 국가는 인간으로서의 존엄과 가치·행복추구권을 소극적으로 침해하는데 그치지 않고 나아가 적극적으로 이를 최대한으로 보장할 의무를 지고 있다.

이 규정의 법적 성격에 관해서는 ① 헌법 제10조는 프로그램적 규정에 불과하고, 국가권력은 이를 최대한으로 보장할 윤리적 책임이 있을 뿐 직접적인 법적 책임을 지는 것은 아니라는 견해(입법방침규정설)와 ② 이는 단순한 방침규정이 아니라 직접적으로 국가권력을 구속하는 직접적 효력규정이라는 견해(직접적 효력규정설)가 있다. 헌법 제10조는 직접적으로 국가권력을 구속하는 효력을 가진다고 보아야 한다.

1) 보장의무자

제10조의 근본규범성으로 보아 이 보장의무는 모든 국가기관의 의무로서 입법권·행정권·사법권을 모두 구속한다.

2) 대사인적 효력

인간의 존엄과 가치 및 행복추구권은 국가권력에 대해서만 효력을 가지는 것이 아니라, 사법질서를 포함한 국법질서 전체에 대해 효력을 갖는다. 따라서 국가는 국가 이외의 사회적 세력이나 사인에 의해서도 침해되지 않도록 적극적으로 보장할 의무를 진다. 사회적 세력이나 사인에 의한 인간의 존엄과 가치 및 행복추구권의 침해는 반사회적 법률행위로 무효이며 그 행위로 손해를 입은 경우에는 손해배상을 청구할 수 있다.

3. 행복추구권의 제한

행복추구권은 헌법 제37조 제2항과의 관계에서 그 제한이 문제된다. 헌법재판소는 헌법 제37조 제2항에 따라 제한될 수 있다고 판시하고 있다.

> [헌재 1995.7.21. 93헌가14] 헌법 제10조에 의거한 행복추구권은 헌법에 열거된 기본권으로서 행복추구의 수단이 될 수 있는 개별적 기본권들을 제외한 헌법에 열거되지 아니한 권리들에 대한 포괄적인 기본권의 성 가지며, '일반적 행동자유권', '개성의 자유로운 발현권', '자기결정권', '계약의 자유' 등이 그 보호영역

내에 포함된다. 헌법 제10조의 행복추구권은 국민이 행복을 추구하기 위한 활동을 국가권력의 간섭 없이 자유롭게 할 수 있다는 포괄적인 의미의 자유권으로서의 성격을 가진다.

[헌재 1997.3.27. 96헌가11] 일반적 행동의 자유는 개인의 인격발현과 밀접히 관련되어 있으므로 최대한 존중되어야 하는 것이지만 헌법 제37조 제2항에 따라 국가안전보장·질서유지 또는 공공복리를 위하여는 제한될 수 있다.

제2절 평등권

Ⅰ. 개설

1. 헌법규정

우리 헌법 전문은 '…정치·경제·사회·문화의 모든 영역에 있어서 각인의 기회를 균등히 하고… 국민생활의 균등한 향상'을 도모하기 위함을 선언하고 있으며, 제11조에서는 "모든 국민은 법 앞에 평등하다. 누구든지 차별을 받지 아니 한다"라고 규정하고 있다. 그리고 제119조 제2항에서는 경제질서에 있어서의 평등을 규정하고 있으며, 그 밖에도 헌법은 교육의 기회균등(§31①), 양성의 평등(§36①), 선거에 있어서의 평등(§41①, §116①) 등을 규정하고 있다.

2. 연혁

평등사상은 고대의 정의관념 및 중세의 신 앞의 평등사상에서 출현, 근대의 평등사상은 인간의 본성에 따르는 생래적 자유와 평등을 주장한 자연법 사상에 근거하고 있다.

현대의 평등사상은 1919년 바이마르헌법에서 비롯된 것으로서 배분적 정의에 입각한 실질적 평등, 사회현실 속의 구체적 평등과 경제생활에 있어서의 경제적 평등을 위한 민주주의 사상에 근거한다.

3. 의의

평등권이란 국가에 대하여 평등한 취급을 받을 권리를 의미한다. 본래 평등의 원칙은 자유주의적 요청에 의해 특권계급의 철폐와 시민계급의 평등한 참정권과 법률적용의 평등을 그 내용으로 한 시민계급의 해방을 위한 정치적 이데올로기로서, 자유와 함께 인간의 천부불가양의 권리로서 주장되어 왔다. 대체로 근대적인 평등의 개념은 국가 권력의 구성에 평등하게 참가하여, 국가로부터 평등한 대우를 받는 것과 같은 정치적 평등이 중점이었다.

그러나 현대적인 평등개념은 정치적 · 사회적 의미에 있어서의 평등뿐만 아니라 더 나아가서 경제적 의미에 있어서의 평등이라는 보다 적극적인 주장으로 확장 · 개발되어 왔고, 각국 헌법은 평등의 원칙을 '법 앞의 평등'이라는 원칙으로 표현하기에 이르렀다.

Ⅱ. 내용

1. 법 앞에 평등

여기서 말하는 법이란 형식적 의미의 국회제정법뿐만 아니라 명령 · 규칙 · 조례 등의 성문법은 물론 관습법 · 판례법 · 조리법 등의 불문법을 포함하는 모든 국법을 의미한다.

그런데 '법 앞에'라는 것이 행정과 사법만을 의미하는지 아니면 입법까지도 포함하는지가 문제이다. 이에 관하여는 평등이란 법률의 평등이 아닌 법률 앞에서의 평등을 의미하므로 법의 적용만을 구속하는 것이지 입법을 구속할 수는 없다는 법적용평등설과 법 앞의 평등이란 법 내용의 평등, 즉 법률의 평등으로 이해하여야 한다는 법평등설로 나뉜다.

생각건대, 법의 적용과 해석을 아무리 평등하게 하더라도 법 내용 자체가 불평등하면 그 결과가 불평등하게 된다. 따라서 법 앞에 평등이란 입법까지도 구속한다고 보는 것이 타당하다.

2. 평등의 의미

1) 절대적 평등설

절대적 평등설도 모든 사람을 모든 경우에 모든 점에 있어서 균등하게 취급하여야 한다는 무제한적·절대적 평등설과 평등의 적용 범위를 인적·신분적 사항에 관한 범위 내에서 절대적 평등을 인정하는 제한적·절대적 평등설로 구분된다.

2) 상대적 평등설

상대적 평등설은 모든 사람을 평등하게 취급하되 정당한 이유가 있는 경우에는 합리적 차별을 인정하는 입장이다.

3) 결어

모든 사람에게 절대적 평등을 보장하는 것은 불가능하므로 상대적 평등설이 타당하며, 이것은 통설과 판례의 입장이다. 다만 어느 경우에 어느 정도의 차별을 인정할 수 있는가의 기준이 문제이다. 독일에서는 '자의금지'를 미국에서는 '합리성'을 그 기준으로 들고 있다. 자의금지나 합리성 여부의 판단도 주관적이므로 구체적인 예에 따라 판단할 수밖에 없으나, 정치적 영역에서는 절대적 평등이, 사회적·경제적 영역에서는 상대적 평등이 보다 더 강조될 수 있다.

3. 주체

평등권을 향유할 수 있는 주체를 내국인인 자연인에 한할 것이냐, 법인, 외국인도 포함할 것인가가 문제이다. 헌법 제11조 제1항에서 '국민'이라 함은 자연인인 개인의 천부불가양의 권리를 전제로 한 것은 틀림없으나, 현재에 있어서 자연인에 못지않은 존재적 가치를 가진 '법인'에 대해서도 불평등한 조치를 할 필요가 없을 것이며, 법인에 대한 불평등은 결국 자연인에 대한 불평등을 가져올 것이므로 법인도 주체도 포함시킴이 타당하다.

그러나 외국인에 대해서는 긍정설은 평등권은 인간의 권리이므로 외국인도 당연히 그 주체가 될 수 있으나, 다만 국제법 규정에 따라 약간의 제한이 있다고 하는데 반해, 부정설은 외국인은 국민 속에 당연히 포함되는 것은 아니므로 선거권을 제한하고, 재산취득을 제한하는 등 공익을 위하여 필요한 경우에 차별대우를 함은 부득이하다고 한다.

헌법상 외국인의 지위는 헌법 제6조 제2항에 의해 인정되는 것이므로, 원칙적으로 평등권의 주체가 될 수 있다고는 볼 수 없다. 다만 인간의 권리의 성격을 부여할 수 있는 범위 안에서 그 주체가 될 수 있다. 한편 평등권은 인간의 권리이므로 인간인 외국인도 주체가 된다는 견해와, 평등권은 기본권 실현의 방법적 기초로서 의미 · 기능이 있으므로 국내 거주 외국인도 주체가 된다는 견해가 있다.

Ⅲ. 법적 성격

1. 주관적 공권

평등권은 개인이 국가에 대해 불평등한 취급의 배제 또는 균등한 생활의 향상을 요구할 수 있는 주관적 공권을 그 본질로 한다. 따라서 불평등한 입법에 대해서는 위헌심사를 요청하고, 불평등한 행정처분이나 재판에 대해서는 행정소송 또는 상소를 할 수 있다.

2. 상대적 평등권

'법 앞의 평등'이란 모든 사람을 기계적으로 평등하게 대우하려는 것은 아니다. 법이나 현실에 있어서 구체적 인간을 규율 대상으로 하는 바, 그 구체적 인간에게는 여러 가지 차이가 있을 수 있다. 이러한 차이를 무시하고 모든 인간을 절대적 · 기계적으로 평등하게 대우해야 한다면 현실을 무시하게 되고 오히려 큰 혼란이 일어날 것이다.

따라서 '법 앞의 평등'이란 결국 구체적인 인간면의 차이에 상응한 상대적 평등을 뜻하게 된다. 즉 사실과 법적 취급에 있어서 비례가 유지되면 된다. 이러한 비례를 인정하기 위하여는 일정한 기준이 있어야 한다.

이러한 기준에 관하여 미국판례는 그 표준을 합리성(reasonableness)에서 구하고 성별 · 종교 · 사회적 신분 · 인종 등을 이유로 하는 불합리한 조건에 의한 자의적인 차별대우를 위헌으로 하고 있다. 독일의 통설은 자의금지(Willkürverbot)를 그 기준으로 하고 있다. 그러나 '합리성'이나 '자의'라는 개념은 모두 고정적 · 정체적인 것이 아니라 역사적 · 변천적인 것으로 인정되고 있다. 결국 평등의 기준인 상대적 평등이거나 합리적 차별은 그 나라 그 시대의 사회정의의 관념에 비추어 결정할 수밖에 없다.

3. 자유권과의 관계

평등권과 자유권의 상호관계에 대해서는 평등권을 자유권의 일종으로 보는 견해와 평등권을 자유권과 구별되는 제4의 기본권으로 보는 견해의 대립이 있다. 전자는 평등권도 자유권과 마찬가지로 국가로부터 차별대우를 받지 않는다는 소극적인 의의를 가지는 점을 강조하고 있다.

그러나 평등권은 국가에 대하여 평등한 대우를 요구할 수 있는 적극적인 성질도 있기 때문에 단순히 자유권의 일종으로만 보는 것은 부당하며, 모든 기본권에 공통적으로 적용되는 기본권으로 보아야 한다.

4. 생활권과의 관계

평등권은 본래 자유권과 함께 정치적 평등을 그 내용으로 하였는데 오늘날의 빈부의 차와 같은 경제적 불평등과 같은 현실과 평등권은 어떠한 관계를 가지고 있는가가 문제된다. 그러나 평등권으로 실업자가 취업자와 같은 직장을 요구하고, 빈자가 부자와 같은 재산을 요구할 수 있는 권리를 의미하는 것은 아니다. 즉 국민생활의 균등한 향상은 국가가 적극적인 복지행정을 하여 달성하도록 할 것이고, 국민은 자유권을 통해 개인으로서 노력할 것이지 이것을 평등권의 권리내용으로 헌법이 규정하고 있는 것은 아니다. 그러므로 평등권과 자유권은 실질적 평등상태에 도달하는 수단에 지나지 않는 것이며, 평등권의 권리내용이 바로 물질청구권은 아니다. 여기에 평등권과 자유권의 밀접한 관계를 찾아볼 수 있으며, 또 평등권의 상대성이 있는 것이다.

5. 근본규범성

헌법 제11조 제1항은 우리 헌법의 최고원리의 하나로서 모든 법령의 해석과 적용의 기준이 되는 근본규범이다. 이것은 민주국가의 근본구성원리로서 헌법개정의 한계 밖에 있다.

Ⅳ. 평등원칙의 구체적 적용

1. 차별금지사유

헌법 제11조 제1항 후단은 차별금지사유로서 성별·종교·사회적 신분을 열거하고 있다. 그러나 이는 예시에 불과하며 여기에 예시되지 않은 사유에 의하여 차별을 하는 것도 역시 금지된다.

1) 성별

남녀의 성별에 의한 차별이란 봉건적 인습에서 탈피하여 남녀를 법률상 동일하게 대우하는 남녀평등의 원칙을 선언한 것이다. 그러나 이는 법률상 인권의 평등을 말하고 남녀의 생리적 차이에서 오는 차별까지 금지하는 것은 아니다.

[헌재 2005.12.22. 2003헌가5 등] 출생 직후의 자(子)에게 성을 부여할 당시 부(父)가 이미 사망하였거나 부모가 이혼하여 모가 단독으로 친권을 행사하고 양육할 것이 예상되는 경우, 혼인 외의 자를 부가 인지하였으나 여전히 모가 단독으로 양육하는 경우 등과 같은 사례에 있어서도 일방적으로 부의 성을 사용할 것을 강제하면서 모의 성의 사용을 허용하지 않고 있는 것은 개인의 존엄과 양성의 평등을 침해한다.

[헌재 1997.7.16. 95헌가6 등] 중국의 동성금혼 사상에서 유래하여 조선시대를 거치면서 법제화되고 확립된 동성동본금혼제는 그 제도 생성 당시의 국가정책, 국민의식이나 윤리관 및 경제구조와 가족제도 등이 혼인제도에 반영된 것으로서, 충효정신을 기반으로 한 농경중심의 가부장적, 신분적 계급사회에서 사회질서를 유지하기 위한 수단의 하나로서의 기능을 하였다. 그러나 자유와 평등을 근본이념으로 하고 남녀평등의 관념이 정착되었으며 경제적으로 고도로 발달한 산업사회인

현대의 자유민주주의사회에서 동성동본금혼을 규정한 민법 제809조 제1항은 이제 사회적 타당성 내지 합리성을 상실하고 있음과 아울러 "인간으로서의 존엄과 가치 및 행복추구권"을 규정한 헌법이념 및 "개인의 존엄과 양성의 평등"에 기초한 혼인과 가족생활의 성립·유지라는 헌법규정에 정면으로 배치될 뿐 아니라 남계혈족에만 한정하여 성별에 의한 차별을 함으로써 헌법상의 평등의 원칙에도 위반된다.

[헌재 1999.12.23. 98헌마363] 가산점제도는 헌법 제32조 제4항이 특별히 남녀평등을 요구하고 있는 "근로" 내지 "고용"의 영역에서 남성과 여성을 달리 취급하는 제도이고, 또한 헌법 제25조에 의하여 보장된 공무담임권이라는 기본권의 행사에 중대한 제약을 초래하는 것이기 때문에 엄격한 심사척도가 적용된다. 제대군인에 대하여 여러 가지 사회정책적 지원을 강구하는 것이 필요하다 할지라도, 그것이 사회공동체의 다른 집단에게 동등하게 보장되어야 할 균등한 기회 자체를 박탈하는 것이어서는 아니되는데, 가산점제도는 아무런 재정적 뒷받침 없이 제대군인을 지원하려 한 나머지 결과적으로 여성과 장애인 등 이른바 사회적 약자들의 희생을 초래하고 있으며, 각종 국제협약, 실질적 평등 및 사회적 법치국가를 표방하고 있는 우리 헌법과 이를 구체화하고 있는 전체 법체계 등에 비추어 우리 법체계내에 확고히 정립된 기본질서라고 할 '여성과 장애인에 대한 차별금지와 보호'에도 저촉되므로 정책수단으로서의 적합성과 합리성을 상실한 것이다. 가산점제도는 수많은 여성들의 공직진출에의 희망에 걸림돌이 되고 있으며, 공무원채용시험의 경쟁률이 매우 치열하고 합격선도 평균 80점을 훨씬 상회하고 있으며 그 결과 불과 영점 몇 점 차이로 당락이 좌우되고 있는 현실에서 각 과목별 득점에 각 과목별 만점의 5퍼센트 또는 3퍼센트를 가산함으로써 합격여부에 결정적 영향을 미쳐 가산점을 받지 못하는 사람들을 6급이하의 공무원 채용에 있어서 실질적으로 거의 배제하는 것과 마찬가지의 결과를 초래하고 있고, 제대군인에 대한 이러한 혜택을 몇 번이고 아무런 제한 없이 부여함으로써 한 사람의 제대군인을 위하여 몇 사람의 비(非)제대군인의 기회가 박탈당할 수 있게 하는 등 차별취급을 통하여 달성하려는 입법목적의 비중에 비하여 차별로 인한 불평등의 효과가 극심하므로 가산점제도는 차별취급의 비례성을 상실하고 있다. 그렇다면 가산점제도는 제대군인에 비하여, 여성 및 제대군인이 아닌 남성을 부당한 방법으로 지나치게 차별하는 것으로서 헌법 제11조에 위배되며, 이로 인하여 청구인들의 평등권이 침해된다.

[헌재 2011.6.30. 2010헌마460] 징집대상자의 범위 결정에 관하여는 입법자의 광범위한 입법형성권이 인정된다는 점에 비추어 이 사건 법률조항이 평등권을 침해하는지 여부는 완화된 심사기준에 따라 판단하여야 한다. 집단으로서의 남자는

집단으로서의 여자에 비하여 보다 전투에 적합한 신체적 능력을 갖추고 있으며, 개개인의 신체적 능력에 기초 한 전투적합성을 객관화하여 비교하는 검사체계를 갖추는 것이 현실적으로 어려운 점, 신체적 능력이 뛰어난 여자의 경우에도 월경이나 임신, 출산 등으로 인한 신체적 특성상 병력자원으로 투입하기에 부담이 큰 점 등에 비추어 남자만을 징병검사의 대상이 되는 병역의무자로 정한 것이 현저히 자의적인 차별취급이라 보기 어렵다. 한편 보충역이나 제2국민역 등은 국가비상사태에 즉시 전력으로 투입될 수 있는 예비적 전력으로서 병력동원이나 근로소집의 대상이 되는바, 평시에 현역으로 복무하지 않는다고 하더라도 병력자원으로서 일정한 신체적 능력이 요구된다고 할 것이므로 보충역 등 복무의무를 여자에게 부과하지 않은 것이 자의적이라 보기도 어렵다. 결국 이 사건 법률조항이 성별을 기준으로 병역의무자의 범위를 정한 것은 자의금지원칙에 위배하여 평등권을 침해하지 않는다.

2) 종교

특정 종교의 신앙 또는 신앙의 유무에 의한 차별금지는 인류사에서 중대한 문제가 되어 왔으므로, 종교에 의한 차별금지가 특히 요청된다. 이는 종교의 자유의 한 내용이기도 하다.

[헌재 2001.9.27. 2000헌마159] 기독교 문화를 사회적 배경으로 하고 있는 구미 제국과 달리 우리나라에서는 일요일은 특별한 종교의 종교의식일이 아니라 일반적인 공휴일로 보아야 할 것이고 앞서 본 여러 사정을 참작한다면 사법시험 제1차 시험 시행일을 일요일로 정한 피청구인의 이 사건 공고가 청구인이 신봉하는 종교를 다른 종교에 비하여 불합리하게 차별대우하는 것으로 볼 수도 없다.

3) 사회적 신분

사회적 신분이란 사회생활에 있어서 다소 연속적으로 차지하고 있는 지위(귀화인, 전과자, 노동자 등) 또는 출생에 의해 결정되는 사회적 지위 또는 신분(귀족의 자손, 전과자의 자손, 인종 등)을 의미한다. 이러한 사회적 신분에 의한 차별은 불법이다.

[헌재 2002.3.28. 2000헌바53] 비속의 직계존속에 대한 존경과 사랑은 봉건적 가족제도의 유산이라기보다는 우리 사회윤리의 본질적 구성부분을 이루고 있는

가치질서로서, 특히 유교적 사상을 기반으로 전통적 문화를 계승·발전시켜 온 우리나라의 경우는 더욱 그러한 것이 현실인 이상, '비속'이라는 지위에 의한 가중처벌의 이유와 그 정도의 타당성 등에 비추어 그 차별적 취급에는 합리적 근거가 있으므로, 이 사건 법률조항은 헌법 제11조 제1항의 평등원칙에 반한다고 할 수 없다.

[헌재 1997.11.27. 95헌바14 등] 공무원에 부과되는 신분상 불이익과 보호하려고 하는 공익이 합리적 균형을 이루는 한 법원이 범죄의 모든 정황을 고려한 나머지 금고 이상의 형에 대한 집행유예의 판결을 하였다면 그 범죄행위가 직무와 직접적 관련이 없거나 과실에 의한 것이라 하더라도 공무원의 품위를 손상하는 것으로 당해 공무원에 대한 사회적 비난가능성이 결코 적지 아니할 것이므로 이를 공무원 임용결격 및 당연퇴직사유로 규정한 것을 위헌의 법률조항이라고 볼 수 없다.

[헌재 2011.3.31. 2008헌바141 등] 사회적 신분에 대한 차별금지는 헌법 제11조 제1항 후문에서 예시된 것인데, 헌법 제11조 제1항 후문의 규정은 불합리한 차별의 금지에 초점이 있는 것으로서, 예시한 사유가 있는 경우에 절대적으로 차별을 금지할 것을 요구함으로써 입법자에게 인정되는 입법형성권을 제한하는 것은 아니다(헌재 2010.11.25. 2006헌마328, 공보 170, 2106, 2110). 그렇다면 친일반민족행위자의 후손이라는 점이 헌법 제11조 제1항 후문의 사회적 신분에 해당한다 할지라도 이것만으로는 헌법에서 특별히 평등을 요구하고 있는 경우라고 할 수 없고, 아래와 같이 친일재산의 국가귀속은 연좌제금지원칙이 적용되는 경우라고 볼 수도 없으며 그 외 달리 친일반민족행위자의 후손을 특별히 평등하게 취급하도록 규정한 헌법 규정이 없는 이상, 친일반민족 행위자의 후손에 대한 차별은 평등권 침해 여부의 심사에서 엄격한 기준을 적용해야 하는 경우라 볼 수 없다. 또한, 이 사건 귀속조항은 친일반민족행위자의 후손이 가지는 모든 재산을 귀속대상으로 규정한 것이 아니라 그가 선조로부터 상속받은 재산 중 친일행위의 대가인 것만 귀속대상으로 규정하고 있다. 그렇다면 이 사건 귀속조항은 그 차별취급으로 기본권에 대한 중대한 제한을 초래하는 경우라고 할 수 없으므로, 역시 평등권 침해 여부의 심사에서 엄격한 기준을 적용해야 하는 경우에 해당하지 않는다. 따라서 이 사건 귀속조항으로 인한 차별이 청구인들의 평등권을 침해하였는지 여부에 대한 심사는 완화된 기준이 적용되어야 한다. 이 사건 귀속조항은 사회정의를 실현하고 민족의 정기를 바로 세우기 위한 것이라는 점, 친일재산은 그 주체가 친일반민족행위자이든 그 후손이든 이를 보유하도록 보장하는 것 자체가 정의 관념에 반하는 점, 국가에 귀속시키는 친일재산의 대상은 반민규명법이 정한

여러 유형의 친일반민족행위 중에서 사안이 중대하고 범위가 명백한 네 가지 행위를 한 자의 친일재산으로 한정되어 있으며, 설혹 이에 해당하는 자라 하더라도 작위를 거부·반납하거나 후에 독립운동에 적극 참여한 자 등은 예외로 인정할 수 있도록 규정하고 있고, 친일재산의 거래로 인하여 선의의 제3자가 발생할 경우 이를 보호하도록 하는 규정도 두고 있는 점 등을 종합적으로 고려할 때, 비록 이 사건 귀속조항이 다른 재산과는 달리 친일재산의 국가귀속을 규정하고 있다 하더라도 그러한 취급에는 수긍할만한 합리적인 이유가 있으므로, 이를 두고 자의적인 차별로서 평등의 원칙에 위배된다고 하기는 어렵다.

2. 차별금지의 분야

정치적 분야에 있어서의 차별금지란 남녀정치권, 종교의 유무에 의한 공무원 임용자격의 차별금지 등을 말한다. 경제적 분야에 있어서의 차별금지란 남녀임금의 차별금지, 근로자, 생활무능력자의 보호 등에 의한 균등한 생활보장을 말한다. 사회적 분야에 있어서의 차별금지란 교육을 받을 권리, 혼인에 있어서의 남녀평등 등을 말한다. 문화적 분야에 있어서의 차별금지란 학문, 예술활동에 있어서의 차별, 문화활동의 공로표창에 차별 등을 금지함을 말한다.

Ⅴ. 평등에 관한 우리 헌법의 규정

1. 사회적 특수계급의 금지

헌법 제11조 제2항은 "사회적 특수계급의 제도는 인정되지 아니하며, 어떠한 형태로도 이를 창설할 수 없다"고 규정하고 있다. 근대 자유주의의 발생목적이 봉건적인 사회적 특수계급의 타도에 있었음은 말할 필요도 없다. 따라서 여기서 말하는 사회적 특수계급이란 과거의 귀족제도 또는 노예제도와 같은 것을 말한다.

2. 영전일대(榮典一代)의 원칙

헌법 제11조 제3항은 "훈장 등의 영전은 이를 받는 자에게만 효력이 있고, 어떠한 특권도 이에 따르지 아니한다"라고 규정하여, 공적으로 인정되는 명예의 표창인 영전의 세습을 금지하고, 또 영전에 아무런 특권도 따르지 못한다는 것을 선언하고 있다.

영전은 특정인의 공적에 명예를 부여하는 것을 말한다. 다만, 이 영전에는 어떠한 특권도 따를 수 없으므로, 일정한 영전을 받은 자에게 그 영전 외에 특권을 줄 수는 없다.

3. 평등권에 대한 예외

1) 헌법상의 예외

헌법은 평등권에 대한 예외로서 정당의 특권(§8③), 대통령 · 국회의원의 특권(§84, §44, §45), 주요방위산업체에 종사하는 노동자의 단체행동권의 제한(§33③), 군인 · 군무원의 국가배상청구권의 제한(§29②), 국가유공자 등의 보호(§32⑥)에 관한 명시적인 규정을 두고 있다.

2) 법률상의 예외

법률에 의한 평등권에 대한 예외로는 공무원의 겸직금지, 정당가입제한, 주거지제한, 제소자 등에 대한 통신 및 신체의 자유제한, 전과자 등의 공무담임권제한, 외국인의 체류 및 출국의 제한, 토지나 주식소유의 제한, 부부재산권, 친족범위에 있어서 남녀평등제한 등이 있다.

3) 긴급명령 등에 의한 예외

평등권은 헌법 제76조에 의거한 대통령의 긴급명령, 긴급재정 · 경제처분 및 그 명령으로 제한될 수 있다.

이때의 긴급명령과 긴급재정 · 경제명령은 비록 실질적으로 법률의 효력을 가진 것이기는 하지만 형식적으로는 명령에 의한 평등권의 제한이 되기 때문이다.

[헌재 2006.2.23. 2004헌마675 · 981 · 1022(병합)] 국가유공자 가족들에 대하여 아무런 인원제한도 없이 매 시험마다 10%의 높은 가산점을 부여해야만 할 필요성은 긴요한 것이라고 보기 어렵고, 입법목적을 감안하더라도 일반 응시자들의 공무담임권에 대한 차별효과가 지나친 것이다. 명시적인 헌법적 근거 없이 국가유공자의 가족들에게 만점의 10%라는 높은 가산점을 부여하고 있는바, 그러한 가산점 부여 대상자의 광범위성과 가산점 10%의 심각한 영향력과 차별효과를 고려할

때, 그러한 입법정책만으로 헌법상의 공정경쟁의 원리와 기회균등의 원칙을 훼손하는 것은 부적절하며, 국가유공자의 가족의 공직 취업기회를 위하여 매년 많은 일반 응시자들에게 불합격이라는 심각한 불이익을 입게 하는 것은 정당화될 수 없다. 이 사건 조항의 차별로 인한 불평등 효과는 입법목적과 그 달성수단 간의 비례성을 현저히 초과하는 것이므로, 이 사건 조항은 청구인들과 같은 일반 공직시험 응시자들의 평등권을 침해한다.

[헌재 1992.4.28. 90헌바24부] 헌법재판소는 특정범죄가중처벌 등에 관한 법률 제5조의3 제2항 제1호에 대한 헌법소원에서 "과실로 사람을 치상하게 한 자가 구호행위를 하지 아니하고 도주하거나 고의로 유기함으로써 치사의 결과에 이르게 한 경우에 살인죄와 비교하여 그 법정형을 더 무겁게 한 것은 형벌체계상의 정당성과 균형을 상실한 것으로서 헌법 제10조의 인간으로서의 존엄과 가치를 보장한 국가의 의무와 헌법 제11조의 평등의 원칙 및 헌법 제37조 제2항의 과잉입법금지의 원칙에 반한다.

[헌재 1989.11.20. 89헌가102] 변호사법 제10조 제2항은 직업선택의 자유를 제한함에 있어서 비례의 원칙에 벗어난 것이고, 합리적인 이유없이 변호사로 개업하고자 하는 공무원을 차별하고 있으며, 병역의무의 이행을 위하여 군법무관으로 복무한 후 개업하는 경우에는 병역의무의 이행으로 불이익한 처우를 받게 되어 헌법 제11조 제1항, 제15조, 제37조 제2항, 제39조 제2항에 각 위반된다.

2 chapter

자유권적 기본권

제1절 개 관

Ⅰ. 의의와 성격

1. 의의

옐리네크(G. Jellinek)에 의하면, 자유권적 기본권은, 국민의 국가에 대한 소극적 지위(negative Status)에서 가지는 소극적 권리이다. 즉 생존권적 기본권(또는 수익권)이 국가에 대하여 적극적으로 일정한 행위·급부 등을 청구할 수 있는 권리인데 반해, 자유권적 기본권은 국가의 위법적인 명령·강제를 소극적으로 거부할 수 있는 권리를 말한다.

생존권적 기본권이 국가에 의한 자유(Freiheit durch Staat)인 데에 반해, 자유권적 기본권은 국가로부터의 자유(Freiheit vom Staat)를 의미한다.

자유권적 기본권의 본질을 자연법적 권리로 보든 실정법적 권리로 보든 이는 헌법에 의해 보장되는 헌법적 권리이며, 그 제한이 법률에 유보된 상대적 권리며, 이것은 국민의 공의무에 대응되는 주관적 공권(subjektive öffentliche

Rechte)의 성질을 가지고 있다.

2. 연 혁

자유권은 왕권과의 투쟁 끝에 쟁취한 것으로 영국의 대헌장(1215), 권리청원(1628), 권리장전(1689) 등에 잘 나타나 있다. 다음 단계로 천부불가양의 권리로서 시민혁명기를 거쳐 미국독립선언(1776), 프랑스 인권선언(1789)에 나타났다.

그러나 20세기초 나치즘, 파시즘 등의 전체주의 국가에 의한 자유권 유린에 대한 반성으로 제2차 세계대전 후 자연권사상이 부활하여 자유권의 천부인권성이 강조되고 동시에 자유권에 대한 사회적 제약성이 강조되게 되었다.

3. 성 격

1) 자연권성

자유권적 기본권이 초국가적 권리인가 또는 실정법적 권리인가에 관해서는 자연권설과 실정권설로 의견이 갈리고 있다.

(1) 자연권설

자유권적 기본권은 천부인권으로서 국가 이전에 존재하는 자유를 법적으로 확인·선언한 권리라고 한다. 따라서 이는 초국가적 권리이고, 선언적 권리이며 인간의 권리를 의미한다.

또한 이러한 견해에는 자유권적 기본권은 법률로서 제한할 수 없다는 절대적 자유권설과 법률로써 제한할 수 있다는 상대적 자유권설이 있다. 우리 헌법의 해석상 제10조에 의해 자유권적 기본권을 자연권으로 보되, 제37조 제2항에 따라 그 제한이 가능한 상대적 자유권이라는 입장이 다수설이다.

(2) 실정권설

자유권적 기본권은 한 국가의 헌법에 규정됨으로써 비로소 보장되는 권리라고 한다. 따라서 이는 실정법적 권리이고, 창설적 권리이며 국민의 권리를 의미한다고 한다. 또한 이는 법률에 그 제한이 유보되어 있으므로 당연히 상대적 권리라고 한다.

⑶ 소결

자유권적 기본권을 어떻게 보느냐 하는 문제는 그 역사적 상황에 따라 달라진다. 제2차 대전 이후 초자연법론이 대두되면서 자유권적 기본권의 자연권성이 다시 부활되면서 그 사회적 제약성도 강조되고 있음에 비추어 이는 자연권의 성격을 가지게 되었으나 그 제한이 헌법이나 법률에 유보된 상대적 권리라는 점에서 다수설의 입장이 타당하다.

2) 소극적 공권성

자유권적 기본권이 진정한 의미의 권리성을 가지느냐의 문제에 대해서도 반사적 이익설과 공권설로 견해가 갈리고 있다.

⑴ 반사적 이익설

자유권적 기본권의 권리성을 부인하면서, 자유권적 기본권이란 다만, 국법이 국가권력발동을 억제하는 규정을 두고 있는 결과 얻게 되는 법의 반사적 이익에 불과하다고 한다(Kelsen).

⑵ 공권설

자유권적 기본권은 국민의 권리가 부당하게 국가권력에 의해 침해된 경우, 그 침해의 제거를 요구할 수 있는 일종의 권리로서 국가에 대한 개인의 소극적 공권을 의미한다고 한다(통설).

⑶ 소결

생각건대, 자유권적 기본권은 비록 적극적 효과는 없다고 하더라도, 그 침해가 발생된 경우에는 일정한 구제수단이 인정되고 있으므로 권리성을 가진다

다만 자유권적 기본권은 소극적으로 국가의 부작위를 요구할 수 있는 점에서 국가권력에 대한 방어권(Abwehrrecht)으로서의 소극적 공권으로 보아야 한다.

3) 포괄성

자유권적 기본권의 권리성을 인정하는 경우에도 이는 법리상 포괄성을 가지는가 또는 개별성을 가지는가에 관해서는 견해가 갈리고 있다.

(1) 개별성설

실정권설의 입장에서는 자유권적 기본권의 내용은 헌법에 의해 비로소 창설되고 헌법에 규정되지 아니한 자유는 법률로서 자의로 제한할 수 있기 때문에 자유권적 기본권의 규정은 열거적이라 하여 그 개별성을 주장한다.

이 견해에서는 제37조 제1항을 자유권적 기본권의 포괄성을 규정하는 권리창설규범으로 본다.

(2) 포괄성설

자연권설의 입장에서는 자유권적 기본권은 천부인권이며 포괄적인 일반적 행동자유권(allgemeine Handlungsfreiheit)을 의미하므로 헌법에 규정된 개별적 자유권적 기본권은 구체적 예시 또는 주의적·선언적 예시에 불과하다고 하여 그 포괄성을 인정한다.

이 견해에서는 우리 헌법 제10조 규정은 바로 자유권적 기본권의 포괄성을 선언한 것이며, 제37조 제1항은 이를 부연한 주의적 규정인 선언적 규정이라고 한다.

(3) 소결

실정권설도 입헌국가에 있어서는 포괄적인 자유권 개념이 성립될 수 있다고 하여(§37①), 현실적으로는 구별의 실익이 별로 없으므로, 제37조 제1항의 유무에 관계없이 자유권적 기본권은 전국가적인 권리이며, 이는 포괄적인 일반적 행동자유권이 있고, 개별적인 자유권이 헌법에 예시되고 있다고 보아야 한다.

따라서 개별적 자유권은 구체적 예시에 불과하며, 포괄적 자유권이 이론상 인정되어야 한다.

Ⅱ. 자유권적 기본권의 구조와 분류

1. 자유권의 구조

자유권의 구조는 일반적·포괄적인 행동자유권과 헌법에 규정된 구체적인 개별적 자유권으로 되어 있다. 우리 헌법에는 일반적 · 포괄적인 행동자유권에 관한 규정을 두고 있지 않지만(독일기본법은 제2조 제1항에서 인격의 자유로운 발현권을 규정하고 있다.) 전술한 바와 같이 제10조와 제37조 제1항에서 그 헌법적 근거를 찾을 수 있다. 이것은 헌법에 규정된 개별적 자유권을 포괄하고 있다.

개별적 자유권을 포괄하는 일반적 행동자유권은 일반법과 같은 성격을 가지고 개별적 자유권은 특별법과 같은 성격을 가지므로 개별적 자유권에 관한 규정이 없는 경우에는 일반적 행동자유권이 보장되는 것이다.

2. 자유권의 분류

자유권의 분류는 무엇을 기준으로 어떻게 분류할 것인가는 어려운 문제이다. 자유권은 동시에 정치적 기본권(참정권)의 성격을 갖는 것이 있고(언론의 자유), 통신의 불가침도 표현의 자유, 사생활의 비밀과 자유, 정치적 자유의 성격을 아울러 갖는 경우가 있기 때문이다.

본서에서는 자유권의 성질과 내용에 따라 신체의 자유권, 사회적 · 경제적 자유권, 정신적 자유권으로 분류하기로 한다.

Ⅲ. 주체와 효력

자유권적 기본권은 권리의 성질상 그것은 인간의 권리를 뜻하는 것이므로 국민은 물론 외국인도 그 향유주체가 된다고 볼 수 있다. 다만, 법인은 성질상 사회적 · 경제적 자유권의 주체는 될 수 있어도, 신체의 자유나 정신적 자유권의 향유주체는 될 수 없다고 본다. 뿐만 아니라 자유권적 기본권은 국가권력에 대한 방어권(Abwehrrecht)으로서 모든 국가권력을 구속한다.

Ⅳ. 한계와 제한

자유권적 기본권은 헌법에 열거되지 아니한 이로 경시되지 아니하며(§37①), 국가는 이를 보장할 의무를 진다(§10). 그러나 자유권적 기본권도 헌법유보와 법률유보에 의하여 명시적 제한을 받으며, 순수한 내심의 작용(양심 · 신앙의 자유 등)을 제외하고는 헌법원리의 존중, 타인의 권리 불가침, 도덕률의 존중 등 불문적 제약을 받는다.

자유권적 기본권은 기본권제한에 관한 일반적 법률유보를 의미하는 제37조 제2항의 국가안전보장, 질서유지 또는 공공복리를 위하여 필요한 경우 법률에 의하여 제한을 받는다. 제37조 제2항에 규정된 기본권제한에 관한 일반원칙에 따라 법률로써 제한하지 아니하고 명령 또는 처분이나 특별한 조치로서 제한할 수 있는 경우가 있다. 이와 같은 경우의 예로는 긴급명령 등에 의한 제한(§76), 비상계엄에 의한 제한(§77) 등이 있다.

Ⅴ. 침해와 구제

자유권적 기본권에 대한 침해의 유형은 침해자와 침해의 방법이 따라 다양하기 때문에 이에 대한 구제수단도 다양하다. 자유권적 기본권에 대한 침해와 구제는 이미 기술한 바 있는 기본권의 일반적 침해와 구제에 관한 내용과 대동소이하므로 생략한다.

제 2 절 신체의 자유권

Ⅰ. 개 설

1. 의 의

신체의 자유는 인간생활에 있어서 제1차적 요구이며, 민주주의 존립에 불가결의 기본적 자유이다. 이 자유가 자의적 권력이나 폭력으로부터 보호되지 않으면 인간의 존엄 · 가치와 행복추구는 물론, 민주주의도 성립될 수 없다.

신체의 자유라 함은 법률과 적법절차에 의하지 아니하고는 신체의 안전성과 자율성을 제한 또는 침해당하지 아니하는 자유를 말한다. 이를 신체의 자유라고도 한다.

2. 연 혁

신체의 자유는 영국의 1215년 대헌장(Magna Carta), 1628년 권리청원(Petition of Right), 1689년 권리장전(Bill of Rights)을 거쳐 1776년 미국의 버지니아주 헌법, 1789년 프랑스의 인간과시민의권리선언을 통하여 확립되었다.

3. 헌법상 규정

헌법 제12조가 신체의 자유에 대한 구체적 규정을 두는 외에 제13조의 죄형법정주의, 제26조의 청원권, 제27조의 재판청구권, 제28조의 형사보상청구권, 제30조의 범죄피해자구조청구권 등에 의하여 이를 보장하고 있다.

4. 법적 성격

신체의 자유는 인간이 가지는 천부적 자연권이나 국가의 안전보장이나 질서유지를 위하여 불가피한 경우에는 최소한의 제한이 가능한 상대적 자연권이다. 또한 신체의 자유는 인간의 권리로서 외국인도 그 주체가 된다.

뿐만 아니라 이것은 국가권력에 의하여 불법적으로 침해될 때에는 그 침해의 배제를 요구할 수 있으므로 국가에 대한 개인의 소극적·방어적 공권이라고 할 수 있다.

Ⅱ. 실체적 보장과 절차적 보장

신체의 자유를 보장하기 위하여 헌법이 일정한 법원칙을 선언하거나 법률유보 등을 규정할 경우를 실체적 보장이라 하며, 헌법이 일정한 형사절차나 형사제도를 규정하고 있는 경우를 절차적 보장이라 한다.

1. 실체적 보장

1) 죄형법정주의

죄형법정주의란 '법률 없으면 범죄도 없고, 형벌도 없다'는 근대 형법의 기본 원리를 의미한다(§12① 후단 참조).

죄형법정주의는 그 파생원칙으로서 ⓐ 관습형법의 금지, ⓑ 형벌소급의 금지, ⓒ 유추해석의 금지, ⓓ 절대적 부정기형의 금지를 들 수 있다. 헌법은 이 중에서 형벌소급의 금지를 제13조에서 규정하고 있으며, 나머지는 형법에서 보장하고 있다.

[헌재 2010.7.29. 2008헌바106] 헌법 제12조 제1항 후문은 누구든지 법률과 적법한 절차에 의하지 아니하고는 처벌·보안처분 또는 강제노역을 받지 아니한다고 규정하고 있다. 이러한 죄형법정주의는 범죄와 형벌이 법률로 정하여져야 함을 의미하는 것으로, 이러한 죄형법정주의에서 파생되는 명확성의 원칙은 누구나 법률이 처벌하고자 하는 행위가 무엇이며 그에 대한 형벌이 어떠한 것인지를 예견할 수 있고, 그에 따라 자신의 행위를 결정할 수 있도록 구성요건이 명확할 것을 의미하는 것이다(헌재 2000.6.29. 98헌가10, 판례집 12-1, 741, 748). 형벌법규의 내용이 애매모호하거나 추상적이어서 불명확하면 무엇이 금지된 행위인지를 국민이 알 수 없어 법을 지키기가 어려울 뿐더러 범죄의 성립 여부가 법관의 자의적인 해석에 맡겨져 죄형법정주의에 의하여 국민의 자유와 권리를 보장하려는 법치주의의 이념은 실현될 수 없기 때문이다(헌재 1996.12.26. 93헌바65, 판례집 8-2, 785, 792-793). 한편, 법규범이 명확한지 여부는 그 법규범이 수범자에게 법규의 의미내용을 알 수 있도록 공정한 고지를 하여 예측가능성을 주고 있는지 여부 및 그 법규범이 법을 해석·집행하는 기관에게 충분한 의미내용을 규율하여 자의적인 법해석이나 법집행이 배제되는지 여부, 다시 말하면 예측가능성 및 자의적 법집행 배제가 확보되는지 여부에 따라 이를 판단할 수 있는데, 법규범의 의미내용은 그 문언뿐만 아니라 입법목적이나 입법취지, 입법연혁, 그리고 법규범의 체계적 구조 등을 종합적으로 고려하는 해석방법에 의하여 구체화하게 되므로, 결국 법규범이 명확성원칙에 위반되는지 여부는 위와 같은 해석방법에 의하여 그 의미내용을 합리적으로 파악할 수 있는 해석기준을 얻을 수 있는지 여부에 달려 있다고 할 것이다(헌재 2005.6.30. 2002헌바83, 판례집 17-1, 812, 821-822). 농업협동조합의 임원선거에 있어 정관이 정하는 행위 외의 선거운동을 한 경우 형사처벌하도록 하는 구 농업협동조합법 규정은 정관에 구성요건을 위임

하고 있는 것이어서 범죄와 형벌에 관하여는 입법부가 제정한 형식적 의미의 법률로써 정하여야 한다는 죄형법정주의에 위배된다.

2) 일사부재리의 원칙

일사부재리(一事不再理)의 원칙이란 판결이 확정되면 그 기판력(旣判力)에 의하여 동일한 사건을 거듭 심판할 수 없다는 원칙을 의미한다. 헌법은 "동일한 범죄에 대하여 거듭 처벌받지 아니한다"(§13①후)고 규정하고 있다.

이는 죄형법정주의의 내용을 이루는 것은 아니나, 그와 이념을 같이 하는 것이다. 이와 유사한 것으로 영미법상의 이중위험(double jeopardy)금지의 원칙이 있으나, 양자는 연혁과 내용에 있어서 상당한 차이가 있다.

[헌재 2003.6.26. 2002헌가14] 헌법 제13조 제1항에서 말하는 '처벌'은 원칙적으로 범죄에 대한 국가의 형벌권 실행으로서의 과벌을 의미하는 것이고, 국가가 행하는 일체의 제재나 불이익처분을 모두 그 '처벌'에 포함시킬 수는 없다. 청소년의 성 보호에 관한 법률 제20조 제1항은 "청소년의 성을 사는 행위 등의 범죄방지를 위한 계도"가 신상공개제도의 주된 목적임을 명시하고 있는바, 이 제도가 당사자에게 일종의 수치심과 불명예를 줄 수 있다고 하여도, 이는 어디까지나 신상공개제도가 추구하는 입법목적에 부수적인 것이지 주된 것은 아니다. 또한, 공개되는 신상과 범죄사실은 이미 공개재판에서 확정된 유죄판결의 일부로서, 개인의 신상 내지 사생활에 관한 새로운 내용이 아니고, 공익목적을 위하여 이를 공개하는 과정에서 부수적으로 수치심 등이 발생된다고 하여 이것을 기존의 형벌 외에 또 다른 형벌로서 수치형이나 명예형에 해당한다고 볼 수는 없다. 그렇다면, 신상공개제도는 헌법 제13조의 이중처벌금지 원칙에 위배되지 않는다.

[헌재 1994.6.30. 92헌바38] 헌법 제13조 제1항은 "모든 국민은…… 동일한 범죄에 대하여 거듭 처벌받지 아니한다"고 하여 이른바 "이중처벌금지의 원칙"을 규정하고 있는바, 이 원칙은 한번 판결이 확정되면 동일한 사건에 대해서는 다시 심판할 수 없다는 "일사부재리의 원칙"이 국가형벌권의 기속원리로 헌법상 선언된 것으로서, 동일한 범죄행위에 대하여 국가가 형벌권을 거듭 행사할 수 없도록 함으로써 국민의 기본권 특히 신체의 자유를 보장하기 위한 것이라고 할 수 있다. 이러한 점에서 헌법 제13조 제1항에서 말하는 "처벌"은 원칙으로 범죄에 대한 국가의 형벌권 실행으로서의 과벌을 의미하는 것이고, 국가가 행하는 일체의 제재나 불이익처분을 모두 그 "처벌"에 포함시킬 수는 없다 할 것이다. 다만, 행정질서벌

로서의 과태료는 행정상 의무의 위반에 대하여 국가가 일반통치권에 기하여 과하는 제재로서 형벌(특히 행정형벌)과 목적·기능이 중복되는 면이 없지 않으므로, 동일한 행위를 대상으로 하여 형벌을 부과하면서 아울러 행정질서벌로서의 과태료까지 부과한다면 그것은 이중처벌금지의 기본정신에 배치되어 국가 입법권의 남용으로 인정될 여지가 있음을 부정할 수 없다. 이중처벌금지의 원칙은 처벌 또는 제재가 "동일한 행위"를 대상으로 행해질 때에 적용될 수 있는 것이고, 그 대상이 동일한 행위인지의 여부는 기본적 사실관계가 동일한지 여부에 의하여 가려야 할 것이다.

3) 연좌제의 금지

연좌제란 자기의 행위가 아닌 타인의 행위(친족뿐 아니라 다른 특정한 관계에 있는 자도 포함)로 인해 책임을 지는 것을 말한다. 연좌제는 금지된다(§13③).

연좌제는 근대 형법의 기본원칙인 자기책임의 원칙에 반하는 것이다. 따라서 공무담임·취업·관허사업·해외여행 기타 모든 영역에서 불이익을 받아서는 아니된다.

[헌재 1996.1.25. 95헌가5] 반국가행위자에 대한 필요적 궐석재판 및 필요적 재산몰수규정의 위헌 여부에서 헌법재판소는 반국가행위자의 처벌에 관한 특별조치법 제7조5항은 피고인의 재판을 받을 권리를 필요 이상으로 제한하고 있어 적법절차의 원리에 위반되며 또한 동법 제8조가 검사의 소환에 2회 이상 불응한 반국가행위자의 전재산을 필요적으로 몰수하도록 한 것은 적법절차 및 과잉금지의 원칙에 어긋나며 동시에 친족의 재산까지도 검사가 적시하면 증거조사 없이도 몰수형이 선고되어 연좌제금지원칙에도 위반된다.

[헌재 2005.12.22. 2005헌마19] "모든 국민은 자기의 행위가 아닌 친족의 행위로 인하여 불이익한 처우를 받지 아니한다."고 규정하고 있는 헌법 제13조 제3항은 '친족의 행위와 본인 간에 실질적으로 의미 있는 아무런 관련성을 인정할 수 없음에도 불구하고 오로지 친족이라는 사유 그 자체만으로' 불이익한 처우를 가하는 경우에만 적용된다. 배우자는 후보자와 일상을 공유하는 자로서 선거에서는 후보자의 분신과도 같은 역할을 하게 되는바, 이 사건 법률조항은 배우자가 죄를 저질렀다는 이유만으로 후보자에게 불이익을 주는 것이 아니라, 후보자와 불가분의 선거운명공동체를 형성하여 활동하게 마련인 배우자의 실질적 지위와 역할을 근거로 후보자에게 연대책임을 부여한 것이므로 헌법 제13조 제3항에서 금지하고 있는 연좌제에 해당하지 아니한다.

[헌재 2011.11.24. 2009헌바292] '친일반민족행위자 재산의 국가귀속에 관한 특별법' 규정이 친일반민족행위자 후손의 재산 중 그 후손 자신의 경제적 활동으로 취득하게 된 재산이라든가 친일재산 이외의 상속재산 등을 단지 그 선조가 친일행위를 했다는 이유만으로 국가로 귀속시키는 것은 아니므로, 연좌제금지원칙에 반한다고 할 수 없다

2. 절차적 보장

1) 적법절차의 보장

헌법 제12조 제1항 후단은 죄형법정주의의 근거규정이면서, 적법절차의 보장을 규정한 조항이라 할 수 있다. 헌법은 "누구든지 법률에 의하지 아니하고는 체포 · 구속 · 압수 · 수색 또는 고문을 받지 아니하며, 법률과 적법한 절차에 의하지 아니하고는 처벌 · 보안처분 또는 강제노역[1]을 받지 아니 한다"고 규정하고 있다. 또한 동조 제3항에서도 "체포 · 구속 · 압수 또는 수색[2]을 할 때에는 적법한 절차에 따라 검사의 신청에 의하여 법관이 발부한 영장을 제시하여야 한다"고 하여 적법절차의 원리를 규정하고 있다.

이는 영국의 대헌장 제39조에 "자유인은 동료의 적법한 판결이나 국법에 의하지 않고는 체포 · 구금되지 않으며, 재산과 법익을 박탈당하지 않고, 추방되지 않으며, 또한 기타 방법으로 침해받지 아니한다"고 한 조항에서 시작한다. 그 후 미국연방헌법 수정 제5조 및 제14조에서는 "누구든지 적법절차에 의하지 않고서는 생명 · 자유 · 재산을 박탈당하지 아니 한다"고 규정하였다. 우리 헌법도 영미의 '법의 적정한 절차'(due process of law) 조항에서 영향을 받은 것이다.

---

1) 처벌에 형사상 처벌이 포함되는 것은 당연하나, 행정상의 처벌도 포함된다고 할 것이다. 보안처분이란 사회보전을 위하여 범죄적 위험자나 범죄행위자에 대하여 과하는 범죄예방처분을 말한다. 현행법상 보안처분에 해당되는 것으로는 소년법, 사회안전법, 그리고 사회보호법에 규정되어 있는 보호처분 · 보호관찰처분, 보안관찰처분, 주거제한처분 등이 있다. 강제노역이란 본인의 의사에 반하여 노역을 강요당하는 것을 말한다.

2) 체포란 실력으로서 신체의 자유를 구속하는 것을 말하며, 구속이란 구인과 구금을 말한다. 구인이란 일정한 장소에 실력으로서 강제로 인치함을 말하고, 구금이란 신체의 자유를 구속하여 일정한 장소에 계속 유치하는 것을 말한다. 구속은 이른바 미결구금을 말하므로, 형의 일종인 구류와는 구별된다. 그리고 압수란 강제로 어떤 물건의 점유를 취득하는 것을 말하며, 수색이란 실력으로서 신체를 검색하는 것을 말한다. 여기에서의 수색에는 가택수색이 제외된다. 가택수색은 헌법 제16조의 문제이다.

그런데 '적법절차'의 해석에 관하여 세 가지 견해가 대립하고 있다. 즉 ① 법률이 정하는 절차에 의하지 않으면 형벌을 과할 수 없다는 취지로 보아 절차의 법정을 요구하는 학설(형사절차법정주의), ② 형사절차뿐만 아니고 형벌의 내용도 법률로 정해야 한다는 학설(죄형법정주의), ③ 형사에 관한 실체법과 절차법에 관하여 적정할 것을 요구하는 것으로 형사절차 및 이에 준하는 절차(형벌이 아니고도 자유를 박탈하는 절차)도 적정하여야 한다는 견해(적정법정주의)가 있다.

우리 헌법은 제12조 제1항에서 '법률과 적법절차'를 함께 규정하고 있어 해석상 난점은 있으나, 국민의 기본권을 최대한 보장하고자 하는 헌법이념에 충실하려면 적정법정주의로 보는 것이 타당할 것 같다. 따라서 절차뿐만 아니라 권리의 내용을 정하는 실체규정에 관해서도 적정할 것이 요구된다. 이러한 실체법상의 적법절차가 바로 형벌법규의 명확성으로 나타난다. 여기서 법률이란 형식적 의미의 법률을 말하며, 그 내용이 적정한 것이어야 하고, 구체적인 내용은 다음과 같다.

2) 영장제도

(1) 의의

영장제도는 범죄수사로 인한 부당한 인권침해를 방지하는 데 제도적 의의가 있다. 군정법령 제176호에 의하여 처음으로 도입되었고, 그 후 헌법에 편입되었다. 즉, "체포·구속·압수 또는 수색을 할 때에는 적법한 절차에 따라 검사의 신청에 의하여 법관이 발부한 영장을 제시하여야 한다"(§12③본).

영장에는 구속할 대상, 압수의 목적물 또는 수색의 장소 등이 구체적으로 명시되어야 한다. 이른바 일반영장은 금지된다.

(2) 예외

영장주의의 중대한 예외로서 ① 현행범인인 경우 (§12③ 단서), ② 긴급체포의 경우(형사소송법 206), ③ 비상계엄(§77③)의 경우를 들 수 있다. ①·②의 경우에는 사후에 반드시 영장을 발부받아야 되는 경우이므로 영장주의의 예외라기보다는 사전영장주의의 예외라 하겠다. ③의 경우에는 영장제도에 특별한 조치를 할 수 있다.

(3) 구속적부심사

헌법은 "누구든지 체포 또는 구속을 당한 때에는 적부의 심사를 법원에 청구할 권리를 가진다"(§12⑥)고 규정하여, 구속적부심사제도를 채택하고 있다.

구속적부심사란 영장에 의한 구속이 이루어진 후에 구속이 부적법하거나 부당한 경우를 구제하기 위한 제도로서 영장에 대한 재심절차라 할 수 있다.

(4) 별건체포 · 구속

별건체포 · 구속이란 중대한 사건(본건)을 수사하기 위하여 이미 증거가 확보된 경미한 사건(별건)으로 체포 · 구속하여 본건의 조사를 하는 수사방법을 말한다.

일본 최고재판소 판례는 이를 합헌으로 보나, 우리나라의 다수설은 위헌으로 보고 있다.

(5) 행정상 즉시강제와 영장제도

행정상 즉시강제의 경우에도 영장을 필요로 하는가에 관하여 영장불요설과 영장필요설이 대립되고 있다.

영장주의는 사법작용 및 행정작용에도 동일하게 적용되는 것이 원칙이나, 다만 행정강제의 특수성을 무시할 수 없으므로 행정강제 중에서 행정목적의 달성을 위해 불가피하다고 판단될 만한 합리적 이유가 있는 경우에 한하여(화재의 소화 중 인화물질을 제거하기 위한 수색) 영장주의의 예외가 인정될 수 있다는 절충설이 타당하다.

[헌재 1997.3.27. 96헌바28 등] 형사절차에 있어서의 영장주의란 체포 · 구속 · 압수 등의 강제처분을 함에 있어서는 사법권 독립에 의하여 그 신분이 보장되는 법관이 발부한 영장에 의하지 않으면 아니된다는 원칙이고, 따라서 영장주의의 본질은 신체의 자유를 침해하는 강제처분을 함에 있어서는 중립적인 법관이 구체적 판단을 거쳐 발부한 영장에 의하여야만 한다는 데에 있다. 헌법 제12조 제3항이 영장의 발부에 관하여 "검사의 신청"에 의할 것을 규정한 취지는 모든 영장의 발부에 검사의 신청이 필요하다는 데에 있는 것이 아니라 수사단계에서 영장의 발

부를 신청할 수 있는 자를 검사로 한정함으로써 검사 아닌 다른 수사기관의 영장신청에서 오는 인권유린의 폐해를 방지하고자 함에 있으므로, 공판단계에서 법원이 직권에 의하여 영장구속을 발부할 수 있음을 규정한 형사소송법 제70조 제1항 및 제73조 중 "피고인을 …… 구인 또는 구금함에는 구속영장을 발부하여야 한다." 부분은 헌법 제12조 제3항에 위반되지 아니한다.

[2004.9.23. 2002헌가17·18(병합) 전원재판부)] 범죄의 피의자로 입건된 사람들에게 경찰공무원이나 검사의 신문을 받으면서 자신의 신원을 밝히지 않고 지문채취에 불응하는 경우 형사처벌을 통하여 지문채취를 강제하는 구 경범죄처벌법 제1조 제42호은 수사기관이 직접 물리적 강제력을 행사하여 피의자에게 강제로 지문을 찍도록 하는 것을 허용하는 규정이 아니며 형벌에 의한 불이익을 부과함으로써 심리적·간접적으로 지문채취를 강요하고 있으므로 피의자가 본인의 판단에 따라 수용여부를 결정한다는 점에서 궁극적으로 당사자의 자발적 협조가 필수적임을 전제로 하므로 물리력을 동원하여 강제로 이루어지는 경우와는 질적으로 차이가 있다. 따라서 이 사건 법률조항에 의한 지문채취의 강요는 영장주의에 의하여야 할 강제처분이라 할 수 없다. 또한 수사상 필요에 의하여 수사기관이 직접 강제에 의하여 지문을 채취하려 하는 경우에는 반드시 법관이 발부한 영장에 의하여야 하므로 영장주의원칙은 여전히 유지되고 있다고 할 수 있다.

Ⅲ. 형사피의자와 형사피고인의 권리

1. 무죄추정권

헌법은 "형사피고인은 유죄의 판결이 확정될 때까지는 무죄로 추정된다"(§27④)고 규정하여 무죄추정의 원리를 선언하고 있다.

이는 인간의 존엄성을 강조한 것으로 형사절차의 운용에 관한 기본지침이 된다. 무죄추정의 원리는 판결 그 자체와 또 판결의 형성 과정에서도 준수되어야 할 기본 원칙이 된다.

[헌재 1992.4.14. 90헌마82] 신체의 자유를 최대한으로 보장하려는 헌법정신, 특히 무죄추정의 원칙으로 인하여 불구속수사·불구속재판을 원칙으로 하고 예외적으로 피의자 또는 피고인이 도피할 우려가 있거나 증거를 인멸할 우려가 있는 때에 한하여 구속수사 또는 구속재판이 인정될 따름이며 구속수사 또는 구속재판

이 허용될 경우라도 인신의 구속은 신체의 자유에 대한 본질적인 제약임에 비추어 그 구속기간은 가능한 한 최소한에 그쳐야 하고 특히 수사기관에 의한 신체구속은 신체적 • 정신적 고통외에도 자백강요, 사술(詐術), 유도(誘導), 고문 등의 사전예방을 위하여서도 최소한에 그쳐야 할 뿐더러 구속기간의 제한은 수사를 촉진시켜 형사피의자의 신체구속이라는 고통을 감경시켜 주고 신속한 공소제기 및 그에 따른 신속한 재판을 가능케 한다는 점에서 헌법 제27조 제3항에서 보장된 신속한 재판을 받을 권리의 실현을 위하여서도 불가결한 조건이다.

2. 고문을 받지 아니할 권리

모든 국민은 고문을 받지 아니한다(§12②). 고문은 기본권보장을 위하여 반드시 근절되어야 할 구시대적 잔재로서, 고문을 한 공무원은 엄중히 처벌하여야 하며(형법 125, 특정범죄가중처벌등에관한법률 4②), '불법의 과실은 불법'이라는 원칙하에 자백의 증거능력을 제한하여야 할 것이다.

3. 진술거부권 · 묵비권

이는 자신에게 불리한 진술이나 증언은 거부할 수 있는 권리(§12② 후단)를 말한다. 미국 헌법상 자기부죄금지(自己負罪禁止)의 특권에서 유래되었다.

이와 관련하여 마취분석이나 거짓말탐지기의 사용이 합헌적인가가 문제된다.

[헌재 1990.8.27. 89헌가118] 교통사고를 일으킨 운전자에게 신고의무를 부담시키고 있는 도로교통법 제50조 제2항, 제111조 제3호는, 피해자의 구호 및 교통질서의 회복을 위한 조치가 필요한 범위 내에서 교통사고의 객관적 내용만을 신고하도록 한 것으로 해석하고, 형사책임과 관련되는 사항에는 적용되지 아니하는 것으로 해석하는 한 헌법에 위반되지 아니한다.

4. 자백의 증거능력 및 증명력의 제한

피고인의 자백이 불법(고문 · 폭행 · 협박 · 구속의 부당한 장기화 등)이나 부당한 방법(기망 등)에 의하여 임의로 진술된 것이 아닌 경우에 그 자백은 증거로 사용할 수 없다(자백의 증거능력제한). 그리고 임의로 된 자백이라 하더라도 그 자백이 피고인에게 유일하게 불리한 증거인 때에는 이를 유죄의 증거로 삼을 수 없다(§12⑦).

자백의 증명력의 제한은 정식재판에서만 인정되는 것이므로, 즉결심판과 같은 약식재판에서는 자백만 가지고도 유죄의 근거로 삼을 수 있다.

[헌재 2013.12.26. 2011헌바108] 헌법재판소는 동석한 신뢰관계인의 성립인정의 진술만으로 성폭력 피해아동의 진술이 수록된 영상녹화물의 증거능력을 인정할 수 있도록 규정한 구 '아동·청소년의 성보호에 관한 법률'(2010.4.15. 법률 제10260호로 개정되고, 2012.2.1. 법률 제11287호로 개정되기 전의 것) 제18조의2 제5항 중 "제1항부터 제3항까지의 절차에 따라 촬영한 영상물에 수록된 피해자의 진술은 공판준비 또는 공판기일에 조사과정에 동석하였던 신뢰관계에 있는 자의 진술에 의하여 그 성립의 진정함이 인정된 때에는 증거로 할 수 있다."는 부분(이하 '증거능력 특례조항'이라 한다)이 적법한 절차에 따라 공정한 재판을 받을 권리를 침해하는지 여부에 대한 헌법소원심판에서 "성폭력범죄 피해아동의 진술의 경우에는 '피해아동의 보호'나 '실체적 진실발견'이라는 두 측면에서 모두 피고인의 반대신문권을 제한할 만한 합리적인 사유가 있다고 인정된다. 또 피고인으로 하여금 진술 당시 동석한 신뢰관계인에 대한 신문이나 진술 과정을 그대로 녹화한 영상녹화물에 대한 전문적, 과학적 방법에 의한 탄핵을 통하여 자신을 방어할 수 있게 하는 효과적인 대체수단이 존재한다. 나아가 구체적인 사건에서 피해아동의 보호와 실체적 진실발견 등 제반 요소를 고려한 법원의 개별적 판단에 따라 피해아동에 대한 반대신문권을 행사할 수 있는 기회도 여전히 부여받고 있다. 이러한 사정들과 증거능력 특례조항이 보호하고자 하는 공익의 중대성에 비추어 볼 때, 증거능력 특례조항이 침해최소성 및 법익균형성의 원칙에 위배된다거나, 피해아동의 보호만을 앞세워 피고인의 방어권을 본질적으로 침해하고 있다고 볼 수 없다"고 결정하였다.

5. 변호인의 도움을 받을 권리

형사피의자나 형사피고인을 불문하고 누구든지 체포·구속을 당한 경우에는 변호인의 도움을 받을 권리를 가진다. 다만, 국선변호인의 선임은 형사피고인에게만 인정된다(§12④).

[헌재 1992.1.28. 91헌마111] 변호인의 조력을 받을 권리는 무죄추정을 받고 있는 피의·피고인에 대하여 신체구속의 상황에서 생기는 여러가지 폐해를 제거

하고 구속이 그 목적의 한도를 초과하여 이용되거나 작용하지 않게끔 보장하기 위한 것으로 여기의 "변호인의 조력"은 "변호인의 충분한 조력"을 의미한다. 변호인의 조력을 받을 권리의 필수적 내용은 신체구속을 당한 사람과 변호인과의 접견교통권이며 이러한 접견교통권의 충분한 보장은 구속된 자와 변호인의 대화내용에 대하여 비밀이 완전히 보장되고 어떠한 제한•영향•압력 또는 부당한 간섭 없이 자유롭게 대화할 수 있는 접견을 통하여서만 가능하고 이러한 자유로운 접견은 구속된 자와 변호인의 접견에 교도관이나 수사관 등 관계공무원의 참여가 없어야 가능하다. 변호인과의 자유로운 접견은 신체구속을 당한 사람에게 보장된 변호인의 조력을 받을 권리의 가장 중요한 내용이어서 국가안전보장, 질서유지, 공공복리 등 어떠한 명분으로도 제한될 수 있는 성질의 것이 아니다.

[헌재 2004.9.23. 2000헌마138] 불구속 피의자나 피고인의 경우 형사소송법상 특별한 명문의 규정이 없더라도 스스로 선임한 변호인의 조력을 받기 위하여 변호인을 옆에 두고 조언과 상담을 구하는 것은 수사절차의 개시에서부터 재판절차의 종료에 이르기까지 언제나 가능하다. 따라서 불구속 피의자가 피의자신문시 변호인을 대동하여 신문과정에서 조언과 상담을 구하는 것은 신문과정에서 필요할 때마다 퇴거하여 변호인으로부터 조언과 상담을 구하는 번거로움을 피하기 위한 것으로서 불구속 피의자가 피의자신문장소를 이탈하여 변호인의 조언과 상담을 구하는 것과 본질적으로 아무런 차이가 없다. 형사소송법 제243조는 피의자신문시 의무적으로 참여하여야 하는 자를 규정하고 있을 뿐 적극적으로 위 조항에서 규정한 자 이외의 자의 참여나 입회를 배제하고 있는 것은 아니다. 따라서 불구속 피의자가 피의자신문시 변호인의 조언과 상담을 원한다면, 위법한 조력의 우려가 있어 이를 제한하는 다른 규정이 있고 그가 이에 해당한다고 하지 않는 한 수사기관은 피의자의 위 요구를 거절할 수 없다.

[헌재 2013.9.26. 2011헌마398] 수형자와 변호사와의 접견내용을 녹음, 녹화하게 되면 그로 인해 제3자인 교도소 측에 접견내용이 그대로 노출되므로 수형자와 변호사는 상담과정에서 상당히 위축될 수밖에 없고, 특히 소송의 상대방이 국가나 교도소 등의 구금시설로서 그 내용이 구금시설 등의 부당처우를 다투는 내용일 경우에 접견내용에 대한 녹음, 녹화는 실질적으로 당사자대등의 원칙에 따른 무기평등을 무력화시킬 수 있다. 변호사는 다른 전문직에 비하여도 더욱 엄격한 직무의 공공성 등이 강조되고 있는 지위에 있으므로, 소송사건의 변호사가 접견을 통하여 수형자와 모의하는 등으로 법령에 저촉되는 행위를 하거나 이에 가담하는 등의 행위를 할 우려는 거의 없다. 또한, 접견의 내용이 소송준비를 위한 상담내용일 수밖에 없는 변호사와의 접견에 있어서 수형자의 교화나 건전한 사회복귀를

> 위해 접견내용을 녹음, 녹화할 필요성을 생각하는 것도 어렵다. 이 사건에 있어서 청구인과 헌법소원 사건의 국선대리인인 변호사의 접견내용에 대해서는 접견의 목적이나 접견의 상대방 등을 고려할 때 녹음, 기록이 허용되어서는 아니 될 것임에도, 이를 녹음, 기록한 행위는 청구인의 재판을 받을 권리를 침해한다.

6. 고지(告知) 및 통지의무

"누구든지 체포·구속을 당한 때에는 그 이유와 변호인의 조력을 받을 권리가 있음을 고지받아야 하며, 체포·구속의 이유와 일시·장소가 지체 없이 가족 등에게 통지되어야 한다"(§12⑤).

이는 현행 헌법이 신설한 것으로 불법한 신체구속의 남용을 방지하고 체포·구속된 자의 방어권 행사를 보장하기 위하여 인정된다. 이는 미란다의 원칙(Miranda rule)으로 미국에서 확립된 것이다.

> [대법원 2006.11.23. 선고 2006도2732 판결] 헌법 제12조 제5항 전문, 형사소송법 제213조의2, 제72조의 규정 등에 의하면 사법경찰관리가 현행범인을 체포하는 경우에는 반드시 범죄사실의 요지, 구속의 이유와 변호인을 선임할 수 있음을 말하고 변명할 기회를 주어야 할 것임이 명백하므로, 경찰관이 위 적법절차를 준수하지 아니한 채 실력으로 현행범인을 연행하려고 하였다면 적법한 공무집행이라고 할 수 없고(대법원 2000.7.4. 선고 99도4341 판결, 2004.11.26. 선고 2004도5894 판결 등 참조), 경찰관의 현행범 체포행위가 적법한 공무집행을 벗어나 불법하게 체포한 것으로 볼 수밖에 없다면, 현행범이 그 체포를 면하려고 반항하는 과정에서 경찰관에게 상해를 가한 것은 불법 체포로 인한 신체에 대한 현재의 부당한 침해에서 벗어나기 위한 행위로서 정당방위에 해당하여 위법성이 조각된다(대법원 2000.7.4. 선고 99도4341 판결 참조).

7. 신속한 공개재판을 받을 권리

재판의 신속성은 공정한 재판의 중요한 요소가 된다. 그리고 공개재판은 재판의 공정성을 담보할 수 있는 것으로, 모든 형사피고인은 상당한 이유가 없는 한 신속·공개의 재판을 받을 권리가 있다(§27③).

Ⅳ. 한계와 제한

신체의 자유는 모든 자유의 기초가 되는 것으로, 헌법은 이를 보장하기 위한 여러 실체법적 규정과 절차법적 규정을 두고 있다. 그럼에도 불구하고 신체의 자유가 절대적으로 또는 무제약적으로 보장되는 것이라고는 볼 수 없다.

예컨대, 타인의 권리를 침해하거나 도덕률 등을 위반하여 헌법질서에 위배될 수 없는 불문율적 제약과 더 나아가 헌법유보와 법률유보에 의한 제한을 받는다. 즉 제37조 제2항 규정에 따라 신체의 자유도 국가안전보장 · 질서유지 등을 위하여 필요한 경우 법률에 따라 제한할 수 있다.

그러나 이러한 경우 기본권제한의 일반 원칙, 예컨대 보충성의 원칙, 최소한 제한의 원칙, 비례의 원칙 등이 준수되어야 하며, 기본권의 본질적 내용은 침해할 수 없다.

제 3 절 사회적 · 경제적 자유권

사회적 · 경제적 자유권은 개인의 사회적 생활에 관한 자유권과 경제적 생활에 관한 자유권으로 대별할 수 있다.

사회적 자유권으로는 거주 · 이전의 자유, 주거의 자유, 사생활의 비밀과 자유, 통신의 자유가 있으며, 경제적 자유권으로는 직업선택의 자유와 재산권의 보장이 있다.

Ⅰ. 거주 · 이전의 자유

1. 개 설

1) 의의

거주 · 이전의 자유란 자기가 원하는 곳에 주거 또는 거소를 정하거나 그것을 이전하거나, 자기의사에 반하여 주거지를 옮기지 아니할 자유를 의미한다.

2) 연혁과 헌법규정

근대국가에 있어서의 헌법이나 여러 권리장전들은 거주 · 이전의 자유를 선언하지 않았으나(1776년 Virginia주 헌법, 1787년 미국 연방헌법, 1789년 France 인권선언 등), 이는 근대시민사회의 성립과 자본주의경제의 발전에 따라 이미 자명한 것으로 되었기 때문이다.

그 후 1919년의 Weimar 헌법에서 직업선택의 자유, 영업의 자유 외에 거주 · 이전의 자유에 관한 규정을 두어 기본적 인권의 하나로서 보장하기에 이르렀다.

우리 현행헌법에서도 제14조에서 거주 · 이전의 자유를 보장하고 있다.

2. 주 체

국민과 법인이다. 외국인은 향유주체가 될 수 없다고 보는 것이 다수설이다.

3. 내 용

1) 국내거주 · 이전의 자유

국내거주 · 이전의 자유는 국내에서 자유롭게 그의 주소나 거소를 설정하고 이전할 수 있는 자유이다. 북한지역에는 대한민국의 주체는 미치나 사실상 군사분계선 이남에만 실질적인 효력이 있다.

그러므로 국내 거주 · 이전의 자유는 북한지역에는 인정되지 않는다. 따라서 이북으로 탈출하게 되면 국가보안법으로 처벌받게 된다.

2) 국외거주 · 이전의 자유

국외거주 · 이전의 자유가 거주 · 이전의 자유에 포함되는지가 문제되나, 포함된다고 보는 입장이 다수설이다. 따라서 국외에서의 영주 및 장기간 해외거주가 포함되며, 해외여행의 자유와 귀국의 자유도 포함된다고 본다.

국가보안법 · 해외이주법 · 출입국관리법은 해외 이주가 금지되는 자와 이주대상지역이 제한되는 경우를 규정하고 있다.

3) 국적이탈의 자유

국적이탈의 자유는 한국국적을 이탈하여 외국에 귀화하는 자유를 말하는 것이다. 세계인권선언은 국적이탈의 자유를 규정하고 있으며, 우리 헌법상으로도 이를 긍정해야 할 것이다. 다만, 국적이탈의 자유를 인정한다고 하여도 무국적이 되는 자유까지 보장하는 것은 아니다.

[헌재 2006.11.30. 2005헌마739] 국적법 제12조 제1항 단서 및 그에 관한 제14조 제1항 단서는 이중국적자라 하더라도 대한민국 국민인 이상 병역의무를 이행하여야 한다는 것을 원칙적인 전제로 하여, 이중국적자로서 구체적인 병역의무 발생(제1국민역 편입) 시부터 일정기간(3월) 내에 한국 국적을 이탈함으로써 한국의 병역의무를 면하는 것은 허용하되, 위 기간 내에 국적이탈을 하지 않은 이중국적자는 병역문제를 해소하지 않는 한 한국 국적을 이탈하지 못하게 함으로써 국적선택제도를 통하여 병역의무를 면탈하지 못하게 하려는 데에 그 입법취지가 있다. 현행 법제상 한국 국적의 이탈로 인한 불이익 • 불편이 병역면탈 의도의 국적이탈을 저지할 만큼 심각하지 않아서 위 조항들과 같은 규제가 없다면 국적선택제도를 이용한 병역 면탈이 보다 용이하게 되어, 첫째, 병역자원의 일정한 손실을 초래하고, 둘째, 이중국적자가 생활의 근거를 한국에 두면서 한국인으로서 누릴 각종 혜택을 누리다가 정작 국민으로서 의무를 다해야 할 때에는 한국 국적을 버리는 기회주의적 행태가 허용되는 결과가 되어 병역부담평등의 원칙이 심각하게 훼손된다. 위 조항들에 의하더라도 국적선택의 자유가 완전히 박탈되는 것이 아니라 부분적인 제한을 받을 뿐이다. 18세가 되어 제1국민역에 편입된 때부터 3월이 지나기 전이라면 자유롭게 국적을 이탈할 수 있고, 그 이후부터 입영의무 등이 해소되는 시점(36세)까지만 국적이탈이 금지되므로 일정한 시기적인 제약을 받을 뿐이며, 제1국민역에 편입된 때부터 3월이 지났더라도 병역의무를 이행하거나 면제받는 등으로 병역문제를 해소한 때에는 역시 자유롭게 국적을 이탈할 수 있다. 주

된 생활의 근거를 외국에 두고 있는 이중국적자들의 경우 적극적으로 국적이탈을 함으로써 병역의무를 조기에 해소할 수도 있고, 관련 병역법 규정에 따라 소극적인 방법으로 병역의 문제를 자연스럽게 해결할 수도 있어서, 이들에 대하여 국적선택제한조항의 적용을 명시적으로 배제하는 규정을 두지 않았다 하더라도 그 점만으로 이들의 국적이탈의 자유를 침해하는 것이라 할 수 없다.

[헌재 1991.9.16. 89헌마231] 한약업사의 허가 및 영업행위에 대하여 지역적 제한을 가한 내용의 약사법 제37조 제2항은 오로지 국민건강의 유지・향상이라는 공공의 복리를 위하여 마련된 것이고, 그 제한의 정도 또한 목적을 달성하기 위하여 적정한 것이라 할 것이므로 헌법 제11조의 평등의 원칙에 위배된다거나 헌법 제14조의 거주이전의 자유 및 헌법 제15조의 직업선택의 자유 등 기본권을 침해하는 것으로 볼 수 없어 헌법에 위반되지 아니한다.

[헌재 1995.2.23. 91헌마204] 거주지를 기준으로 중・고등학교의 입학을 제한하는 교육법시행령 제71조 및 제112조의6 등의 규정은 과열된 입시경쟁으로 말미암아 발생하는 부작용을 방지한다고 하는 입법목적을 달성하기 위한 방안의 하나이고, 도시와 농어촌에 있는 중・고등학교의 교육여건의 차이가 심하지 않으며, 획일적인 제도의 운용에 따른 문제점을 해소하기 위한 여러 가지 보완책이 위 시행령에 상당히 마련되어 있어서 그 입법수단은 정당하므로, 위 규정은 학부모의 자녀를 교육시킬 학교선택권의 본질적 내용을 침해하였거나 과도하게 제한한 경우에 해당하지 아니한다.

4. 제한과 한계

1) 제한

주거 · 이전의 자유는 헌법 제37조 제2항에 따라 국가안전보장 · 질서유지 · 공공복리를 위하여 법률로써 제한할 수 있다. 이에는 군사상 · 치안상 · 위생상 · 풍속상의 필요에 의한 많은 법률이 있다. 전염병예방법 · 국토의계획및이용에관한법률 · 군사시설보호법 · 사회안전법 · 민법 · 경찰관직무집행법 등이 이것이다.

(1) 국가안전보장을 위한 실정법상 제한

계엄법에 따른 비상계엄사령관의 특별조치에 의한 제한(계엄법 9), 해군, 공군기지 및 군사시설에의 출입제한 · 강제퇴거 등 각종 금지와 제한(해군기지법

10, 공군기지법 15, 군사시설보호법 5)이 있다.

(2) 질서유지를 위한 제한

형사피고인의 주거제한(형사소송법 101①), 경찰관직무집행법(법 4)과 소년법에 의한 보호처분(법 3 이하), 보안관찰법에 의한 보안관찰 처분, 민방위기본법에 의한 일정한 구역으로 이전제한과 퇴거처분, 소방법에 의한 소방상 강제처분 등이 있다.

(3) 공공복리를 위한 제한

결핵예방법에 의한 결핵환자나 그 환자의 입원(법 25), 전염병예방법(법37, 39)과 마약법(법 50)에 의한 환자와 중환자의 강제수용 및 치료, 검역법에 의한 국내외의 전염방지를 위한 조치(법 11) 등이 있다. 도시인구 집중을 방지하여 도시생활의 쾌적성을 제고하기 위한 제한입법도 가능하다.

(4) 민사상의 제한

부부의 동거의무(민법 826), 친권자의 미성년자에 대한 거소지정권(민법 914), 따라서 미성년자의 가출의 자유는 좁은 의미의 거주·이전의 자유에 포함되지 않는다. 파산자의 거주지 제한(파산법 137)도 이에 해당한다.

(5) 특수한 신분관계에 의한 제한

공무원·군인·군무원·경찰관과 같은 특수한 신분관계에 의한 거주이전의 자유의 제한이 있다.

2) 한계

거주·이전의 자유를 제한하더라도 그 본질적 부분은 제한할 수 없다. 따라서 거주·이전에 대한 허가제를 규정하는 법률은 위헌법률이 될 것이다.

Ⅱ. 직업선택의 자유

1. 개 설

1) 의의

직업선택의 자유(Berufswalhfreiheit)는 자기가 원하는 직업을 선택하고 이에 종사할 수 있는 자유이다. 직업선택의 자유를 직업의 자유라고도 한다.

직업이란 사람이 생활의 기본적 수요를 충족시키기 위하여 행하는 계속적인 경제적 소득활동을 말한다.

2) 연혁과 헌법규정

중세의 봉건시대에는 신분제와 세습제 등으로 직업선택의 자유가 중대한 제한을 받았다. 그러나 근대 시민혁명 이후의 자본주의적 경제질서가 국가와 개인의 관계에 있어서 국가적 간섭과 제한의 배제라는 성격을 띠게 되자, 그 논리적 귀결로 사경제적 활동의 자유로서 직업선택의 자유 내지 영업의 자유가 널리 인정되게 되었다.

우리 헌법도 제15조에서 "모든 국민은 직업선택의 자유를 가진다"고 하여 직업선택의 자유를 보장하고 있다.

3) 법적 성격

직업선택의 자유는 경제적 활동과 인격의 발전에 관한 자유권이다. 또한 자유주의적 입장, 경제질서의 내용을 규정하는 원리로서 객관적 질서의 구성요건이기도 하다.

> [헌재 1995.7.21. 94헌마125] 헌법 제15조에 의한 직업선택의 자유라 함은 자신이 원하는 직업 내지 직종을 자유롭게 선택하는 직업의 선택의 자유뿐만 아니라 그가 선택한 직업을 자기가 결정한 방식으로 자유롭게 수행할 수 있는 직업의 수행의 자유를 포함한다고 할 것인바(헌법재판소 1993.5.13. 선고, 92헌마80 결정 참조), 이 자유는 각자의 생활의 기본적 수요를 충족시키는 방편이 되고 개성

신장의 바탕이 된다는 점에서 주관적 공권의 성격을 가지면서도 국민 개개인이 선택한 직업의 수행에 의하여 국가의 사회질서와 경제질서가 형성된다는 점에서 사회적 시장경제질서라고 하는 객관적 법질서의 구성요소이기도 하다.

2. 주 체

직업선택의 자유는 인간의 권리가 아닌 국민의 권리이기 때문에 향유주체는 '모든 국민'이다. 외국인은 원칙적으로 그 주체가 될 수 없다. 그러나 외국인 중 영주허가를 받은 외국인에게는 직업선택의 자유가 보장되어야 한다. 법인의 경우, 사법인의 설립(예; 사단법인) 그 자체는 간접적으로는 직업선택의 한 방법을 의미하기 때문에 그 성질상 주체가 되나 국가나 지방자치단체와 같은 공법인은 그 자체가 직업선택의 자유의 보호자를 의미하는 까닭에 이 자유의 주체성이 문제인 바, 공법인은 당연히 주체가 되는 것은 아니다.

3. 내 용

1) 직업결정의 자유

자기가 원하는 직업을 선정하고, 또 다른 직종으로 전환하는 자유, 즉 전직(轉職)의 자유를 말한다. 이에는 부직(副職)의 자유와 무직업의 자유도 포함된다. 다만, 근로의 의무와의 관련상 무위도식하는 것은 인정되지 않는다는 견해가 있다).

2) 직업수행의 자유

자기가 결정한 직업을 수행할 자유이다. 수행의 자유에는 시작과 계속과 끝을 마음대로 결정할 수 있다. 영업자유와의 관계가 문제되나, 직업수행의 자유의 하나로 보는 것이 일반적인 견해이다.

3) 직업이탈의 자유

자기가 결정하고 수행하는 직업도 언제든지 포기 · 이탈할 수 있다.

4) 자유경쟁과의 관계

직업선택의 자유는 자유경쟁을 원칙으로 한다. 다만 사회적 시장경제질서 하에서는 일정한 범위 내에서 자유경쟁이 제한되거나 경제의 조정이 행하여짐을 불가피하다고 본다.

4. 효 력

직업선택의 자유는 직접적 효력을 지닌 권리로서, 원칙적으로 국가에 대하여 효력을 가진다. 대사인적 효력은 극히 제한된 범위 내에서 간접적 효력을 지닌다.

5. 제한과 한계

1) 제한

직업선택의 자유 중에서 직업결정의 자유와 직업이탈의 자유는 내심의 자유의 성질을 띠므로 법률에 의하여도 제한할 수 없는 절대적 자유권이다. 따라서 제한의 대상이 되는 것은 직업수행의 자유에 국한된다. 직업수행의 자유는 국가안전보장 · 질서유지 · 공공복리를 위하여 법률로서 제한할 수 있으며(§37②), 헌법 제9장 경제조항들(§119, §120, §121, §122)에 의하여도 제한된다.

> [헌재 1990.10.15. 89헌마178] 법무사법 제4조 제1항이 7년 이상 법원 • 헌법재판소 • 검찰청에서 법원주사보나 검찰주사보 이상의 직위에 있던 자 또는 5년 이상 법원 • 헌법재판소 • 검찰청에서 법원사무관이나 검찰사무관(검찰의 수사사무관을 포함한다) 이상의 직에 있던 자로서 법무사 업무의 수행에 필요한 법률지식과 능력이 있다고 대법원장이 인정한 자에게 법무사 자격을 인정하는 외에 법무사시험에 합격한 자에게도 법무사 자격을 인정하는 취지는, 헌법 전문에서 "정치 • 경제 • 사회 • 문화의 모든 영역에 있어서 각인의 기회를 균등히 하고 능력을 최고도로 발휘하게 하며"라고 하고 제11조 제1항에서 "모든 국민은 법 앞에 평등하다." 라고 하여 천명한 기회균등 및 평등의 원칙 아래 모든 국민에게 법무사 자격의 문호를 공평하게 개방하여 국민 누구나 법이 정한 시험에 합격한 자는 법률상의 결격사유가 없는 한 법무사업을 선택하여 이를 행사할 수 있게 함으로써 특정인이나 특정 집단에 의한 특정 직업 또는 직종의 독점을 배제하고 자유경쟁을 통한 개성신장의 수단으로 모든 국민에게 보장된 헌법 제15조의 직업선택의 자유를 구현(具現)시키려는데 있는 것이다. 그러므로 법무사법 제4조 제1항 제2호에서 법무사시험에 합격한 자에게 법무사의 자격을 인정하는 것은 법무사시험이 합리적인 방법으로 반드시 실시되어야 함을 전제로 하는 것이고, 따라서 법무사법 제4조 제2항이 대법원규칙으로 정하도록 위임한 이른바 "법무사시험의 실시에 관하여 필

요한 사항"이란 시험과목 · 합격기준 · 시험실시방법 · 시험실시시기 · 실시횟수 등 시험실시에 관한 구체적인 방법과 절차를 말하는 것이지 시험의 실시여부까지도 대법원규칙으로 정하라는 말은 아니다. 그럼에도 불구하고 법무사법시행규칙 제3조 제1항은 "법원행정처장은 법무사를 보충할 필요가 있다고 인정되는 경우에는 대법원장의 승인을 얻어 법무사시험을 실시할 수 있다."라고 규정하였는 바, 이는 법원행정처장이 법무사를 보충할 필요가 없다고 인정하면 법무사시험을 실시하지 아니해도 된다는 것으로서 상위법인 법무사법 제4조 제1항에 의하여 청구인을 비롯한 모든 국민에게 부여된 법무사자격 취득의 기회를 하위법인 시행규칙으로 박탈하고 법무사업을 법원 · 검찰청 등의 퇴직공무원에게 독점시키는 것이 되며, 이는 결국 대법원이 규칙제정권을 행사함에 있어 위임입법권의 한계를 일탈하여 청구인이나 기타 법무사자격을 취득하고자 하는 모든 국민의 헌법 제11조 제1항의 평등권과 헌법 제15조의 직업선택의 자유를 침해한 것이다.

2) 한계

직업선택의 자유의 본질적 부분은 제한할 수 없다. 따라서 국가가 모든 영업을 독점하는 법률은 위헌이 될 것이다.

직업의 자유를 제한함에 있어서 직업의 자유의 어떠한 요소를 제한하느냐에 따라 강도를 달리하여야 한다는 이론이 독일연방헌법재판소 판례에서 제시된 단계이론(Stufentheorie)이다. 이 이론에 따르면 직업의 자유의 제한에 있어서 제1단계는 직업수행의 자유에 대한 제한이고, 제2단계와 제3단계의 제한은 직업결정의 자유에 대한 제한이다. 단계이론은 직업의 자유를 제한할 경우에도 그 제한이 구체적으로 어느 정도까지 가능한가에 관하여 독일에서 학설과 판례를 통하여 확립된 이론이다. 이 단계이론에 의하면 입법자의 규제권한은 순수한 직업종사(수행)의 규제일수록 광범위해지고 직업결정(선택)의 자유에 관한 것일수록 더욱 더 협소해진다. 그로 인하여 규제권한의 범위에 단계가 생긴다고 한다. 우리나라의 학설과 판례도 단계이론을 인정하고 있다.

[헌재 1993.5.13. 92헌마80] 자동판매기를 통한 담배판매는 구입자가 누구인지를 분별하는 것이 곤란하여 청소년의 담배구입을 막기 어렵고, 또 그 특성상 판매자와 대면하지 않는 익명성, 비노출성으로 인하여 청소년으로 하여금 심리적으로 담배구입을 용이하게 하고, 주야를 불문하고 언제라도 담배구입을 가능하게 하며,

청소년이 쉽게 볼 수 있는 장소에 설치됨으로써 청소년에 대한 흡연유발효과도 매우 크다고 아니할 수 없으므로, 청소년의 보호를 위하여 자판기설치의 제한은 반드시 필요하다고 할 것이고, 이로 인하여 담배소매인의 직업수행의 자유가 다소 제한되더라도 법익형량의 원리상 감수되어야 할 것이다.

Ⅲ. 주거의 자유

1. 개 설

1) 의의

주거의 자유는 법률에 따르지 않고는 어떠한 사람이라도 그 주거에 대하여 침입이나 수색 및 압수를 당하지 않는 권리를 말한다. 주거는 사람이 거주하는 설비로서 개인생활의 중심이 되는 생활공간의 장이다.

영국의 법언이 말해주는 것과 같이 '각자의 주거는 그의 성이다(One's home is one's castle)'. 따라서 주거는 모든 자유의 기반이며, 그 자유는 사생활의 비밀과 자유의 근원으로서 공간적(räumlich)으로 국민의 사생활을 보호하는 권리를 의미한다.

2) 연혁과 헌법규정

주거의 평온과 불가침은 고대로마의 주거의 신성사상(神聖思想) 이래 인간의 존엄과 결부되어 개인의 자유권으로서 인정되었다.

우리 헌법도 제16조에서 주거의 불가침과 영장에 의한 보호를 규정하고 있다. 즉 "모든 국민은 주거의 자유를 침해받지 아니한다. 주거에 대한 압수나 수색을 할 때에는 검사의 신청에 의하여 법관이 발부한 영장을 제시하여야 한다"라고 규정하고 있다.

3) 법적 성격

주거의 불가침은 신체의 자유와 더불어 최소한의 자유로서 오늘날 형사 또는 행정상의 절차적 보장을 넘어 Privacy에 관한 권리의 일환으로 이해한다.

2. 주 체

주거는 주택은 물론 사무실, 호텔의 객실, 기숙사의 일실, 대학의 연구실, 회사·작업장 등을 포함하는 생활공간의 보호에 있어서 합리적이라고 기대할 수 있는 장소를 말한다.

이와 같이 주거의 범위를 광의로 해석할 때 원칙적으로 그 생활공간의 장(예: 사장, 공장장, 학교장 등)이 본 자유의 향유주체가 된다. 그러나 주택과 호텔객실의 경우 반드시 그 주택이나 호텔의 소유권자가 아니라 할지라도 현실적인 거주자가 주거의 자유의 향유주체가 될 것이다.

3. 내 용

1) 주거의 불가침

주거란 현재의 주거 여하를 불문하고 거주하기 위하여 점유하고 있는 일체의 시설물을 말한다.

침해란 거주자의 승낙 없이 또는 그 의사에 반하여 주거에 들어가는 것이다. 정당한 이유 없이 주거에 침입하는 것은 형법상 주거침입죄를 구성한다.

> [대법원 1984.06.26. 선고 83도685 판결] 주거침입죄의 보호법익은 주거권이라는 법적 개념이 아니고 사적 생활관계에 있어서의 사실상 주거의 자유와 평온으로서 그 주거에서 공동생활을 하고 있는 전원이 평온을 누릴 권리가 있다 할 것이나 복수의 주거권자가 있는 경우 한 사람의 승낙이 다른 거주자의 의사에 직접·간접으로 반하는 경우에는 그에 의한 주거에의 출입은 그 의사에 반한 사람의 주거의 평온 즉 주거의 지배·관리의 평온을 해치는 결과가 되므로 주거침입죄가 성립한다. 동거자 중의 1인이 부재중인 경우라도 주거의 지배관리관계가 외관상 존재하는 상태로 인정되는 한 위 법리에는 영향이 없다고 볼 것이니 남편이 일시 부재중 간통의 목적하에 그 처의 승낙을 얻어 주거에 들어간 경우라도 남편의 주거에 대한 지배관리관계는 여전히 존속한다고 봄이 옳고 사회통념상 간통의 목적으로 주거에 들어오는 것은 남편의 의사에 반한다고 보여지므로 처의 승낙이 있었다 하더라도 남편의 주거의 사실상의 평온은 깨어졌다 할 것이므로 이러한 경우에는 주거침입죄가 성립한다.

2) 영장제도

(1) 원칙

주거에 대한 압수 · 수색에는 영장을 필요로 한다. 영장의 발부에는 범죄의 혐의가 있거나, 수사하기 위한 증거물의 발견 · 보존의 필요성이 있어야 하며, 압수할 물건과 수색할 장소가 영장에 명시되어야 한다. 따라서 일반영장은 금지된다.

(2) 예외

구속영장을 집행하거나 긴급구속을 하는 경우에는 피구속자가 그 당시 현존하는 장소나, 피구속자가 점유하고 있는 물건은 영장 없이 수색 · 압수할 수 있다(형사소송법 216).

(3) 행정상 즉시강제와 영장제도

영장주의가 형사절차에만 적용되는 것이 아니라 행정상의 즉시강제 등에 있어서도 원칙적으로 적용된다는 점은 전술한 바와 같다.

4. 제한과 한계

주거의 자유도 헌법 제37조 제2항에 의하여 법률로써 제한될 수 있음은 물론이다. 다만, 그 본질적 부분은 침해할 수 없다. 따라서 도청기 등으로 실내의 회호를 옥외에서 듣는 것을 일반적으로 허용하는 것은 인정될 수 없으며, 개별적으로 영장에 의하지 않는 한 전자장치를 사용한 도청은 위헌이라 하겠다.

Ⅳ. 사생활의 비밀과 자유

1. 개 설

1) 의의

사생활의 자유란 사생활의 자유로운 형성과 전개를 할 권리를 의미하며, 사생활의 비밀이란 사생활의 내용을 부당히 공개당하지 아니할 권리를 의미한다. 이와 같이 사생활의 비밀과 자유는 개인의 Privacy의 권리를 뜻하나, 이 Privacy

의 권리가 '자기에 관한 정보를 통제할 수 있는 권리'로서의 성질을 가지는가가 문제된다. 사생활의 비밀과 자유를 소극적인 자유권적 기본권으로 해석하여 협의로 이해하는 것이 다수설인 듯하다.

또한 소극적인 자유권으로 해석하는 경우에 자기에 관한 정보를 통제할 수 있는 권리의 법적 근거를 인간의 존엄과 가치 · 행복추구권(§10)에서 구하고 있다.

그러나 현대와 같은 정보화사회에서 정보의 정 · 부나 공개 여부는 개인의 사생활에 커다란 영향을 주기 때문에 헌법 제17조가 자기에 관한 정보를 통제할 수 있는 권리를 포함한다고 보는 견해가 보다 더 타당하다고 본다.

2) 연혁과 헌법규정

과거에는 사생활의 비밀과 자유는 헌법전에도 명시되지 않았으며, 그 범위도 불명확하였으나, 이 자유가 기본권의 하나로서 독자적 법익으로 인정된 것은 최근의 일이다.

1890년 Warren-Brandeis의 논문이 발표된 이래 1891년 New York 주 하급법원에서 최초로 이 권리를 인정하는 판례가 나왔다. 이 권리는 처음에는 불법행위법상의 개념으로 혼자 있기를 바라는 권리로 이해되었다. 그 후 1903년 뉴욕 주는 이를 인정하는 법률을 제정하였고 1965년 미연방 최고법원은 이 권리를 독립된 권리로 인정하였다. 미국(1974), 독일(1970) 등은 개별입법에 의해 이를 보호하고 있다.

우리 헌법은 제17조에서 "모든 국민은 사생활의 비밀과 자유를 침해받지 아니 한다"라고 규정하여 이를 보호하고 있다.

2. 법적 성격

사적 사항이 공개되거나 인격적 징표를 훼손 또는 이용당하거나, 사생활의 자유로운 결정을 방해당하지 않음을 그 보호법익으로 하므로 이 권리는 인격권의 일종이라 할 수 있다.

또한 이 권리는 국가권력 또는 제3자에 대한 소극적 · 방어적 성격을 가진 자유권의 일종이다. 뿐만 아니라 사적 사항, 인격적 징표, 자유로운 사생활활동 등 특정인에게 고유한 사항을 그 보호법익으로 하는 까닭에 원칙적으로 일신전속적 권리라고 볼 수 있다.

3. 주 체

이 권리의 향유주체는 원칙적으로 자연인이다. 따라서 내·외국인을 불문하고 이 권리를 향유할 수 있다. 그리고 이것은 감정이 있고 정신적 고통을 느낄 수 있는 인간의 인격적 자율권을 보호하고 있는 것이므로 사자(死者)는 그 주체가 될 수 없다.

사생활의 비밀과 자유는 인간의 존엄성, 인격적 가치 등을 보호하려는 것이므로 법인은 원칙적으로 이 자유의 주체가 될 수 없다. 단, 법인의 명칭·상호 등이 타인에 의하여 영리의 목적으로 이용당하는 경우에는 논의의 대상이 될 수 있다.

4. 내 용

1) 사생활의 비밀의 불가침

사생활의 내용이 부당히 공개당하지 아니할 권리이다. 본인이 비밀로 하고 싶은 개인적인 일들을 매스미디어(mass media)를 통하여 공표하는 것이나, 성명·경력 등의 개인의 인격적 징표를 침해하는 것 등은 금지된다.

2) 사생활의 자유의 불가침

사생활의 자유로운 형성과 전개를 침해당하지 않을 권리이다. 개인이 자기의 의사에 따라 자기의 생활을 영위하는 것이 위협받거나 침해되어서는 안 된다.

> [헌재 2003.10.30. 2002헌마518] 헌법 제17조는 "모든 국민은 사생활의 비밀과 자유를 침해받지 아니한다."고 규정하여 사생활의 비밀과 자유를 국민의 기본권의 하나로 보장하고 있다. 사생활의 비밀은 국가가 사생활영역을 들여다보는 것에 대한 보호를 제공하는 기본권이며, 사생활의 자유는 국가가 사생활의 자유로운 형성을 방해하거나 금지하는 것에 대한 보호를 의미한다. 구체적으로 사생활의 비밀과 자유가 보호하는 것은 개인의 내밀한 내용의 비밀을 유지할 권리, 개인이 자신의 사생활의 불가침을 보장받을 수 있는 권리, 개인의 양심영역이나 성적 영역과 같은 내밀한 영역에 대한 보호, 인격적인 감정세계의 존중의 권리와 정신적인

내면생활이 침해받지 아니할 권리 등이다. 요컨대 헌법 제17조가 보호하고자 하는 기본권은 사생활영역의 자유로운 형성과 비밀유지라고 할 것이다.

[헌재 2003.10.30. 2002헌마518] 일반 교통에 사용되고 있는 도로는 국가와 지방자치단체가 그 관리책임을 맡고 있는 영역이며, 수많은 다른 운전자 및 보행자 등의 법익 또는 공동체의 이익과 관련된 영역으로, 그 위에서 자동차를 운전하는 행위는 더 이상 개인적인 내밀한 영역에서의 행위가 아니며, 자동차를 도로에서 운전하는 중에 좌석안전띠를 착용할 것인가 여부의 생활관계가 개인의 전체적 인격과 생존에 관계되는 '사생활의 기본조건'이라거나 자기결정의 핵심적 영역 또는 인격적 핵심과 관련된다고 보기 어려워 더 이상 사생활영역의 문제가 아니므로, 운전할 때 운전자가 좌석안전띠를 착용할 의무는 청구인의 사생활의 비밀과 자유를 침해하는 것이라 할 수 없다.

3) 개인정보자기결정권

(1) 의의

개인정보자기결정권이란 자기에 관한 정보를 관리할 수 있는 권리를 말한다. 따라서 개인정보의 주체가 자기에 관한 정보의 조사 · 수집 · 처리 · 보관 · 공개 등에 관한 결정과 그 통제를 스스로 할 수 있다.

(2) 헌법적 근거와 법률

개인정보의 보호는 개인의 사생활의 비밀보호와 더불어 그 비밀의 공개로 인한 인격의 침해를 방지한다는 점에서 헌법 제10조 인간의 존엄과 가치 등에 의해서도 보호된다. 그리고 개인정보자기결정권은 개인정보가 그 보호를 청구할 수 있는 적극적 성격도 가진다. 따라서 자유권 규정인 헌법 제17조뿐만 아니라 헌법 제10조도 근거가 된다.

개인정보보호를 위한 법률로 2011년 개인정보보호법이 제정되어 시행되고 있다. 그 외 정보통신망이용촉진및정보보호등에관한법률, 신용정보의이용및보호에관한법률 등이 있다.

(3) 내용

개인정보자기결정권은 개인정보수집 · 이용자기결정권, 개인정보열람권, 개인정보정정 · 삭제청구권 등을 내용으로 한다.

[헌재 2005.5.26. 99헌마513 등] 인간의 존엄과 가치, 행복추구권을 규정한 헌법 제10조 제1문에서 도출되는 일반적 인격권 및 헌법 제17조의 사생활의 비밀과 자유에 의하여 보장되는 개인정보자기결정권은 자신에 관한 정보가 언제 누구에게 어느 범위까지 알려지고 또 이용되도록 할 것인지를 그 정보주체가 스스로 결정할 수 있는 권리이다. 즉 정보주체가 개인정보의 공개와 이용에 관하여 스스로 결정할 권리를 말한다. 개인정보자기결정권의 보호대상이 되는 개인정보는 개인의 신체, 신념, 사회적 지위, 신분 등과 같이 개인의 인격주체성을 특징짓는 사항으로서 그 개인의 동일성을 식별할 수 있게 하는 일체의 정보라고 할 수 있고, 반드시 개인의 내밀한 영역이나 사사(私事)의 영역에 속하는 정보에 국한되지 않고 공적 생활에서 형성되었거나 이미 공개된 개인정보까지 포함한다. 또한 그러한 개인정보를 대상으로 한 조사・수집・보관・처리・이용 등의 행위는 모두 원칙적으로 개인정보자기결정권에 대한 제한에 해당한다.

[헌재 2005.7.21. 2003헌마282・425(병합)] 서울특별시 교육감과 교육인적자원부장관이 졸업생 관련 제 증명의 발급이라는 소관 민원업무를 효율적으로 수행함에 필요하다고 보아 개인의 인격에 밀접히 연관된 민감한 정보라고 보기 어려운 졸업생의 성명, 생년월일 및 졸업일자만을 교육정보시스템(NEIS)에 보유하는 행위에 대하여는 그 보유정보의 성격과 양(量), 정보보유 목적의 비침해성 등을 종합할 때 수권법률의 명확성이 특별히 강하게 요구된다고는 할 수 없으며, 따라서 "공공기관은 소관업무를 수행하기 위하여 필요한 범위 안에서 개인정보화일을 보유할 수 있다."고 규정하고 있는 공공기관의개인정보보호에관한법률 제5조와 같은 일반적 수권조항에 근거하여 피청구인들의 보유행위가 이루어졌다하더라도 법률유보원칙에 위배된다고 단정하기 어렵다.

[헌재 2005.5.26. 99헌마513 등] 지문날인제도가 범죄자 등 특정인만이 아닌 17세 이상 모든 국민의 열 손가락 지문정보를 수집하여 보관하도록 한 것은 신원확인기능의 효율적인 수행을 도모하고, 신원확인의 정확성 내지 완벽성을 제고하기 위한 것으로서, 그 목적의 정당성이 인정되고, 또한 이 사건 지문날인제도가 위와 같은 목적을 달성하기 위한 효과적이고 적절한 방법의 하나가 될 수 있다. 범죄자 등 특정인의 지문정보만 보관해서는 17세 이상 모든 국민의 지문정보를 보관하는 경우와 같은 수준의 신원확인기능을 도저히 수행할 수 없는 점, 개인별로 한 손가락만의 지문정보를 수집하는 경우 그 손가락 자체 또는 지문의 손상 등으로 인하여 신원확인이 불가능하게 되는 경우가 발생할 수 있고, 그 정확성 면

에 있어서도 열 손가락 모두의 지문을 대조하는 것과 비교하기 어려운 점, 다른 여러 신원확인수단 중에서 정확성·간편성·효율성 등의 종합적인 측면에서 현재까지 지문정보와 비견할만한 것은 찾아보기 어려운 점 등을 고려해 볼 때, 이 사건 지문날인제도는 피해 최소성의 원칙에 어긋나지 않는다. 지문날인제도로 인하여 정보주체가 현실적으로 입게 되는 불이익에 비하여 경찰청장이 보관·전산화하고 있는 지문정보를 범죄수사활동, 대형사건사고나 변사자가 발생한 경우의 신원확인, 타인의 인적사항 도용 방지 등 각종 신원확인의 목적을 위하여 이용함으로써 달성할 수 있게 되는 공익이 더 크다고 보아야 할 것이므로, 이 사건 지문날인제도는 법익의 균형성의 원칙에 위배되지 아니한다. 결국 이 사건 지문날인제도가 과잉금지의 원칙에 위배하여 청구인들의 개인정보자기결정권을 침해하였다고 볼 수 없다.

[헌재 2012.8.23. 2010헌마47·252(병합)] 인터넷게시판을 설치·운영하는 정보통신서비스 제공자에게 본인확인조치의무를 부과하여 게시판 이용자로 하여금 본인확인절차를 거쳐야만 게시판을 이용할 수 있도록 하는 본인확인제를 규정한 '정보통신망 이용촉진 및 정보보호 등에 관한 법률' 법령조항들이 표방하는 건전한 인터넷 문화의 조성 등 입법목적은, 인터넷 주소 등의 추적 및 확인, 당해 정보의 삭제·임시조치, 손해배상, 형사처벌 등 인터넷 이용자의 표현의 자유나 개인정보자기결정권을 제약하지 않는 다른 수단에 의해서도 충분히 달성할 수 있음에도, 인터넷의 특성을 고려하지 아니한 채 본인확인제의 적용범위를 광범위하게 정하여 법집행자에게 자의적인 집행의 여지를 부여하고, 목적달성에 필요한 범위를 넘는 과도한 기본권 제한을 하고 있으므로 침해의 최소성이 인정되지 아니한다. 또한 이 사건 법령조항들은 국내 인터넷 이용자들의 해외 사이트로의 도피, 국내 사업자와 해외 사업자 사이의 차별 내지 자의적 법집행의 시비로 인한 집행곤란의 문제를 발생시키고 있고, 나아가 본인확인제 시행 이후에 명예훼손, 모욕, 비방의 정보의 게시가 표현의 자유의 사전 제한을 정당화할 정도로 의미 있게 감소하였다는 증거를 찾아볼 수 없는 반면에, 게시판 이용자의 표현의 자유를 사전에 제한하여 의사표현 자체를 위축시킴으로써 자유로운 여론의 형성을 방해하고, 본인확인제의 적용을 받지 않는 정보통신망상의 새로운 의사소통수단과 경쟁하여야 하는 게시판 운영자에게 업무상 불리한 제한을 가하며, 게시판 이용자의 개인정보가 외부로 유출되거나 부당하게 이용될 가능성이 증가하게 되었는바, 이러한 인터넷게시판 이용자 및 정보통신서비스 제공자의 불이익은 본인확인제가 달성하려는 공익보다 결코 더 작다고 할 수 없으므로, 법익의 균형성도 인정되지 않는다. 따라서 본인확인제를 규율하는 이 사건 법령조항들은 과잉금지원칙에 위배하여 인터넷게시판 이용자의 표현의 자유, 개인정보자기결정권 및 인터넷게시판을

운영하는 정보통신서비스 제공자의 언론의 자유를 침해를 침해한다.

5. 제한과 한계

사생활의 비밀과 자유도 국가안전보장 · 질서유지 · 공공복리를 위하여 법률로써 제한할 수 있지만, 그 본질적 내용은 침해할 수 없다.

1) 범죄수사와의 관계

범죄수사를 위하여 수색 · 도청 · 사진촬영 등의 행위를 하는 것이 헌법 제17조와 관련하여 허용될 것인지가 문제된다. 범죄수사는 사생활의 비밀과 자유에 가장 큰 위협이므로, 그 발동에 엄격한 법률의 요건을 지켜야 할 것이며, 필요한 경우에도 최소한에 그쳐야 할 것이다.

2) 표현의 자유와의 관계

사생활의 비밀과 자유는 표현의 자유와 가장 충돌하기 쉽다. 사생활의 비밀도 국민의 알 권리를 충족시켜 주기 위해서는 그 공개가 불가피한 경우가 있기 때문이다.

양자의 조화를 어디에서 구할 것인가에 관하여 권리포기의 이론, 공익의 이론, 공적 인물의 이론 등이 있으나 궤적인 상황에 따라 이러한 이론들을 종합적으로 판단하여야 할 것이며, 양자의 법익을 비교 형량하여 결정하여야 할 것이다.

> [헌재 2012.12.27. 2011헌바89] '특정 범죄자에 대한 위치추적 전자장치 부착 등에 관한 법률'의 규정하고 있는 전자장치부착조항은 성폭력범죄로부터 국민을 보호하고 성폭력범죄자의 재범을 방지하고자 하는 입법목적의 정당성 및 수단의 적절성이 인정되며, 전자장치부착으로 인해 제한되는 피부착자의 자유는 자신의 위치가 24시간 국가에 노출됨으로 인하여 행동의 자유가 심리적으로 위축된다는 것일 뿐 행동 자체가 금지되거나 물리적으로 제한되는 것은 아닌 점, 구 '특정 범죄자에 대한 위치추적 전자장치 부착 등에 관한 법률'(이하 '전자장치부착법'이라 한다)은 전자장치의 부착 후 3개월마다 가해제 여부를 결정하도록 하여 피부착자의 개선 및 교화의 정도에 따라 불필요한 전자장치의 부착이 없도록 하는 등 전자장치부착에 따른 인권 침해를 최소화하기 위한 조치들을 마련하고 있는 점, 성폭력범죄는 대부분 습벽에 의한 것이고 그 습벽은 단기간에 교정되지 않고 장기간 계속될 가능성이 크다는 점에서 일반적으로는 부착기간의 상한을 높게 확보해

둘 필요가 있는 점, 날로 증가하는 성폭력범죄와 그 피해의 심각성을 고려할 때 범죄예방 효과의 측면에서 위치추적을 통한 전자감시제도보다 덜 기본권 제한적인 수단을 쉽게 마련하기 어려운 점 등을 종합적으로 고려하면, 이 사건 전자장치부착조항에 의한 전자감시제도가 침해의 최소성 원칙에 반한다고 할 수 없다. 또한 이 사건 전자장치부착조항이 보호하고자 하는 이익에 비해 재범의 위험성이 있는 성폭력범죄자가 입는 불이익이 결코 크다고 할 수 없어 법익의 균형성원칙에 반하지 아니하므로, 이 사건 전자장치부착조항이 과잉금지원칙에 위배하여 피부착자의 사생활의 비밀과 자유, 개인정보자기결정권, 인격권을 침해한다고 볼 수 없다.

Ⅴ. 통신의 자유

1. 개 설

1) 의의

통신의 자유라 함은 통신 · 전화 · 전신 등의 수단에 의하여 의사나 정보를 전달 또는 교환하는 경우에 그 내용이 공권력에 의하여 침해당하지 아니하는 자유를 말한다.

2) 헌법규정

우리 헌법 제18조는 "모든 국민은 통신의 비밀을 침해받지 아니한다"라고 규정하여 통신의 비밀을 보장하고 있다.

2. 주 체

통신의 자유는 자연인뿐만 아니라 법인에게도 보장되며, 자국민뿐만 아니라 외국인도 그 향유주체가 된다.

3. 내 용

통신이란 격지자 간의 의사전달을 말하므로, 서신뿐 아니라 전화 · 전신의 내용은 물론, 발신인 · 수신인의 성명이나 주소 등도 보호의 대상이 된다.

특히 도청이 문제가 된다. 도청은 전화도청과 그 밖의 방법에 의한 도청이 있는 바, 모두 개인의 사생활을 침해하는 것이므로 위헌이라 하겠다. 이는 통신의 자유(§18)의 위배가 아니라 사생활의 비밀과 자유를 규정한 제17조의 위배로 볼 것이다. 범죄사건과 관련하여 도청을 요할 때에는 법원의 영장이 있어야 허용된다. 다만, 전화에 의한 협박죄의 현행범을 체포하기 위한 전화의 녹음이나 발신장소를 역탐지하는 것은 영장 없이도 가능하다고 본다.

4. 제한과 한계

통신의 자유는 국가안전보장 · 질서유지 · 공공복리를 위하여 제한할 수 있다. 그 대표적인 법률로는 통신비밀보호법이 있다. 우편물의 검열이나 압수의 경우, 그리고 전화도청의 경우에도 영장을 요한다고 본다. 통신의 자유의 본질적인 내용은 법률로도 침해할 수 없다.

> [헌재 2010.12.28. 2009헌가30] 통신제한조치기간의 연장을 허가함에 있어 총연장기간 또는 총연장횟수의 제한을 두지 아니한 통신비밀보호법 제6조 제7항 단서 중 전기통신에 관한 '통신제한조치기간의 연장'에 관한 부분은 통신제한조치기간의 연장을 허가함에 있어 총연장기간 또는 총연장횟수의 제한을 두고 그 최소한의 연장기간동안 범죄혐의를 입증하지 못하는 경우 통신제한조치를 중단하게 한다고 하여도, 여전히 통신제한조치를 해야 할 필요가 있으면 법원에 새로운 통신제한조치의 허가를 청구할 수 있으므로 이로써 수사목적을 달성하는데 충분하다. 또한 법원이 실제 통신제한조치의 기간연장절차의 남용을 통제하는데 한계가 있는 이상 통신제한조치 기간연장에 사법적 통제절차가 있다는 사정만으로는 그 남용으로 인하여 개인의 통신의 비밀이 과도하게 제한되는 것을 막을 수 없다. 그럼에도 통신제한조치기간을 연장함에 있어 법운용자의 남용을 막을 수 있는 최소한의 한계를 설정하지 않은 이 사건 법률조항은 침해의 최소성원칙에 위반한다. 나아가 통신제한조치가 내려진 피의자나 피내사자는 자신이 감청을 당하고 있다는 사실을 모르는 기본권제한의 특성상 방어권을 행사하기 어려운 상태에 있으므로 통신제한조치기간의 연장을 허가함에 있어 총연장기간 또는 총연장횟수의 제한이 없을 경우 수사와 전혀 관계없는 개인의 내밀한 사생활의 비밀이 침해당할 우려도 심히 크기 때문에 기본권 제한의 법익균형성 요건도 갖추지 못하였다. 따라서 이 사건 법률조항은 헌법에 위반된다 할 것이다.

Ⅵ. 재산권의 보장

1. 개 설

1) 연혁

근대 초에는 재산권은 인간의 실존에 불가결한 것으로서 신성불가침의 것으로 생각하였다. 이러한 재산권의 절대성은 계약의 자유와 함께 근대시민사회를 지탱하는 법적 지주가 되었으며, 근대 자본주의의 발전을 촉진하는 원동력이 되었다.

그러나 이러한 근대적 재산권은 20세기에 들어오면서 가진 자와 못 가진 자의 구별이 뚜렷해지고 이들 간의 대립이 심화되자, 국가는 자본주의사회 전체의 이익유지를 위하여 또한 대립된 사적 이해를 규제 · 조정하기 위하여 이에 관여하지 않을 수 없게 되었다. 그 첫 변용은 1919년 Weimar 헌법 제153조 규정에서 비롯되었다.

Weimar헌법 제153조 제1항은 "소유권은 헌법에 의하여 보장된다. 소유권의 내용과 한계는 법률로 정한다"고 규정하고 있으며, 제3항은 "소유권은 의무를 수반한다. 소유권의 행사는 동시에 공공복리에 적합하여야 한다"고 규정하고 있다. 그 후 제2차 세계대전 후에 제정된 독일 기본법(§14), 이탈리아 헌법(§42), 일본 헌법(§29) 등이 Weimar 헌법 제153조의 정신을 계승하였다.

2) 헌법규정

이와 같은 경향에 따라 우리 헌법 제23조는 제1항은 "모든 국민의 재산권은 보장된다. 그 내용과 한계는 법률로 정한다"고 규정하는 한편, 제2항에서는 "재산권의 행사는 공공복리에 적합하도록 하여야 한다"고 규정하고 있다. 이리하여 재산권의 보장과 사회적 제약성을 헌법에서 규정하고 있다. 또 제22조 제2항에서는 "저작자 · 발명가 · 과학 기술자와 예술가의 권리는 법률로써 보호한다"라고 하여 무체재산권을 보장하고 있다.

이울러 제9장의 경제조항은 광업권 · 농지소유권 등의 특수재산권을 보장하고 있다. 그리고 제13조 제2항에서는 소급입법에 의한 재산권의 박탈을 금하고 있다.

2. 재산권보장의 법적 성격

재산권보장에 관한 조항을 자유권적 기본권으로 규정한 것으로 볼 것이냐, 사유재산제도를 보장한 제도적 보장이냐에 관해서는 견해가 갈리고 있다.

1) 자유권적 기본권설

재산권보장은 개인의 개별적 · 구체적인 재산권의보장이란 의미로 이해하여 개인의 자유권적 기본권의 하나를 의미한다고 한다. 다만, 그 내용과 한계가 법률로 정해지고 그 행사는 공공복리에 적합하여야 한다는 고도의 사회성 · 의무성을 수반하는 자유권이라고 보는 견해이다.

2) 제도보장설

재산권보장은 개인의 자유권과 같은 권리 그 자체의 보장이 아니고 개인이 재산을 사유할 수 있는 법제도, 즉 사유재산제도를 보장하는 것이라고 한다.

3) 절충설

재산권보장은 '그 내용과한계가 법률로서 정해지는' 제도 보장이기는 하나, 일단 사유재산제도에 의하여 보장된 재산권은 사유재산으로 자유권적 성격을 가지며, 그 '수용 · 사용이나 제한' 등은 국가안전보장 · 질서유지 또는 공공복리 등 공공필요를 위하여 필요한 경우에 한하여 법률로써 정할 수 있다고 보는 견해이다.

[헌재 1993.7.29. 92헌바20] 헌법 제23조에 「① 모든 국민의 재산권은 보장된다. 그 내용과 한계는 법률로 정한다. ② 재산권의 행사는 공공복리에 적합하도록 하여야 한다. ③ 공공필요에 의하여 재산권을 수용 • 사용 또는 제한 및 그에 대한 보상은 법률로써 하되, 정당한 보상을 지급하여야 한다.」라고 규정하여 재산권의 보장과 그 행사의 사회적 의무성 및 법률에 의한 정당한 보상 없이는 공공필요에 의한 재산권의 수용 • 사용 또는 제한을 할 수 없음을 선언하였다. 위 재산권보장은 개인이 현재 누리고 있는 재산권을 개인의 기본권으로 보장한다는 의미와 개인이 재산권을 향유할 수 있는 법제도로서의 사유재산제도를 보장한다는 이중적

의미를 가지고 있다.

3. 주체와 객체

1) 재산권의 주체

재산권의 향유주체는 모든 국민이다. 따라서 자연인은 물론 법인도 주체가 된다. 외국인은 당연히 재산권을 보장받는 것이 아니고 국제법과 국제조약 기타 국가정책에 의해 보장범위가 결정된다.

2) 재산권의 객체

재산권의 객체는 공·사법상 사적인 유용성(Privatnützigkeit)과 임의적인 처분권능(Verfügungsbefugnis)이 인정되는 모든 재산적 가치가 있는 권리이다.

예컨대 민법상의 소유권·채권·물권·무체재산권(저작권·특허권·의장권·실용신안권 등)을 비롯하여 광업권·어업권·수렵권과 같은 특별법상의 여러 권리, 공법상의 여러 권리(공무원의 봉급청구권·연금청구권·군사원호보상급여청구권 등) 등이 이에 포함된다.

[헌재 1996.8.29. 95헌바36] 헌법은 제23조 제1항에서 "모든 국민의 재산권은 보장된다. 그 내용과 한계는 법률로 정하여야 한다."고 하여 국민에게 재산권을 보장하는 한편, 대부분의 재산권이 사회현실에서 의미있게 행사되고 그 기능을 발휘하기 위해서는 입법자에 의한 구체적 형성이 필요하다는 점에 유의하여 그 구체적 규율을 입법자에게 유보하고 있다. 그리고 헌법 제23조 제1항의 재산권보장에 의하여 보호되는 재산권은 사적유용성 및 그에 대한 원칙적 처분권을 내포하는 재산가치 있는 구체적 권리이다. 그러므로 구체적인 권리가 아닌, 단순한 이익이나 재화의 획득에 관한 기회 등은 재산권보장의 대상이 아니다.

4. 내 용

1) 기본적 재산권과 사유재산제도의 보장

헌법 제23조 제1항은 개인의 구체적 재산권의 보장과 아울러 법제도로서의 사유재산제의 보장을 그 내용으로 한다.

⑴ 구체적 재산권의 보장

개인은 자기재산을 소유하고 상속할 수 있을 뿐만 아니라, 이를 사용·수익·처분할 수 있는 자유가 보장된다. 이러한 의미에서 재산권의 보장은 국가에 대한 소극적·방어적 자유권의 성격을 갖는다. 재산권의 보장은 재산권의 내용과 한계는 반드시 법률로 정해야 하며(§23①), 법률의 근거 없이 사유재산권을 제한할 수 없으며(§37②), 공공필요에 의해 법률로써 구체적 재산권을 사용·수용 또는 제한하되, 보상을 지급해야 하며(§23③), 구체적 재산권의 침해가 법률에 근거가 있는 경우에도 그 법률이 헌법상의 여러 원칙(예, §10, §11, §34 등)에 위반될 수 없는 것이다. 그러므로 개인의 재산권을 보장한 헌법 제23조 제1항은 행정·사법은 물론 입법까지도 포함한 모든 국가권력을 구속한다.

⑵ 사유재산제도의 보장

사유재산제도는 입법으로도 폐지할 수 없다. 생산수단의 전면적인 국유화나 상속권의 폐지, 개인소유권의 폐지 등을 할 수 없으며, 전면적인 사회주의적 경제체제는 인정될 수 없다.

2) 소급입법에 의한 재산권박탈의 금지

헌법 제13조 제2항은 소급입법에 의한 재산권침해를 금지하고 있다. 이는 4·19와 5·16 직후에 나타났던 부정축재처리법 등에 의한 소급적인 재산권침해의 재현을 방지하려는 데에 그 목적이 있는 것으로, 법적 안정성과 예측가능성을 보장하기 위한 것이다.

3) 무체재산권의 보장

무체재산권도 재산권의 일종이므로 재산권의 보장 속에 무체재산권의 보장이 당연히 포함되는 것이나, 헌법은 특별히 제22조 제2항에서 별도의 규정을 두어 이를 보장하고 있다.

4) 헌법 제9장에 규정된 재산권의 보장

헌법 제9장은 제119조 제1항과 제2항에서 경제질서에 대한 기본원칙을 선언하고 있으며, 광업권 등의 특허(§120①), 농지소작제의 금지(§121), 국토에 관한 제한과 의무(§122), 사영기업의 국공유화의 원칙적 제한(§126) 등을 규정하고 있다. 이러한 조항들은 헌법 제23조를 보완하는 의미를 갖는다.

5. 제한(침해와 손실보상)

1) 침해

(1) 의의

재산권의 침해란 공권력에 의하여 개인의 재산권이 제한 또는 박탈되는 것을 말한다.

(2) 목적

재산권의 침해는 공공필요에 의하여 하는데, 이 때 헌법 제37조 제2항의 요건도 함께 갖추어야 하는지가 문제된다. 공공필요는 공공복리보다 더 넓은 개념으로 이해되는 것으로 재산권은 사회 · 경제 · 문화적인 정책적 고려에서도 법률에 의하여 제한될 수 있다.

(3) 형식

재산권에 대한 침해는 형식적 의미의 법률로서만 제한할 수 있으며, 찬반의 대립은 있으나, 명령이나 조례로는 재산권의 제한을 할 수 없다고 한다(다수설). 다만, 헌법 제76조(대통령의 긴급명령, 긴급재정 · 경제명령), 제77조(비상계엄)에 의한 예외가 있다.

(4) 제한의 유형

재산권제한의 유형을 보면 개인의 재산권의 소유권을 강제적으로 취득하거나(수용), 일시적으로 사용하거나(사용), 재산권에 일정한 제한을 가하는(제한) 것 등이다.

2) 손실보상

(1) 근거

손실보상의 이론적 근거로는 개인의 재산권에 가해진 특별한 희생을 공평의

견지에서 전체의 부담으로 하여야 한다는 특별희생설이 타당하며, 실정법적 근거로는 헌법 제23조 제3항을 들 수 있다.

(2) 기준

정당한 보상을 지급하여야 한다. 현행 헌법은 제3공화국 헌법례에 따라 정당한 보상(just compensation)을 지급할 것을 규정하고 있다.

(3) 방법

금전보상이냐, 물질보상이냐, 일시급이냐, 분할급이냐 등의 문제는 합리적인 판단하에 개별적인 법률로 정하도록 되어 있다.

6. 한 계

재산권의 행사는 공공복리에 적합하도록 하여야 한다. 이는 사회적 법치국가의 사상을 도입한 것으로 이러한 의무의 법적 성격에 관하여 견해가 대립된다. 윤리적 의무설, 법적 의무설, 내재적 제약설 등이 있으나, 윤리적 의무로 보는 것이 다수설이다.

> [헌재 1989.12.22. 88헌가13] 재산권의 내용과 범위를 법률로 정하고, 공공의 필요에 의한 재산권의 수용・사용・제한은 법률로서 제한할 수 있다고는 하였으나, 생산수단의 전면적인 국유화나 소유권의 폐지 그리고 보상 없는 재산권의 제한 등은 재산권보장의 본질적 내용을 침해하는 것으로 인정할 수 없다. 사유재산제도의 보장은 타인과 더불어 살아가야 하는 공동체생활과의 조화와 균형을 흐트러뜨리지 않는 범위 내에서의 보장이다. 토지재산권의 본질적인 내용이라는 것은 토지재산권의 핵이 되는 실질적 요소 내지 근본요소를 뜻한다. 국토이용관리법 제21조의3 제1항의 토지거래허가제는 사유재산제도의 부정이 아니라 그 제한의 한 형태이고 토지의 투기적 거래의 억제를 위하여 그 처분을 제한함은 부득이한 것이므로 재산권의 본질적인 침해가 아니며, 헌법상의 경제조항에도 위배되지 아니하고 현재의 상황에서 이러한 제한수단의 선택이 헌법상의 비례의 원칙이나 과잉금지의 원칙에 위배된다고 할 수도 없다. 위헌의견이 종국심리에 관여한 재판관의 과반수가 되지만 위헌결정의 정족수인 6인에 미달인 때에는 주문에 "헌법에 위반된다고 선언할 수 없다"라고 표시한다.

[헌재 1994.7.29. 92헌바49 등] 택지소유상한에관한법률은 각 국민으로 하여금 일정 면적 내의 토지를 가구별로 고르게 소유하게 하는 것을 그 목적으로 삼고 있고, 한편 국민 각자의 경제적 능력에 따라서는 장차 주택을 소유하기 위하여 우선 택지만을 확보하여 둘 필요가 있는 경우도 있을 것이며, 토지의 효율적 이용이라는 측면만을 지나치게 강조하다 보면 당장의 토지이용에 급급한 무계획하고도 무질서한 건축행위가 남발될 결과가 발생할 수도 있다. 그런데 토초세법은 당해 토지가 위 법률에 따른 소유제한 범위 내의 택지인지 여부에 관계없이, 토초세 과세 여부를 결정하도록 되어 있는바, 이는 위 법률과 입법체계적으로도 조화를 이루지 못하고 있을 뿐만 아니라, 헌법이 보장하고 있는 인간다운 생활을 할 권리와 헌법상의 국가의 사회보장·사회복지 증진의무 및 국가의 쾌적한 주거생활 보장의무에도 배치된다.

[헌재 2002.7.18. 2000헌마707] 산업재해보상보험법 제4조 제2호 단서 및 근로기준법시행령 제4조는 근로기준법과 같은법시행령에 의하여 근로자의 평균임금을 산정할 수 없는 경우에 노동부장관으로 하여금 평균임금을 정하여 고시하도록 규정하고 있으므로, 노동부장관으로서는 그 취지에 따라 평균임금을 정하여 고시하는 내용의 행정입법을 하여야 할 의무가 있다고 할 것인바, 노동부장관의 그러한 작위의무는 직접 헌법에 의하여 부여된 것은 아니나, 법률이 행정입법을 당연한 전제로 규정하고 있음에도 불구하고 행정권이 그 취지에 따라 행정입법을 하지 아니함으로써 법령의 공백상태를 방치하고 있는 경우에는 행정권에 의하여 입법권이 침해되는 결과가 되는 것이므로, 노동부장관의 그러한 행정입법 작위의무는 헌법적 의무라고 보아야 한다. 노동부장관의 이러한 부작위로 말미암아 산업재해보상보험법에 따른 정당한 유족급여 및 장의비를 받게 될 재산권 및 인간다운 생활을 할 권리를 침해하였다.

Ⅶ. 소비자의 권리

1. 개 설

1) 헌법규정

소비자권리는 헌법 제10조(인간의 존엄과 가치 및 행복추구권)를 이념적 근거로 하고, 제37조 제1항(헌법에 열거되지 아니한 자유와 권리)을 창설적 근거규정으로 하여 헌법 제124조에서 "국가는 건전한 소비행위를 계도하고 생산품의 품질향상을 촉구하기 위한 소비자보호운동을 법률이 정하는 바에 의하여 보장한다"고 하여 직접 규정하였다.

이에 근거하여 제정된 법률이 소비자보호법(1980. 1. 4.)이다. 이는 2006. 9. 27. 소비자기본법으로 전면 개정되었다.

2) 소비자와 소비자의 권리의 의의

소비자란 유통구조의 말단에서 사업자가 공급하는 상품 등을 최종적으로 소비하는 자를 말하며 사업자와 대립되는 개념이다. 소비자의 권리란 이러한 소비자가 공정한 가격으로 양질의 상품을 구입·사용하거나 용역의 제공을 받을 수 있는 권리를 말한다.

3) 소비자권리의 등장배경

오늘날 대량생산·대량판매로 특정되는 독점자본주의 경제하에서 소비자는 불공정가격·불량품·유해 등으로 재산상·건강상 막대한 피해를 입고 있는 실정이다. 게다가 소비자는 대량생산체제와 대량판매체제의 확립에서 사업자 측의 일방적 의사를 받아들일 수밖에 없게 되었고 거래에서의 계약자유도 박탈당하는 상황이 되었다.

그럼에도 소비자는 비조직적 위치에 있을 뿐 아니라 상품·서비스에 대한 원인규명이나 그 책임추궁도 곤란한 경우가 허다하다. 그리하여 이러한 경제적 약자로서의 소비자의 권익을 보호하고 피해를 예방함으로써 실질적 평등과 사회정의를 기한다는 헌법정책적 견지에서 새로운 유형의 기본권으로서 신설한 것이다.

2. 소비자권리의 법적 성격

소비자권리의 법적 성격에 관해서는, ① 자유로운 경제생활을 위한 자유권적 기본권설(특히 경제적 자유권설), ② 인간다운 생활을 영위하기 위한 사회적 기본권설, ③ 피해의 보상청구라는 청구권적 기본권설 등이 있으나 자유권적 기본권, 경제적 기본권, 청구권적 기본권, 그리고 사회적 기본권으로서의 성격을 모두 포함한 총합적 기본권으로 보는 타당하다. 그러나 제1차적으로는 재산권적 요소로서 경제적 기본권으로서의 성격이 가장 강하다고 볼 수 있다 그리고 소비자의 권리의 주체가 될 수 있는 자는 자연인과 법인을 포함한 모든 소비자이다.

3. 소비자의 권리의 내용

현행 소비자기본법에 의하면 소비자는 다음과 같은 기본적 권리를 가진다. ① 물품 및 용역으로 인한 생명·신체 및 또는 재산에 대한 위해로부터 보호받을 권리, ② 물품 및 용역을 선택함에 있어서 필요한 지식 및 정보를 제공받을 권리, ③ 물품 및 용역을 사용함에 있어서 거래상대방·구입장소·가격·거래조건 등을 자유로이 선택할 권리, ④ 소비생활에 영향을 주는 국가 및 지방자치단체의 정책과 사업자의 사업활동 등에 대하여 의견을 반영시킬 권리, ⑤ 물품 및 용역의 사용으로 인하여 입은 피해에 대하여 신속·공정한 절차에 의하여 적절한 보상을 받을 권리, ⑥ 합리적인 소비생활을 위하여 필요한 교육을 받을 권리, ⑦ 소비자 스스로의 권익을 증진하기 위하여 단체를 조직하고, 이를 통하여 활동할 수 있는 권리. ⑧ 안전하고 쾌적한 소비생활 환경에서 소비할 권리이다(법 4).

4. 소비자권리의 효력

소비자의 권리도 다른 기본권과 마찬가지로 대국가적 효력은 물론 대사인적 효력을 가진다.

1) 대국가적 효력

소비자의 권리는 원칙적으로 모든 국가권력을 구속한다. 따라서 국가와 지방자치단체는 소비자의 기본적 권리가 실현되도록 하기 위하여 소정의 책무를 부담한다(법 6).

2) 대사인적 효력

소비자의 권리는 공급자로서 사업자를 필수적 전제로 하며 따라서 사인간에 있어서도 직접 효력을 발생한다.

따라서 사업자는 그 공급하는 물품 또는 용역에 대하여 소비자권익증진을 위하여 필요한 조치를 강구하여야 하며, 국가와 지방자치단체의 소비자권익증진 시책에 적극 협조할 의무가 있다(법 18·19·20).

5. 소비자의 권리의 침해에 대한 구제

소비자의 권리가 국가기관에 의해 침해된 경우에는 행정소송, 국가배상, 국가구조, 헌법소원의 제기나 청원권을 행사함으로써 구제받을 수 있고, 사업자 등에 의해 침해된 경우에는 한국소비자원에 그 구제를 청구할 수 있다(법 55①). 후자의 경우 한국소비자원은 합의권고(법 57), 분쟁조정위원회 조정(법 65) 등을 할 수 있고 조정서의 효력은 재판상의 화해와 동일한 효력을 갖는다(법 67④).

또한, 소비자기본법은 소비자단체소송제도를 두고 있다(법 70 내지 76 참조).

제 4 절 정신적 자유권

Ⅰ. 양심의 자유

1. 개 설

1) 의의

양심의 자유(Gewissensfreiheit)는 민주주의의 정신적 기반이다. 이것은 종교, 학문, 언론 등의 전제가 되는 내심의 자유를 말한다.

일반적으로 양심이란 도덕적 · 윤리적 의미를 가지지만 여기서 양심이란 그런 의미를 떠나서 내심적 정신을 총칭한다. 즉 양심이 구체적으로 무엇을 의미하느냐에 대해서는 견해가 갈리고 있는 바, ① 양심의 자유를 사상의 자유와 동일시하는 견해, ② 넓은 의미의 사상의 자유에 포함시키는 견해, ③ 종교의 자유와 동일시하는 견해, ④ 도덕적 의무의 자각 내지 윤리적 판단으로 보는 견해 등이 있다.

생각건대, 우리 헌법상 종교의 자유가 별도로 보장되어 있고 따로 사상의 자유를 규정하지 않고 있기 때문에 사상의 자유(Gedankenfreiheit)로 해석하는 것이 타당하다.

[헌재 1991.4.1. 89헌마160] 양심이란 세계관·인생관·주의·신조 등은 물론, 이에 이르지 아니하여도 보다 널리 개인의 인격형성에 관계되는 내심에 있어서의 가치적·윤리적 판단도 포함된다고 볼 것이다. 그러므로 양심의 자유에는 널리 사물의 시시비비나 선악과 같은 윤리적 판단에 국가가 개입해서는 안되는 내심적 자유는 물론, 이와 같은 윤리적 판단을 국가권력에 의하여 외부에 표명하도록 강제받지 않는 자유 즉 윤리적 판단사항에 관한 침묵의 자유까지 포괄한다고 할 것이다. 이와 같이 해석하는 것이 다른 나라의 헌법과 달리 양심의 자유를 신앙의 자유와도 구별하고 사상의 자유에 포함시키지 않은 채 별개의 조항으로 독립시킨 우리헌법의 취지에 부합할 것이며, 이는 개인의 내심의 자유, 가치판단에는 간섭하지 않겠다는 원리의 명확한 확인인 동시에 민주주의의 정신적 기초가 되고 인간의 내심의 영역에 국가권력의 불가침으로 인류의 진보와 발전에 불가결한 것이 되어 왔던 정신활동의 자유를 보다 완전히 보장하려는 취의라고 할 것이다.

[헌재 1997.3.27. 96헌가11] 양심이란 인간의 윤리적·도덕적 내심영역의 문제이고 헌법이 보호하려는 양심은 어떤 일의 옳고 그름을 판단함에 있어서 그렇게 행동하지 아니하고는 자신의 인격적인 존재가치가 허물어지고 말 것이라는 강력하고 진지한 마음의 소리이지, 막연하고 추상적인 개념으로서의 양심이 아니다. 음주측정에 응해야 할 것인지, 거부해야 할 것인지 그 상황에서 고민에 빠질 수는 있겠으나, 그러한 고민은 선과 악의 범주에 관한 진지한 윤리적 결정을 위한 고민이라 할 수 없으므로, 고민 끝에 어쩔 수 없이 음주측정에 응하였다 하여 내면적으로 구축된 인간양심이 왜곡·굴절된다고 할 수 없으므로, 음주측정요구와 그 거부는 양심의 자유의 보호영역에 포괄되지 아니한다.

2) 연혁과 헌법규정

양심의 자유는 종교의 자유와 함께 인간 내심의 자유로서 정신적 자유의 근원으로 인정되고 있으며, 처음에는 종교의 자유와 함께 규정되었으나(예: 1850년 프로이센헌법 §1, 1867년 구 오스트리아헌법 §14, Weimar헌법 §135, 인도헌법 §25 등), 근래에 이르러 독자적으로 규정하는 경향이 많다.

우리 헌법 제19조는 "모든 국민은 양심의 자유를 가진다"라고 규정하고 있으며, 제20조에서는 종교의 자유를 독자적으로 규정하고 있다.

3) 법적 성격

개인의 내면적 · 정신적 자유로 가장 인간의 존엄과 가치의 내면적 기초가 되는 최상급의 기본권으로 정신적 자유의 모체이다.

즉, 이 자유는 인간으로 하여금 '올바르게' 행동하도록 하는 윤리적 범주로서의 인간의 내면적 정신활동을 보장하는 것이고, 정신적 자유의 근원이며 자연법상의 권리로서 절대적 기본권에 해당하고 일신전속적 권리로서의 성격을 가진다.

2. 내 용

양심의 자유가 단순한 내심적 · 정신적 자유라고 하고 그 외의 아무것도 아니라고 하면, 이것에는 거의 법적인 의미가 없다고 본다. 그것은 순수한 내면적 문제이므로 법적으로 다룰 수 있는 방법도 없고 가치도 없기 때문에 이는 절대적 자유이다.

따라서 사상을 강요당하지 않는 자유, 내심의 발표를 강요당하지 않는 자유(침묵의 자유), 양심 및 사상에 반하는 행위를 강요당하지 않는 자유라는 점에 양심의 자유의 의미가 있는 것이다.

1) 양심 및 사상의 형성을 강요당하지 않는 자유

양심 및 사상은 자유로운 것인데, 만일 국가가 어떤 사상을 가질 것을 강요할 수 있을까. 이것은 강요의 방법이 문제이다. 특정한 사상에 대하여 무조건 강요하고 이에 대한 비판을 허용하는 언론의 자유가 봉쇄된다면, 이는 양심의 자유에 대한 침범이다. 그렇지 않고 비판을 허용하면서 권유하는 예는 있을 수 있다. 민주국가에 있어서 국가의 구성권리인 자유민주주의 사상을 갖게 하는 것은 헌법에서 말하는 양심의 자유의 침범이 아니다.

이와 같이 양심형성의 자유는 자신의 논리적인 판단에 따라 사물의 옳고 그름을 판단하는 자유를 의미한다. 이는 순수한 내심의 작용이므로 어느 경우에도 제한될 수 없는 절대적 자유권이다 따라서 국가권력 등이 양심형성에 관여하거나, 강제하거나, 방해하는 것 등은 인정될 수 없다.

[헌재 1998.7.16. 96헌바35] 헌법 제19조가 보호하고 있는 양심의 자유는 양심형성의 자유와 양심적 결정의 자유를 포함하는 내심적 자유(forum internum) 뿐만 아니라, 양심적 결정을 외부로 표현하고 실현할 수 있는 양심실현의 자유(forum externum)를 포함한다고 할 수 있다. 내심적 자유, 즉 양심형성의 자유와 양심적 결정의 자유는 내심에 머무르는 한 절대적 자유라고 할 수 있지만, 양심실현의 자유는 타인의 기본권이나 다른 헌법적 질서와 저촉되는 경우 헌법 제37조 제2항에 따라 국가안전보장 · 질서유지 또는 공공복리를 위하여 법률에 의하여 제한될 수 있는 상대적 자유라고 할 수 있다.

2) 양심 및 사상의 발표를 강요당하지 않는 자유(침묵의 자유)

양심 및 사상을 발표하는 자유는 표현의 자유(언론 · 출판의 자유)에 속하는 문제이지만, 양심 및 사상에 관하여 침묵하는 자유는 양심의 자유에 속하는 문제이다.

침묵의 자유가 보장되어야 양심의 자유가 본질적으로 보장되는 것이다. 그러나 여기서 말하는 침묵은 자기의 양심이나 사상에 관한 침묵이고, 자기가 알고 있는 객관적 사실에 대한 침묵을 뜻하는 것은 아니다.

3) 양심 및 사상에 반하는 행위를 강요당하지 않는 자유

양심의 자유는 이에 반하는 행위를 강요당하지 않는 자유까지 보장되어야 양심 및 사상의 자유가 진정한 의미에서 보장되겠지만, 이에는 여러 문제점이 있다.

(1) 양심적 반전주의자

양심상의 이유로 반전사상을 가지고 집총을 거부하는 자에 대하여 병역을 면제하는 나라도 있으나, 우리나라는 이를 인정하지 않고 있다.

[헌재 2011.8.30. 2008헌가22 등] 병역법은, '국민의 의무인 국방의 의무의 이행을 관철하고 강제함으로써 징병제를 근간으로 하는 병역제도 하에서 병역자원의 확보와 병역부담의 형평을 기하고 궁극적으로 국가의 안전보장이라는 헌법적 법익을 실현하고자 하는 것'으로 그 입법목적이 정당하고, 입영을 기피하는 현역입영대상자에 대하여 형벌을 부과함으로써 현역복무의무의 이행을 강제하고 있으므로, 이 같은 입법목적을 달성하기 위한 적절한 수단이다. 또한 병역의무와 관련하여 대체복무제를 도입할 것인지의 문제는 결국 '대체복무제를 허용하더라도 국

가안보라는 중대한 공익의 달성에 아무런 지장이 없는지 여부'에 대한 판단의 문제로 귀결되는바, 남북이 대치하고 있는 우리나라의 특유한 안보상황, 대체복무제 도입시 발생할 병력자원의 손실 문제, 병역거부가 진정한 양심에 의한 것인지 여부에 대한 심사의 곤란성, 사회적 여론이 비판적인 상태에서 대체복무제를 도입하는 경우 사회 통합을 저해하여 국가 전체의 역량에 심각한 손상을 가할 우려가 있는 점 및 종전 헌법재판소의 결정에서 제시한 선행조건들이 아직도 충족되지 않고 있는 점 등을 고려할 때 대체복무제를 허용하더라도 국가안보와 병역의무의 형평성이라는 중대한 공익의 달성에 아무런 지장이 없다는 판단을 쉽사리 내릴 수 없으므로, 양심적 병역거부자에 대하여 대체복무제를 도입하지 않은 채 형사처벌 규정만을 두고 있다고 하더라도 이 사건 법률조항이 최소침해의 원칙에 반한다고 할 수 없다.

(2) 사죄광고의 강요

명예훼손의 경우에 일본 및 우리나라 민법 제764조에는 명예회복을 위하여 판결로서 사죄광고를 명하는 때가 있는 바, 일본 판례와 우리의 하급심판결은 합헌이라고 보나, 양심에 비추어 판결을 승복할 수 없는 경우 이를 강제집행하는 것은 양심의 자유의 침해라는 견해도 있다.

[헌재 1991.4.1. 89헌마160] 사죄광고의 강제는 양심도 아닌 것이 양심인 것처럼 표현할 것의 강제로 인간양심의 왜곡·굴절이고 겉과 속이 다른 이중인격형성의 강요인 것으로서 침묵의 자유의 파생인 양심에 반하는 행위의 강제금지에 저촉되는 것이며 따라서 우리 헌법이 보호하고자 하는 정신적 기본권의 하나인 양심의 자유의 제약(법인의 경우라면 그 대표자에게 양심표명의 강제를 요구하는 결과가 된다.)이라고 보지 않을 수 없다. … 민법 제764조가 사죄광고제도를 포함하는 취지라면 그에 의한 기본권 제한에 있어서 그 선택된 수단이 목적에 적합하지 않을 뿐 아니라 그 정도 또한 과잉하여 비례의 원칙이 정한 한계를 벗어난 것으로 헌법 제37조 제2항에 의하여 정당화될 수 없어 헌법 제19조에 위반되는 동시에 헌법상 보장되는 인격권의 침해에 이르게 된다고 할 것이다. 그렇다면 민법 제764조가 동조 소정의 "명예회복에 적당한 처분"에 사죄광고를 포함시키는 것이라면 동 규정은 헌법에 위반될 수밖에 없다.

3. 주체와 효력

1) 양심의 자유의 주체

양심의 자유는 인간의 정신적 자유이므로 그 향유 주체는 자연인이다. 법인은 이에 포함되지 않는다. 그리고 이는 인간의 권리이기 때문에 내국인에 한하지 않으며 외국인이나 무국적자에게도 보장된다.

2) 양심의 자유의 효력

양심의 자유는 대국가적인 효력을 가진다. 국가는 입법에 의하여서도 양심의 자유를 침해해서는 안 되며, 행정과 사법도 개인의 양심의 자유를 침해해서는 안 된다.

또한 양심의 자유는 대사인간의 효력에도 적용된다고 보는 것이 통설이다.

4. 제한과 한계

양심의 자유는 제3차 개헌 이전에는 법률로써 제한할 수 없는 절대적 자유로 해석되었으나, 제3차 개헌 이래 상대적 자유로 변화하였다. 따라서 제37조 제2항에 의해 국가안전보장, 질서유지를 위해 필요한 경우 법률로써 제한할 수 있다고 볼 수 있다.

이러한 경우 양심의 자유가 어느 정도 제한될 수 있는가에 대해서는 양심이 내심의 세계에 머물러 있는 경우에도 일정한 제한이 따른다는 내재적 제한설, 양심이 내심의 세계에 머물러 있는 경우뿐만 아니라 외부에 나타난 경우에도 전혀 제한을 받지 않는다는 절대적 무제약설, 양심이 내심의 세계에 머물러 있는 한 제한이 따르지 아니하나, 외부에 나타날 경우 제한이 따른다는 내면적 무한계설이 있다.

생각건대, 양심의 자유는 내심의 자유이기 때문에 원칙적으로 그 제한이 인정될 수 없는 것이지만, 그것이 외부세계에 행동 등으로 나타날 때에는 규제대상이 되는 것은 당연하므로 내면적 무한계설이 타당하다. 따라서 양심의 자유는 그 내용면에서, 양심 및 사상의 형성을 강요당하지 않는 자유와 그 발표를 강요당하지 않는 자유는 인간의 내면적 정신에 한정되는 문제이므로 이는 법률로써 강요할 수 없는 절대적 자유에 속하는 것이다. 그러나 양심 및 사상에 반하는 행위를 강요당하지 아니하는 자유는 헌법 제37조 제2항에 의하여 제한당한다고 보아야 한다. 따라서 국가안전보장, 질서유지 또는 공공복리를 위하여 필요한 경우에 법률로써 강요할 수 있다. 자유민주적 기본질서를 보장하기 위하여 이에 반대하는 자를 처벌하거나 확신범을 처벌하는 것은 물론, 기타 법률에 위반된 자를 본인의 의사에 반하여 처벌하는 것이 이에 해당된다.

[대법원 1984.1.24. 선고, 82누163판결] 헌법이 보장한 양심의 자유는 정신적인 자유로서 어떠한 사상·감정을 가지고 있더라도 그것이 내심에 머무르는 한 절대적인 자유이므로 제한할 수 없는 것이나, 그와 같은 내심의 사상을 문제 삼은 것이 아니라, 보안처분대상자가 그 동안 반국가단체에 관여한 경력과 그로 인한 전과내용·출소 후의 제반행상 등에 비추어 그가 가지고 있는 공산주의사상은 내심의 영역을 벗어나 현저한 반사회성의 징표를 나타내고 있다고 보아, 이를 사회안전법 소정의 특정범죄를 다시 범할 위험성여부에 관한 판단의 자유로 삼은 것에 불과한 경우에는 그러한 판단이 양심의 자유를 보장한 헌법규정에 위반된다고 할 수 없다.

[대법원 1993.9.28. 선고, 93도1730 판결] 양심의 자유는 헌법이 보장하는 기본적 권리이긴 하나 무제한적인 것이 아니기 때문에 헌법 제37조2항에 의하여 국가안전보장·질서유지 또는 공공복리를 위하여 필요한 경우에는 양심의 자유의 본질적 내용을 침해하지 않는 한도 내에서 제한할 수 있다.

Ⅱ. 종교의 자유

1. 서 설

1) 의의

종교란 인간이 초인적인 신의 존재를 믿고 이에 귀의하는 것이므로 종교의 자유는 자기가 원하는 종교를 그가 원하는 방법에 따라 신봉하는 자유를 말한다.

2) 연혁과 헌법규정

중세 유럽에서는 국가권력이 교회의 권위와 결합하여 국교 이외의 다른 종교의 신봉이 불허되었다.

그러나 근대에 이르러 국가권력으로 강제되던 국교를 부인하여 교회의 권위와 결합된 국가권력의 압력에 대한 투쟁으로써 종교의 자유를 획득, 정치와 종교와의 분리를 달성하였다.

영국의 1647년 및 1649년의 국민협정(Agreement of the People) 중 이미 언론의 자유와 동시에 종교의 자유가 주장되었으며, 1689년 권리장전(§17)에도 이것이 인정되었으며, 프랑스 인권선언(§10), 미국 헌법(수정 §1) 등에서 선언된 이래 세계 각국의 모든 헌법에 거의 채택되고 있다.

우리 헌법 제20조는 제1항에서 "모든 국민은 종교의 자유를 가진다"고 규정하는 한편, 제2항에서 "국교는 인정되지 아니하며, 종교와 정치는 분리된다"라고 규정하여, 종교의 자유와 국교부인, 정교분리의 원칙을 선언하고 있다.

2. 법적 성격과 내용

1) 법적 성격

종교의 자유는 초인간적 존재의 확신과 이에 관련된 심정 · 행위에 대하여 공권력으로부터 간섭을 받지 않음을 의미하는 주관적 공권이다.

2) 내용

종교의 자유는 신앙의 자유, 종교적 행위의 자유, 종교적 집회 및 결사의 자유를 그 내용으로 한다.

(1) 신앙의 자유

신앙의 자유(Glaubensfreiheit)는 어떤 종교를 믿고 안 믿는 자유, 어떤 종교를 선택하는 자유, 믿는 종교에서 다른 종교로 개종하는 자유를 의미하며, 이것은 개인의 내심이 문제이므로 법률로도 간섭할 수 없는 절대적 자유이다.

(2) 종교적 행위의 자유

종교적 행위의 자유는 기도, 예배, 독경이나 예불과 같이 신앙을 외부에 표현하는 모든 의식 · 축전을 말한다. 이러한 종교적 행위에 대해서는 국가가 관여해서는 안 되며 종교적 행위의 자유에는 선교의 자유도 포함된다.

(3) 종교적 집회 · 결사의 자유

종교적 집회란 종교적 목적으로 신앙자가 화합하는 것이며, 종교적 결사란 종교적 목적으로 동신자가 단체를 형성하는 것을 말한다. 사회단체등록에관한법률은 종교단체에 대하여는 등록을 요하지 아니한다고 규정하고 있다.

3. 주체와 효력

1) 주체

종교의 자유는 인간의 자유이므로 그 향유주체는 외국인을 포함한 국민이다 그 성질상 법인에게는 인정되지 않는다. 그러나 종교단체도 종교적 목적의 달성에 종사하고 있는 한, 내심적 신앙을 제외한 종교적 결사, 특히 교회의 경우 선교의 자유, 예배의 자유 등은 법인에게도 인정된다.

2) 효력

종교의 자유는 국가에 대한 개인의 주관적 공권이기 때문에 공권력에 대한 보장이지만, 오늘날 사인에 의한 침해도 생기게 됨에 따라 대사인적 효력도 가지고 있다. 즉 사용자가 근로자의 신앙을 이유로 행하는 해고나 근로조건에 대한 차별대우를 할 수 없을 뿐만 아니라 사용자에 의한 종교적 행사의 자유가 방해되어서도 안 된다.

4. 제한과 한계

1) 일반적 법률유보에 의한 제한

종교의 자유도 신앙의 자유를 제외하고는 헌법 제37조 제2항에 의하여 제한될 수 있다. 제한하는 경우에도 본질적 부분을 침해해서는 안 되며, 더 나아가 다른 자유권과는 달리 종교의 자유에 대한 지나친 제한은 금지된다고 본다. 이는 정신적 자유가 '인간의 존엄과 가치'에 중요하기 때문이다.

2) 표현의 자유와의 관계

종교적 행위의 자유와 종교적 집회 · 결사의 자유는 헌법 제21조 제1항의 표현의 자유와의 관계가 문제된다. 이에 관하여 종교적 목적을 위한 표현의 자유는 일반목적을 위한 표현의 자유보다는 더욱 고도의 보장을 받게 되는 것으로 보아 헌법 제20조는 제21조 제1항에 대하여 특별법적 관계에 있다고 보는 것이 타당하다.

> [헌재 2001.9.27. 2000헌마159] 사법시험 시행일을 일요일로 정한 피청구인의 처분이 직접적으로 청구인의 종교의 자유를 침해하였다고 보기는 어렵다. 다만 매년 반복하여 시행되는 사법시험의 시행일을 일요일로 정하는 것이 청구인의 일요일에 예배행사에 참석할 종교적 행위의 자유를 제한하는 것으로 볼 수 있는지가 문제이나, 종교적 행위의 자유는 신앙의 자유와는 달리 절대적 자유가 아니라 질서유지, 공공복리 등을 위하여 제한할 수 있는 것으로서 사법시험 제1차 시험과 같은 대규모 응시생들이 응시하는 시험의 경우 그 시험장소는 중·고등학교 건물을 임차하는 것 이외에 특별한 방법이 없고 또한 시험관리를 위한 2,000여 명의 공무원이 동원되어야 하며 일요일 아닌 평일에 시험이 있을 경우 직장인 또는 학생 신분인 사람들은 결근, 결석을 하여야 하고 그밖에 시험당일의 원활한 시험관리에도 상당한 지장이 있는 사정이 있는바, 이러한 사정을 참작한다면 피청구인이 사법시험 제1차 시험 시행일을 일요일로 정하여 공고한 것은 국가공무원법 제35조에 의하여 다수 국민의 편의를 위한 것이므로 이로 인하여 청구인의 종교의 자유가 어느 정도 제한된다 하더라도 이는 공공복리를 위한 부득이한 제한으로 보아야 할 것이고 그 정도를 보더라도 비례의 원칙에 벗어난 것으로 볼 수 없고 청구인의 종교의 자유의 본질적 내용을 침해한 것으로 볼 수도 없다.

5. 정교분리의 원칙

정교분리(政敎分離)란 정치와 종교(특히 국가와 교회)의 결별을 뜻한다. 따라서 정교분리의 원칙이란 국교의 부인, 국가의 특정 종교에 대한 우대 및 차별의 금지, 종교의 정치개입의 금지, 국가의 종교교육의 금지 등을 의미한다.

Ⅲ. 언론 · 출판의 자유

1. 개 설

1) 의의

언론 · 출판의 자유(Rede-und Pressefreiheit)란 자기의 사상이나 의견을 언어 · 문자 등으로 외부에 표현하는 자유를 말한다. 여기서 언론이란 담화 · 토론 · 방송 등과 같은 구두의 형식에 의한 표현을 말하며, 출판이란 문서 · 도서 등의 출판물에 의한 표현을 말한다.

2) 연혁과 헌법규정

정신적 자유의 하나인 언론 · 출판의 자유가 영국에서는 1649년의 인민협약에서 선언되었고, 1695년에 검열법(the licensing act)의 폐지로 확립되었다. 그 후 1776년 버지니아 권리장전(§12), 1791년 미 연방헌법(수정 §1), 1789년 프랑스의 인권선언(§11) 등에서 규정된 이래 세계 각국의 헌법에서 널리 규정하기에 이르렀다.

우리 헌법은 제21조 제1항에서 "모든 국민은 언론 · 출판의 자유……를 가진다", 동조 제2항에서 "언론 · 출판에 대한 허가나 검열……은 인정되지 아니한다", 동조 제3항에서 "통신 · 방송의 시설기준과 신문의 기능을 보장하기 위하여 필요한 사항은 법률로 정한다", 동조 제4항에서 "언론 · 출판은 타인의 명예나 권리를 침해한 때에는 피해자는 이에 대한 피해배상을 청구할 수 있다"라고 규정하고 있다.

3) 존재 가치

오늘날 언론 · 출판의 자유는 민주정치에 있어 필수불가결한 자유로 인정되고 있다. 자유로운 정치적 의사의 형성이야말로 민주정치의 기초이기 때문이다.

그러므로 소극적이고 방어적 권리로 인정되던 언론 · 출판의 자유가 참정권과 더불어 국가질서형성의 적극적 권리로 변했다고 할 수 있다. 그리고 언론 · 출판의 자유는 개인의 인격발전 및 존엄과 직결되어 있다.

2. 법적 성격과 내용

1) 법적 성격

언론 · 출판의 자유는 전통적인 기본권의 하나로서 국민의 소극적인 지위에서 나오는 대국가적 방어권으로서의 성격인 자유권, 즉 국가로부터 방해됨이 없이 자유롭게 자기의 의견을 표현하고 형성하는 개인의 자유권이라고 하는 자유권설과 언론 · 출판의 자유는 개개의 인간에서 출발한 것이 아니고 조직된 사회에서 출발한 것으로서 민주정치의 필수적인 조건으로서의 자유로운 여론형성과 여론존중이라는 제도적 보장으로서의 성격을 갖는다고 보는 제도적 보장설이 있다.

생각건대, 권리보장을 수반하지 않는 제도보장은 무의미하고 권리보장이 제도보장의 내용을 이루고 있다는 의미에서, 언론 · 출판의 자유는 최대한 보장되어야 하고 자유권과 자기통치 · 자기실현을 위한 불가결의 제도로서의 언론제도의 보장(제도적 보장)이 결합된 의미를 갖고 있다고 보아야 할 것이다.

> [헌재 2003.12.18. 2002헌바49] 방송의 자유는 주관적 권리로서의 성격과 함께 자유로운 의견형성이나 여론형성을 위해 필수적인 기능을 행하는 객관적 규범질서로서 제도적 보장의 성격을 함께 가진다.

2) 내용

언론 · 출판의 자유에 관한 내용에 대해서는 의사표현의 자유에 국한하는 견해와 의사전파의 자유뿐만 아니라 의사수취, 정보, 신문보도, 방송 · 방영의 자유 등을 포함한다는 견해 등의 대립이 있으나 우리 헌법은 상세히 규정하고 있지는 않다.

(1) 의견의 표현과 전파의 자유

언론 · 출판의 자유에는 의견의 표현과 전파의 자유가 포함된다. 이에 대하여 의견의 발표와 사실보도는 구별된다고 할 수 있으나 실제로는 그 구별이 쉽지 않기 때문에, 언론 · 출판의 자유를 사실보도까지 포함하는, 자유롭게 말할 수 있고 알릴 수 있는 자유를 보장한 것으로 보는 견해도 있다. 국가는 의견표명과 전달을 억제하거나 침해할 수 없다.

> [헌재 1993.5.13. 91헌바17] 언론 • 출판의 자유의 내용 중 의사표현 • 전파의 자유에 있어서 의사표현 또는 전파의 매개체는 어떠한 형태이건 가능하며 그 제한이 없다. 즉 담화 • 연설 • 토론 • 연극 • 방송 • 음악 • 영화 • 가요 등과 문서 • 소설 • 시가 • 도화 • 사진 • 조각 • 서화 등 모든 형상의 의사표현 또는 의사 전파의 매개체를 포함한다. 그러므로 음반 및 비디오물도 의사형성적 작용을 하는 한 의사의 표현 • 전파의 형식의 하나로 인정되며, 이러한 작용을 하는 음반 및 비디오물의 제작은 언론 • 출판의 자유에 의해서도 보호된다.

> [헌재 1992.11.12. 89헌마88] 교사의 수업권은 학생의 교육을 받을 권리를 위해 제한될 수 있으므로 교과서 검 • 인정제도가 교사의 학문의 자유를 침해하는 것이 아니다. 연구결과를 일반 저작물로 출판하는 것 자체는 금지하는 것이 아니고 출판물을 교과서로 사용할 수 없도록 하는 것뿐이므로 출판의 자유를 침해하는 것이 아니다. 학생들의 수학권의 내실 있는 보장과 교육내용의 객관성 • 전문성 등에 대한 국가의 책임을 완수하기 위해서는 국가가 교과용 도서의 발행에 관여할 수밖에 없는 것이므로 교과서 검 • 인정제도는 합헌이다.

> [헌재 2002.2.28. 99헌바117] 의사표현의 자유는 언론 • 출판의 자유에 속하고, 여기서 의사표현의 매개체는 어떠한 형태이건 그 제한이 없는바, 게임물은 예술표현의 수단이 될 수도 있으므로 그 제작 및 판매 · 배포는 표현의 자유를 보장하는 헌법 제21조 제1항에 의하여 보장을 받는다.

(2) 알 권리

(a) **의의**

알 권리(right to know)란 모든 정보원으로부터 정보를 수집할 수 있는 권리를 말한다. 의견의 표현 · 전파의 자유가 주는 쪽의 자유라고 한다면 알 권리는 받는 쪽의 자유라고 말할 수 있다.

(b) **법적 근거**

알 권리는 여론의 자유로운 형성을 위한 전제로서 민주정치에 꼭 필요한 요소이기 때문에 우리 헌법상 이것이 인정된다고 할 수 있으나, 이에 관한 헌법의 명문규정이 없는 까닭에 그 근거를 어디서 찾아야 할 것인가에 관해서는 의견이 대립된다. 알 권리는 특히 민주주의적 국정참여를 위하여, 인격의 자유로운 발전을 위하여 또한 인간다운 생활을 확보하기 위하여 필요한 정보수집의 자유와 권리를 의미하므로 헌법 제21조 제1항의 표현의 자유, 제1조 제1항의 국민주권의 원리, 제10조의 인간의 존엄과 가치 및 행복추구권, 제34조 제1항의 인간다운 생활을 할 권리 등이 그 근거이다.

(c) **내용**

알 권리는 구체적으로 개인에게는 정보청구권을 의미하고, 언론기관에게는 정보청구권 및 취재의 자유를 의미한다고 하겠다.

[헌재 1991.5.13. 90헌마133] 정보에의 접근・수집・처리의 자유, 즉 알권리는 헌법 제21조 소정의 표현의 자유와 표리의 관계에 있으며, 자유권적 성질과 청구권적 성질을 공유하는 것인바, 이러한 알권리의 실현을 위한 법률이 제정되어 있지 않더라도 그 실현이 불가능한 것은 아니며 이러한 알권리에 의하여 사건당사자의 형사확정소송기록에 대한 접근의 자유도 보장되는 것이므로 … 검사가 청구인에게 형사확정소송기록을 열람・복사할 수 있는 권리를 인정한 명문규정이 없다는 것만을 이유로 하여 무조건 청구인의 복사신청을 거부한 것은 청구인의 알권리를 침해한 것이다.

[헌재 2003.3.27. 2000헌마474 전원재판부] 구속적부심사건 피의자의 변호인에게 고소장과 피의자신문조서에 대한 열람 및 등사를 거부한 경찰서장의 정보비공개결정이 변호인의 피구속자를 조력할 권리 및 알 권리를 침해하여 헌법에 위반된다.

(3) 언론기관의 자유

(a) **보도의 자유**

언론기관의 자유에는 신문이나 방송 등을 통한 보도의 자유가 포함된다. 보도의 자유 속에 취재의 자유가 포함되느냐가 문제가 된다. 보도의 기능을 충분히 발휘하기 위해서는 취재의 자유가 인정된다.

(b) **내부적 자유(경영권과 편집권)**

언론기관의 상업화로 인하여 언론기관의 내부적 자유가 문제되고 있으며, 경영권에 대한 편집권의 독립이 요망된다.

(c) **언론기관의 보호**

현행 헌법은 언론의 자주성과 독립성을 보장하고 활성화하기 위하여 언론기관에 관한 규정을 신설하고 있다. 이에 근거하여 신문등의진흥에관한법률이 시행되고 있다.

3. 주체와 책임

1) 주체

언론 · 출판의 자유는 그 향유주체가 모든 국민이며, 외국인도 원칙적으로 포함되며, 법인(신문사, 통신사 등)에게도 보도의 자유 등이 보장된다.

2) 책임

헌법 제21조 제4항에서 밝히고 있는 바와 같이, 언론 · 출판은 타인의 명예나 권리 또는 공중도덕이나 사회윤리를 침해해서는 안되며, 방송은 공적 책임을 지며(방송법 5), 공정성과 공익성을 지켜야 한다(동법 6).

4. 제한과 한계

1) 제한

언론 · 출판의 자유가 고도의 공공적 가치를 지닌다 하여도, 헌법 제37조 제2항 규정에 따라, 국가안전보장 · 질서유지 · 공공복리를 위하여 법률로 제한할 수 있다. 언론 · 출판의 자유의 제한에 따른 문제점을 살펴보면 다음과 같다.

⑴ 사전 제약

언론 · 출판에 대한 검열제와 같은 사전 제약은 허용될 수 없다. 현행 헌법은 언론 · 출판에 대한 검열이 인정되지 않음을 명문으로 선언하고 있다(§21②).

언론 · 출판에 대한 검열은 국민의 알 권리까지 침해하는 것으로 사후 제약보다 더 유해하다. 다만, 언론 · 출판이 그 '위험이 명백하고 현존'하는 경우에는 사전 제약이 가능하다.

⑵ 사후 제약

언론 · 출판의 자유는 헌법 제37조 제2항의 일반적 법률유보에 의하여 제한할 수 있으며, 긴급명령이나 비상계엄 하에서도 제한된다.

2) 한계

언론 · 출판의 자유를 제한하는 경우에도 그 본질적 부분은 침해할 수 없다. 따라서 언론 · 출판의 검열제는 인정될 수 없다.

[헌재 1992.11.12. 89헌마88] 국정교과서제도는 교과서라는 형태의 도서에 대하여 국가가 이를 독점하는 것이지만, 국민의 수학권의 보호라는 차원에서 학년과 학과에 따라 어떤 교과용 도서에 대하여 이를 자유발행제로 하는 것이 온당하지 못한 경우가 있을 수 있고 그러한 경우 국가가 관여할 수밖에 없다는 것과 관여할 수 있는 헌법적 근거가 있다는 것을 인정한다면 그 인정의 범위내에서 국가가 이를 검 • 인정제로 할 것인가 또는 국정제로 할 것인가에 대하여 재량권을 갖는다고 할 것이므로 중학교의 국어교과서에 관한 한, 교과용 도서의 국정제는 학문의 자유나 언론 • 출판의 자유를 침해하는 제도가 아님은 물론 교육의 자주성 • 전문성 • 정치적 중립성과도 무조건 양립되지 않는 것이라 하기 어렵다.

[헌재 1992.6.26. 90헌가23] 정기간행물의등록등에관한법률상의 등록제도는 허가제나 검열제와는 다른 것이고, 헌법에 위반되지 않으나 등록요건인 제7조1항9호 • 소정의 제6조3항1호 및 제2호의 규정에 의한 "해당시설"은 임차 또는 리스 등에 의하여도 갖출 수 있는 것이므로 해당시설을 자기소유이어야 하는 것으로 해석하는 한 신문발행인의 자유를 제한하는 것으로서 허가제의 수단으로 남용될 우려가 있으므로 헌법 제12조의 죄형법정주의의 원칙에 반하고 헌법상 금지되고 있는 과잉금지의 원칙이나 비례의 원칙에 반한다.

[헌재 1992.6.26. 90헌바26] 정기간행물의등록등에관한법률 제10조 제1항 소정의 정기간행물의 공보처장관에의 납본제도는 언론 • 출판에 대한 사전검열이 아니어서 언론 • 출판의 자유를 침해하는 것이 아니고, 헌법이 보장하는 재산권을 침해하는 것도 아니며, 도서관진흥법과 국회도서관법 외에 따로 납본제도를 두었다고 하여 과잉금지의 원칙에 반한다고 할 수 없어, 헌법에 위반되지 아니한다.

[헌재 2008.6.26. 2005헌마506] 한국광고자율심의기구는 행정기관적 성격을 가진 방송위원회로부터 위탁을 받아 이 사건 텔레비전 방송광고 사전심의를 담당하고 있는 바, 한국광고자율심의기구는 민간이 주도가 되어 설립된 기구이기는 하나, 그 구성에 행정권이 개입하고 있고, 행정법상 공무수탁사인으로서 그 위탁받은 업무에 관하여 국가의 지휘·감독을 받고 있으며, 방송위원회는 텔레비전 방송광고의 심의 기준이 되는 방송광고 심의규정을 제정, 개정할 권한을 가지고 있고, 자율심의기구의 운영비나 사무실 유지비, 인건비 등을 지급하고 있다. 그렇다면 한국광고자율심의기구가 행하는 방송광고 사전심의는 방송위원회가 위탁이라는 방법에 의해 그 업무의 범위를 확장한 것에 지나지 않는다고 할 것이므로 한국광고자율심의기구가 행하는 이 사건 텔레비전 방송광고 사전심의는 행정기관에 의한 사전검열로서 헌법이 금지하는 사전검열에 해당한다.

[헌재 2001.8.30. 2000헌바36] 헌법 제21조 제2항에서 규정한 검열 금지의 원칙은 모든 형태의 사전적인 규제를 금지하는 것이 아니고 단지 의사표현의 발표 여부가 오로지 행정권의 허가에 달려있는 사전심사만을 금지하는 것을 뜻하므로, 이 사건 법률조항에 의한 사법부의 방영금지가처분은 행정권에 의한 사전심사나 금지처분이 아니라 개별 당사자간의 분쟁에 관하여 사법부가 사법절차에 의하여 심리, 결정하는 것이어서 헌법에서 금지하는 사전검열에 해당하지 아니한다.

5. 언론매체에 대한 접근이용권

1) 개설

(1) 의의

매스미디어에 대한 액세스권의 의미는 여러 가지로 쓰인다. 광의로는 매스미디어에서 소외당한 시민이 자기의사를 표명하려 할 경우 그것을 매스미디어에 구하고 또 그것을 이용할 권리(일반이용권)를 말한다. 그리고 협의로는 매스미디어에 의해서 자기명예가 훼손당한 사람이 해당 미디어(media)에 대하여 공적으로 반론 내지 변명을 할 권리(협의의 반론권)를 말한다.

그 외에도 광·협의 중간으로 여러 가지 의미를 가진 액세스권이 있다. 요컨대, 액세스권이란 ① 비판·항의·요구·진정, ② 의견광고, ③ 반론권, ④ TV 참가, ⑤ 언론기관참가 등을 모두 포함한다고 할 수 있다.

⑵ 성립배경

액세스권이 등장하게 된 배경은 신문·방송 등 언론기관이 거대한 독점기업으로 됨에 따라 다수의 국민이 미디어의 소유와 이용에서 배제되고 미디어를 받는 지위로만 전락한 데 있다.

이런 이유에서 매스 미디어에 대한 액세스권의 주장은 표현의 자유의 헌법적 보장으로서 '받기만 하는 국민'이 '보내는 지위의 국민'으로 복권하자는 것이다.

2) 언론매체이용권의 주체와 법적 성격

⑴ 주체

액세스권의 주체는 매스 미디어에서 소외된 '받는 측'으로서의 자연인이다. 또 전체도 이론상 주체가 될 수 있을 것이다.

⑵ 법적 성격

액세스권은 고전적인 언론의 자유가 국가권력의 부작위를 청구하는 의미의 자유권임에 대하여, 국가권력의 발동을 요구하고 그 실현을 적극적으로 청구하는 생존권(사회권)적 성격의 권리이기도 하다.

3) 언론매체이용권의 법적 근거

액세스권의 법적 근거에 대하여는 헌법 제21조 제4항에서 찾는 견해와 언론의 자유의 객관적 가치질서로서의 성격에서 찾는 견해가 있다.

실정법상으로는 언론중재및피해구제등에관한법률에서 규정하고 있다. 정정보도청구의 요건(법 14), 정정보도청구권의 행사(법 15), 반론보도청구권(법 16) 및 추후보도청구권(법 17)에 관하여 규정하고 있다. 또한 인터넷뉴스서비스에 대한 특칙(법 17의 2)도 규정하고 있다.

4) 내용

⑴ 의견광고

액세스권의 한 유형으로서 의견광고는 광고주의 주의·주장 등 의견을 광고라는 형식을 통하여 선전하는 것이다. 이 광고는 그 대가를 지불하여야 한다는 점에서 순수한 언론과 구별된다.

의견광고의 경우 법률의 명문규정이 없을 때에는 그 허용여부가 전적으로 매스미디어에 위임되어 있다(계약자유의 원칙). 그러나 이와 같은 계약자유의 원칙이 상품광고와 다른 의견광고, 즉 국민의 정치적 표현의 자유에 직접 관계되는 광고일 경우 언론기관이 가령 사시(社是) 방침에 어긋난다는 이유 등으로 그 게재·광고를 거부한다면 이는 결국 국가기관이 검관(檢關)하는 것과 같은 효과를 갖게 된다. 그러므로 그 매스미디어가 정한 기준이 만일 공공성과 합리성이 결여되어 있다면 그 기준은 결국 헌법에 위반된다 할 것이다.

(2) 반론권

의견·정보의 유통은 ① 의견·정보의 표현자, ② 전달자, ③ 받는 자에 의하여 이루어진다. 이때 전달자는 시민과는 독립하여 자기의 전문적 지식과 판단으로 전달내용을 선택하는 것이므로 공표된 결과에 대하여는 전달자 스스로가 책임을 져야 한다.

반론방송요구의 운동은 1970년대에 들어와서 현저하게 나타났는데, 그 요점은 시청자·국민의 발언권보장과 공정한 방송요구권보장을 위하여, 중요한 문제에 대한 한쪽 견해의 방송에 대응한 다른 쪽의 견해도 같은 조건으로 방송해야 한다는 것 등이다.

5) 결어

언론매체에 대한 접근이용권은 현대의 대중사회에서 매우 중요한 기본권으로서 형성과정에 있는 권리라고 할 수 있고 향후 그 활성화가 기대된다. 이런 새로운 인권은 결국 위에서 부여해 주는 것이 아니라 아래에서부터 시민이 주장하고 요구함으로써 실현 가능해진다고 하겠다.

6. 언론 출판의 자유에 대한 제한원리

1) 서언

우리 헌법질서는 인간의 존엄성 보장에 그 궁극적 기초를 두고 있으며, Kant 사상에서 연원하는 자주적 인간으로서의 인격 발전에 최고의 가치를 두고 있다.

언론의 자유는 이러한 자주적 인간실현에 직결되는 기본권으로서 정신적 자유의 핵을 이룰 뿐만 아니라 오늘날 민주주의 실현에 불가결한 정치적 기본권으로서 최대한 보장되어야 한다.

그러나 언론출판의 자유도 절대·무제한적인 자유를 의미하는 것은 아니며 현실적으로 다른 기본권과의 충돌도 생각될 수 있으므로 사회적인 제가치와의 관계에서 조정되어야 할 경우도 있다. 우선 헌법의 직접 제한으로는 제21조 제4항에서 "언론·출판은 타인의 명예나 권리 또는 공익도덕이나 사회윤리를 침해하여서는 아니된다"라고 하여 언론·출판의 자유의 내재적 한계를 강조하여 규정하고 있다. 이러한 내재적 한계를 이탈하여 언론·출판이 남용되는 경우로 흔히, ⓐ 타인의 명예훼손(비방·개인적 모욕 포함), ⓑ 타인의 사생활의 비밀과 자유의 침해, ⓒ 공중도덕 또는 사회윤리에 반하는 경우(특히 외설), ⓓ 선동(범죄나 공공질서의 교란 또는 국가질서파괴의 선동) 등을 든다.

두 번째의 제한방식은 일반적 법률유보에 의한 경우인데 국가안전보장·질서유지 또는 공공복리를 위해 법률로써 제한하는 경우가 그에 해당한다. 이는 다시 사전적 제한과 사후적 제한으로 나눌 수 있는데, 사전적 제한(언론에 대한 허가·검열)은 원칙적으로 금지된다. 따라서 언론 자유의 제한은 사후적 제한을 중심으로 논의하게 된다. 다음에 적극적인 제약원리로서의 공공복리를 수용할 것인가에 관하여는 소극설과 적극설의 대립이 있으나, 적극설이 통설을 이루고 있다.

세 번째는 예외적으로 긴급명령 또는 비상계엄, 그리고 소위 특별권력관계를 인정한다면 그에 의한 제한을 생각할 수 있다. 그러나 어느 경우에도 그 본질적 내용을 침해할 수는 없다(§37②).

2) 제한에 관한 이론

(1) 사전억제금지의 이론

표현자유를 제한하는 경우에 있어서도 표현되기 이전의 사전억제는 원칙적으로 금지된다. 즉, 표현자유의 사전억제는 국민의 '알 권리'까지도 침해할 뿐 아니라 국민이 알아야 할 사항을 당국의 자의적으로 선별하는 것이 되고, 사후규제의 경우에 비하여 문제가 많다는 것 때문에 헌법에 의한 언론·출판의 자유보장에는 사전억제의 금지가 포함되어 있다는 것은 일반적으로 승인되어 있다(§21② 참조).

사전억제금지의 이론은 언론 · 출판에 대한 검열금지와, 집회와 결사에 대한 허가제의 금지로 나타난다. 검열의 금지는 사상발표 전에 국가기관에 의하여 그 내용을 심사 · 선별하여 일정한 사상표현을 저지하는 제도, 즉 사전검열의 금지로 나타난다. 또 집회 · 결사에 대한 허가제도 금지되나 집회 · 결사에 대한 신고제는 행정상의 참고를 위한 것으로 무방하다.

(2) 명확성의 이론

불명확한 법률규정으로 표현의 자유를 제한하여서는 안 된다. 막연 · 부정확한 법규가 존재하는 것만으로 사람들의 권리행사에 미치는 악영향을 위축효력이라고 부른다.

따라서 표현의 자유를 제한하는 법률의 내용이 불명확할 때에는 법문을 엄격히 해석하여 '막연하기 때문에 무효'(void for vagueness)가 된다. 나아가 지나치게 막연하게 광범한 내용을 담은 법률은 법원의 판단을 기다릴 필요도 없이 '문언상 무효'(void on its face)로 본다. 표현자유의 우월적 지위, 특히 형벌규정에 있어서는 죄형법정주의와 결부하여 한층 엄격하게 적용하여야 한다.

(3) 비례의 원칙

위법한 표현행사를 억제하기에 충분하면서 보다 덜 제한적인 규제수단이 따로 있음에도 불구하고 무거운 제재를 과하는 것은 달리 방법이 있음에도 불구하고 자유로운 표현을 질식시키는 사회적 효과를 가지기 때문에 위헌이 된다. 법원은 어떤 대체수단이 개인의 이익에 관해서 보다 덜 제한적이라고 판단될 경우에 형량을 해야 한다. 그 요소로서는 ① 개인의 이익의 중요성 및 그 이익의 보호에 법원이 해왔거나 앞으로 할 정도, ② 문제의 법률이 취하는 수단과 대체수단의 유효성의 차이, ③ 양 수단의 비용상의 차이, ④ 대체수단이 덜 제한적일 것 등을 들 수 있다. 이것은 자유제한은 필요한 최소한이어야 한다는 비례원칙을 표현의 자유에 적용한 것이다.

(4) 비교형량의 원칙

비교형량이란 표현의 자유에 의해서 보호되는 이익과 그것을 제한함으로써 얻어지는 이익을 개개의 구체적 사건에서 저울질하여 보는 것을 의미한다.

미연방대법원은 1950년 American Communications Association v. Douds 사건에서 명백하고 현존하는 위험의 원칙의 적용을 배제하고 '법원의 임무는 두 개의 서로 대립하는 이익 중 제기된 구체적 상황 아래에서 그 어느 것이 보다 많이 보호될 것인가를 결정하는 것'이라고 하여 비교형량의 원칙을 표명하였다.

그러나 구체적인 경우에 형량의 객관적 기준은 명확하지 않으며 판단자의 주관 등에 따라서 규제의 틀이 달라질 가능성이 많다는 점은 지적될 수 있을 것이다.

(5) 명백하고 현존하는 위험의 원칙

(a) 원칙의 성립

미국연방대법원에서 '명백하고 현존하는 위험(clear and present danger)의 원칙'이 판결을 통해 처음 나타난 것은 1919년 Schenck v. United States(249 U.S. 47) 사건이다. 이 사건에서 Holmes 대법관은 "…언제나 문제가 되는 것은 어떤 표현이 연방의회가 방지할 권한을 가진 실질적인 해악을 초래할 명백하고 현존하는 위험을 야기할 사정에서 이루어졌는가, 또 그러한 성질을 가지고 있는가 하는 점이다…"라는 견해를 제시하여 명백하고 현존하는 위험의 원칙을 표현의 자유를 제한함에 있어서의 기준으로 내놓았다.

이 원칙의 발전은 순조롭지 못했으나 약 10여 년 간의 소수의견 시대를 거쳐 1937년의 Herndon v. Lowery 사건에서 점차적으로 다수 판사의 지지를 획득하였다.

(b) 원칙의 내용

이 원칙에 있어서 명백이라 함은 표현과 해악의 발생 사이에 긴밀한 인과관계가 존재하는 경우를 말하고, 현존이라 함은 해악의 발생이 시간적으로 근접하고 있는 경우를 말하며, 위험이라 함은 공공의 이익에 대한 위협, 즉 해악의 발생을 말한다.

즉 이 원칙은 표현의 자유의 행사로 말미암아 중대한 해악이 발생할 경우에 그 언론과 해악의 발생 사이에 밀접한 인과관계가 있고, 또 그 해악의 발생이 목전에 절박한 때에 이 해악의 발생을 다른 수단을 가지고는 방지할 수 없으면 그 언론을 제한하는 것이 정당화된다는 것을 내용으로 한다.

(c) **원칙의 기능**

이 원칙은 단지 사전제한을 합리화시켜 주는 역할 내지 근거가 됨에 그치는 것이 아니라 표현의 자유를 오히려 최대한으로 보장하는 역할을 한다. 표현자유에 대한 사전통제를 그 행사에 의해서 야기되는 위험이 명백하고 현존하는 경우에 국한시킨다는 것은 그만큼 표현의 자유를 보장하는 것이 되기 때문이다.

(6) 이중기준의 이론

표현의 자유는 경제적 자유에 비하여 우월적 지위를 가지며 그 제한과 규제에 있어서는 경제적 자유의 규제입법에 관한 합헌성 판단기준인 '합리성'보다 엄격한 기준에 따라야 한다는 것이 경제적 자유권과 정신적 자유권을 구별하는 이중기준의 원칙이다.

이와 같이 표현의 자유의 우월적 지위를 보장하기 위한 이중기준이 이론(theory of double standard)으로부터, 전술한 원칙 외에도 표현의 자유를 제한하는 법률의 위헌추정, 거증책임의 전환, 당사자적격요건의 완화 등이 논의되고 있다.

(7) 결어

위와 같은 원칙들은 주로 미국의 판례에 의해 형성되어온 것으로 일본에서도 이를 거의 받아들이는 듯한 입법과 판결이 나오고 있으나, 우리의 경우 이들 기준을 정면으로 채용한 판결은 없는 듯하며, 다만 일부하급심판결에서 나타난 정도이다.

물론 미국의 법제도와 문화, 사회적 배경 등이 우리나라와 같지 않기 때문에 이러한 이론이 그대로 타당하다고는 할 수 없지만, 이 이론이 국민의 기본권 보장과 민주주의 실현에 비례하여 발전한 것이라면, 수용에 보다 적극적인 태도가 요구된다.

3) 구체적 제한

(1) 정보제공 영역에서의 제한

언론 · 출판행위가 개인의 생명 · 신체 · 자유[3] · 명예[4] · 재산 등 이른바 개인적 법익의 구체적 침해에 미치는 경우에는 언론 · 출판의 자유보장의 한계를 넘는 것으로서 언론 · 출판에 대한 제한은 정당화된다. 그런데 대립하는 사회적 법익, 국가적 법익의 판단이 추상적이고 피해정도의 확정도 곤란하기 때문에 제한은 자의적인 것이 되기 쉽고 문제가 많다.

(2) 정보수령 영역에서의 제한

(a) 의의 및 근거

검열(censorship. Zensur)이란 의견 · 사상의 내용을 국가기관이 미리 심사하여 그 발표를 억제하는 것을 말하며, 헌법 제21조 제2항에서 이를 금지하고 있다. 검열은 국민의 자주적 판단력을 저해하고, 오늘날의 국민주권주의 아래에서 표현행위자와 국민에 대한 모욕이며 검열관의 오류 · 자의의 여지가 있기 때문에 절대적으로 금지된다.

(b) 교과서 검정

고등학교 이하의 교과서는 교육인적자원부가 저작권을 가졌거나, 검정 또는 인정한 것에 한한다(교육법 157①). 교과서 검정제도는 각 단계의 아동 · 학생의 이해능력에 맞도록 하고 사실의 오류를 배제할 필요가 있기 때문에 하는 것

---

3) 표현행위에 의한 Privacy 침해는 통속적인 주간잡지 등에서 빈번하게 발생하는데, 이때 개인의 사적 생활의 침해여부는 첫째로, 우선 기사의 품위이고, 둘째로, 정당한 판단에서 볼 때 공공의 관심사와 사생활의 권리와의 우열을 교량해야 한다.

4) 사실을 적시하여 고의로 타인의 명예를 손상하는 언론 · 출판행위는 피해자의 명시한 의사에 반하지 아니하는 한 형사상 명예훼손죄를 구성한다(형법 309, 312②). 또 민사상으로도 불법행위가 된다(민법 751). 그러나 그 행위가 "진실한 사실로서 오로지 공공의 이익에 관한 것인 때에는 처벌하지 아니한다"(형법 310). 이러한 면책사유로서 몇 가지 구체적 유형을 들어보면, ① 특권(privilege)이 있다. 의회에 있어서 의원의 언론, 판사 · 검사 · 변호사 · 소송당사자 등의 사법절차 중의 언론이 이에 해당된다. ② 공정한 평론이란 것이 있다. 공공의 이익에 관한 사항 또는 공공의 관심사항은 누구든지 자유롭게 평가할 수 있는 것이다. ③ 공무원은 그 직무에 관한 사항에 대하여 비위를 공표하거나 보고할 특권을 가지며, 이 경우 그 공무원은 면책된다(미국 대법원판결 Barr v. Matto 360U.S. 564(1959)).

이고, 또한 그것은 언론 · 출판의 자유시장에 등장하는 것을 규제하는 것이 아니라, 교실에 입장하는 것을 규제하는 것이기 때문에 '검열' 그 자체는 아니다.

그러나 검정 제도는 집필자의 표현의 자유, 넓게는 양심의 자유 또는 적법절차 등을 침해한다는 비판을 면할 수 없다.

(c) **영화 등의 자율규제**

영화법 제112조 제1항은 "영화는 그 상영 전에 공연법에 의하여 설치된 공연윤리위원회의 심의를 받아야 한다"라고 하고 있다. 이러한 공연윤리위원회의 자율규제는 국가기관이 아니므로 검열은 아니나 실질적으로 국가권력의 관여라고 볼 수 있는 경우에는 검열에 해당할 것이다.

미국연방대법원의 초기단계는 영화에 대한 사전검열은 허용된다고 하였으나(Mutual Film Co. v. Ohio, 236, U.S. 230, 244, 1915), 그 후 영화도 사상표현 수단의 하나이며 검열의 대상이 될 수 없다고 하였다.

이에 대하여 영화 · 연극 등은 사후통제가 아무 효과도 없기 때문에 질서유지를 위하여 검열이 가능하다는 견해도 있으나 검열의 절대적 금지에 비추어 부정하는 것이 타당하다.

⑶ 정보수집 영역에서의 제한

(a) **취재원비닉권의 문제**

취재원비닉권이란 공중에 대한 정보전파의 목적으로 공지의 신뢰관계를 통하여 취재한 경우의 취재정보(좁은 의미의 취재원비닉권) 및 이러한 관계를 통하여 얻어진 정보(취재메모 · 필름 등 넓은 의미의 취재원비닉권)의 개시를 강요하지 않는 권리를 말한다.

비닉권도 중대한 공공적 이익(특히 공정한 재판의 실현)에 의한 제약을 면할 수 없지만, 이 권리는 그 성질상 무엇보다도 확실성이 요청되기 때문에 안이한 이익형량으로 도피하는 것도 허용되지 않는다.

(b) **법정에서의 취재제한**

법원조직법 제59조는 "누구든지 법정 안에서는 재판장의 허가 없이 녹화, 촬영, 중계방송 등의 행위를 하지 못한다"라고 규정하고 있다. 구체적으로는 법정에서의방청 · 촬영에관한규칙에서 상세히 규정하고 있다.

법정에서의 취재제한은 법정질서의 유지, 피고인의 privacy 등의 관점에서 어느 정도의 제한은 긍정할 수 있지만 필요최소한의 제한에 그쳐야 한다. 메모는 원칙적으로 자유이고 피고인 등에의 심리적 압박이 명백하게 인정될 수 있는 경우에 소송지휘권에 기하여 금지할 수 있다.

(c) **정보공개청구권의 문제**

국민의 정보공개청구권을 생존권적 권리라고 볼 때 헌법 제21조로부터 바로 국가에 정보제공을 청구할 만한 구체적 권리성을 인정하기는 어렵다. 공공기관이 보유하는 정보의 공개에 대해서는 공공기관의정보공개에관한법률에서 절차 등을 규정하고 있다.

Ⅳ. 집회 · 결사의 자유

1. 개 설

1) 의의

집회 · 결사의 자유는 집단적 권리의 성질을 지닌 것으로 자유민주주의 사회에서 중요한 지위를 점하고 있다. 집회 · 결사의 단체적 성격으로 인하여 언론 · 출판의 자유보다 더 큰 국가적 통제를 받는다.

2) 입법례와 헌법규정

오늘날 민주국가의 헌법은 언론 · 출판의 자유와는 별도로 집회 · 결사의 자유를 보장하고 있으나(미국 연방헌법 수정 §1, 독일헌법 §3 · §9, 스위스헌법 §56, 이탈리아헌법 §17 · §18 등) 우리 헌법 제21조에서는 이 자유를 언론 · 출판의 자유와 함께 동일 조항에서 규정하고 있다.

2. 법적 성격과 내용

1) 법적 성격

집회 · 결사의 자유가 개인의 주관적 권리로서의 성격을 지니고 있다는 데에 대해서는 이설이 없다. 다만, 제도로서 보장될 것인가에 관하여 학설의 대립이 있다. 집회의 자유에 관하여는 제도보장의 성격을 부인하고, 결사의 자유에 관하여는 제도보장의 성격을 인정하는 절충적 견해가 타당하다.

2) 내용

(1) 집회의 자유

(a) 의의

집회란 다수인이 공동의 목적을 가지고 일정한 장소에서 일시적인 모임을 갖는 행위를 의미한다. 반드시 공동의 목적을 가져야 하며, 최소한 2인 이상이어야 한다. 일시적인 모임이란 점에서 결사와 구별된다. 집단적인 시위는 장소 이전적 집회로 보아 집회의 개념 속에 포함된다고 본다.

(b) 내용

집회의 자유 속에는 집회를 개최하는 자유, 집회를 진행하는 자유, 집회에 참가하는 자유가 포함되며, 집회에 참가하지 않을 자유도 포함된다. 집회에서의 연설이나 토론이 집회의 자유에 포함되는가, 아니면 언론의 자유에 포함되는가가 문제되나 집회의 자유에 포함된다고 하겠다.

(2) 결사의 자유

(a) 의의

결사란 다수인이 공동의 목적을 위하여 계속적인 단체를 형성하는 것을 의미한다. 정치적 목적, 종교적 목적, 학문적 목적 등을 위하여 조직된 결사는 본조의 결사에 해당되지 않는다.

(b) 내용

결사의 자유에는 단체유지의 자유, 단체에의 가입 및 탈퇴의 자유 등이 있다. 단체에 가입하지 않을 자유, 즉 소극적 결사의 자유가 인정될 것인가가 문제된다. 사법적 결사에는 인정되나 공법적 결사(의사회 · 변호사회 · 상공회의소)에는 소극적 결사의 자유가 인정되지 않는다고 보는 것이 다수설이다.

3. 주 체

집회 · 결사 자유의 향유주체는 모든 국민이다. 외국인이 포함될 것인가에 관하여 학설이 대립되나, 포함된다고 보는 것이 타당하며, 법인에게도 인정된다.

4. 제한과 한계

집회 · 결사의 자유는 헌법 제37조 제2항에 의한 법률적 제한을 받는다. 집회의 자유에 대한 제한 법률에는 집회및시위에관한법률이 있으며, 결사의 자유에 대하여는 사회단체등록에관한법률, 국가보안법 등이 있다.

다만, 집회 · 결사에 대한 허가제는 허용되지 않으며(§21②) 집회 · 결사의 자유의 본질적 부분은 침해할 수 없다. 그러나 신고제는 가능하다고 본다.

Ⅴ. 학문의 자유

1. 개 설

1) 의의

학문의 자유(Freiheit der Wissenschaft)는 학문적 활동에 관하여 어떠한 간섭이나 방해를 받지 아니할 자유를 말한다.

학문은 인간 정신의 귀중한 성과로서 문화의 선구적 역할을 하는 것이므로 모든 예속에서 해방되어야 한다.

2) 연혁과 헌법규정

학문의 자유는 17세기 영국의 베이컨(F. Bacon)과 밀턴(J. Milton) 등에 의하여 처음 이론적으로 주장되었으나, 근대적 의미로서의 학문이 제도적으로 문제된 것은 독일이 처음이며, 1849년의 프랑크푸르트 헌법(§152)을 시초로 1850년의 프로이센 헌법(§20), 1867년의 구 오스트리아 헌법이나 바이마르 헌법 등에 계승되어 현재 각국 헌법에서는 대개 학문의 자유 또는 학문 · 예술의 자유, 나아가 대학의 자치까지 규정하고 있다.

우리 헌법은 제22조 제1항에서 "모든 국민은 학문과 예술의 자유를 가진다"라고 하여 국민의 기본권으로서 이를 규정하고, 제31조 제4항에서는 "교육의 자주성·전문성·정치적 중립성 및 대학의 자율성은 법률이 정하는 바에 의하여 보장된다"라고 규정하여 학문의 자유에 대한 '제도적 보장'을 명문화하고 있다. 이는 문화적 이념을 헌법 규범화한 것으로 이른바 '문화 헌법(Kulturverfassung)'을 의미한다.

3) 취지

학문의 자유는 본래 양심의 자유 및 이를 표현하는 언론·출판의 자유와 실질적으로 중첩되고 있으며 불가분의 관계에 있다.

그럼에도 불구하고 학문의 자유를 양심의 자유 등과 특별히 분리하여 보장하고 있다. 왜냐하면 학문은 창조적인 인간 정신의 귀중한 성과로서 문화발전의 선구적인 역할을 하고 있으며, 학문은 새로운 지식을 개척하는 것이므로 기존 지식을 토대로 하는 국가기관으로부터 독립되어야 하고, 학문을 연구하는 학자는 그 분야의 전문가이기 때문에 상식적인 국가기관의 판단에 의한 통제로부터 초월해야 하기 때문이다.

2. 법적 성격과 내용

1) 법적 성격

학문의 자유가 학문 연구에 관한 기본권(영·미의 입장)인지, 아니면 대학자치의 제도보장(독일의 입장)인지의 여부가 다투어진다.

우리 헌법상 학문의 자유는 개인적인 기본권으로서의 측면(§22)과 아울러 대학자치를 제도적으로 보장하고 있는 것(§31④)으로 해석하는 것이 지배적인 입장이다.

2) 내용

(1) 연구의 자유

학문은 진리탐구에 그 목적이 있으므로 연구의 자유가 본질적으로 보장되어야 한다. 이는 양심의 자유나 신앙의 자유와 같이 내면적 자유이므로 법률로서 제한할 수 없다.

(2) 연구결과 발표의 자유

학문의 발전은 연구결과의 발표가 있어야만 이에 대한 비판이 뒤따라 진리탐구가 가능해지므로 연구결과의 발표가 보장되어야 한다.

(3) 교수의 자유

학문의 자유는 본래 대학을 중심으로 주장된 것이기 때문에 대학에서의 교수의 자유가 보장되어야 한다. 그러나 오늘날 학문연구가 반드시 대학의 독점물이라고는 볼 수 없기 때문에, 대학 외의 연구기관(예: 한국과학원 등)에게도 학문의 보급을 위하여 교수의 자유가 인정되어야 한다.

학문을 다루는 데 있어서 대학과 같은 연구기관이 있고, 초·중·고교와 같은 교육기관도 있으나, 교수의 자유는 연구기관의 성격을 가진 곳에서의 교수의 자유를 의미한다.

(4) 학문을 위한 집회·결사의 자유

학문의 자유에는 고도로 발달한 학문의 공동연구발표가 필요하므로, 이를 위한 집회·결사의 자유를 포함한다. 집회및시위에관한법률에서도 학문에 관한 집회에 대해서는 신고제를 적용하지 않는다(법 15).

> [헌재 1992.11.12. 89헌마88] 학문의 자유는 진리를 탐구하는 자유를 의미하는데, 그것은 단순한 진리 탐구에 그치지 않고 탐구결과에 대한 발표의 자유(편의상 대학의 교수의 자유와 구분하여 수업의 자유로 한다) 등을 포함하는 것이다. …초·중교의 교사는 자신이 연구한 결과를 …수업의 자유를 내세워 함부로 학생들에게 여과 없이 전파할 수는 없다고 할 것이다. 나아가 헌법과 법률이 지향하고 있는 자유민주적 기본질서를 침해할 수 없음은 물론 사회상규나 윤리도덕을 일탈할 수 없으며 가치편향적이거나 반도덕적인 내용의 교육은 할 수 없다.

3. 학문의 자유와 대학의 자치

학문의 자유에 대한 실질적 보장제도는 대학의 자유(Freiheit des Universitat)에 있다. 학문은 본래 대학에서부터 주장되었으며 대학은 학문의 전당이므로 학문의 자유는 그 출발이 대학의 자유를 의미하였다.

대학의 자유는 대학에서의 연구의 자유와 교수 내용에 대한 불간섭을 그 출발점으로 하였다. 교수는 신분상의 지휘 · 감독을 받으나, 직무상(연구와 교수내용)에 있어서는 어느 정도의 독립성을 인정한다는 것이다. 이는 대학의 오랜 역사에서 관습으로 인정되고 있는 것이다.

대학의 자유는 '대학의 자치(akademische Selbstverwaltung)'를 의미한다. 대학의 자치는 대학인사의 자치와 대학의 시설 및 학생관리에 대한 자치를 의미한다. 특히 학생자치는 그것이 진실한 학문적 활동일 경우에 인정되어야 한다.

> [헌재 1992.10.1. 92헌마68,76(병합)] 헌법 제31조 제4항이 규정하고 있는 교육의 자주성, 대학의 자율성 보장은 대학에 대한 공권력 등 외부세력의 간섭을 배제하고 대학인 자신이 대학을 자주적으로 운영할 수 있도록 함으로써 대학인으로 하여금 연구와 교육을 자유롭게 하여 진리탐구와 지도적 인격의 도야라는 대학의 기능을 충분히 발휘할 수 있도록 하기 위한 것으로서 이는 학문의 자유의 확실한 보장수단이자 대학에 부여된 헌법상의 기본권이다. … 대학의 자율은 대학시설의 관리·운영만이 아니라 학사관리 등 전반적인 것이라야 하므로 연구와 교육의 내용, 그 방법과 그 대상, 교과과정의 편성, 학생의 선발, 학생의 전형도 자율의 범위에 속해야 하고 따라서 입학시험제도도 자주적으로 마련될 수 있어야 한다.

4. 주체와 효력

1) 주체

학문의 자유의 주체는 모든 국민이다. 교수의 자유인 경우에는 대학이나 연구소의 연구자(교수나 연구원)가 그 주체가 된다. 개개의 연구자뿐만 아니라 연구자집단도 학문의 자유를 향유한다. 연구활동의 자유는 내국인 · 외국인 구별 없이 모든 자연인에게 보장된다. 연구활동 · 연구발표의 자유 등은 법인에게도 보장된다.

2) 효력

학문의 자유는 원칙적으로 국가(공권력)에 대한 권리이며 공권력에 의한 침해나 간섭을 받지 아니할 자유를 의미한다. 학문의 자유는 공권력 이외의 사인(사립대학이 설립자나 관리자 등)에 의한 침해도 있을 수 있으므로 사인에 의한 침해로부터도 보호되지 않으면 안 된다. 이 경우는 간접적용설에 따라 제3자적 효력이 인정된다.

5. 한 계

학문의 자유는 내면적인 것을 벗어나 연구결과의 대외적 발표, 상대방 있는 교수, 학문을 위한 단체조직과 단체활동은 헌법 제37조 제2항에 의거하여 필요할 경우 법률에 의한 제한을 받는다.

따라서 학문의 자유를 구실로 반국가적 · 반사회적 · 반도덕적인 연구발표는 할 수 없다. 그러나 학문의 자유가 진리연구라는 인류의 최대 목표를 달성하기 위한 사명이 있는 것이므로 신중히 다루어야 할 것이다.

[대법원 1986.9.9. 선고, 86도1187 판결] 헌법상 학문의 자유는 진리의 탐구를 순수한 목적으로 하는 경우에 한하여 보호를 받는 것이므로 반국가단체를 이롭게 할 목적으로 공산주의 혁명이론 및 전술에 관한 내용을 담은 서적을 소지하고 있었다면, 그것은 학문의 자유에 대한 한계를 넘은 것이라고 할 것이며, 또 소지한 서적이 국내에서 번역 • 소개되었다거나 대학에서 부교재로 사용되는 것이라고 하여도 마찬가지이다.

Ⅵ. 예술의 자유

예술의 자유는 음악 · 건축 · 조각 · 회화 · 무용 · 극 · 소설 · 시가 등을 통하여 미를 창조 · 발전시키는 자유를 말한다.

예술 창작의 자유와 예술 표현의 자유, 예술적 결사의 자유가 포함된다. 예술비판은 예술의 자유에 포함되지 아니하고 일반적인 표현의 자유에서 보장된다.

예술의 자유의 내용과 제한 및 한계 등은 학문의 자유에 준하여 생각함이 타당하다.

[헌재 1993.5.13. 91헌바17] 예술의 자유의 내용으로서는 일반적으로 예술창작의 자유, 예술표현의 자유, 예술적 집회 및 결사의 자유 등을 들고 있다. 그 중 예술창작의 자유는 예술 창작활동을 할 수 있는 자유로서 창작소재, 창작형태 및

창작과정 등에 대한 임의로운 결정권을 포함한 모든 예술창작활동의 자유를 그 내용으로 한다. 따라서 음반 및 비디오물로써 예술창작을 하는 자유도 이 예술의 자유에 포함된다. 예술 표현의 자유는 창작한 예술품을 일반대중에게 전시·공연·보급할 수 있는 자유이다. 예술품보급의 자유와 관련해서 예술품보급을 목적으로 하는 예술출판자 등도 이러한 의미에서의 예술의 자유의 보호를 받는다고 하겠다. 따라서 비디오물을 포함하는 음반제작자도 이러한 의미에서의 예술표현의 자유를 향유한다고 할 것이다.

[헌재 1996.10.4. 93헌가13, 91헌바10 병합] 영화법은 영화를 상영하기 전에 공연윤리위원회의 사전심의를 받아야 한다고 규정하고 있고, 공연법은 행정권이 공연윤리위원회의 구성에 지속적인 영향을 미칠 수 있게 하였으므로 공연윤리위원회는 검열기관으로 볼 수밖에 없다. 이러한 공연 윤리위원회의 사전심의는 언론·출판에 대한 사전검열을 금지한 헌법 제21조2항에 위배되는 검열제도이며, 따라서 영화법 제12조1항·2항, 동법 제13조1항 중 공연윤리위원회의 심의에 관한 부분은 각 헌법에 위배된다.

[대법원 1995.6.16. 선고, 94도2413 판결] 헌법 제22조1항, 제21조1항에서 기본권으로 보장되는 문학에 있어서의 표현의 자유도 헌법 제21조4항, 제37조2항에서 공중도덕이나 사회윤리를 침해하는 경우에는 이를 제한하도록 하였으며, 이에 따라 형법에서는 건전한 성적 풍속 내지 성도덕을 보호하기 위하여 제243조에서 음란한 문서를 판매한 자를, 제244조에서 음란한 문서를 제조한 자를 각 처벌하도록 규정하고 있으므로, 문학작품이라고 하여 무한정의 표현의 자유를 누려 어떠한 성적 표현도 가능하다고 할 수는 없고 그것이 건전한 풍속이나 성도덕을 침해하는 경우에는 형법규정에 의하여 이를 처벌할 수 있다.

Ⅶ. 저작자·발명가와 예술가의 권리

저작자·발명가와 예술가의 권리는 법률로서 보호된다(§22②). 저작자·발명가와 예술가의 권리는 그 성질상 자유권 자체는 아니나 학문(논리적·지적 활동)·예술(감성적·정적 활동)의 연구·발전을 장려하기 위하여 보호된다.

이러한 권리를 보호하기 위하여 저작권법·발명진흥법·특허법·문화재보호법·과학기술기본법 등이 있다. 국가는 전통문화의 계승·발전과 민족문화의 창달에 노력하여야 할 문화보호의 책임을 지고 있다(§9).

3 chapter

생존권적 기본권

제 1 절 개 관

Ⅰ. 의의

생존권적 기본권이란 국민이 생활에 필요한 제조건의 유지와 향상을 위하여 국가에 적극적인 관여를 요구할 수 있는 권리를 말한다.

Ⅱ. 연혁과 헌법규정

우리 헌법은 제10조에서 기본권보장의 대원칙을, 제34조 제1항에서 생존권적 기본권보장의 대원칙을 선언하고 있다.

제32조에서는 교육을 받을 권리를, 제32조는 근로의 권리, 제33조는 근로자의 근로3권, 제34조는 사회보장을 받을 권리, 제35조는 환경권, 주거생활에 관한 권리, 제36조는 혼인과 가족생활에서의 양성평등과 보건, 모성에 관하여 국가의 보호를 받을 권리 등을 규정하여 생존권적 기본권을 보장하고 있다.

Ⅲ. 법적 성격

생존권적 기본권의 법적 성격에 관해서는 종래의 Programm 규정설과 최근의 법적 권리설이 대립되고 있다. 법적 권리설은 권리의 성질을 어떻게 이해하느냐에 따라 다시 추상적 권리설과 구체적 권리설로 갈라진다.

1. Programm 규정설

생존권적 기본권은 국가로 하여금 각각 규정된 이념을 실현하도록 정책적 지침 내지 정치적 책무를 정한 것이고 국민에게 구체적인 법적 청구권을 보장한 것이 아니라고 한다.

2. 법적 권리설

법적 권리설에는 생존권적 기본권은 그 내용이 추상적이더라도 법적 권리이며, 생존권적 기본권의 보장 의무도 법적 의무로 보는 추상적 권리설과 헌법상 생존권규정이 구체적 · 현실적 효력을 지니므로 국가에 대하여 생존권규정의 현실을 직접 청구할 수 있고 국가도 이에 상응하는 의무가 있다는 구체적 권리설이 있다.

3. 결어

우리 헌법은 명백히 '권리를 가진다'라고 규정하고 있으므로 Programm 규정설은 타당하지 아니하다. 구체적 권리설을 취하려면 소송절차와 재판제도의 본질적 한계가 해명되어야 한다.

따라서 생존권적 기본권은 헌법의 명문에 의하여 규정된 국민의 권리로 보되, 다만, 그에 대한 입법은 강제할 수 없다는 입장이 타당하다.

Ⅳ. 자유권적 기본권과 생존권적 기본권과의 관계

인간의 자유를 강조하는 자유권과 실질적 평등을 강조하는 생존권은 서로 대립관계에 있으며, 한쪽이 강조되면 다른 한쪽이 약화될 수밖에 없다.

그러나 진정한 자유란 생존으로부터의 공포가 제거되어야만 이룩될 수 있는 것이므로 생존권은 자유권에 대하여 보완관계에 있으며, 인간의 존엄의 유지와 인격의 자유로운 발현이라는 헌법 이념의 관점에서 볼 때 자유권과 생존권은 서로 조화관계에 있다.

제2절 내 용

Ⅰ. 인간다운 생활을 할 권리

1. 개설

1) 의의

인간다운 생활을 할 권리는 '인간으로서의 존엄과 가치'에 상응하는 건강하고 문화적인 최저한도의 생활을 할 권리를 말한다. 이 권리는 생존권적 기본권 중에서도 가장 핵심적인 근본규범으로서 그 밖의 생존권적 기본권은 이 권리를 실현하기 위한 구체적 권리가 됨을 의미한다.

우리 헌법의 최고의 가치규범인 모든 국민의 '인간으로서의 존엄과 가치'(§10)는 모든 국민의 최저한도의 인간다운 생활이 보장되지 않고는 실현될 수 없다. 따라서 이 권리는 모든 기본권의 근본규범인 제10조의 한 내용이며 동시에 생존권적 기본권의 근본규범이란 점에서 제10조와 함께 우리 헌법에 있어서 최고가치를 의미한다고 볼 수 있다.

2) 연혁과 헌법 규정

생존권적 기본권은 Weimar 헌법의 '인간다운 생활'(ein menschenwürdiges Dasein)에서 최초로 규정되었다. 그 후 세계인권선언 및 세계 각국의 헌법에 규정되었으며, 우리 헌법도 제5차 개헌에서 규정되었다.

우리 헌법 제34조 제1항의 "모든 국민은 인간다운 생활을 할 권리를 가진다"는 규정은 생존권적 기본권의 주기본권적 규정이라 볼 수 있으며, 제2항은 이를 실현하기 위한 방법으로서 '국가의 사회보장 · 사회복지 증진의무'를, 제3항은 '여자의 복지와 권익 향상'을, 제4항은 '노인과 청소년의 복지향상'을, 제5항은 '생활무능력자의 보호'를, 제6항은 '국가의 재해예방의무'를 규정하고 있다.

2. 법적 성격과 내용

1) 법적 성격

생존권적 기본권은 각 국민의 최저한도의 생활을 보장할 의무를 국가가 지는 것을 말한다. 그러나 이는 국가가 국민일반에 대하여 개괄적으로 쾌적하고 문화적인 최저한도의 생활을 보장할 책무가 있다는 것이지, 국민 개개인이 직접적으로 국가에 대하여 구체적 · 현실적 청구권을 가진다는 것은 아니다.

2) 내용

(1) 생활보장을 위한 국가의 의무

국가는 국민의 인간다운 생활을 할 권리를 실현시키기 위하여 사회보장 및 사회복지의 증진에 노력할 의무를 진다(§34②). 사회보장 · 사회복지란 저소득자나 근로자들의 생활의 안정이나 보장을 위한 각종 국가시책이나 제도를 말하며, 각종의 사회보장과 사회구호를 받을 권리 등이 포함된다.

(2) 여성 · 노인 및 청소년에 대한 보호

헌법은 국가가 여자의 복지와 권익의 향상을 위하여 노력할 것과, 노인과 청소년의 복지향상을 위한 정책을 실시할 의무가 있음을 명시하고 있다(§34③, ④). 이를 위하여 아동복리법 · 노인복지법 · 청소년기본법 및 청소년보호법 등이 제정되어 있다.

(3) 생활보호를 받을 권리

신체장애자 및 생활무능력자는 인간다운 생활을 보장받기 위하여 국가에 대하여 생활비의 지급 등 생활보호를 받을 권리를 가진다(§34⑤).

생활무능력자란 질병 · 노령 기타의 사유로 생활능력을 상실한 자이다. 이들을 위하여 생활보호법, 심신장애자복지법 등이 있으며, 이러한 법률에 의한 보호청구권은 구체적 · 현실적 권리이다.

(4) 재해의 예방 등을 위한 국가의무

헌법은 국가가 재해를 예방하고 재해로부터 국민을 보호할 의무가 있음을 규정하고 있다(§34⑥). 이를 위하여 재해구호법 등이 제정되어 있다.

3. 주체와 효력

인간다운 생활을 할 권리인 향유주체는 원칙적으로 국민이다. 국민 중에는 자연인만이며 법인은 포함되지 않는다. 외국인에게 사회보장 · 생활보호를 해주는 것은 위헌이 아니다. 인간다운 생활을 할 권리는 직접 국가권력을 구속한다. 그러나 사인간에 있어서도 간접적용설에 따라 그 효력이 인정되어야 한다.

Ⅱ. 교육을 받을 권리

1. 의의와 헌법의 규정

교육을 받을 권리란 교육을 받을 수 있도록 국가의 적극적인 배려를 요구할 수 있는 권리를 말한다. 초기의 입헌국가에서는 국가가 경제뿐 아니라 교육에 대하여도 방임주의적 태도를 지니고 있었으므로 교육의 기회는 특수계급에만 부여되었다. 오늘날 교육은 인간다운 생활의 필수조건이며 생활유지의 기초가 되는 것으로서, 1848년 프랑스 헌법 이래 세계 각국의 헌법이 교육의 자유와 평등, 무상교육에 관하여 규정하고 있다.

우리 헌법은 제31조에서 교육을 받을 권리 등을 규정하여, 교육을 받을 권리 및 교육의 의무, 의무교육의 무상, 교육의 자주성 · 전문성 · 정치적 중립성의 보장 및 대학의 자율성, 평생교육의 진흥, 교육제도 등의 법률주의를 규정하고 있다.

2. 법적 성격과 내용

1) 법적 성격

교육을 받을 권리의 법적 성격에 관해서는 자유권설, 생존권설 · 추상적 권리설, 생존권설 · 구체적 권리설이 대립하고 있다.

그러나 교육을 받을 권리는 국가에 대한 청구를 내용으로 하는 적극적 성격을 가지고 있지만, 이 규정은 단지 정책적 지침을 표시하는 추상적 권리로서 입법의 의무만을 규정하는 권리에 불과하며, 그 의무는 법적으로 그 이행을 강행할 수 있는 엄격한 법적 의무가 아니라 정치적 · 도의적 의무의 성질을 가지고 있어 그 위반을 이유로 재판을 청구할 수 없다.

2) 내용

⑴ '능력'에 따라 균등하게 교육을 받을 권리

'능력'이란 정신적 · 육체적 능력을 의미하므로 재산 · 가정 · 성별 등에 의한 차별은 금지된다(§31①). 따라서 공개경쟁시험 등은 위헌이 아니다.

⑵ 교육의 의무

교육의 의무란 보호하는 자녀를 일정한 학교에 취학시킬 의무를 말한다(§31②). 교육을 받을 권리의 주체는 취학연령의 미성년자이나, 교육의 의무의 주체는 학령 아동의 친권자 또는 후견인이다.

⑶ 의무교육의 무상

의무교육은 무상으로 한다(§31③). 무상의 범위에 관하여 무상범위법정설, 취학필요비무상설, 수업료면제설이 대립한다. 국가는 재정이 허용하는 한 학용품을 비롯한 급식의 무상까지도 실시하여야 된다고 본다.

3. 교육제도의 보장

1) 교육의 자주성 · 전문성 · 정치적 중립성의 보장

교육의 기형화나 침체를 막고 특정한 정치세력과의 영합을 막기 위하여 교육의 자주성 · 전문성 · 정치적 중립성을 보장하고 있다(§31④전단).

2) 대학의 자율성의 보장

학문의 진정한 발전을 위하여는 대학의 자치가 선행 조건이므로, 현행 헌법은 이를 위하여 대학의 자율성 보장을 규정하고 있다(§31④후단). 대학의 자율성이란 대학의 모든 문제를 외부의 영향을 받음이 없이 대학 스스로가 결정 · 집행하며, 그 결과에 대하여 책임을 지는 것을 말한다.

3) 평생교육의 진흥

국가는 평생교육을 진흥하여야 한다(§31⑤). 이를 위하여 방송통신교육 · 공민교육 · 개방대학 등의 제도가 도입되고 있다.

4) 교육제도법정주의

교육제도와 그 운영, 교육재정 및 교원의 지위에 관한 기본적인 사항은 법률로 정한다(§31⑥).

4. 주체와 효력

교육을 받을 권리는 국가 내적인 생존권적 기본권이므로 국민의 권리이지 외국인의 권리는 아니다. 또한 권리의 성질상 자연인에게만 국한되며 법인은 제외된다.

교육을 받을 권리는 직접 국가권력을 구속하며, 사인 간에 있어서도 제3자적 효력이 인정되어야 한다.

[헌재 1992.11.12. 89헌마88] 학교교육에 있어서 교사의 가르치는 권리를 수업권이라고 한다면 그것은 자연법적으로는 학부모에게 속하는 자녀에 대한 교육권을 신탁받은 것이고, 실정법상으로는 공교육의 책임이 있는 국가의 위임에 의한

것이다. 그것은 교사의 지위에서 생기는 학생에 대한 일차적인 교육상의 직무권한(직권)이지만, 학생의 수학권의 실현을 위하여 인정되는 것으로서 양자는 상호협력관계에 있다고 하겠으나, 수학권은 헌법상 보장된 기본권의 하나로서 보다 존중되어야 하며, 그것이 왜곡되지 않고 올바로 행사될 수 있게 하기 위한 범위 내에서는 수업권도 어느 정도의 범위 내에서 제약을 받지 않으면 안 될 것이다.

Ⅲ. 근로의 권리

1. 의의와 헌법규정

근로의 권리(Recht auf Arbeit)란 한편으로는 근로자가 자신의 의사·능력·취미에 따라 직업 내지 근로의 종류·내용·장소 등을 선택하고, 타인의 방해 없이 이러한 근로관계를 계속할 권리를 말하는 동시에, 다른 한편으로는 가장 유리한 조건으로 노동력을 제공함으로써 얻는 대가로 생존을 유지하며, 근로의 기회를 얻지 못한 경우에는 국가에 대하여 근로의 기회를 제공하여 주도록 요구할 수 있는 권리를 말한다.

근로의 권리를 최초로 규정한 헌법은 1919년의 Weimar헌법이다. 우리 헌법도 제32조에서 근로의 권리와 각종 근로자의 보호에 관하여 규정하고 있다.

2. 내용

근로의 권리는 근로의 의사와 능력이 있는 자가 국가에 대하여 근로할 수 있는 기회의 제공을 요구할 수 있음을 그 기본적인 내용으로 한다.

우리 헌법은 국가의 고용증진의 의무, 해고의 자유의 제한, 근로조건 기준의 법정주의, 여자와 소년의 근로의 특별보호, 국가유공자·상이군경 및 전몰군경의 유가족의 우선 취업기회보장 등을 들고 있다.

3. 주체

근로의 권리는 국민의 권리이므로 외국인에게는 보장되지 아니한다. 국민은 자연인만을 의미하며 법인은 포함되지 아니한다. 근로의 권리는 국민 중에서도 사회적·경제적 약자인 근로자를 위한 기본권이다.

4. 효력과 제한

이 권리는 대국가적 효력을 가질 뿐만 아니라 사인 간에 있어서는 제3자적 효력을 가진다. 그러나 제32조 제4항 및 제5항의 여자와 연소자의 근로의 특별보호에 관한 규정과 근로관계에 있어서의 여성의 차별금지와 연소자의 보호에 관한 규정은 국가에 대해서 뿐만 아니라 제3자인 사용자에 대해서도 직접적 구속력을 가진다.

또한 이 권리는 구체적 법률에 의하여 일단 현실적인 권리가 되며, 헌법 제37조 제2항에 의하여 국가안전보장 · 질서유지 또는 공공복리를 위하여 법률로써 제한될 수 있다.

Ⅳ. 노동3권

1. 의의와 헌법규정

노동3권이란 근로조건의 향상을 위하여 근로자가 가지는 단결권 · 단체교섭권 · 단체행동권을 의미한다. 우리 헌법은 제33조에서 노동3권을 규정하고 있다.

2. 내용

1) 단결권

단결권이란 근로조건의 유지 · 개선을 목적으로 사용자와 대등한 교섭력을 가질 수 있는 단체를 구성할 수 있는 권리를 말한다. 단체는 일시적 성격의 쟁의단도 될 수 있으나 일반적으로 근로조합을 말한다.

근로자는 단체를 구성하거나 가입함에 있어 국가의 부당한 간섭이나 침해를 받지 아니하며, 이를 이유로 해고하거나 단체의 불가입이나 탈퇴를 조건으로 하는 근로계약의 체결(소위 황견계약) 등은 위법이다. 적극적인 단결권 이외에 소극적인 단결권, 즉 단체에 가입하지 않을 권리가 포함되는지에 관하여 포함된다는 견해(다수설)와 포함되지 않는다는 견해가 있다.

[헌재 2005.11.24. 2002헌바95·96, 2003헌바9(병합)] 당해 사업장에 종사하는 근로자의 3분의 2 이상을 대표하는 노동조합의 경우 단체협약을 매개로 한 조직강제[이른바 유니언 샵(Union Shop) 협정의 체결]를 용인하고 있는 노동조합및 노동관계조정법 제81조 제2호 단서의 경우 근로자의 단결하지 아니할 자유와 노동조합의 적극적 단결권(조직강제권)이 충돌하게 되나, 근로자에게 보장되는 적극적 단결권이 단결하지 아니할 자유보다 특별한 의미를 갖고 있고, 노동조합의 조직강제권도 이른바 자유권을 수정하는 의미의 생존권(사회권)적 성격을 함께 가지는 만큼 근로자 개인의 자유권에 비하여 보다 특별한 가치로 보장되는 점 등을 고려하면, 노동조합의 적극적 단결권은 근로자 개인의 단결하지 않을 자유보다 중시된다고 할 것이고, 또 노동조합에게 위와 같은 조직강제권을 부여한다고 하여 이를 근로자의 단결하지 아니할 자유의 본질적인 내용을 침해하는 것으로 단정할 수는 없다.

2) 단체교섭권

단체교섭권이란 근로자 단체가 근로조건에 관하여 사용자와 교섭하는 권리를 말한다. 사용자는 정당한 이유 없이 교섭을 거부할 수 없으며, 거부할 때에는 부당노동행위가 되어 쟁의행위의 정당한 이유가 된다. 단체교섭의 결과 체결된 단체협약은 국법상 보호를 받는다.

3) 단체행동권

(1) 의의

단체행동권이란 근로자가 근로조건의 유지·개선을 위하여 사용자에 대하여 단체적인 행동을 할 수 있는 권리, 즉 쟁의권을 말한다. 노동쟁의란 근로조건에 관하여 노사 간에 발생한 분쟁상태를 말하며, 쟁의행위에는 동맹파업·태업·시위운동 등이 있다. 현행 헌법은 제5공화국 헌법에 있었던 단체행동권의 행사에 대한 제한규정을 폐지하였다(§33①).

(2) 주체

단체행위권의 향유주체는 노동자 개인뿐 아니라 조직된 단체도 그 주체가 될 수 있다.

⑶ 내용

단체행동에는 파업 · 태업 · 시위운동 등이 있다. 정당한 근로자의 단체행동에 대하여는 형사책임은 물론, 민사상 손해배상책임도 지지 아니한다.

⑷ 한계

단체행동은 근로조건의 향상을 위한 것이어야지 특정 권리의 타도 등과 같은 순수한 정치파업은 인정될 수 없다. 다만, 최저임금법의 제정이나 근로관계법의 개폐 등을 쟁점으로 하는 파업(산업적 정치 파업)은 인정된다고 본다.

생산관리가 인정될 것인가가 문제된다. 생산관리란 노동조합이 사용자의 의사에 반하여 생산수단을 자기 지배하에 두고 경영까지 장악하는 것으로서 허용되지 않는다(통설).

3. 주체

노동3권의 향유주체는 근로자이다. 근로자란 직업의 종류를 불문하고 임금 · 급료 기타 이에 준하는 수입에 의하여 생활하는 자를 말한다. 실업한 근로자도 포함되며, 외국인도 포함된다(다수설). 그리고 소작인, 자영농, 농민, 소상공업자 등은 포함되지 않는다고 보는 견해가 통설이다. 사용자는 그 주체가 될 수 없다.

4. 효력

노동3권은 사인 간에도 직접적으로 적용이 되는 헌법상 대표적인 규정이다.

5. 제한

헌법은 공무원에게도 노동3권을 부여하고 있으며, 다만 그 범위를 법률에 위임하고 있다(§33②). 공무원의 노동3권을 제한하는 근거로는 국민전체봉사자설, 특별권력관계설, 직무성질설 등 견해가 나뉘어 있는데 직무성질설이 통설의 입장이다.

헌법재판소는 국민전체봉사자설과 직무성질설을 동시에 원용하고 있다. 그러나 헌법재판소는 모든 공무원에 대하여 단체행동권을 금지한 구 노동쟁의조정법 제

12조 제2항에 대하여는 헌법불합치결정을 내렸다. 교원의 노동운동은 과거에는 법률로써 제한되어 있었다. 그러나 1999년 1월 교원의노동조합설립및운영등에관한법률이 제정되어, 초·중등 교원의 단결권(법 4)과 단체교섭권(법 6)을 보장하고 있다.

법률이 정하는 주요 방위산업체에 종사하는 근로자의 단체행동권은 법률에 의하여 이를 제한하거나 인정하지 아니할 수 있다(§33③).

노동3권이 헌법의 일반유보조항인 제37조 제2항에 의하여 제한될 수 있는지가 문제되나 제한될 수 있다고 본다.

V. 환경권

1. 의의와 헌법규정

환경권(Grundrecht auf Menschenwürdigeumwelt)이란 인간다운 환경 속에서 생존할 수 있는 권리를 말한다. 인간의 생존에는 일정한 수준의 환경이 필요하다. 따라서 모든 국민이 건강하고 문화적인 생활을 영위하는 데 있어 불가결한 깨끗한 환경에 관한 권리를 가진다.

환경권은 제5공화국 헌법에서 신설된 것으로서, 헌법은 제35조에서 환경권의 내용을 좀더 자세히 규정하고 있다.

2. 법적 성격과 내용

1) 법적 성격

환경권을 생존권적 기본권으로 보는 데에는 이견이 없으나, 아울러 인간의 존엄성·행복추구권 또는 자유권적 기본권의 성격을 가지고 있는가에 관해서는 견해가 갈리고 있다.

환경권은 제 10조의 '인간의 존엄과 가치'를 기본이념으로 공권력의 작용에 의한 환경오염에 대하여 침해배제를 청구할 수 있다는 점에서 자유권적 기본권의 성격을 가지고 있으며, 나쁜 환경개선을 위하여 국가의 작위를 요구하고 또 제3자의 환경파괴에 대하여 국가의 규제를 청구할 수 있다는 점에서 생존권적 기본권의 성격을 가지고 있기 때문에 총합적 기본권(Gesamtgrund-recht)이라고 할 수 있다.

그러나 환경권을 생존권적 기본권으로 분류함에 있어서도 그 법적인 성격을 어떻게 볼 것인가에 관해서는 Programm규정설, 추상적 권리설, 구치적 권리설이 갈리고 있다.

환경권은 기본권으로서의 인간의 존엄과 가치 · 행복추구권에서 파생된 기본권으로서 생존권적 기본권에 포함되며, 따라서 권리로서의 양면성을 가지고 있다. 즉 환경권은 자유권적 성격에서 환경침해배제청구권이 있으며, 생존권적 성격에서 환경개선 · 보호조치청구권이 있다고 할 것이다. 전자는 법적 권리(구체적 권리)이나 후자는 추상적 권리라고 할 수 있다.

2) 내용

환경권의 대상이 되는 환경은 자연적 환경 · 인공적 환경 · 사회적 환경으로 대별할 수 있다. 자연적 환경이란 하천 · 산 · 대기 등과 같은 자연상태 그대로의 환경을 말하고, 인공적 환경이란 공원 · 도로 등과 같은 인간생활을 위한 환경을 말한다. 또한 사회적 환경은 정치적 · 경제적 · 문화적 환경을 말한다. 환경권을 특히 자연적 · 인공적 환경에 대한 권리로 보는 것이 다수설이다.

환경권은 환경보전청구권, 공해의 배제청구권, 손해배상청구권을 그 주된 내용으로 한다. 현행 헌법은 국가가 국민의 쾌적한 주거생활을 위하여 주거개발정책을 시행하도록 규정하고 있다(§35③).

3. 주체와 효력

환경권의 향유주체는 모든 국민이며, 국민은 자연인만을 의미하고 성질상 법인에게는 이를 인정할 수 없다.

환경권은 모든 국가권력을 직접 구속하며, 사기업 등에 의한 공해로부터 보호받을 권리를 내포하고 있으므로, 사인에 대해서도 효력을 갖는다. 따라서 사인에 의해 환경권이 침해된 경우 민법 제103조의 공서양속규정을 통하여 간접적으로 적용된다(간접적용설).

4. 제한과 한계

환경권도 헌법 제37조 제2항에 의하여 제한되나, 제한될 경우 그 본질적 내용을 침해할 수는 없다.

Ⅵ. 혼인 · 가족 · 보건에 관한 권리

혼인 및 가족생활은 개인의 존엄과 양성의 본질적 평등을 기초(§36①)로 한다. 제헌헌법에서 규정되었던 것을 제3공화국 헌법에서 삭제하였고, 이를 다시 현행 헌법에 규정하게 되었다.

혼인은 남녀평등에 의한 양성의 결합이므로 일부일처를 원칙으로 하며, 결혼의 자유를 그 내용으로 한다. 따라서 혼인을 할 것인가의 여부, 누구와, 언제, 어떻게 할 것인가는 당사자의 자유에 속한다. 결혼퇴직제 등은 위헌이라 할 것이며, 가족 내에서도 부부의 평등이 보장되어야 한다. 이 권리의 향유주체는 국민과 외국인이다.

한편 국가는 모성의 보호를 위하여 노력할 의무를 진다(§36②). 헌법 제36조 제2항을 생존권(추상적 권리)으로 규정하고 있다고 보는 견해가 다수설이다. 이 권리의 주체는 자녀를 가진 여성이다. 따라서 국가는 모성보호를 위한 각종 시책과 제도를 실시하여, 모성보호를 위해 노력하여야 한다.

4 chapter

청구권적 기본권

제1절 개 관

Ⅰ. 의의

청구권적 기본권은 국민이 국가에 대하여 적극적으로 일정한 행위를 청구할 수 있는 주관적 공권을 말한다. 청구권적 기본권 외의 기본권은 권리 자체가 권리의 목적임에 비해, 청구권적 기본권은 그 자체가 권리의 목적이 아니고 그 밖의 권리나 이익을 확보하는 것이 그 목적이라는 점이 상이한 점이다.

청구권적 기본권은 그 밖의 권리나 이익이 침해되거나 침해될 우려가 있을 때 그와 같은 권리나 이익을 확보하기 위한 수단이다. 이러한 의미 때문에 이 권리는 기본권을 보장하기 위한 기본권, 기본권의 확보를 위한 기본권 또는 기본권을 실현하기 위한 절차적 기본권이라고도 칭하고 있다.

Ⅱ. 법적 성격

청구권적 기본권은 '국가에 대한 청구'(Forderungen am Staat)를 그 내용으로 하는 주관적 공권이며, 원칙적으로 국가 내적인 권리이다.

또한 청구권적 기본권은 이에 관한 헌법규정에 의해 직접 효력이 발생하는 구체적·현실적 권리이며, 국가에 대하여 일정한 국가적 행위를 요구할 수 있는 적극적인 권리이다.

Ⅲ. 효력

우리 헌법은 청구권적 기본권에 관하여 명문으로 청원권(§26), 재판청구권(§27), 형사보상청구권(§28), 국가배상청구권(§29), 범죄피해자구조청구권(§30), 헌법소원권(§111)을 규정하고 있다.

청구권적 기본권은 헌법에서 실정권으로 보장한 것으로 모든 국가권력을 구속한다. 또한 청구권적 기본권은 대국가적 권리이므로 원칙적으로 대사인적 효력은 직접 인정할 수 없고 사인간의 법률행위에는 간접적으로 적용된다고 본다.

제2절 내 용

Ⅰ. 청원권

1. 의의

청원권(Petitionsrecht)은 국가기관에 대하여 일정한 사항에 관한 의견이나 희망을 진술할 권리이다. 청원을 수리한 국가기관은 이를 성실히 처리해야 하므로 이는 주관적 공권으로서 청구권적 기본권의 하나이다. 우리 헌법 제26조에서도 청원권을 규정하고 있다.

2. 법적 성격과 내용

1) 법적 성격

청원권에 대한 법적 성격에 관해서는 자유권설, 청구권설, 이중적 성격설이 대립하고 있다. 청원권은 청원의 자유를 보장할 뿐 아니라 국가에게는 이를 심사할 의무가 있으므로 자유권과 청구권의 성격을 아울러 가지고 있다고 하는 이중적 성격설이 타당하다.

2) 내용

(1) 청원사항

청원사항에 관하여 헌법은 침묵을 지키고 있으며, 청원법 제4조가 규정하고 있다. 청원법 제4조에 규정된 것은 예시적인 것이므로 공공기관의 권한에 속하는 모든 사항이 그 대상이 될 것이다.

그러나 ① 다른 법령에 의한 조사·불복 또는 구제절차가 진행중인 때, ② 허위의 사실로 타인으로 하여금 형사처분 또는 징계처분을 받게 하거나 국가기관 등을 중상모략하는 사항인 때, ③ 사인간의 권리관계 또는 개인의 사생활에 관한 사항인 때, ④ 청원인의 성명·주소 등이 불분명하거나 청원내용이 불명확한 때에는 이를 수리하지 아니한다(법 5).

그리고 타인을 모해할 목적으로 허위의 사실을 적시하는 청원을 하여서는 아니된다(법 11). 이를 위반하면 벌칙이 적용된다(법 13).

(2) 청원할 기관

청원할 국가기관은 입법·사법·행정기관 등의 국가기관은 물론, 널리 지방자치단체와 그 소속기관이나 법령에 의하여 행정권한을 가지고 있거나 행정권한을 임탁받은 법인·단체 또는 그 기관이나 개인이다(법 3).

(3) 청원의 절차와 방식

청원은 청원인의 성명·주소 또는 거소, 청원의 이유와 취지를 기재한 문서로서 하여야 한다. 청원서는 청원사항을 주관하는 기관에 제출하고, 어떤 처분이나 처분의 시정을 요구하는 청원서는 처분 기관에 제출한다. 국회에 대한 청원은 의원의 소개가 있어야 한다.

3. 주체

청원권의 향유주체는 자연인뿐 아니라 법인도 포함되며, 외국인도 그 주체가 인정된다. 다만, 공무원·군인과 같은 특수신분관계에 있는 자인 경우 직무에 관련된 청원이나 집단적 청원은 원칙적으로 할 수 없다.

4. 효과

헌법은 청원을 수리하고 심사할 의무만 규정하고 있으나, 청원법은 처리 결과를 청원인에게 통지할 의무까지 규정하고 있다(청원의 적극적 효과). 다만, 재결이나 결정할 의무까지 있느냐에 관하여는 없다고 보는 것이 통설이다. 모든 국민은 청원하였다는 이유로 차별대우를 받거나 불이익을 강요당하지 않는다(청원의 소극적 효과).

5. 제한과 한계

청원도 헌법 제37조 제2항의 규정에 따라 국가안전보장, 질서유지, 공공복리를 위하여 필요한 경우 법률로써 제한할 수 있다. 그러나 제한하는 경우에도 청원권의 본질적인 내용을 침해할 수는 없다. 청원서의 수리·심사를 원칙적으로 거부하는 것은 청원권의 본질적인 내용의 침해이다.

Ⅱ. 재판청구권

1. 의의

재판청구권은 적극적으로는 국민이 헌법과 법률이 정한 법관에 의하여 법률에 의한 재판을 청구하는 권리이며, 소극적으로는 헌법과 법률에 의하지 않은 재판을 받지 아니할 수 있는 권리를 뜻한다. 우리 헌법은 제27조에서 재판청구권을 규정하고 있다.

2. 법적 성격과 내용

1) 법적 성격

재판청구권에 관한 법적 성격에 관해서는 청구권적 기본권설과 이중적 성격설이 대립하고 있다. 그러나 재판청구권은 합법적인 재판을 청구할 수 있는 권리인 동시에, 위법적인 재판을 거부할 수 있는 권리이므로 이중적 성격설이 타당하다.

2) 내용

(1) 헌법과 법률이 정한 법관

헌법과 법률이 정한 법관이란 법관의 자격이 있고(§101③, 법원조직법법 41, 42, 43), 정당히 임명되었으며(§104, 법 41), 신분이 보장되고(§105, §106, 법 46), 직무상 독립이 보장된(§103) 법관을 말한다. 이와 같은 자격과 신분이 보장되지 않는 자에 의한 재판은 거부할 수 있다. 다만, 문제가 되는 것은 다음과 같다.

(a) 군사법원

군인 · 군무원은 원칙적으로 군사법원의 재판을 받게 되어 있는 바, '군판사에 의한 재판'이 '헌법과 법률에 정한 법관에 의한 재판 원칙'에 위배되는 지가 문제된다. 헌법은 제110조에서 군사법원에 대한 헌법적 근거를 명시하고 있고, 상고심은 대법원의 관할로 되어 있으며, 또한 군사법원법은 군판사의 독립(법 21)을 규정하고 있으므로 헌법 제27조의 재판청구권을 침해한 것은 아니다.

(b) 배심재판

헌법과 법률에 정한 법관이 아닌 배심원이 사실심에만 참여하고 법률심에 관여하지 않는다면 합헌이며, 법률심에까지 관여한다면 헌법 제27조에 위배된다. 따라서 현행 헌법 하에서 참심원(Schöffer)이 사실심과 법률심에 참여하는 참심재판제를 채택한다면 위헌이다.

우리나라는 2007년 6월 국민의형사재판참여에관한법률이 제정되어 완전한 성격의 배심제는 아니지만 국민참여재판 배심원제도(법 12)가 시행되고 있다.

(c) **통고처분**

재정범에 대한 세무서장 등에 의한 벌금 등의 통고처분이나 교통범칙자에 대한 경찰서장의 통고처분은 당사자의 승낙을 발효요건으로 하고 있으며, 불응시에 정식고발절차가 시작되므로 재판청구권의 침해가 아니다.

(d) **약식절차 · 즉결심판 · 가사심판 · 보호처분**

약식절차는 공판전 간이소송절차로서 이에 불복할 때 정식재판을 청구할 수 있으므로 재판청구권의 침해는 아니다. 즉결심판이나 가사심판 · 보호처분은 법관에 의한 재판이므로 별 문제가 없다.

(e) **행정심판**

행정심판이 재판청구권의 침해로서 그 위헌성 여부가 문제되었으나, 현행 헌법은 제107조 제3항에 그 근거규정을 두어 합헌임을 분명히 하였다.

⑵ 법률에 의한 재판

법률에 의한 재판은 재판의 기준이 되는 법률의 내용과 절차가 합헌적일 것을 요구하며, 실체법이거나 절차법을 불문한다.

⑶ 재판을 받을 권리

재판을 받을 권리란 국민이 국가에 대하여 재판을 청구할 수 있는 권리를 말하며(적극적 성질), 헌법과 법률이 정한 재판 이외에는 재판을 받지 아니할 권리를 말한다(소극적 성질).

⑷ 신속한 공개재판

모든 국민은 재판청구권을 가지되 신속한 공개재판을 받을 권리를 가진다. 신속한 재판은 재판의 생명으로 지연된 재판은 아무리 공정하고 정확하다 하더라도 당사자에게는 아무런 가치가 없게 된다.

그리고 형사피고인은 신속한 재판뿐 아니라 공개의 재판을 받을 권리를 가진다. 공개재판이란 재판의 심리와 판결을 공개하는 것을 말한다.

⑸ 재판상 진술권

현행 헌법은 형사피해자가 당해 사건의 재판절차에서 진술할 수 있도록 규정하고 있다(§27⑤). 원칙적으로 형사피해자는 법정에서 진술할 수 없으며, 법원이 본인 심문을 하고자 할 때 질문에 대한 답변만 할 수 있을 뿐이다.

재판의 공정성을 더욱 제고시키기 위하여 현행 헌법은 형사피해자가 당해 사건의 재판절차에서 진술할 권리가 있음을 명시하고 있다. 다만 조사절차나 공판절차에서 충분히 진술하였거나 진술로 인하여 공판절차가 현저히 지연될 우려가 있는 경우에는 인정되지 않는다(형사소송법 294의2).

3. 주체와 효력

1) 주체

재판청구권은 국민의 자유와 권리가 침해된 경우에 그 회복과 구제를 위한 권리이므로 국민은 물론 외국인에게도 보장되며 자연인뿐만 아니라 법인(외국법인도 포함)에게도 보장된다. 권리능력 없는 사단과 한국 내에 불법적으로 체류하는 외국인과 무국적자에게도 인정된다.

2) 효력

재판청구권은 국민의 주관적 공권이기 때문에 입법·사법·행정권을 구속하는 대국가적 효력을 가진다. 사인 간에도 간접적용설에 따라 효력이 미친다.

4. 제한과 한계

재판청구권도 헌법 제37조 제2항에 따라 국가안전보장·질서유지·공공복리를 위하여 필요한 경우에 한하여 법률로 제한할 수 있다. 이러한 법률로는 법원조직법·형사소송법·행정소송법 등이 있다.

국가긴급 시에는 재판청구권에 대하여 특별한 제한이 가해질 수 있다. 비상계엄 하에서는 일반국민도 군사법원의 재판을 받아야 하며(§27②), 비상계엄 하의 일정한 경우에는 상소까지 제한하고 있다(§110④). 이는 국민의 재판청구권의 중대한 제한이 된다.

모든 국민은 일반법원에 의한 재판을 받을 권리를 가진다. 그러나 군인 · 군무원 등은 군사법원에 의한 군사재판을 받게 되며, 일반국민도 대한민국의 영역 안에서는 중대한 군사상 기밀 · 초병 · 초소 · 유독음식물 공급 · 포로 · 군용물에 관한 죄 중 법률에 정한 경우에는 군사 법원에 의한 재판을 받아야 한다(§27②).

Ⅲ. 형사보상청구권

1. 의의

형사보상청구권은 형사피의자 또는 형사피고인으로 구금되었던 자가 법률이 정하는 불기소처분을 받거나 공판 결과 확정판결에 의하여 무죄를 선고받은 경우, 그가 입은 물질상 · 정신상의 손실에 대한 보상을 국가에 청구하는 권리를 말한다. 우리 헌법은 제28조에서 형사보상청구권을 규정하고 있으며, 제4공화국 헌법과는 달리 정당한 보상을 강조하고 있다. 또한 현행 헌법은 형사보상청구권의 범위를 확대하여 형사피의자까지도 포함하고 있다.

2. 법적 성격과 내용

1) 법적 성격

형사보상청구권은 국가에 대하여 일정액의 금전지급을 요구할 수 있는 권리이므로 청구권적 기본권의 하나이다. 그러나 형사보상에 관한 본질에 대해서는 손해보상설, 손실보상설, 이분설이 대립하고 있다.

우리 헌법은 국가배상제도가 형사보상제도와는 별도로 규정되어 있으며, 형사보상의 경우 고의나 과실을 요건으로 하지 않고 있고, 불기소처분을 받거나 무죄의 확정판결이 있으면 곧 보상을 청구할 수 있음에 비추어, 그것은 인신의 구속으로 말미암은 손실의 발생에 대하여 결과책임, 즉 무과실손실보상책임을 인정한 것이라고 보는 것이 타당하다.

2) 내용

(1) 형사보상청구권의 성립요건

형사보상청구권은 형사피의자 또는 형사피고인으로 구금되었던 자가 불기소처분이나 무죄판결을 받은 때에 발생한다.

형사파의자란 범죄의 혐의가 있다고 인정되나 기소 단계에 이르지 아니한 자를 말하며, 형사피고인이란 검사에 의하여 공소제기를 받은 자를 말한다. 그리고 구금된 자란 미결구금(형의 집행이나 노역장 유치의 집행을 위한 구치)이나 형의 집행(형의 집행 또는 노역장 유치의 집행)을 받고 있는 자를 말한다. 따라서 불구속으로 조사를 받다가 불기소처분을 받은 자나 불구속으로 기소되어 무죄판결을 받은 자는 포함되지 않는다.

무죄판결은 당해 절차뿐 아니라 재심 또는 비상상고 절차에 의한 무죄판결도 포함되며, 군사법원에서 무죄판결을 받은 자에게도 준용된다. 또한 면소나 공소기각의 재판을 받은 자도 형사보상을 청구할 수 있다.

(2) 형사보상청구 절차

형사보상청구의 절차 등은 형사보상및명예회복에관한법률에서 규정하고 있다. 형사피의자는 불기소처분이 있는 날로부터 3년 이내에 불기소 처분을 한 검사가 소속하는 지방검찰청의 심의회에 형사보상을 청구하여야 한다(법 28). 형사피고인은 무죄재판이 확정된 사실을 안 날로부터 3년, 무죄재판이 확정된 날로부터 5년 이내에 무죄판결을 행한 법원에 형사보상을 청구하여야 한다(법 8). 보상청구에 대한 재판은 법원합의부가 행한다(법 14).

(3) 형사보상의 내용

형사보상액은 정당한 것이어야 하며, 형사보상청구권자가 입은 손실의 완전한 보상이어야 한다.

Ⅳ. 국가배상청구권

1. 의의

국가배상청구권이란 국민이 공무원의 직무상 불법행위로 손해를 입은 경우에 그 배상을 국가나 공공단체에 청구할 수 있는 권리를 의미한다. 우리 헌법도 제헌 이래 줄곧 국가배상책임제도를 규정하고 있으며, 현행 헌법도 제29조에서 국가배상청구권을 규정하고 있다.

2. 법적 성격과 내용

1) 법적 성격

국가배상청구권의 법적 성격에 관하여 많은 견해가 대립하나, 헌법의 규정만으로도 효력이 발생하는 직접효력규정이다(통설 · 판례).

대법원은 국가배상청구권의 본질을 사권으로 보며, 국가배상법의 성격을 사법으로 본다. 그러나 학설은 국가배상청구권을 공권으로 보며 국가배상법의 성격을 공법으로 본다(다수설).

2) 내용

(1) 배상책임의 요건

공무원의 직무상 불법행위로 손해가 발생하여야 한다.

(2) 배상책임의 성질

배상책임의 성질에 관하여는 자기책임설, 대위책임설, 중간설의 대립이 있는데, 배상책임이 원칙적으로는 공무원 개인의 것이나 국가가 대신하여 부담하는 책임이라고 하는 대위책임설이 통설이다.

(3) 선택적 청구권의 문제

피해자는 국가에 대하여만 배상을 청구할 수 있는가 아니면 해당 공무원에 대하여도 배상을 청구할 수 있는가가 문제된다. 국가에 대하여만 청구하여야 한다는 견해(선택적 청구 부인설)와 국가와 공무원 모두에게 청구할 수 있다는 견해(선택적 청구 인정설)가 그것이다. 손해배상의 만전을 기하고, 공무원의 경과실인 경우에는 청구권을 인정하지 않는 점에 미루어 선택적 청구를 부정하는 것이 타당하다.

(4) 배상책임자

공무원이 직무상 불법행위로 인하여 타인에게 손해를 가하였을 때에는 국가나 지방자치단체는 그 배상책임을 진다(국가배상법 2). 이때에 공무원의 선임감독자와 비용부담자가 다를 경우에는 피고인은 어느 쪽에 대하여도 선택적 청구가 가능하다(법 6). 손해를 배상한 자는 내부관계에서 그 손해를 배상할 책임이 있는 자에게 구상권을 가진다.

헌법은 배상책임자로서 국가와 공공단체로 규정하고 있으나, 국가배상법은 공공단체를 지방자치단체로 한정하고 있다. 이는 공공조합이나 영조물법인을 배상책임자에서 제외시키는 것으로 위헌의 소지가 없지 않다.

(5) 배상책임의 내용

(a) **배상액**

배상액은 개해행위와 상당인과관계에 있는 모든 손해액이며, 배상액의 산정에 관하여는 민법 제763조, 제394조(금전배상), 그리고 제396조(과실상계) 등이 준용된다. 생명 · 신체에 대한 손해와 물건의 멸실 · 훼손으로 인한 손해에 대하여는 국가배상법상 일정한 배상기준이 정하여져 있다(법 3).

(b) **청구권의 불융통성**

생명 · 신체의 침해에 대한 배상청구권은 이를 양도하거나 압류하지 못한다(법 4). 이는 피해자를 보호하기 위함이다.

(c) **이중배상금지**

헌법 제29조 제2항은 군인 · 군무원 · 경찰공무원 기타 법률로 정한 자가 전투 · 훈련 등 직무집행과 관련하여 받은 손해에 대하여는 법률이 정하는 보상 외에 국가나 공공단체에 공무원의 직무상 불법행위로 인한 배상은 청구할 수 없다고 규정하고 있다. 이러한 이중배상금지는 제3공화국 헌법 하에서 위헌 판결을 받자, 제4공화국 헌법에 명문화시켰고, 이를 다시 제5공화국 헌법이 그대로 답습한 것이다. 현행 헌법도 이를 그대로 규정하고 있으나, 법률에 의한 보상액을 인상하여 헌법 제29조 제1항과의 균형을 도모하고 있다.

(d) **소송과 배상신청의 관계**

국가배상법에 따른 손해배상의 소송은 배상심의회에 배상신청을 하지 아니하고도 제기할 수 있다(법 9).

3. 주체

국가배상청구권의 향유주체는 국민으로 자연인이거나 법인을 불문한다. 외국인은 상호보증이 있는 때에 한하여 그 주체가 될 수 있다. 우리나라에 주둔하는 미합중국 군대의 구성원 · 고용원 또는 한국증원부대구성원(카투사)의 공무집행 중의 행위로 피해를 받은 자도 국가배상법이 정하는 바에 따라 대한민국에 배상을 청구할 수 있다(한미행정협정 23⑤).

4. 제한

국가배상청구권은 헌법 제37조 제2항에 의하여 법률로써 제한될 수 있다.

V. 범죄피해자구조청구권

1. 의의

범죄피해자구조청구권은 타인의 범죄행위로 말미암아 생명 · 신체에 피해를 입은 국민이 국가에 대하여 유족구조 또는 장해구조를 청구할 수 있는 권리를 말한다.

우리 헌법은 외국의 입법례에 따라 제30조를 신설하여, '타인의 범죄행위로 인하여 생명 · 신체에 대한 피해를 받은 국민은 법률이 정하는 바에 의하여 국가로부터 구조를 받을 수 있다'고 규정하고 있다.

2. 법적 성격과 내용

1) 법적 성격

헌법 제30조는 국가의 의무만을 규정한 것인지, 구조청구권을 규정한 것인지의 문제가 된다. 그러나 범죄피해자구조청구권을 보장하고 있는 것은 국가가 범죄발생을 예방하지 못한데 대한 국가배상청구권이 아니라 사회보장의 견지에서 범죄피해자를 보호하기 위한 것이라고 보아야 하므로, 이는 생존권적 기본권의 성격을 띤 청구권적 기본권이다.

2) 내용

국가는 구조대상 범죄피해를 받은 사람, 즉 '구조피해자'가 피해의 전부 또는 일부를 배상받지 못하는 경우, 그리고 자기 또는 타인의 형사사건의 수사 또는 재판에서 고소·고발 등 수사단서를 제공하거나 진술, 증언 또는 자료제출을 하다가 구조피해자가 된 경우에 해당하면 구조피해자 또는 그 유족에게 범죄피해구조금을 지급한다(범죄피해자보호법 16). 외국인이 구조피해자이거나 유족인 경우에는 해당 국가의 상호보증이 있는 경우에만 적용한다(법 23).

과거 범죄피해자구조법에서는 범죄피해 범위를 사망, 중상해로 규정하였으나, 현행 범죄피해자보호법은 사망, 장해, 중상해까지 확대하고 있다(법 3①iv). 또한 가해자의 불명 또는 무자력을 수급요건에서 제외하여 범죄피해자의 구조범위를 확대하였다.

범죄행위 당시 구조피해자와 가해자 사이에 부부(사실상의 혼인관계 포함), 직계혈족, 4촌 이내의 친족, 동거친족에 해당하는 친족관계가 있는 경우에는 구조금을 지급하지 아니하고(법 19①), 구조피해자가 해당 범죄행위를 교사 또는 방조하는 행위, 과도한 폭행·협박 또는 중대한 모욕 등 해당 범죄행위를 유발하는 행위, 해당 범죄행위와 관련하여 현저하게 부정한 행위, 해당 범죄행위를 용인하는 행위, 집단적 또는 상습적으로 불법행위를 행할 우려가 있는 조직에 속하는 행위(다만, 그 조직에 속하고 있는 것이 해당 범죄피해를 당한 것과 관련이 없다고 인정되는 경우는 제외), 범죄행위에 대한 보복으로 가해자 또는 그 친족이나 그 밖에 가해자와 밀접한 관계가 있는 사람의 생명을 해치거나 신체를 중대하게 침해하는 행위를 한 때에는 구조금을 지급하지 아니한다(동조③).

5
chapter

정치적 기본권

제1절 개 관

정치적 기본권(Politisches Grundrecht)이라 함은 광의로는 국민이 정치적 사상이나 의견을 자유로이 표명하는 정치적 자유와, 그 밖의 방법으로 국가의 정치적 의사형성에 협력하는 권리를 말한다. 협의로는 참정권만을 뜻한다.

제2절 정치적 기본권의 형태

Ⅰ. 정치적 자유

정치적 자유라 함은 국민이 정치적인 사상이나 의견을 자유로이 표명하거나(정치적 언론의 자유), 정치적 사상이나 의견을 수록한 도서를 자유로이 출판하고(정치적 출판의 자유), 정치적 목적을 위한 집회나 시위를(정치적 집회 · 시위의 자유) 주최 · 진행하고 단체를 자유로이 결성(정치적 결사의 자유)하는 것을 말한다.

민주정치는 정치적 자유를 전제로 하므로 정치적 자유는 자유민주주의 질서에 있어서 필수불가결한 자유이다. 또한 정치적 자유의 본질적인 내용은 국가권력에 의한 간섭이나 통제를 받지 아니한다는 의미에서 대국가적 방어권인 소극적 성격의 권리를 의미한다.

Ⅱ. 참정권

1. 의의

참정권이란 국민이 국가의 의사형성에 직접 참여하거나 선거인단·투표인단의 일원으로서 선거 또는 투표에 참여하거나 공무원으로 선임될 수 있는 국민의 주관적 공권을 말한다.

2. 법적 성격

참정권을 권리로 보고 있음에는 견해의 대립이 없으나, 그것이 권리인 동시에 의무로서의 성격도 아울러 가지고 있느냐에 대해서는 권리설, 권리·의무설이 대립하고 있다.

참정권은 헌법상 기본권의 하나로 선언되고 있고, 선거권이나 투표권을 행사할 것인가 말 것인가는 법적으로 자유이며, 행사치 않았을 경우 이를 제재할 실정법상의 명문규정이 없으므로 권리로서의 성격을 가질 뿐 의무의 성격을 갖는 것은 아니다.

3. 주체

참정권은 개개의 국민이 선거인단 또는 투표인단의 구성원 자격으로 선거에 참가하거나 투표에 참여하는 권리이기 때문에, 국민의 권리이며 실정법상의 권리이다. 따라서 연령과 같은 자격요건을 법률로써 규정할 수가 있으나, 이는 일신전속적인 권리이므로 그 대리행사는 허용되지 않는다. 이것은 국민의 권리이므로 외국인과 법인에게는 인정되지 않는다.

4. 내용

참정권은 직접참정권과 간접참정권으로 구분된다. 전자는 국민이 국가의 의사형성에 직접 참여할 수 있는 권리를 말한다. 이를 위한 제도로는 광의의 국민투표제에 해당하는 국민발안제, 국민표결제, 국민해임제(국민소환제 : recall) 등이 있다.

이에 대하여 간접참정권은 국민이 국가기관의 구성에 참여하거나 국가기관의 구성원으로 선임될 수 있는 권리를 말한다. 우리 헌법은 간접민주제를 원칙으로 하고 있기 때문에, 국민은 그 밖의 국가기관의 구성에 참여하거나 그 구성원으로 선임될 수 있을 뿐이고, 국가의 의사는 그들에 의해 선임된 기관으로 하여금 국민을 대신하여 결정하게 하고 있다. 우리 헌법은 간접참정권으로 선거권과 공무담임권(피선거권 · 공직취임권)을 규정하고 있다.

Ⅲ. 선거권

1. 의의

선거권이란 국민이 각종 공무원을 선출하는 권리를 의미한다. 우리나라와 같은 간접민주제를 채택하는 경우에는 선거권이 참정권의 가장 중요한 내용이 된다. 헌법은 선거연령에 관한 규정을 삭제하고 선거연령을 법률에 위임하고 있다.

2. 법적 성격

선거권의 법적 성격에 관해서는 자연권설, 공무설(기능설), 권한설, 이원설이 대립하고 있다.

자연권설은 참정권을 모든 사람에게 천부적으로 주는 당연한 초국가적인 기본권이라 해석하여, 일체의 제한을 인정치 않고 있으나, 이는 현실적으로 많은 문제가 있다. 공무설은 국가의 정책적 목적이라면 이에 부당한 제약도 가할 수 있다는 논리가 설 수 있으므로 문제이다. 또한 권한설은 권리의 주체가 국가라는 점에 문제가 있다.

따라서 선거권은 능동적으로 기본권으로서 실정법에 의하여 인정되는 개인적 공권이라는 점에서 이원설이 가장 타당하다고 보며 이것이 오늘날의 통설이다. 이러한 점에서 선거권의 행사의무를 도의적·정치적 의무로 보는 것은 인정된다.

3. 내용

국민의 선거권에는 대통령선거권, 국회의원선거권, 지방자치단체의 장 및 지방의회의원선거권 등이 있다.

4. 제한

선거권도 법률에 의해 제한된다. 공직선거법은 선거권이 없는 자로 선거일 현재 ① 금치산선고를 받은 자, ② 1년 이상의 징역 또는 금고의 형의 선고를 받고 그 집행이 종료되지 아니하거나 그 집행을 받지 아니하기로 확정되지 아니한 사람(다만, 그 형의 집행유예를 선고받고 유예기간 중에 있는 사람은 제외), ③ 선거범, 정치자금부정수수죄 및 선거비용관련 위반행위죄를 범한 자, 대통령·국회의원·지방의회의원·지방자치단체의 장으로서 그 재임중의 직무와 관련하여 수뢰, 사전수뢰 내지 알선수뢰죄를 범한 자로서 100만 원 이상의 벌금형의 선고를 받고 그 형이 확정된 후 일정기간이 경과하지 아니한 자와, ④ 법원의 판결 또는 다른 법률에 의하여 선거권이 정지 또는 상실된 자를 들고 있다(법 18).

Ⅳ. 공무담임권

공무담임권(§25)이란 행정부·사법부·입법부는 물론 지방자치단체와 기타 일체의 공공단체의 직무를 담당할 수 있는 권리를 의미한다. 따라서 공무담임권은 선거에 의하여 국가기관의 구성원이 될 수 있는 자격인 피선거권과 구별되며 더 넓은 개념이다.

헌법이 공무담임권을 보장하고 있더라도 모든 국민이 직접 공무를 담당할 수는 없다. 법률이 정하는 바에 따라 선거에서 당선되거나 소정의 시험에 합격하거나 기타 필요한 자격을 구비하여야 한다. 법률은 공무담임권 내지 피선거권에 관하여 자격과 결격사유를 규정하고 있다.

Ⅴ. 국민표결권

국민표결권이란 국민이 국가의사의 형성에 직접 참가할 수 있는 권리를 의미한다. 이는 직접민주제의 한 형태로서 간접 민주제의 단점을 수정·보완하기 위한 것이다.

우리나라에서는 국민발안이나 국민소환은 인정되지 않고, 국민표결권만 인정되고 있다. 대통령이 필요하다고 인정할 때에는 외교·국방·통일·기타 국가안위에 관한 중요 정책을 국민투표에 부칠 수 있고(§72), 헌법개정안은 국회가 의결한 후 30일 이내에 국민투표에 부쳐 국회의원 선거권자 과반수의 투표와 투표자 과반수의 찬성(§130)을 얻도록 규정하고 있다.

6
chapter

국민의 기본의무

제1절 개 관

Ⅰ. 의의

국민의 기본의무는 국민이 통치권의 대상으로서의 지위에서 부담하는 기본적 의무이다. 국민의 기본의무에 관한 구체적 내용은 각국의 헌법이념과 역사적 발전단계에 따라 다르다.

우리 헌법은 납세의 의무(§38), 국방의 의무(§39), 재산권 행사의 공공복리 적합의무(§23②), 교육의 의무(§31②), 근로의 의무(§32②), 환경보전의 의무(§35) 등을 규정하고 있다.

Ⅱ. 법적 성격

국민의 기본의무의 성질이 기본권에 대응하는 전국가적 인간의 의무로 볼 것인가, 아니면 국민의 실정법상의 의무로 볼 것인가가 문제된다. 국민의 기본 의무는 기본권과는 달라서 무제한적 의무로 볼 수 없으며, 이를 인정한다면 법치주의의 기본원칙에 위배되는 결과가 야기될 수 있으므로, 헌법이 국민에게 부여한 실정법상의 의무로 보는 것이 타당하다.

Ⅲ. 유형

1. 고전적 의무

고전적 의무란 국가의 기본질서의 유지를 목적으로 국민에게 부과된 의무로서 납세의 의무와 국방의 의무가 있다. 이는 군주의 자의적인 과세나 징병으로부터 시민의 재산과 신체를 보장하기 위하여 인정된 것이다.

그 밖의 고전적 의무로는 조국에 대한 충성의 의무, 헌법 및 법률의 준수의무, 국가수호의 의무 등을 들 수 있다. 특히 이러한 의무는 헌법이 명문으로 규정하고 있지 않으나 당연히 인정된다고 볼 것이다.

2. 새로운 의무

20세기 헌법의 등장과 더불어 기본 의무도 양·질의 모든 면에서 많은 변화를 가지게 되었다. 이러한 새로운 의무는 사회 국가나 문화 국가의 이념에 봉사하고 생존권을 실질화시키는 적극적 성격을 지니고 있다.

이에는 교육의 의무, 근로의 의무, 환경보전의 의무, 재산권 행사의 공공복리적합의 의무, 기본권을 남용하지 않을 의무 등이 속한다.

제 2 절　고전적 의무

Ⅰ. 납세의 의무

1. 의의

납세의 의무란 국가활동에 필요한 경비를 충당하기 위하여 조세를 납부할 의무를 말한다. 우리 헌법은 제38조에서 납세의 의무를 규정하고 있다. 납세의 의무의 주체는 국민이며, 법인도 당연히 포함된다. 외국인도 국내에 재산이 있거나 과세대상이 되는 행위를 할 때에는 조세를 부과할 수 있다.

2. 내용

조세란 명칭 여하를 불문하고 국가나 지방자치단체가 아무런 보상 없이 일방적으로 그리고 강제적으로 부과하는 모든 경제적 부담을 말한다. 그러나 국가에서 거두는 수수료, 사용료, 전매품의 가격 및 공채의 발행은 포함되지 않는다.

조세는 모든 국민에게 공평하게 부과(공정과세의 원칙)되어야 하며, 조세의 종목과 세율은 법률로 정한다(조세법률주의, §59). 조세법률주의는 행정부의 자의적 세금부과를 막기 위해 국민의 대의기관인 국회가 법률로 그 종목과 세율을 정하도록 하는 것이다.

Ⅱ. 국방의 의무

1. 의의

국방의 의무란 외국의 침략으로부터 국가의 독립을 유지하고 영토를 보전하기 위한 국토방위의 의무를 말하며, 우리 헌법은 제39조에서 국방의 의무를 규정하고 있다.

국방의 의무를 헌법에 규정하는 소극적 의의는 국민의 신체의 자유를 보장하기 위해 국가로부터의 불법적 의무부과를 배제하는 것이고, 적극적 의의는 주권자로서의 국민이 스스로 국가적 공동체를 외침으로부터 방위한다는 성격을 갖고 있다.

2. 주체

국방의 의무의 주체는 우리나라 국민에 한하며 외국인은 포함되지 아니한다. 병역법상 국방의 의무는 납세의 의무와는 달리 남자에 대해서만 인정되며(법 3①), 타인에 의한 의무의 대체는 불가능하다.

3. 내용과 범위

국방의 의무의 내용과 범위에 관하여는 견해가 대립된다. 국방의 의무는 병역제공(형성)의 의무만을 의미한다는 견해가 있으나, 국방의 의무는 병역제공뿐만 아니라, 방공 · 방첩 · 전시근무 등 국방에 관한 모든 의무를 포함한다고 보는 것이 타당하다(통설). 근거법률로는 병역법, 향토예비군설치법, 민방위기본법 등이 있다.

4. 불이익 처우의 금지

병역의 의무의 이행으로 인한 불이익한 처우는 금지된다(§39②)라고 규정하여 병역의무이행으로 인한 불이익한 처우를 하지 못하도록 함으로써 국민개병주의(國民皆兵主義)를 확립하고 군복무의식을 고취하고 있다.

제 3 절 현대적 의무

Ⅰ. 교육을 받게 할 의무

1. 의의

교육을 받게 할 의무란 후견인이 그 보호하는 자녀에게 적어도 초등교육과 법률이 정하는 교육을 받게 할 의무를 말하며, 우리 헌법은 제31조 제2항에서 교육을 받게 할 의무를 규정하고 있다. 이는 '교육을 받을 권리'의 실효성을 주기 위한 것이다. 교육을 받게 할 의무는 국민의 인간다운 생활을 유지하고 문화국가를 건설하기 위한 적극적 성격을 갖는 의무를 말한다.

2. 주체

교육을 받게 할 의무의 주체는 취학할 어린이의 친권자나 보호자이다. 국가나 지방자치단체를 주체로 보는 견해가 있으나, 국가나 지방자치단체는 제31조 제3항의 의무교육의 주체로 봄이 타당하다.

3. 법적 성격

교육을 받게 할 의무의 성질에 관하여 윤리적 의무설과 법적 의무설이 대립하나 법적 의무설이 타당하다(초·중등교육법 68).

4. 내용

교육의 의무는 무상교육이 전제되어야 하며 무상의 범위는 취학내용 전액무상설이 이상적이다. 헌법 제31조 제3항은 "의무교육은 무상으로 한다"라고 규정하고 있는데, 의무교육의 무상제에 대한 책임주체는 국가나 지방자치단체이다.

Ⅱ. 근로의 의무

근로의 의무란 국민이 노동을 함으로써 국부(國富)의 증식에 기여하여야 할 의무를 말하며, 우리 헌법은 제32조 제2항에서 근로의 의무를 규정하고 있다.

근로의 의무의 성질에 관하여 윤리적 의무설과 법적 의무설이 대립하나, 근로의 능력이 있음에도 근로하지 않는 자에 대해서는 윤리적 · 도덕적 비난이 가해져야 한다는 의미로서의 의무이기 때문에 윤리적 의무로 보는 견해가 타당하다.

근로의 의무를 부과할 때는 미리 법률로서 민주주의의 원칙에 따라 규정하되, 그 의무의 대체적 이행이 허용되고, 그 의무의 불이행에 대한 제제도 금전벌에 그쳐야 한다.

Ⅲ. 재산권행사의 공공복리적합의 의무

사회적 단체적 법치주의 사상의 영향으로 1919년 Weimar 헌법(§153)에서 규정한 이래 우리 헌법도 제23조 제2항에서 "재산권의 행사는 공공복리에 적합하여야 한다"고 규정하고 있다.

이 의무의 법적 성질에 관하여 재산권행사에 관한 법적 의무로 보는 견해, 재산권제한의 내용을 규정한 것으로 보는 견해, 재산권 내재적 제약을 명문화한 것으로 보는 견해 등이 대립하고 있으나, 내재적 제약을 명문화한 것으로 보는 것이 타당하다.

Ⅳ. 환경보전의 의무

헌법은 제35조 후단에서 국민에게 환경보전의 의무를 규정하고 있다. 환경보전의 의무는 국가와 국민 모두에게 의무를 부과하고 있음이 특색이다.

제 4 편

통치구조

1 chapter 총 론

제1절 개 관

Ⅰ. 의회주의

1. 의회주의의 기본원리

1) 의 의

의회주의(Parlamentarismus)라 함은 국민에 의하여 선출된 대표자로 구성되는 의회에서 국가의사가 결정되고 의회를 중심으로 국정이 운영되는 정치방식을 말한다. 대의민주주의에 있어서는 자유로이 표명된 국민의 의사가 선거라는 경로를 통하여 대표기관인 의회에 전달되고 그 의사에 따라 입법 등의 중요한 정책결정이 이루어진다. 이때에 선거를 거쳐 통합된 대표자의 의사는 국민 전체의 의사로 간주되는 것이 '의회주의' 내지 '의회제도'의 기본원리이다.

2) 연 혁

의회주의는 근대 유럽에서 입헌민주정치의 발달과 그 시대를 같이 한다. 19

세기 이후에는 의회의 세기라고 불릴 정도로 의회주의가 발달하였다.

그러나 오늘날 정당국가화 경향이 심해지고 고전적 대의제도가 국민의 의사를 충분히 반영하지 못하기 때문에 의회의 기능에 대한 재검토와 더불어 제도의 근본적인 수정이 논의되고 있다.

2. 의회주의 구현의 전제조건

1) 국민대표기관 성립

의회가 국민의 대표자로 구성되는 합의체로서 국가의사를 결정하는 중추기관이 되려면, 의회의 구성원과 국민 간에는 우선 정당한 대표관계가 성립되어야 의회가 국민의 의견, 즉 여론을 수렴하는 기능을 수행할 수 있다.

2) 다수결의 원리

국가의사의 결정은 다수결로 하여야 하며, 다수결은 이성적 토론을 전제로 하는 것이어야 한다. 이성적 토론은 '소수 의견의 존중'과 '반대 의견에 대한 설득'이 전제될 때 가능하다.

3) 국정감독의 기능수행

국민은 대표자의 선출을 통하여 입법이나 정책결정을 통제할 수 있고, 전체의 민의를 반영하는 정치를 기대할 수 있게 된다. 의회주의의 정당성 역시 이러한 민주적 탄력성을 보유하고 있을 때에만 인정되는 것이다.

4) 정권교체의 가능성

의회주의의 구현을 위해서는 상술한 조건 이외에도 의회 내에서 세력의 분포가 이루어져 정권교체가 가능하여야 한다. 여기에서 교체 가능성 내지 정권교체의 원리(Principle of rotation)라 함은 소수 의견과 다수 의견의 위치 교체의 가능성을 의미한다.

3. 직접민주제와 대의민주제

1) 의 의

국민주권의 원리를 완벽하게 실현하기 위하여 국민이 직접 통치하는 방식을 직접민주제라 한다.

국민의 자치가 이상적으로 이루어지기 위하여는 가능한 한 전 국민이 직접 참가하여 국가의사를 결정하는 방식이 바람직하다(고대 희랍의 Polis, 스위스 캔톤). 그러나 인구의 증가, 영역의 광역성, 생활의 복잡화뿐만 아니라 사회분업이란 견지에서도 입법이나 정책결정을 전문가인 직업 정치인에게 맡기는 것이 합리적이므로 대부분의 국가가 대의민주제를 택하고 있다.

2) 기능

직접 민주제가 실현되면 국민이 스스로 중대한 국가의사를 결정하므로 국민자치원칙이 고도로 실현되고, 의회의 부패와 무능력의 결함을 시정 · 보완할 수 있으며, 국가기관 상호 충돌로 인한 국가 의사결정의 지연이 있을 경우에 국민의 개입으로 신속히 해결할 수 있다.

3) 직접민주제 구현방법

(1) 국민투표

헌법상 제도화되어 있는 것으로 의회가 의결한 일정한 중요사항을 국민이 직접 투표로서 최종적으로 확정하는 방식이다.

이에는 일반적으로 국민표결(referendum)과 신임투표(plébiscite)가 있다. 국민표결은 헌법사항 내지 입법사항에 대한 국민투표를 말하며, 의회가 의결한 국가적 중요사항을 국민투표에 의하여 최종적으로, 확정하는 제도이다(헌법 개정안이나 중요한 법률안 기타 국가의 중요 정책 등). 이에 대하여 신임투표(plébiscite)는 영토의 병합, 국민이나 주민의 귀속 문제를 국민투표로 결정하는 경우와 통치자가 자기권력의 정당성을 획득하기 위하여 실시하는 국민투표를 말한다. 특히 플레비시트는 후진국에서 독재의 악용수단으로 활용되기도 하였다.

⑵ 국민발안(initative Volksbegehren)

일정수의 유권자가 중요한 법안이나 그 밖의 의결을 제안할 수 있는 제도를 말한다(우리나라 2차 개헌, 스위스 헌법 §120, §121).

⑶ 국민소환(recall, Abberufung)

국민의 의사로서 공직자를 임기 만료 전에 파면시키는 재도이다. 이는 공직자의 권력남용을 방지하기 위한 목적에서인데 자칫 잘못하면 공무원의 활동을 마비시켜 대의제도 자체에 위험을 초래하기 쉽다(일본 헌법 §79, 최고재판소의 재판관 파면).

4. 한국헌법과 의회주의

1) 의회주의의 변천

1948년 건국헌법으로부터 의회주의가 도입되어 의회의 구성방식으로 단원제가 채택되었으나 1952년 제1차 개헌에서 양원제가 되었고, 실제로 양원이 구성된 것은 1960년 헌법(제3차 개헌)에서였다. 1962년 헌법(5차 개헌)에서 단원제로 환원되어 현행 헌법에 이르고 있다.

2) 대의민주제

현행 헌법은 제40조, 제41조, 제66조 제4항, 제67조, 제101조 제1항, 제111조에서 의회주의에 입각한 대표민주제(간접민주제)를 원칙으로 규정하고 있으며 대표민주제를 위하여 국민에게는 선거권(§24), 공무담임권(§25)이 보장되고 있다.

한편, 대표민주제(간접민주제)의 결함을 보완하기 위하여 예외적으로 직접민주제 방식을 채택하고 있는데, 헌법 개정안에 대한 국민투표(§130②)와 국가안위에 관한 국가의 중요정책에 대한 국민투표(§72)가 그것이다.

Ⅱ. 권력분립주의

1. 권력분립의 원리

1) 의 의

국가작용을 입법, 행정, 사법의 3권으로 나누어, 그 각각을 독립된 다른 자에게 맡김으로써 그들 상호간의 견제와 균형을 통하여 국민의 자유와 권리를 보장하려는 자유주의적 통치구조의 조직원리를 의미한다.

2) 특성

권력분립의 원리는 국가권력과 그것을 행사하는 인간에 대한 회의적이며 비관적인 인간관에 근거한다. 적극적으로 국가활동의 능률을 증진하기 위한 제도가 아니라, 소극적으로 국가권력의 배분에서 오는 불가피한 마찰에 의하여 국가권력의 남용을 막기 위한 제도로서, 조직 기술적인 것이며 정치적으로는 중립적인 성격을 띠고 있다.

2. 권력분립론의 발전

1) 로크의 이권분립론

로크는 국가권력을 입법권, 집행권, 동맹권으로 분류한다. 또한 입법권과 집행권은 분립되어야 하되, 내정과 외교가 다른 방침하에서 행해지면 국정의 무질서와 파괴를 가져오므로 동맹권은 집행자에게 맡겨야 한다고 그의 저서인 『시민정부이론(*Two treatises of government*)』에서 주장하였다.

2) 몽테스키외의 삼권분립론

몽테스키외는 그의 저서 『법의 정신(*De l'esprit des Iois*)』에서 국가권력을 입법, 사법, 행정의 삼권으로 분립해야 한다고 주장하여 국가기관간에 '견제와 균형'을 확립시키고자 하였다.

3) 뢰벤슈타인의 동태적 권력분립이론

국가권력을 정책결정권, 정책집행권, 정책통제권으로 분류하여 정치권력의 운행과정이 어떠한가 하는 것으로 구별되어야 한다고 주장하였다.

3. 권력분립의 유형

1) 입법부와 행정부와의 관계에 따른 분류

1871년의 프랑스 제3공화국 헌법이나 미국 헌법에서의 권력구조와 같은 엄격분립형과, 의원내각제를 채택하고 있는 나라의 헌법에서 볼 수 있는 균형형, 의원내각제나 국민공화제 헌법에서 볼 수 있는 입법부우위형, 그리고 제한군주제와 신대통령제 국가 헌법에서 볼 수 있는 행정부우위형 등이 있다.

2) 입법부와 사법부와의 관계에 따른 분류

영국과 같이 위헌입법심사를 부인하는 입법부우위형과, 미국과 같이 구체적 규범통제를 인정하는 균형형, 그리고 1920년의 오스트리아 헌법이나 1948년의 이태리 헌법, 1949년의 독일 기본법과 같이 헌법재판소와 추상적 규범통제를 인정하는 사법부우위형이 있다.

4. 권력분립의 변모

1) 권력분립의 위기 원인

오늘날 권력분립의 원리가 완화되고 변모를 맞게 된 것은 정치권력의 하강 내지 대중 민주주의가 성립하면서 점차 사회적인 계급대립이 해소되고 공공복리 향상을 도모하는 복지국가로서의 요청이 그 하나의 요인이고, 내전의 격화 등 위기 상태의 항구화에 따라 국력의 결집과 정당정치의 발달로 인한 통치 구조의 융화 요청에 따른 변모가 그 또 다른 원인이다.

2) 현대적 권력분립제의 모색

입법권과 행정권에 관한 고전적 권력분립주의를 지양함으로써 일종의 권력융화제를 채택하게 된다. 그러나 고전적 권력분립이론을 전면적으로 폐지하는 것이어서는 아니되며 권력의 집중과 통합이 불가피함을 인식하며 권력분립을 합리적으로 재구성하는 문제가 중요하다. Löwenstein이 동태적 권력분립을 주장하거나(정책결정 · 정책집행 · 정책통제), Kägi의 포괄적 권력분립이론이 그 예이다. 다시 말하면 권력분립의 주안점이 형식적인 권력분립에서 실질적인 기능통제로 옮겨진 셈이다.

Ⅲ. 정부형태

1. 정부형태의 의의

광의로는 국가통치기구 내지 국가권력구조를 말하며, 협의로는 행정부의 조직작용형태를 말하는데, 일반적으로 광의의 그것을 말한다. 따라서 입법, 행정의 양 권력이 상호독립관계에 있으면 대통령제, 상호의존 · 공존관계에 있으면 의원내각제라 한다(성립, 존속상의 상호관계).

2. 대통령제

1) 의의 및 유형

대통령제는 고전적인 권력분립의 원리가 가장 잘 적용되며, 대통령이 국회와 독립된 지위에서 행정권을 행사하나, 국회에 의한 견제와 균형의 원리가 준수되는 정부형태이다(몽테스키외의 이론에 근거).

대통령제는 미국식 대통령제, 신대통령제 및 반대통령제로 대별된다.

구 분	내 용
미국식 대통령제	대통령제의 순수한 형태로서 엄격한 권력분립주의에 입각하여 행정부의 수반인 대통령이 국민에 의해 선출되고 임기 동안 의회에 대하여 책임을 지지 아니하며 국회로부터 완전히 독립된 지위를 갖는 정부형태이다. 행정 각부 장관은 대통령이 자유로이 임명하고, 그들은 국회에 대하여 책임을 지지 아니하고, 대통령과 행정 각부 장관은 의원을 겸직할 수 없다. 대통령은 법률안제출권이 없고, 행정부는 국회를 해산할 수 없다. 대통령은 법률안거부권이 있고, 의회는 조약의 비준권, 입법권, 예비심의권이 있고, 하원은 탄핵소추권, 상원은 탄핵재판권이 있어서 서로 견제하고 있다. 또 법원에 위헌법률심사권이 있어 사법권의 우위가 인정된다.
신대통령제	신대통령제는 그 명칭에도 불구하고 미국식 대통령제와는 전혀 다른 것이다. 신대통령제 하에서는 헌법상 국가원수인 동시에 행정부의 수반인 대통령이 의회나 사법부보다 월등히 우월한 지위에 있으며, 어떠한 다른 국가기관도 그를 견제하지 못한다.
반대통령제(준대통령제)	반대통령제라는 개념은 바이메(K. Beyme), 뒤베르제(M. Duverger), 벨로프(M. Beloff) 등에 의하여 사용되고 있으나, 그 내용이 일정하거나 명확하지 않다. 바이메에 의하면 그것은 공화제국가에 전제군주제의 기능을 도입한 것이라 하고, 뒤베르제에 의하면 그것은 일견 대통령제적 성질보다 의원내각제 성질을 더 많이 가지고 있는 것이라고 한다.

2) 제도적 내용

입법부와 행정부는 상호 독립을 유지한다. 대통령은 국가원수인 동시에 행정부 수반이며 각료(내각)는 자문기관이 되는 행정부의 일원성이 특징이다.

의회제도는 양원제가 대부분이며 부통령제가 원칙이다. 대통령은 법률안거부권·예산안제출권 등을 가지며 국회는 정부에 대하여 각종의 동의권, 예산안심의·의결권, 탄핵소추권 등을 가지고 있어서, 입법부와 행정부는 엄격히 분리되어서 견제와 균형을 이룬다.

3) 장점

임기 중 정국이 안정되고 정책의 계속성이 보장되며, 소수자의 이익을 보호할 수 있으며, 국회의 졸속 입법을 방지할 수 있다.

4) 단점

대통령 독재의 위험성이 있고, 국정의 통일적 수행이 어려우며, 입법부와 행정부 충돌시 해소방법을 찾기가 곤란하다.

3. 의원내각제

1) 의의 및 유형

의원내각제는 국회(입법부)와 정부(행정부) 간의 법적인 분립을 전제로 하면서도 양자 간의 융화·협조관계를 그 속성으로 하는 정부형태를 말한다. 이는 역사적으로 영국에서의 군주와 시민의 정치적 대립·절충의 결과 만들어진 것이다.

의원내각제는 내각책임제, 의회우위형 의원내각제와 통제된 의원내각제로 구분된다.

구 분	내 용
내각책임제 (영국)	정부는 의회의 다수당에 의해 구성되고, 수상은 정책을 결정하고 집행하는 과정에서 의회의 다수당의 세력을 배경으로 막강한 권한을 행사한다. 그러나 수상과 내각이 권력을 자제하고 또 야당과 여론의 추세를 존중하기 때문에 권위주의적·독재적으로 되지 아니한다.
의회우위형 의원내각제 (프랑스)	프랑스를 비롯한 유럽에서 시행되었던 것으로 다수 정당이 난립하고 있을 때 내각이 안정된 지위를 갖지 못하고 의회에 의하여 좌우되었던 제도이다. 이 제도하에서는 의회는 정부에 대하여 불신임권을 행사하나 정부는 국회해산권을 행사하지 못하는 것이 관례로서 지배적이었다고 한다.
통제된 의원내각제 (독일)	이것은 독일의 의원내각제도로서 대표된다. 연방 수상이 행정권을 가지고 있는데, 국회는 차기 수상을 과반수 찬성으로 선임하지 못하면 정부를 불신임할 수 없다(건설적 불신임).

2) 제도적 내용

국가원수는 국정에 대해 초연하며, 행정부는 이원성을 띠고 있다. 내각의 성립과 존속이 국회에 의존하고, 국회의 내각불신임권과 정부의 국회해산권이 있으며, 각료의 의원 겸직이 가능하고 내각은 의결기관이다.

3) 장 점

민주적 요청에 적합하고 책임정치의 구현이 가능하고 내각과 국회의 이원일체적 국정수행을 할 수 있으며 내각과 국회의 대립이 신속히 해결된다.

4) 단 점

국회와 내각이 같은 정당에 의해 독점될 경우에 이에 대한 견제장치가 없다. 군소 정당이 난립된 경우에는 정국의 불안정이 우려되고, 국회가 정권획득을 위한 정쟁장소로 될 우려가 있으며 국회 내의 다수당의 횡포가 나타날 수 있다.

5) 대통령제와 의원내각제 구별의 상대화

⑴ 상이점

대통령제와 의원내각제의 상이점은 입법부와 행정부의 상호 관계와 행정부의 구조가 크게 다른 점에 있다. 대통령제에서는 입법부와 행정부가 엄격하게 독립되는데 비하여, 의원내각제에서는 권력분립이 다소 완화되어 두 기관의 관계가 융화 · 협조적이다.

행정부의 내부구조에 있어서 대통령제에 있어서는 대통령이 국가원수인 동시에 행정부의 수반으로서 실질적 행정권을 행사하여 행정부가 일원적인데 비하여, 의원내각제에 있어서는 국가 원수로서의 대통령 또는 군주는 명목상의 권한을 행사하고, 실질적인 행정권은 수상과 내각이 행사하여 행정부가 이원적 구조로 되어 있다.

⑵ 구별의 상대화

양 제도는 구별되는 것이나, 오늘날에 와서는 그것이 상대화되고 있다. 특히 제2차 대전 후에 신생 독립국가 들의 헌법은 그 나름대로의 특성을 고려하여 제정한 것들이나, 양 제도만으로는 유형화할 수 없는 혼합형 내지 절충형이 많다. 따라서 전통적으로 의원내각제와 대통령제의 구별기준으로 되어온 원칙들은 오늘날 많은 예외가 있어 애매한 것이 되고 말았다.

4. 이원정부제

1) 의 의

이원정부제란 의원내각제의 요소와 대통령제의 요소가 결합되어 있는 정부형태를 말한다. 이는 1919년의 독일 바이마르헌법과 1958년 드골 헌법에서 비롯되었다.

2) 제도적 내용

평시에는 내각수상이 행정권을 행사하고 국회에 대하여 책임을 지지만 위기 시에는 대통령이 행정권을 행사한다. 대통령은 의원에서 독립하고 위기 시에는 대통령에게 국정의 영도자적 지위를 부여한다.

3) 장 점

평시에는 의원내각제적으로 운영되므로 국회와 행정부의 마찰을 회피할 수 있고 국가가 위기에 처한 때 대통령의 강력한 통치로 신속·안정된 국정처리가 가능하다.

4) 단 점

내각과 국회의 대통령에 대한 견제권이 약화되어 독재정치가 될 우려가 있다.

5. 대한민국의 정부형태

1) 정부형태의 변천

제1공화국(1948~1960년)운 대통령제와 의원내각제의 요소를 혼합한 대통령제 중심의 절충형이었다. 제2공화국(1960~1962년)은 헌정사상 유일한 의원내각제의 정부형태를 취하였다.

제3공화국(1962~1972년)은 대통령제적 요소가 훨씬 큰 비중을 차지하고 있는 대통령제 중심의 절충형이었으며, 제4공화국(1972~1980년)은 신대통령제적 요소를 갖춘 변형된 대통령제였다. 그리고 제5공화국(1980~1988년)은 대통령제 중심의 절충형으로 환원되었다.

2) 제6공화국

⑴ 정부형태

여러 요소가 절충되어 있으나, 국정이 대통령을 중심으로 하여 수행되며, 대통령은 국가원수이며 행정부 수반으로서의 동일 인격인 점에서 대통령제이다.

⑵ 특징

권력분립의 원리에 입각하여 견제와 균형을 근간으로 한 대통령 권한축소와 행정부의 독주방지, 입법 · 사법부 권한 강화를 합리적으로 조화시키려는 '민주적 대통령제' 요소가 많이 채택되었다.

⑶ 헌법으로 나타난 주요 내용

대통령 직선제를 채택(§67)하였고, 대통령의 권한을 축소(비상조치권, 국회해산권 폐지 등)하였으며, 국회의 권한을 강화(국정감사권 부활 등)하였다. 또한 기본권 보장에 충실(구속적부심사청구권 전면보장, 형사보상제도의 확대 등)하는 한편, 자유경제체제 원리를 근간으로 한 국민의 복리증진을 도모하였다.

제 2 절 통치기관과 작용

Ⅰ. 입법작용

1. 입법의 개념

입법이란 법률을 정립하는 것을 말한다. 법률에는 국회가 입법절차에 의해 정립하는 형식적 의미의 법률과 국민의 권리와 의무에 직접관계가 있는 일반적 · 추상적인 성문법규범인 실질적 의미의 법률이 있다.

2. 입법의 절차

1) 법률안 제출

법률안은 국회의원과 정부가 제출할 수 있다(§52). 고도의 경험과 지식을 필요로 하는 경제입법과 사회입법의 수요가 증대되고 있는 오늘날에는 대통령제에서도 집행부에 법률안제출권을 인정하는 것이 합목적적이라 생각된다.

2) 법률안의 심의와 의결

법률안이 제안되면 국회의장은 이를 본회의에 보고하고 상임위원회에 회부하여 상임위원회에서 심의·토의·가결한 후 본회의에 상정하여 심사보고하며 재적과반수의 출석과 출석과반수의 찬성으로 의결된다.

3) 법률안의 정부이송

법률안이 본회의에서 의결되면 정부에 이송된다(§53①). 정부는 국무회의의 심의에 회부하여 공포할 것인가 거부할 것인가를 결정한다.

4) 거부권행사와 재의

정부에 이송된 법률안에 대하여 이의가 있으면 대통령은 법률안이 이송된 날로부터 15일 이내에 이의서를 붙여 국회에 환부하고 재의를 요구할 수 있다. 국회의 폐회 중에도 또한 같다(§53②). 환부거부된 법률안은 국회에서 재의에 붙여지고, 재적의원 과반수의 출석과 출석의원 3분의 2 이상의 찬성으로 재의결되면 법률로서 확정된다(§53④).

3. 법률의 성립과 효력발생

1) 법률의 성립

국회에서 의결된 법률안이 정부에 이송되면 대통령은 국무회의의 심의를 거쳐 이를 서명하고 국무총리와 관계국무위원이 부서(§89③, §82)함으로써 법률은 성립한다. 대통령의 서명은 법률의 성립요건이다. 대통령은 법률안이 정부에 이송된 날로부터 15일 이내에 이를 공포하여야 한다(§53①).

대통령이 15일 이내에 공포나 재의의 요구를 하지 아니한 때에는 그 법률안은 법률로서 확정되고(§53⑤) 확정된 법률은 대통령이 지체 없이 공포하지 않거나, 국회의 재의결로 확정된 법률이 정부에 이송된 후 5일 이내에 공포하지 아니 할 때에는 국회의장이 이를 공포한다(§53⑥).

2) 법률의 효력발생

법률에 특별한 규정이 없는 이상 법률은 공포한 날로부터 20일을 경과함으로써 효력을 발생한다(§53⑦). 공포는 법률의 효력발생요건이다. 공포라 함은 국가의 법령과 새로 체결된 조약 등을 관보에 게재하는 행위를 말한다. 다만 국회의장이 법률을 공포하는 경우에는 서울특별시에서 발행하는 일간신문 2개 이상에 게재하여야 한다. 공포로 그 법률은 헌법과 국회법의 절차를 거치지 않고는 개폐되지 아니하는 형식적 효력과 법률의 내용대로 모든 국가기관 및 국민을 구속할 수 있는 실질적 효력이 발생한다. 따라서 법률은 반드시 공포되어야만 효력을 발생하게 된다.

공포한 날이 언제냐에 관하여 법령등공포에관한법률에 의하면 법률의 공포일은 그 법률을 게재한 관보의 발행일로, 국회의장이 공포하는 경우에는 서울특별시에서 발행하는 둘 이상의 일간신문에 게재하기로 되어 있는데 이때에는 그 신문 발행일을 공포한 날로 보고 그때부터 효력이 발생한다고 되어 있다(법 11, 12).

4. 법률의 특성, 형태, 내용

헌법에서 법률이라고 하면 형식적 의미의 법률만을 의미하는 경우(예, §12, §13)와 형식적 의미의 법률은 물론 그 밖의 성문·불문의 모든 법규(예, §27①, §103)를 말하는 경우가 있는데 여기서는 성문·불문의 모든 법규범의 특성·형태·내용을 살펴본다.

1) 법률의 특성

민주국가에 있어서 법률의 제정은 헌법이 규범화할 것을 요구하고 있는 국가생활의 기본문제에 관한 정치적 의사를 민주적 질서에 따라 형성하는 작용인만큼 여기에는 민주적 정당성과 민주적 절차성을 가져야 한다. 시민적 법치국가에 있어서는 이러한 법률의 민주적 정당성과 절차성 이외에도 법률의 일반성·명확성·예측가능성·합리성·안정성·평등성을 그 특성으로 삼고 있다. 한편 오늘날의 사회적 법치국가에 있어서는 더 나아가 개인의 생존과 복지를 배려하기 위한 개별성·구체성을 갖는 것을 그 특성으로 삼는다.

2) 법률의 형태

시민적 법치국가에 있어서 법률의 형태는 권력의 분립과 근대의 법치주의를 유지하기 위하여 일반적이고 추상적인 법규범을 의미하는 '일반적 법률(allgemine Gesetze)'로써만 구성되었으나 오늘날의 사회적 법치국가에 있어서는 국민의 자유·평등을 보장할 뿐만 아니라 국민의 생존과 복지를 위한 방법·기준까지도 규율할 필요가 있기 때문에 법률의 형태도 일반적 법률 외에 처분적 법률을 비롯한 계획적 법률 등 다양한 구조를 갖고 있다. 우리 헌법상 법률의 체계는 일반적 법률과 처분적 법률만으로 이루어지고 있다.

(1) 일반적 법률(규범적 법률)

일반적 법률이란 일반적이고 추상적인 법률을 말하는데 여기서 일반적이라 함은 불특정다수인을 상대로 함을 의미하고, 추상적이라 함은 그 규율내용이 불특정한 경우를 말한다.

(2) 처분적 법률(조치적·시책적 법률)

처분적 법률은 집행이나 사법을 매개로 하지 아니하고 직접 국민의 권리·의무를 발생케 하는 법률, 즉 어떤 처분이나 시책 또는 조치를 그 내용으로 하는 법률을 말한다.

3) 법률의 내용

법률이 무엇을 그 내용으로 하여야 하고 또 그 내용으로 할 수 있느냐에 관하여 그 법률은 국민의 자유·권리·의무에 관한 사항을 그 내용으로 하여야 한다는 실질설과 그 법률은 국민의 자유·권리·의무에 관한 사항(법규사항)뿐만 아니라 그 밖에 헌법이 입법사항으로 하고 있는 것(법률사항 또는 입법사항)도 내용으로 할 수 있다는 형식설이 있다.

국회에 의한 법률의 제정은 헌법 자체가 규정하지 아니하면서 헌법이 규범화할 것을 요구하고 있는 국가 생활의 기본문제에 관한 정치적 의사를 형성하는 작용이기 때문에 법률은 반드시 국민의 자유와 권리·의무에 관한 사항만으로 할 필요가 없으며 그 밖의 국가생활의 기본문제도 그 내용으로 할 수 있다. 그러한 의미에서 형식설(법률사항설)이 타당하다.

5. 헌법과 법률의 관계

1) 헌법과 법률

⑴ 법의 형식적 효력

헌법은 국내법의 단계적 구조에 있어서 가장 상위의 형식적 효력을 가지기 때문에 헌법에 모순되는 모든 법규범은 효력을 가지지 않는다.

⑵ 법률의 특질

헌법 제40조는 "입법권은 국회에 속한다"라고 하여 입법권은 국회의 전속적 권한임을 밝히고 있으며 동시에 제52조·제53조 등에서는 법률제정절차를 규정하고 있다. 따라서 법률이란 헌법의 수권에 기하여 정립된 법규범의 하나이며 법률로서 헌법을 개정할 수 없다.

⑶ 법률의 해석

헌법은 법률해석의 기준이 되며, 법률의 해석을 구속한다. 왜냐하면 헌법은 국민의 전 생활에 직접·간접 기타의 효력을 미치기 때문이다.

⑷ 프로그램 규정과 법률

원칙적으로 헌법과 법률이 상하관계라고 하여 항상 법률이 헌법의 명문규정에 합치하는 것은 아니다. 예컨대 헌법 제34조 제1항의 인간다운 생활을 할 권리에 관하여 보건대, 헌법규정은 단순한 추상적인 강령규정에 그치고, 이를 실천하기 위하여 사회복지사업법·직업안정법·재해구호법 등이 제정됨으로써 비로소 국민을 구속하게 된다.

(5) 헌법과 법률의 이념적 관계

헌법은 헌법제정권력의 결단인데 대하여, 법률은 그 헌법에 기하여 제정된 법규의 하나이며, 그때 그때의 국민의 의사이다. 헌법을 국회의 다수에 의하여 파훼할 수 없는 법치국가원리의 표현이라고 파악한다면, 법률은 민주주의원리의 구체화라고 말할 수 있을 것이다. 따라서 양자의 조정은 위헌법률심사제로 나타난다.

2) 헌법의 보장

헌법질서를 사법절차적으로 보장하는 제도가 위헌심사제이다. 헌법 제107조 제1항, 제111조 제1항 제1호, 제113조 제1항에서 헌법재판소는 구체적 사건에 관련하여 부수적으로 법률을 심사하는 구체적 규범통제를 행할 수 있다고 규정하고 있다. 그리고 헌법재판소의 법률심사제의 행사에는 권력분립주의의 요청으로 먼저 국회의 판단을 존중하여야 한다는 제약이 있다.

6. 법률과 예산의 관계

1) 예산과 법률의 개념

(1) 예산의 개념

예산이라 함은 일회계년도에 있어서 국가의 세입 · 세출의 예정준칙을 내용으로 하고, 국회의 의결로써 성립하는 문서의 일종이다.

(2) 법률의 개념

법률이라 함은 국민의 대표기관인 국회가 일정한 절차를 거쳐 제정하는 법규범으로서, 국가와 국민 또는 국민상호간의 관계를 규율하며 개폐되지 않는 한 계속적 효력을 가진다.

(3) 예산의 성질

예산과 법률의 형식이 구별되어 있는 경우에는 예산의 성질이 문제된다. 이에 관하서 훈령설, 승인설, 법규범설 등이 있으나 통설은 법규범설에 따른다.

2) 예산과 법률과의 차이

우리 헌법상 법률의결권은 제53조에, 예산의결권은 제54조에 각각 규정하고 있다. 또 우리 헌법은 영·미·불·독 등과 같은 예산법률주의를 택하지 아니하고 예산을 법률과 다른 독자적인 형식에 의하도록 하고 있다.

3) 예산과 법률과의 관계

(1) 변경관계

예산과 법률은 별개의 법형식이며, 별개로 성립하고 그 대상도 다르기 때문에 양자는 형식적으로나 실질적으로 그 성질과 효력을 달리한다. 따라서 예산을 가지고 법률을, 법률을 가지고 예산을 변경할 수 없다.

(2) 구속관계

(a) **법률의 예산에 대한 구속관계**

법률과 예산은 각기 다른 형식이므로 이론상 법률이 당연히 예산을 구속할 수는 없다. 다만 정부나 국회는 예산과 법률을 성립시키는 데 있어서 그 불일치가 발생하지 아니하도록 할 의무가 있다고 할 것이다.

(b) **예산의 법률에 대한 구속관계**

법률과 예산은 각기 다른 형식이므로 이론상 예산이 법률을 구속할 수 없다. 세입예산에 있어서 국가의 세입은 법률의 규정에 의하여 수납되는 것이지 세입예산 자체에 의하여 국가의 수납권이 발생하는 것이 아니다. 즉 조세를 비롯하여 권력적·강제적 과징금품은 조세법률주의에 의하여 반드시 법률의 근거가 있어야 하며, 아무리 세입예산에 수입이 계상되어 있더라도 그 근거가 되는 법률이 제정되지 않는 한 국가의 수납권은 발생하지 아니한다.

7. 입법권의 범위와 한계

입헌주의헌법에서는 권력분립의 원리와 더불어 입법권은 원칙적으로 의회가 담당한다고 하는 국회입법의 원칙을 규정하고 있다. 이러한 국회입법의 원칙에 따라 입법기관은 국회이며 입법권은 국회가 행사하는 가장 본질적이고 고유한 권한으로 간주되고 있다.

우리 헌법도 제40조에서 "입법권은 국회에 속한다"라고 하여 입법권은 국회의 전속적 권한임을 규정하고 있다. 헌법 제 40조가 "입법권은 국회에 속한다"라고 하는 경우에 입법권이 무엇에 관한 권한이며 현실적으로 국회가 가지고 있는 입법권의 구체적인 범위는 어떠한가 하는 것을 살펴보기로 한다.

1) 입법권의 범위

(1) 헌법개정안의 발의 · 의결권

국회는 재적의원 과반수의 발의로 헌법의 개정을 제안할 수 있다(§128①). 또 헌법개정안은 그것이 대통령이 제안한 것이든 국회가 제안한 것이든 국회에서 재적의원 3분의 2 이상의 찬성을 얻어 의결되고(§130①) 의결된 개정안은 국회의 의결 후 30일 이내에 국민투표에 부쳐 그것에 의하여 확정된다(§130②).

(2) 법률제정권

법률의 성립과정은 법률안의 제출, 법률안의 의결, 공포라는 3단계로 이루어지고 있다. 이 중 법률안의 제출은 국회의원과 정부가 모두 할 수 있으나, 그 의결만은 국회의 전속적이며 고유한 권한이다. 입법에 관한 권한 중에서 형식적 의미의 법률을 의결할 수 있는 권한은 국회만이 가진다. 그런데 이러한 법률안 의결권에 대한 중대한 제한은 대통령의 법률안거부권이다. 그러나 국회가 재적의원 과반수의 출석과 출석의원 3분의 2 이상의 찬성으로 재의결하여 대통령의 거부권을 압도할 수 있다(§53④). 법률안의 공포권은 대통령의 권한이나, 예외적으로 국회의장도 이를 가진다(§53⑥).

(3) 조약의 체결 · 비준에 대한 동의권

헌법 제60조 제1항에 열거된 조약을 대통령이 체결 · 비준함에 있어서는 국회의 동의를 얻어야 한다. 국민의 자유나 권리의무에 관한 사항에 관한 조약, 기타 국가에 중요한 조약은 그것이 국내법과 동일한 효력을 갖게 되어(§6①) 국가와 국민에게 중대한 영향을 미치므로 법률제정에 준하여 국회의 동의를 얻도록 한 것이다. 조약의 체결 · 비준에 대한 국회의 동의는 실질적으로 대외작용의 민주적 참여 · 통제를 통하여 국가의사를 형성한다는 의미의 법률의 내용을 의결한다는 성질을 갖는다.

⑷ 국회규칙의 제정권

국회는 법률에 저촉되지 아니하는 범위 안에서 의사와 내부규율에 관한 규칙을 제정할 수 있다(§64①). 이것은 국회의 규칙제정권을 규정한 것이다.

2) 입법권의 한계

⑴ 헌법상의 한계

국회의 입법권은 헌법으로부터 수권되어짐과 동시에 헌법에 의하여 한계가 지어지는데, '법률의 합헌성'의 원칙이 그것이다. 이와 같은 원칙에 비추어 입법권의 한계를 구체적으로 제시하면 다음과 같다.

첫째, 법률은 헌법상의 기본원리 · 기본질서 · 기본제도에 위배되거나 그것들을 부정하는 것이어서는 안 된다.

둘째, 법률은 헌법의 개별적 · 구체적 규정에 위반해서는 안 된다. 예컨대 소급입법인 형벌법의 제정이나 또는 소급입법에 의한 참정권, 재산권의 박탈 또는 연좌제를 규정하는 법률 등을 제정할 수 없다.

셋째, 법률은 헌법의 유보를 위배하여 기본권을 제한할 수 없으며, 제한하는 경우에도 필요한 최소한에 그쳐야 하고, 기본권의 본질적 내용을 침해하는 것이어서는 안 된다(§37②).

넷째, 법률은 국제법의 원칙을 존중하는 것이어야 한다.

다섯째, 법률은 입법상의 재량을 남용하는 것이어서는 안 되며, 헌법상의 일반원칙인 비례의 원칙 · 공평의 원칙에 위배해서는 안 된다.

⑵ 정책상의 한계

실질적 의미의 입법은 국회의 입법권에 속하는 것이지만 헌법 자체가 정책상의 이유로 그에 관한 입법권을 다른 국가기관에 부여하고 있는 경우가 있다. 이에는 대통령의 긴급재정경제처분 · 명령권 및 긴급명령권(§76), 행정입법권(§75, §95), 지방자치단체의 조례 · 규칙제정권(§117), 대법원의 규칙제정권(§108), 헌법재판소의 규칙제정권(§113), 중앙선거관리위원회의 규칙제정권(§114) 등이 있다.

⑶ 입법권의 한계를 벗어난 법률의 효력

법률의 합헌성의 원칙을 벗어난 법률은 헌법위반이므로 무효가 된다. 다만 어떠한 법률이 입법권의 한계를 벗어난 것인지의 여부는 법률이 헌법에 위배되는지의 여부가 재판의 전제가 된 경우에 법원의 위헌법률심판제청과 헌법재판소의 위헌법률심판에 따라 결정된다.

8. 입법권에 대한 통제

1) 대통령의 법률안 거부권

이것은 대통령제 국가에서 견제와 균형의 수단으로서 인정되는 것이지만, 국회의 부당한 입법에 대한 통제수단이 될 수 있다. 국회에서 의결된 법률이 헌법에 규정된 의결절차와 의결정족수를 무시한 것이거나, 그 내용이 집행불능의 사유가 있을 때, 헌법의 기본원리나 개별조항에 위배된다고 생각될 때에는 대통령은 그 법률안에 대해서 거부권을 행사할 수 있다.

2) 위헌법률심사제

법원과 헌법재판소는 위헌법률심판제를 통해서 위헌법률에 대해서 통제할 수 있다. 법원은 법률이 헌법에 위반되는 여부가 재판의 전제가 된 경우에는 헌법재판소에 제청하여 그 심판에 따라 재판한다(§107①). 헌법재판소는 법원이 제청한 법률의 위헌여부를 최종적으로 심사할 권한이 있고(§111①), 헌법재판소에 의하여 위헌으로 결정된 법률은 결정이 있는 날로부터 그 효력을 상실한다. 다만 형벌에 관한 법률 또는 법률의 조항은 소급하여 그 효력을 상실한다(헌법재판소법 47②).

3) 헌법소원심판제

헌법재판소는 헌법소원심판을 통해서 입법권에 대해서 통제할 수 있다. 입법권의 행사 또는 불행사로 인하여 헌법상 보장된 기본권을 침해받은 자는 법원의 재판을 제외하고는 헌법재판소에 헌법소원심판을 청구할 수 있다. 다만 다른 법률에 구제절차가 있는 경우에는 그 절차를 모두 거친 후가 아니면 청구할 수 없다(헌법재판소법 68①). 또 법원(군사법원 포함)에 의해 법률의 위헌여부심판의 제청신청이 기각된 때에는 그 신청을 한 당사자는 헌법재판소에 헌법소원심판을 청구할 수 있다(법 §68②).

4) 국민에 의한 통제

국민에 의한 입법권에 대한 통제는 실정법상 인정된 것이 없으나, 입법청원이나 법률제정에 대한 저항운동 등을 생각할 수 있다. 우리나라 실정법상 법률에 대한 국민발안제나 국민투표제는 인정되지 않는다.

Ⅱ. 집행작용

1. 행정권의 개념

1) 헌법상의 행정권의 개념

헌법 제66조 제4항에서 "행정권은 대통령을 수반으로 하는 정부에 속한다"라고 한 것은 실질적 의미의 행정(집행)에 관한 권한을 규정한 것으로서 헌법에 특별한 규정이 없는 한 원칙적으로 정부(집행부 또는 협의의 정부)의 권한에 속한다고 하는 집행부집행의 원칙을 규정한 것으로 이해된다.

행정권은 입법권과 마찬가지로 실질적 의미의 행정에 관한 권한을 그 내용으로 하지만, 그러나 경우에 따라서는 실질적으로는 입법이나 사법에 관한 권한 중의 일부도 헌법정책상의 이유로 행정부의 권한으로 하고 있는 것이 있는가 하면 실질적 의미의 행정의 일부를 국회나 법원의 권한으로 하고 있기도 하다. 또한 재무행정의 경우처럼 행정부가 독자적으로 이를 행사할 수가 없고 국회의 관여를 허용하는 것(§54, §58, §60 참조)도 있다.

2) 행정과 통치행위

헌법 제66조 제4항의 행정권은 법률 또는 명령의 집행작용 이외에 고도의 정치적 성격을 띤 '국가의 정치적 지도와 결단'에 관한 권한이 포함되어 있다. 전자를 협의의 행정 또는 일반행정이라 하고, 후자를 통치행위라고 부른다.

협의의 행정은 법규의 구속을 받으면서 구체적 · 개별적으로 국가과제를 실현하는 법집행작용으로서 사법적 심사의 대상이 되는 집행작용이다. 통치행위는 직접 헌법에 근거하고 협의의 행정만큼 법률의 기속을 받지 않으며 고도의 정치적 성격을 띤, 대체로 헌법규정의 집행작용이기 때문에 사법적 심판의 대상이 되는 것보다는 정치적 비판의 대상으로 하는 것이 더욱 합목적적이라고 보는 집행작용이다. 협의의 행정이 보다 기술적 · 전문적 · 사무적 · 구체적 과제의 처리를 그 내용으로 하는 작용이라면 통치행위는 국가의 기본 방향적, 지도방향적 제시작용을 그 내용으로 한다. 통치행위는 국가의 통일성을 유지하는 특수한 정치행위인 것이다.

2. 행정권에 대한 통제

1) 행정권의 국민주권적 정통성 확립

행정권은 국민주권을 구현하는 국민주권적 정통성, 즉 집행부의 민주화가 확립되어야 한다. 집행부의 민주화에는 ① 집행부의 인적 구성의 민주화, ② 행정작용의 민주화, ③ 행정작용에 대한 민주적 통제가 요구된다.

집행부의 민주화는 행정권 행사의 전문화 · 기술화 · 능률화 · 관료제화 경향에 따라 그 어려움이 가중되고 있고 입법부의 국민대표성의 의제화 및 집행부의 입법부 지배현상과 함께 약화되고 있다.

2) 국민에 의한 통제

국민은 공무원에 대한 파면청원, 공무원의 직무상 불법행위로 입은 손해에 대한 손해배상청구, 그리고 헌법위반의 행정처분으로 말미암아 자유 · 권리가 침해된 경우에는 행정소송 · 헌법소원을 통하여 행정을 통제할 수 있다. 여론을 통해서도 행정을 통제할 수 있다.

3) 국회에 의한 통제

국회는 입법적 통제(법률의 제정, 예산 및 결산의 의결, 조약의 체결비준에 대한 동의권 등), 대통령의 긴급명령과 긴급재정 · 경제처분 및 그에 관한 명령에 대한 승인권(§76③), 계엄선포에 대한 해제요구권(§77⑤), 국무총리 · 국무위원에 대한 해임건의권(§63), 고급공무원에 대한 탄핵소추권(§65), 국무총리 · 국무위원에 대한 국회출석요구와 국회에서의 질문권(§62), 공무원에 대한 임명동의권(§86①, §98②, §104①②, §111④), 국정감사 · 조사권(§61) 등을 통하여 행정을 통제할 수 있다.

4) 법원에 의한 통제

행정에 대해서는 법원도 통제권을 가지고 있다. 법원은 행정입법이나 행정처분에 대한 위헌 · 위법 여부의 심사를 통하여 그 적용을 거부한다. 행정처분이 위헌 또는 위법이라고 판단되면 그 취소나 무효확인 또는 부작위 위법확인을 함으로써 행정을 통제할 수 있다.

5) 집행부 자체에 의한 통제

대통령이 그 권한(통치행위를 포함)을 행사함에 있어서는 국무회의의 심의를 거쳐야 하고(§89), 국무총리와 관계 국무위원의 부서가 있어야 한다(§82). 또 집행부가 주관하는 행정심판제도도 집행부 스스로 국민의 권리 침해를 구제하여 주는 제도인 동시에 행정의 적법성 · 타당성을 자율적으로 보장하려는 행정의 자기통제제도로서의 의미를 가지고 있다. 그 외에 상급행정청의 하급행정청에 대한 일반적 지휘감독기능을 통해서도 행정의 적법성 · 타당성이 보장된다.

6) 옴부즈만에 의한 통제

옴부즈만 제도란 국회가 그 부속기관으로서 독립된 기관을 설치하여 이로 하여금 행정감찰의 기능을 맡게 하는 제도이다. 우리나라는 이 제도를 도입하지 않고 있다. 옴부즈만은 국민의 고충을 받거나 또는 직권으로 행정권의 행사를 조사하여 적절한 행정개선이나 관리의 징계 등에 대하여 행정청 및 국회에 권고하는 기관이다.

Ⅲ. 사법작용

1. 사법권의 의의 및 원칙

1) 사법권의 의의

"사법권은 법관으로 구성된 법원에 속한다"라는 헌법 제101조 제1항은 제40조 및 제66조 제4항과 더불어 삼권분립에 관한 규정을 의미하는 것이나, 이것은 또한 사법에 관한 권한이 법원에 있다는 것과 사법권의 독립을 선언한 규정이기도 하다.

2) 사법권의 원칙

현대국가에 있어서 사법권은 권력자에 의한 자의적 재판을 배제하고 공정한 재판을 확보하기 위하여 공통적인 원칙이 적용된다.

첫째, 법치주의원리가 적용되며 법에 의한 재판의 원칙에 따라 사법권의 범위가 확정되고 법원의 조직 · 권한이 정해지며 국민의 권리 · 이익의 구제방법이 정해진다.

둘째, 사법권 독립의 원칙이다. 법에 의한 재판을 실현시키며 공정한 재판이 진행되려면 사법권은 어떠한 권력으로부터도 영향을 받지 않고 독립하여 그 권한을 행사하지 않으면 안된다. 법관의 독립(§103) · 신분보장(§106)에 의해 이 원칙이 선언되어 있다.

셋째, 재판공개의 원칙이다(§109).

넷째, 사법권에의 국민의 참가도 중시된다. 국민주권원리에 따라 모든 국가작용은 민주화되어야 하고 국가기관의 하나인 법원의 활동도 예외가 될 수가 없다. 물론 사법작용은 정치영역과 달리 법질서를 유지하는 수동적 성격을 가지며 국민의 의사에 의해 직접 그 작용이 동요될 수 없기 때문에 그 구체화에는 충분한 검토가 필요하다. 헌법 제104조 제2항의 대법관임명에 대한 국회동의권, 영미의 배심제, 일본의 최고법원재판관에 대한 국민심사제 등은 그러한 노력의 하나이다. 우리나라는 2007년 6월에 국민의형사재판참여에관한법률이 제정되어 완전한 성격의 배심제는 아니지만 국민참여재판 배심원 제도가 시행되고 있다.

2 chapter

국가기관

제 1 절 국가기관으로서의 국민

Ⅰ. 의의

1. 개념

국민은 헌법상 주권자로서의 국민과 주권행사기관으로서의 국민으로 나눌 수 있는데, 주권행사기관으로서의 국민이 국가기관으로서의 국민이라고 할 수 있다. 국가기관으로서의 국민이라 함은 선거권자 · 투표권자의 전체로서 구성되는 조직체로서 곧 유권자 집단을 의미한다.

2. 헌법상 지위

국가기관으로서의 국민은 선거권자 또는 투표권자의 전체로서 구성되는 조직체이기 때문에 '유권자의 집합으로 이루어지는 집합기관 내지 합성기관'으로서의 지위를 갖는다.

따라서 국가기관으로서의 국민과 그 밖의 국가기관인 대통령, 국회, 법원 등과의 관계는 제1차적 국가기관(원시기관)과 제2차적 국가기관(대표기관)의 관계에 비유될 수 있다.

Ⅱ. 조직

국가기관으로서의 국민은 다른 국가기관이 특별한 창설행위(선임행위)를 필요로 하는데 대하여 법률의 규정에 의하여 직접, 그리고 당연히 국가기관으로서 조직된다.

자격요건은 국민투표법과 각종 선거법에서 규정하고 있다. 원칙적으로 만19세 이상의 대한민국 국민으로서 선거권의 결격사유가 없는 자로 구성된다.

Ⅲ. 권한

1. 헌법개정안의 확정권

헌법개정안은 국민투표로 확정된다(§130②). 확정에는 국회의원 선거권자 과반수의 투표와 투표자 과반수의 찬성을 요한다.

2. 국가정책에 대한 표결권

대통령은 필요하다고 인정할 때에는 외교·국방·통일 기타 국가안위에 관한 중요정책을 국민투표에 붙일 수 있다(§72). 헌법개정안은 반드시 국민투표에 붙여져야 한다는 의미에서 헌법개정안에 대한 국민투표는 필수적이지만, 국가안위에 관한 중요정책을 결정함에 있어서는 그것을 국민투표에 붙이느냐 않느냐는 대통령의 재량에 맡겨지고 있다.

3. 대통령 선거권과 국회의원 선거권

국가기관으로서의 국민은 대통령과 국회의원을 선거함으로써 대통령과 국회를 구성한다. 선임하는 국가기관으로서의 국민은 제1차 기관이며, 국민에 의하여 선임되는 국가기관으로서의 대통령 및 국회는 제2차 기관의 지위에 선다.

제2절 입법부

의회라 함은 정기적으로 국민에 의하여 공선된 민선의원들로 구성되는 합의체로서 중요한 국가작용에 결정적으로 참여하는 기능을 가지는 기관을 말한다. 근대의 민주정치는 간접민주정치를 원칙으로 하는데, 이를 대의정치 또는 의회정치라고도 한다.

Ⅰ. 국회의 지위 및 구성 등

1. 국회의 헌법상 지위

의회의 헌법상 지위와 권한은 국가형태나 정부형태 또는 헌법의 종류에 따라 다르지만, 어느 국가에서나 의회가 국민의 대표기관이고, 입법기관이며, 또한 국정의 통제기관이라는 면에서 공통된 성격을 갖는다.

1) 국민의 대표기관으로서의 지위

국회를 국민의 대표기관이라고 하여, 그 대표기관성을 긍정하는 견해와 부정하는 견해가 있으며, 긍정하는 경우에도 '대표'성에 대한 학설이 대립하고 있다.

⑴ 대표관계 부인설

국회는 단지 입법기관일 뿐이며 국민과는 아무런 유대가 없다고 한다. 법실증주의자들의 견해이다.

⑵ 정치적 대표관계설

사실적 대표관계설이라고도 한다. 이 견해에 의하면, 국민의 법적 대표 내지 국회에의 법적 위임이라는 개념은 국법상 성립될 수 없으므로, 국회가 국민을 대표한다는 것은 법적으로 대표한다는 것이 아니라, 국회는 단지 정치적 · 이념적으로 국민의 의사를 대변하는 기관에 지나지 않는 것이라고 한다.

⑶ 법적 위임관계설(위임대표설)

법적 위임관계설은 '국회는 국민의 위임에 의하여 그 권한을 행사'하는 국민의 위임대표기관으로 보는 견해이다(영 · 미).

⑷ 법정 대표관계설

국민은 선택을 통하여 국회를 조직하는 제1차 국가기관이고, 국회는 국민의 의사를 대신하여 표시하는 제2차 국가기관이므로 국민과 국회는 법정 대표관계에 있다는 견해이다.

⑸ 헌법적 대표설

국회의 대표기관성은 국민의 위임행위로부터가 아닌 국민주권주의 하에서 입법권을 포함하는 모든 국가권력이 국민으로부터 나온다는 헌법 규정 그 자체에 의하여 지정되는 국민의 대표기관이라고 보는 견해이다. 헌법적 대표설이 타당하다.

2) 입법기관으로서의 지위

국회의 입법기관성은 가장 원칙적이며 본질적인 지위이다(§40). 그러나 국가기능의 확대와 입법대상의 증가로 입법에는 고도의 전문성과 기술성이 요구되므로 입법과정에 집행부 개입이 허용되고, 정당정치로 인한 입법기관으로서의 지위와 역할이 저하되어 '의회의 통법부화 현상'이 초래되고 있다.

3) 국정 통제기관으로서의 지위

⑴ 집행부에 대한 통제

국회는 집행부의 지위와 권한을 억제하며 감시, 비판하는 기능을 가지고 있다. 이를 위하여 국회는 국정감사 · 조사권(§61①), 국무총리와 국무위원에 대한 국회출석청구권, 질문권, 해임건의권(§62②), 대통령 · 국무총리 · 국무위원에 대한 탄핵소추권(§65①), 대통령의 긴급명령을 승인하는 권한(§76③), 계엄해제를 요구하는 권한(§54①)을 가지고 있다.

⑵ 사법부에 대한 통제

권력분립의 원칙이 위배되지 않는 범위 내에서 국회는 사법부를 통제할 수 있다. 이를 위하여 국회는 대법원장과 대법관 임명에 관한 동의권(§104①,②)을 가지며, 그 직무와 관련하여 법관이 직무수행에 있어서 헌법이나 법률에 위배된 때에는 탄핵의 소추를 의결할 수 있다(§65①).

2. 국회의 구성과 조직

1) 국회의 구성

⑴ 국회의 구성원리

국회는 하나의 합의체로 구성되는 단원제와 두 개의 합의체로 구성되는 양원제가 있다.

⑵ 우리나라의 국회구성 역사

제정헌법은 단원제, 제1차 개정 시 양원제를 채용했었으나 4 · 19까지 단원제로 운영되었고 제3차 개정 시 양원제, 제5차 개정 이래 단원제로 운영되고 있다.

⑶ 현행 헌법상 국회의 구성

국회의 구성은 현행 헌법에서 단원제로 채택하고 있으며, 이 단원제 국회는 국민의 보통 · 평등 · 직접 · 비밀선거에 의하여 선출된 지역구의원(§41①)과 비례대표제에 의한 의원(§41③)으로 구성된다. 국회의원의 정수는 법률로 정하되 200인 이상으로 한다(§41②). 전체 국회의원 정수는 299인으로 지역구 의원의 정수는 245인이고 비례대표 의원의 정수는 54인이다(2012년 총선에서만 세종특별자치시를 위하여 지역구 246인, 비례대표 54인 모두 300인으로 하고 다음 총선부터는 복귀한다).

⑷ 국회의원의 선거

현행 국회의원 선거제도는 1선거구에서 1인의 대표를 선출하는 소선거구제이다. 역대 국회의원 선거제도를 보면 제3공화국 헌법은 소선거구제를, 제4 · 5공화국 헌법은 중선거구제(1구에서 2인 선출)를 채택하였으나, 17년 만에 다시 소선거구제를 채택하였다.

국회의원의 선거권자는 만 19세 이상의 국민이며, 국회의원 선거에 결격사유가 없어야 한다. 또한 국회의원이 될 수 있는 피선거권은 만 25세 이상의 국민으로 피선거권이 없는 자가 아니어야 한다.

2) 국회의 조직

⑴ 의장과 부의장

국회에는 의장 1인과 부의장 2인을 두며(§48), 임기는 2년으로 하고, 의장의 유고시에는 부의장이 직무를 대리하고, 의장 · 부의장 전부 유고시에는 임시의장을 선출한다. 의장과 부의장은 국회에서 무기명투표로 선출하되, 재적의원 과반수의 득표로 당선된다.

국회의장은 국회를 대표하고, 의사를 진행하며, 질서를 유지하고 사무를 감독한다. 의장 · 부의장의 사임 시에는 국회동의가 필요하고, 의장 · 부의장은 당적을 가질 수는 있으나 국무위원은 겸직할 수 없다.

⑵ 위원회

(a) 의의

의안심의를 원활히 하기 위하여 일정사항에 대해여 전문적 지식을 가진 의원들로 하여금 의안을 예비적으로 심사 · 검토하기 위한 소회의제를 말한다. 우리 국회법은 상임위원회 중심주의와 본회의 결정주의를 취하고 있다.

(b) 종류

위원회는 상임위원회와 특별위원회로 구분된다. 상임위원회는 소관사항에 관한 입법 기타의 의안을 예비로 심의하기 위하여 상설된 위원회이다.

특별위원회는 각 상임위원회의 소관사항이 아닌 특별한 요건을 처리하기 위하여 임시적으로 설치하는 위원회를 말한다. 특별위원회에는 일반적인 특별위원회와 국회법상 특정한 업무가 미리 주어진 특정화된 특별위원회가 있다. 일반적인 특별위원회는 수개의 상임위원회 소관과 관련되거나 특히 필요하다고 인정한 안건을 효율적으로 심사하기 위하여 본회의의 의결로 두는 특별위원회이다. 그리고 특정화된 특별위원회는 국회법이 이미 특정한 임무를 명시한 몇 개의 특별위원회로서 상설의 특정화된 특별위원회로는 예산결산특별위원회와 윤리특별위원회가 있다.

또한 국회는 헌법에 의하여 그 임명에 국회의 동의를 요하는 대법원장 · 헌법재판소장 · 국무총리 · 감사원장 및 대법관과 국회에서 선출하는 헌법재판소 재판관 및 중앙선거관리위원회 위원에 대한 임명동의안 또는 의장이 각 교섭단체대표의원과 협의하여 제출한 선출안 등을 심사하기 위하여 인사청문특별위원회를 두는데(국회법 46의3①), 인사청문특별위원회 또한 특정화된 특별위원회이다.

⑶ 교섭단체

의원 20인 이상이 모여 교섭단체를 구성하며 여러 정당의 소속의원들로 구성되는 국회에서 그 의사를 원활히 운영하려는데 그 목적이 있다. 정당 단위가 아니더라도 다른 교섭단체에 속하지 아니하는 20인 이상의 의원으로 교섭단체를 구성할 수 있다.

3) 국회의 운영

⑴ 국회의 회기

국회가 실제로 활동능력을 갖는 일정한 기간을 말하며, 회기는 소집일(집회일) 당일로부터 기산하여 폐회일까지이다.

⒜ 정기회

법률이 정하는 바에 따라 매년 1회 집회가 되며, 정기회의 회기는 100일을 초과할 수 없다. 국회는 매년 9월 10일에 정기회를 소집하고, 예산안 처리를 위한 자료 수집을 위해서 정기국회 다음날로부터 20일 동안 국정 전반에 대하여 소관 상임위원회별로 국정감사를 한다. 이때 그 시기는 의결로 변동할 수 있으나 그 기간은 변동하지 못한다.

⒝ 임시회

임시집회의 필요가 있을 때 집회하는 회의를 말하며, 국회 임시회는 대통령 또는 국회 재적의원 1/4 이상의 요구에 의하여 집회되고 회기는 30일을 초과할 수 없으며 집회일 3일 전에 공고한다.

⑵ 의사절차에 대한 원칙

⒜ 회의공개(會議公開)의 원칙

의사의 진행을 공개하여 국민의 비판과 감시를 받도록 하여야 한다. 회의공개의 원칙의 적용범위에 대하여 본회의에만 적용된다는 견해와 본회의·위원회 모두 다 적용된다는 견해는 나뉘나, 오늘날 위원회 중심으로 운영되는 현실을 비추어 볼 때 본회의뿐만 아니라 위원회에도 적용된다고 보아야 할 것이다.

다만, 국회의 의결이 있거나 국회의장이 국가의 안전보장을 위하여 필요하다고 인정할 때에는 공개하지 아니한다(§50).

⒝ 회기계속(會期繼續)의 원칙

국회에 제출된 법률안 기타 의안은 회기 중에 의결하지 못한 이유로 폐기되지 아니한다(§51). 다만, 국회의원의 임기 만료의 경우나 국회해산의 경우에는 폐기된다.

⒞ 일사부재의(一事不再議)의 원칙

소수파에 의한 의사방해(filibuster)를 방지하기 위하여 인정된 것이다. 회기 중에 이미 의결한 문제에 대해서는 그 회기 중에 다시 발의 또는 제출하지 못한다(국회법 92).

⑶ 정족수의 원칙

⒜ 의의

정족수라 함은 다수인으로 구성되는 합의체에서 회의를 진행하고 결정하는 데 소요되는 출석자 수를 말한다. 정족수는 의사능력에 관한 의사정족수와 의결능력에 관한 의결정족수가 있다. 전자는 의회 또는 의원이 의안을 심의하는 데 필요한 정족수를 말하며, 후자는 의결을 하는 데 필요한 정족수를 말한다.

현행 헌법은 제49조에서 "국회는 헌법 또는 법률에 특별한 규정이 없는 한 재적의원 과반수의 출석과 출석의원 과반수의 찬성으로 의결한다. 가부 동수인 때에는 부결된 것으로 본다"고 규정하여 의결정족수와 의결방법에 대하여만 규정하고 있다.

(b) **의사정족수(개의정족수)**

이에 대해서는 헌법에 규정이 없고 국회법에 규정되어 있다. 본회의 · 위원회는 재적의원 5분의 1 이상의 출석으로 개의하며, 회의 중 이에 미달된 때에는 회의의 중지 또는 산회를 선포한다.

(c) **의결정족수**

헌법과 법률에 특별한 규정이 없는 한 재적의원 과반수의 출석과 출석의원 과반수의 찬성으로 의결한다. 가부 동수일 때에는 부결된 것으로 본다.

(d) **특별정족수**

헌법 또는 법률에 특별규정을 두어 일반 의결정족수를 변경한 경우의 의결정족수이다.

Ⅱ. 국회의원

1. 국회의원의 헌법상 지위

1) 국회구성원으로서의 지위

국회는 국회의원으로 구성한다(§41①). 국회의원은 국회를 구성하는 인적 요소이다.

2) 국민의 대표자로서의 지위

국회의원을 국민의 대표로 본다는 점에서는 이론이 없지만, 대표의 법적 성격에 관하여 정치적 대표설과 헌법적 대표설의 다툼이 있다. 정치적 대표설은 국회의원은 국민 전체 이익을 위하여 활동하여야 한다는 의미의 정치적 · 도의적 의무를 지는 데 지나지 않으므로, 법적 성격에서의 대표성은 단지 정치적 대표성에 지나지 않는다고 주장하고 있다. 반면 헌법적 대표설은 국회가 국민의 대표기관이므로 국회의원은 헌법상 국민 전체의 대표자라고 보는 견해이다.

3) 정당의 대표자로서의 지위

국회의원들은 일면 전체의 국민의 대표자로서 지위와 일면 소속정당의 이익을 위하여 활동하는 지위(원내교섭단체)의 이중적 지위를 가지고 있다.

4) 국민대표자로서의 지위와 정당원으로서의 지위의 상호관계

소수의 무소속의원을 제외하고는 오늘날 국회의원은 전체국민의 대표자로서의 지위와 정당의 대표자로서의 지위가 있는 이중적 지위에 있다. 그런데 이 두 지위가 충돌할 경우 어느 지위가 우선하는가가 문제된다.

생각건대 헌법상 의원의 탈당의 자유와 표결에 있어서 비밀투표가 보장되어 있고, 정당에서의 제명이 의원직의 박탈과 직결되지 않으며, 국회의원은 국가이익을 우선하여 양심에 따라 직무를 행하여야 하므로(§46②), 국민의 대표자로서의 지위가 정당원으로서의 지위보다 우선한다고 본다(다수설). 이러한 우선의무는 정치적 · 도의적인 의무이다.

2. 국회의원 자격의 발생과 소멸

1) 발생

국회의원자격이 언제부터 발생하는가에 관하여 당선인의 결정으로 발생한다는 견해, 당선인의 결정과 당선인의 국회의원 취임승낙에 의하여 발생한다는 견해, 헌법과 법률이 정한 임기 개시와 동시에 발생한다는 견해가 대립한다.

선거에 의한 당선인의 결정과 피선거인의 의원 취임승낙이 있을지라도 헌법과 법률이 정한 임기 개시 전까지는 의원으로서의 권리와 의무를 행사할 수 없는 까닭에 헌법과 법률이 정한 임기 개시와 동시에 발생한다고 보는 것이 타당하다. 다만, 보궐선거에 의한 의원의 임기는 당선된 날로부터 개시되며 전국구의 원칙을 승계하는 의원의 자격은 중앙선거관리위원회가 승계를 결정 · 통고한 때로부터 발생한다.

2) 소멸

(1) 임기 만료

의원은 임기가 만료되면 자동적으로 자격이 상실된다. 보궐선거에 의한 당선자는 전임자의 잔임기간에만 자격을 가진다.

⑵ 사직

의원은 자기의 원에 의하여 의원직을 사임할 수 있다. 사직은 국회의 허가를 요한다. 국회가 폐회 중일 때에는 국회의장이 허가 여부를 결정한다.

⑶ 퇴직

의원이 헌법과 법률에 의하여 겸할 수 없는 직에 취임하거나(§43), 피선거권이 상실되거나 또는 당선무효가 된 때에는 퇴직된다.

⑷ 국회의 해산

국회가 해산되면 의원은 당연히 직을 상실한다. 현행 헌법은 대통령의 국회해산권을 폐지하였으므로, 여기서의 국회해산은 국회의 결정에 따른 자진해산을 말한다.

⑸ 제명

제명이란 의원의 의사에 반하여 자격을 박탈하는 것으로, 재적의원 3분의 2 이상의 찬성을 요한다(§64③). 제명된 의원은 그로 인하여 결원된 보궐선거에 입후보할 수 없기에 제명의 성질은 창설적 행위에 해당한다.

⑹ 자격심사

국회는 의원의 자격을 심사하며, 의원을 징계할 수 있다(§64②). 이 자격심사는 피선자격의 유무만을 판단하는 확인적 행위에 불과하다고 할 것이다.

⑺ 당적변경

제3공화국 헌법 하에서는 국회의원이 당적을 이탈하거나 변경할 때에 그 자격이 상실된다고 규정함으로써 극단적 정당국가화를 지향하였으나, 현행 헌법에서는 그와 같은 규정이 없고, 무소속의원도 가능하므로 국회의원이 소속정당의 적(籍)을 이탈하거나 변경하더라도 정치적 · 도의적 책임 이외에는 의원직을 상실한다고는 볼 수 없다.

3. 국회의원의 특권

1) 개요

의원들이 국민의 대표자로서 그 직책을 완수하고 헌법상의 권한들을 적절하게 행사하기 위한 제도적 보장으로서, 헌법은 국회의원들에게 불체포특권, 면책특권 및 기타 상당한 세비와 편익을 받을 권리를 부여하고 있다.

2) 특권의 내용

(1) 불체포특권

국회의원은 현행범인 경우를 제외하고는 회기 중 국회의 동의 없이 체포 또는 구금되지 아니하며(§44①), 회기 전에 체포 또는 구금된 때에도 현행범인이 아닌 한 국회의 요구가 있으면 회기 중 석방된다(§44②). 이는 집행부의 부당한 억압으로부터 의회의 자주적 활동을 보장하고 의원의 신체를 보호하기 위한 것이다. 불체포특권은 영국에서 그 기원을 찾을 수 있고, 최초로 불체포특권을 성문화한 것은 미국 헌법에서이다.

체포 · 구금에 대한 '국회의 동의가 있는 경우'에는 불체포특권은 인정되지 않는다. 정부가 의원의 체포 · 구금을 국회에 요청한 경우 이에 국회가 구속되는가에 대해 기속설과 재량설이 대립되나 동의 여부는 국회의 재량행위이므로 구속되지 않는다고 보는 것이 통설이다.

'회기전' 체포 · 구금되고 또는 현행범이 아닌 경우에도 국회의 석방요구가 없으면 불체포특권은 인정되지 않는다.

(2) 면책특권

(a) 의의

국회의원이 국회에서 직무상 행한 발언과 표결에 관하여 국회 외에서 책임을 지지 않는다는 것을 의미한다. 면책특권이란 범죄의 성립요건은 충족되나 형벌을 조각시켜 주는 책임면제의 특권을 말한다.

(b) **법적 성질**

발언·표결에 대한 면책특권은 의원 개인만의 특권이 아니라 국회 자체의 특권이기도 하기 때문에 의원은 스스로 그 특권을 포기할 수 없다.

발언·표결의 자유는 그 문제된 행위가 범죄를 성립시킬 수는 있으나 그에 관한 형벌권의 발생을 저지하는 것이므로 그것은 형벌조각 사유에 해당하고, 따라서 그 임기 중의 행위에 대하여는 의원의 임기만료 후에도 책임을 물을 수 없다(책임면제의 특권).

(c) **면책특권의 주체**

헌법 제45조에 따라 발언과 표결에 관한 자유를 누리는 자는 오로지 국회의원뿐이다. 의원직을 겸한 국무총리·국무위원에 관해서는 의원으로서의 발언과 국무총리·국무위원으로서의 발언을 구별하여 전자에 대해서만 면책특권이 인정된다고 하는 것이 이론적으로 옳을 것이나 실제에 있어서 그 구별의 실익이 의문시된다. 면책특권은 그 위법성이 조각되는 것이 아니고 형벌조각사유에 불과하므로 이를 교사·방조한 자는 민·형사상의 책임을 지게 된다.

(d) **면책의 대상과 범위**

면책을 받게 되는 행위는 국회 내에서 행한 발언과 표결이다.

(e) **면책의 효과**

발언과 표결의 자유는 국회 외에서 책임을 지지 않는 것이다. 이는 국회 밖에서 책임을 지지 않을 뿐이므로 징계사유에 해당할 경우 국회법·의사규칙 등에 의하여 국회 내에서 징계처분을 할 수 있다(통설).

면제되는 책임은 원외에서의 민사상·형사상의 책임, 즉 법적 책임을 의미한다. 그러므로 국회 내·외부에서의 정치적 책임까지 면제되는 것은 아니다.

(f) **발언 표결의 자유의 한계**

국회 내에서 한 발언과 표결일지라도 그것을 다시 원외에서 발표하거나 출판하는 경우에는 면책되지 아니한다.

〈면책특권과 불체포특권의 비교〉

구분	불체포특권	면책특권
성격	의회 외, 직무 외 특권	의회 내, 직무 내 특권
보호가치	신체의 자유	직무상 발언·표결
보호기간	일시적(회기 중)	영구적

(3) 세비와 편익을 받을 권리

국회의원은 법률이 정하는 바에 의하여 수당과 여비를 받는다(국회법 30). 또한 무료로 국유의 철도·선박과 항공기를 이용할 수 있다. 다만, 폐회 중에는 공무인 경우에 한한다(법 31). 이 세비와 편익을 받을 권리는 국회의원의 신분에 부여되는 특권이 아니라 의원활동을 지원하기 위한 권리로 보아야 할 것이다.

4. 국회의원의 권리와 의무

1) 국회의원의 권리

(1) 발의권

발의란 의제로 될 수 있는 의안을 제출할 수 있는 권리를 말하며, 20인 이상의 의원의 찬성으로 발의할 수 있는 것으로는 법률안, 체포 또는 구금된 의원의 석방요구권, 정부 관계자의 출석요구안, 의원에 대한 윤리심사 및 징계요구안이 있으며, 의원 30인 이상의 찬성으로는 의원의 자격심사를 요구할 수 있다.

중요한 발의권으로는 재적 3분의 1 이상은 국무총리 또는 국무위원의 해임건의안과 탄핵소추안을 발의할 수 있으며, 재적의원 과반수는 헌법개정안과 대통령에 대한 탄핵소추안도 발의할 수 있다.

(2) 질문권

(a) 의의

질문제도는 정부 등에 대한 추궁이나 통제의 기능을 가지는 한편 의원들의 정보수집 기능을 수행한다. 질문의 방법은 구두질문과 서면질문이 있다. 구두질문은 회의장에 출석하여 의문사항을 말로써 묻는 방식의 질문이며, 서면질문은 문서에 의문사항을 기재하여 답변을 요구하는 방식으로 문건에 의해 이루어지는 질문이다.

(b) **대정부질문**

본회의는 회기 중 기간을 정하여 국정 전반 또는 국정의 특정분야를 대상으로 정부에 대하여 질문을 할 수 있다(법 122의2①). 대정부질문은 일문일답의 방식으로 하되, 의원의 질문시간은 20분을 초과할 수 없다. 이 경우 질문시간에는 답변시간이 포함되지 아니한다(동조②).

한편 의원이 정부에 서면으로 질문하려고 할 때에는 질문서를 의장에게 제출하여야 한다(법 122①). 의장은 질문서가 제출된 때에는 지체 없이 이를 정부에 이송한다(동조②). 정부는 질문서를 받은 날로부터 10일 이내에 서면으로 답변하여야 한다. 그 기간 내에 답변하지 못할 때에는 그 이유와 답변할 수 있는 기한을 국회에 통지하여야 한다(동조③).

(c) **긴급현안질문**

의원은 20인 이상의 찬성으로 회기 중 현안이 되고 있는 중요한 사항을 대상으로 정부에 대하여 질문을 할 것을 의장에게 요구할 수 있다(법 122의3).

(3) 질의권 · 토론권

질의권은 국회의원이 당해 의제가 되고 있는 안건에 대하여 묻는 권한으로, 질문권에 비해 범위가 한정된다. 토론권은 국회의원이 의제가 된 안건에 대하여 검토하고 의견을 표명하는 토론에 참여하고 의제에 대해 의원들의 찬반을 논의할 수 있는 권한이다.

국회의원은 본회의에서 안건을 심의함에 있어서 그 안건을 심사한 위원장의 심사보고를 듣고 질의 · 토론을 거쳐 표결한다(법 93).

(4) 표결권

의원은 본회의나 위원회 등에서 표결에 참가할 권리가 있다. 표결방법에는 기립이나 거수에 의하는 방법(위원회), 기명투표(헌법개정안)나 무기명투표(국회 내에서의 각종 선거)에 의하는 방법 등이 있다.

2) 국회의원의 의무

(1) 헌법상의 의무

헌법상 국회의원은 청렴의 의무(§46①), 국가이익 우선의 의무(§46②), 이권개입 금지의 의무(§46③), 겸직금지의 의무(§43), 국민 전체에 대한 봉사의무(§7①)를 부담한다.

(2) 국회법상의 의무

선서의무(법 24), 품위유지의무(법 25), 의제 외 발언의 금지의무(법 155 viii), 질서유지의무(법 145), 모욕 · 사생활발언금지의무(법 146), 발언방해 등의 금지의무(법 147), 회의진행 방해물건 반입금지의무(법 148), 게재되지 아니한 회의록의 타인열람 · 전재 · 복사금지의무(법 118③), 비공개회의의 내용공표금지의무(동조④), 윤리강령 또는 실천규범 준수의무(법 155), 정보위원회 위원의 국가기밀공개 · 누설금지의무(법 54의2②), 탄핵소추사건 조사상 주의의무(법 155ix), 겸직금지의무(법 29) 등이 있다.

국회의원이 의무를 위배할 경우 제재를 받게 된다. 이에는 공개회의에서의 경고, 공개회의에서의 사과, 30일 이내의 출석정지, 제명이 있다(법 163).

Ⅲ. 국회의 권한

1. 개설

1) 입법의 개념

입법의 개념에 관하여는 실질설과 형식설의 다툼이 있다. 형식설은 형식적 의미의 법률을 정립하는 입법기관의 작용을 입법이라 한다. 그러나 입법을 국가기관에 의한 일반적 · 추상적 성문법 규범의 정립작용으로 보는 실질설이 타당하다.

2) 입법의 범위

입법을 실질적 의미로 파악하여야 한다면 헌법 제40조의 입법권도 실질적 의미로 해석하여야 한다. 따라서 "입법권은 국회에 속한다"는 헌법 제40조는 실질적 의미의 입법에 관한 권한은 원칙적으로 국회의 권한에 속한다는 국회입법의 원칙을 규정한 것으로 해석하여야 한다.

다만, 헌법은 헌법 정책적 이유로 여러 가지 예외를 규정하고 있다. 행정입법권은 대통령 · 국무총리 · 행정 각부의 장에게(§75, §95), 자치입법권은 지방자치단체에게(§117①), 긴급명령권 · 긴급재정경제명령권이나 조약체결권은 대통령에게(§73, §76), 사법입법권은 대법원에(§108), 헌법재판에 관한 입법권은 헌법재판소에(§113②), 선거 · 정당사무에 관한 입법권은 중앙선거관리위원회에(§114⑥) 각각 맡기고 있다.

따라서 현행 헌법 하에서 국회가 현실적으로 담당하는 입법의 범위는 헌법개정에 관한 발의 · 의결권(§128, §130), 법률안의결권(§53), 조약체결에 대한 동의권(§60), 국회규칙제정권(§64①)이 대표적인 국회의 입법권이라 할 수 있다.

3) 입법권의 한계

헌법의 명문규정에 위배될 수 없고, 헌법의 기본원리나 일반원칙에 위배될 수 없으며 인간의 존엄성이나 기본권의 본질적 내용을 침해할 수 없다. 이와 같은 입법권 한계를 벗어난 법률은 위헌 법률이다.

2. 입법에 관한 권한

1) 헌법개정에 관한 권한

국회는 헌법개정에 관하여 발의권과 의결권을 가진다. 헌법개정안의 발의는 국회의원(재적 과반수)과 대통령이 할 수 있다(§128①). 헌법개정안이 공고된 날로부터 60일 이내에 국회의 의결을 거쳐야 하며, 국회의 의결에는 재적의원 3분의 2 이상의 찬성을 얻어야 한다(§130②). 헌법개정안은 수정의결할 수 없으며, 기명투표로 하여야 한다.

2) 법률제정에 관한 권한

(1) 법률안 제안

국회의원과 정부는 법률안을 제출할 수 있다(§52). 정부의 경우에는 국무회의의 심의를 거쳐야 한다. 국회의원은 10인 이상의 찬성으로 의안을 발의할 수 있다.

(2) 심의 · 의결

법률안이 제출되면 국회의장은 이를 의원에게 배부하고 본회의에 보고하며, 소관 상임위원회에 회부하여 심사하게 한다.

(a) 심의

법률안의 심의는 상임위원회가 중심이 되어 행하므로, 소관 상임위원회가 심의한 후 본회의에 부의할 필요가 없다고 판단하면 본회의에 상정하지 아니한다(pigeon hole). 단, 7일 이내에 의장이나 의원 30인 이상의 요구가 있는 때에는 본회의에 부의하여야 한다(discharge of committee).

(b) 의결

소관상임위원회에서 심사하거나 입안한 법률안은 법제사법위원회에 회부하여 체계와 자구에 대한 심사를 거친 후 본회의에 회부되어 심의 · 의결된다. 법률안에 대한 수정동의는 30인 이상의 찬성을 요한다. 법률안의 의결은 재적의원 과반수의 출석과 출석의원 과반수의 찬성을 요한다(§49).

(3) 법률안의 정부이송

법률안이 본회의에서 의결되면 정부로 이송되어 정부는 국무회의 심의에 회부하여 공포 또는 거부를 결정한다.

(4) 대통령의 공포

정부에 이송된 법률안에 대한 이의가 없는 때에는 대통령이 서명하고 국무총리와 관계 국무위원이 부서하여 15일 이내에 공포하여야 한다. 거부권행사로 국회에서 재의결된 법률안은 지체 없이 공포하여야 한다.

(5) 거부권 행사

정부에 이송된 법률안에 대하여 이의가 있을 때에는 이의서를 붙여 국회에 환부하여 대통령은 거부권을 행사할 수 있다. 대통령이 거부권을 행사한 때에는 국회에서 재의되며, 재의결(재적 과반수 출석, 출석 3분의 2 이상 찬성)되면 법률안은 법률로 확정된다.

(6) 국회의장의 공포

정부에 이송된 법률안을 15일 이내에 공포나 재의를 요구하지 않음으로써 법률로 확정된 후, 또는 국회에서 재의결되어 정부에 이송된 후 5일 이내에 대통령이 공포하지 아니할 때에는 국회의장이 이를 공포한다.

(7) 효력발생

법률은 특별한 규정이 없는 한 공포한 날로부터 20일을 경과함으로써 효력을 발생한다.

3) 조약의 체결 · 비준에 대한 동의권

조약의 체결 · 비준은 대통령의 권한이나 일정한 사항에 관하여는 국회의 동의를 얻어야 한다. 이는 조약이 체결 · 공포되면 국내법과 동일한 효력을 지니게 되어 국민의 권리 · 의무에 중대한 영향을 미치므로 국민의 대표기관인 의회의 통제 하에 두는 것이다.

4) 국회규칙의 제정권

국회는 법률에 저촉되지 아니하는 범위 내에서 의사와 내부 규율에 관한 규칙을 제정할 수 있다.

3. 재정에 관한 권한

1) 재정에 관한 기본 원칙

(1) 국회의결주의

민주국가에서는 재정이 국민의 재산과 권리에 미치는 영향이 크므로 이를 민주적 통제를 위해서는 재정에 관한 중요한 사항은 반드시 국회의 의결을 거치도록 하고 있다(§54①).

헌법은 재정에 관해서 광범위한 권한을 국회에 인정하고 있다. 헌법 제38조와 제59조에서는 국민의 납세의 의무와 조세법률주의를 규정하고, 제54조 · 제56조에서는 국회의 예산과 추가경정예산의 심의 · 확정권을, 제58조에서는 국채의 모집과 예산 외의 국가의 부담이 될 계약의 체결에 관한 국회의 의결권을 규정하고 있다.

⑵ 공정과세의 원칙

조세부담공평의 원칙이라고도 한다. 이는 조세의 부담이 공평하게 국민들 사이에 배분되도록 세법을 제정하여야 하고(입법상의 조세공평), 조세법률관계의 각 당사자로서의 국민은 세법의 적용에 있어서 평등하게 취급되어야 한다(세법의 해석 · 적용상의 공평)는 원칙이다. 이는 헌법질서의 근본이 되고 있는 평등의 원칙 내지 불평등취급금지의 원칙에 그 근거를 두고 있다.

⑶ 조세법률주의

"조세의 종목과 세율은 법률로 정한다"고 규정하여 조세법률주의를 선언하고 있다(§59).

2) 재정입법권

재정입법권이란 재정작용에 관한 법률을 제정할 수 있는 권한을 의미하는 것으로, 국회의 권한에 속한다.

3) 예산의 심의 · 확정권

⑴ 의의

예산이라 함은 한 회계연도에 있어서 국가의 세입 · 세출의 예정준칙을 정한 것으로 국회의 의결에 의하여 성립한다.

⑵ 예산의 성질

예산에 관해서는 미국 · 영국 · 독일 · 프랑스와 같이 그것을 법률의 형식으로 의결하는 주의(예산법률주의)와 일본이나 스위스와 같이 법률과는 다른 특수한 형식으로 의결하는 주의가 있다. 예산을 법률의 형식과 구별하는 경우 예산의 성질에 관하여 법규범의 일종으로 보아야 한다는 견해와 법규범의 일종으로 볼 수 없다는 견해가 대립하고 있다.

⑶ 예산의 성립절차

(a) 예산안 편성제출

정부는 회계연도마다 예산안을 편성하여 회계연도 개시 90일 전까지 국회에 제출한다(§54②).

(b) 예산안 심의 확정

예산안이 제출되면 국회는 정부의 예산안을 회계연도 개시 30일 전까지 의결하여야 한다(§54②). 국회는 예산안의 심의·확정에 있어서 예산안에 대한 삭제·감액은 할 수 있으나, 정부의 동의 없이 새로운 항목의 신설 또는 증액을 할 수 없다. 또 이미 조약 또는 법률에 의하여 지출이 예정된 세출은 삭감할 수 없다.

(c) 공고

국회가 의결한 예산은 정부에 이송되어 대통령이 공고한다. 공고는 전문을 붙여 대통령이 서명하고, 국무총리와 관계 국무위원이 부서하여 관보에 게재함으로써 행한다.

⑷ 예산의 구성

예산은 예산총칙·세입세출예산·계속비·명시이월비[1] 및 국고채무부담행위[2]를 총칭한다(국가재정법 19). 이 중 헌법이 특별히 따로 규율하고 있는 것으로서 계속비와 예비비제도가 있다.

(a) 계속비

계속비란 수년도에 걸친 대규모 사업에 대한 경비를 미리 일괄하여 국회의 의결을 얻고 이를 변경할 경우 이외에는 따로 국회의 의결을 얻을 필요가 없는 경비(§55①)를 말한다. 계속비는 예산 1년주의 원칙에 대한 예외로서 사업목적

---

1) 세출예산 중 경비의 성질상 연도 내에 지출을 끝내지 못할 것이 예측되는 때에는 그 취지를 세입세출예산에 명시하여 미리 국회의 승인을 얻은 후 다음 연도에 이월하여 사용할 수 있다(국가재정법 24).

2) 국가는 법률에 따른 것과 세출예산금액 또는 계속비의 총액의 범위 안의 것 외에 채무를 부담하는 행위를 하는 때에는 미리 예산으로써 국회의 의결을 얻어야 한다(법 25).

·경비총액·연한(5년 이내) 및 각 연도에 지출할 금액을 미리 정하여 국회의 의결을 얻어야 한다.

(b) **예비비**

예비비란 예측하기 어려운 예산 외의 지출이나 예산초과지출에 충당하기 위하여 예산에 계상되는 금액(§55②)을 말한다. 예비비는 총액으로 국회의 의결을 얻으며, 예비비의 구체적 지출에 대하여는 차기 정기국회의 승인을 얻어야 한다. 승인을 얻지 못하더라도 이미 지출한 행위의 효력에는 영향이 없다.

⑸ **예산의 종류**

예산은 본예산과 보정예산(추가경정예산), 확정예산과 임시예산(준예산, 잠정예산), 일반회계예산과 특별회계예산 등으로 구분된다.

(a) **추가경정예산**

예산이 성립한 후에 발생된 사유에 의하여 예산에 변경을 가할 필요가 있는 때에는 정부는 추가경정예산을 편성하여 제출할 수 있다(§56). 추가경정예산안의 제출시기와 심의기간에 대한 헌법상 제한은 없으며 심의방법은 본예산과 동일하다.

(b) **임시예산**

정부가 제출한 예산안은 회계연도 개시 30일 전까지 국회가 의결하여야 한다(§54②). 그러나 어떠한 사유로 회계연도가 개시될 때까지 예산안이 의결되지 못한 때에는 정부는 국회에서 의결될 때까지 헌법이나 법률에 의하여 설치된 기관 또는 시설의 유지·운영, 법률상 지출의무의 이행, 이미 예산으로 승인된 사업의 계속을 위한 경비는 전년도 예산에 준하여 집행할 수 있다(§54③).

4) 정부의 재정행위에 대한 권한

국회는 기채의결권·예산 외의 국가부담이 될 계약체결에 대한 동의권(§58), 예산 외 지출(예비비)에 대한 승인권(§55②), 재정적 부담을 지우는 조약의 체결, 비준에 대한 동의권(§60①), 긴급재정처분 및 명령에 대한 승인권(§76③)을 가진다.

⑴ 기채의결권

정부가 국채를 모집하려 할 때에는 국회의 의결을 얻어야 한다(§58). 국가의 부채는 결국 국민이 부담이 되기 때문이다. 국채라고 함은 국고의 세입부족을 보충하기 위하여 국가가 지는 재정상의 채무를 말한다. 이에는 단기국채(유동국채)와 장기국채(고정국채)가 있다. 국채의 모집에 대한 국회의 동의는 기채할 때마다 얻을 수도 있고, 개괄적인 예산총액을 일시에 얻는 것도 가능하다.

⑵ 예산외 국가부담이 될 계약체결에 대한 동의권

예산 외에 국가의 부담이 될 계약을 체결하려 할 때에는 국회의 의결을 얻어야 한다(§58). 이것도 결국 국민의 부담으로 돌아가는 것이기 때문이다. 여기서 예산 외의 국가의 부담이 될 계약이란 2회계년도 이상에 걸쳐 채무를 부담하게 되는 사법상 계약(예컨대 외국인 고용계약, 대차계약 등)을 말하며, 외국 차관의 정부지급보증과 같은 것도 포함된다.

⑶ 예비비지출에 대한 승인권

예비비의 지출은 차기국회의 승인을 얻어야 한다(§55). 여기서 차기국회라 함은 차기정기국회를 말한다. 이에 대하여 승인을 얻지 못한 경우에도 지출행위 그 자체의 효력에는 영향이 없지만, 정부가 그에 대한 정치적 책임은 면할 수 없다.

⑷ 재정적 부담을 지우는 조약의 체결 · 비준에 대한 동의권

국가나 국민에게 중대한 재정적 부담을 지우는 조약을 체결 · 비준하는 때에는 국회의 동의를 얻어야 한다(§60①).

⑸ 긴급재정처분 및 명령에 대한 승인권

대통령이 긴급재정 · 경제처분 또는 명령을 하거나 긴급명령을 한 때에는 지체없이 국회에 보고하여 그 승인을 얻어야 한다(§76③).

5) 결산심사권

국회는 예산안을 심의하고 확정할 뿐 예산의 집행은 행정부의 권한이다. 그러

나 그 집행결과의 적부에 대해서는 사후조사권을 가진다. 이것을 국회의 결산심사권이라고 한다. 감사원은 매년 세입 · 세출의 결산을 검사하고 그 결과를 대통령과 차년도의 정기국회에 보고하여야 한다(§99). 국회의 의결을 얻은 예산을 집행한 결과인 결산을 국회에 보고하게 함으로써 국회의 재정에 대한 감독 · 통제권의 실효를 거두게 하고 있다. 이것이 국회의 결산심사권이다.

4. 헌법기관구성에 관한 권한

1) 대통령 선출권

현행 헌법은 대통령의 선거를 국민의 직선제로 규정하면서(§67①), 예외적인 경우에 한하여 대통령을 국회에서 선출하도록 하고 있다. 즉 국민이 대통령을 선거한 경우에 최고득표자가 2인 이상인 때, 그 최고득표자에 대하여 결선투표를 하는 경우이다.

국회가 결선투표를 하는 경우에는 국회의 재적의원 과반수가 출석한 공개회의에서 다수표를 얻은 자를 당선자로 한다(§67②).

2) 국무총리 등의 임명에 대한 동의권

국무총리는 국회의 동의를 얻어 대통령이 임명한다(§86①). 대법원장은 국회의 동의를 얻어 대통령이 임명하며, 대법관은 대법원장의 제청으로 국회의 동의를 얻어 대통령이 임명한다(§104①,②) 감사원장의 임명에도 국회의 동의를 요한다(§98②).

3) 헌법재판소의 장 임명에 대한 동의권과 재판관 선출권

헌법재판소의 장은 국회의 동의를 얻어 재판관 중에서 대통령이 임명하며(§111④), 국회는 9인의 헌법재판소 재판관 중 3인을 선출한다(§111③).

4) 중앙선거관리위원회 위원의 일부 선출권

국회는 9인의 중앙선거관리위원회 위원 중 3인을 선출한다(§114②).

5. 국정통제에 관한 권한

1) 국정통제권의 의의

국회의 국정통제권은 집행부와 사법부의 권력남용을 방지하고, 또 권력의 합리적 행사를 보장하기 위하여 국정에 대한 국민의 대표기관으로서 국회가 갖는 권한행사로서의 의의를 가진다.

2) 탄핵소추권

(1) 탄핵제도의 의의

탄핵제도란 사법절차나 징계절차에 따라 소추하거나 징계하기 곤란한 집행부의 고급공무원(대통령 · 국무총리 · 국무위원)이나 법관 · 헌법재판소재판관과 같이 신분이 보장된 공무원이 직무상의 중대한 비위를 범한 경우 국민의 대표기관인 국회가 헌법과 법률이 정한 절차에 따라 소추하여 헌법재판소의 결정으로 파면하는 제도이다.

(2) 탄핵소추

(a) 탄핵소추기관

우리 헌법은 국회를 탄핵소추기관으로 하고 있다(§65①).

(b) 탄핵소추의 대상자

대통령 · 국무총리 · 국무위원 · 행정각부의 장 · 헌법재판소 재판관 · 법관 · 중앙선거관리위원회 위원 · 감사원장 · 감사위원 기타 법률에 정한 공무원이 탄핵의 대상자이다. 검사는 법률에서 탄핵에 의한 면직가능성을 인정하고 있다(검찰청법 37).

(c) 탄핵사유

탄핵사유는 탄핵대상자가 그 직무집행에 있어서 헌법이나 법률을 위배한 때(§65①)에 한한다. 입법례로서 반역죄 · 수뢰죄 · 배임제 · 독직죄 등과 같이 탄핵사유를 구체적으로 규정하는 예도 있지만 다수의 입법례는 현행헌법과 같이 탄핵사유를 구체적 행위에 국한시키지 않고 있다.

(d) **탄핵소추절차**

대통령을 소추하는 경우에는 국회재적의원 과반수의 발의가 있어야 하고, 국무총리 · 국무위원 · 행정각부의 장 · 헌법재판소재판관 · 법관 · 중앙선거관리위원회 위원 · 감사원장 · 감사위원 기타 법률이 정한 공무원의 탄핵소추에는 국회재적의원 3분의 1 이상의 발의가 있어야 한다. 탄핵소추의 발의가 있을 때에는 의장은 본회의에 보고하고 본회의는 의결로 법제사법위원회에 회부하여 조사하게 할 수 있다(국회법 130①).

대통령의 탄핵소추의결에는 국회재적의원 3분의 2 이상의 찬성이 필요하고 그 외에 일반대상자에 대해서는 국회재적의원 과반수로 탄핵소추를 의결할 수 있다(§65②). 의결은 국회에서 무기명투표로 한다(국회법 130②).

(3) 탄핵심판

(a) **심판기관**

현행헌법상 탄핵심판기관은 헌법재판소이다. 제정헌법에서는 탄핵재판소, 1960년 헌법에서는 헌법재판소, 1962년 헌법에서는 탄핵심판위원회, 1972년 헌법과 1980년 헌법에서는 헌법위원회가 탄핵심판을 담당하였다.

(b) **심판절차**

탄핵심판은 소추위원(법제사법위원장)이 소추의결서의 정본을 헌법재판소에 제출함으로써 개시된다. 헌법재판소는 당사자의 신청 또는 직권에 의하여 필요한 증거조사를 할 수 있으며, 이 경우 당사자 본인 또는 증인을 심문하는 일, 당사자 또는 관계인에게 문서 등 증거물의 제출요구, 특별한 학식과 경험을 가진 자에게 감정을 명하는 일, 필요한 물건 · 사람 · 장소 기타 사물의 성장 또는 상황을 검증하는 일을 증거조사할 수 있다(헌법재판소법 31).

심리는 공개주의와 구두변론주의를 원칙으로 하며(법 30①), 변론의 전 취지와 증거조사의 결과를 종합하여 정의 및 형평의 원리에 입각하여 행한다.

동일한 사유에 관하여 형사소송이 진행하는 동안 심판절차를 정지할 수 있다(법 51). 증거 및 증거자료에 관하여는 형사소송법에 관한 법령의 규정을 준용한다(법 40).

(c) **탄핵의 결정**

탄핵의 결정에는 재판소장을 포함한 9인의 재판관 중 6인 이상의 찬성이 있어야 한다(§113①).

(d) **탄핵결정의 효과**

탄핵결정은 공직으로부터의 파면에 그친다. 그러나 민사상이나 형사상의 책임이 면제되는 것은 아니다(§65①). 따라서 탄핵심판과 민 · 형사재판간에는 일사부재리의 원칙이 적용되지 아니한다.

헌법재판소법 제54조 제2항은 "탄핵결정에 의하여 파면된 자는 결정선고가 있는 날로부터 5년을 경과하지 아니하면 공무원이 될 수 없다"고 하여 일정기간의 공직취임을 금지하고 있다.

3) 국정감사권 및 조사권

(1) 의의

국회가 국민대표기관의 지위로서 국정 전반에 결쳐 감사할 수 있는 권한을 국정감사권이라 하며, 특정한 국정사안에 대하여 조사할 수 있는 권한을 국정조사권이라 한다(§61). 다만, 개인의 사생활이나 신앙과 같이 순수한 사적사항은 제외된다.

(2) 본질

국정조사권은 입법권, 예산심의권 등과 같이 국정 전반에 걸친 국회의 독립적 권능이라는 견해라는 독립적 권능설과, 국회가 그 직능을 수행하기 위하여 국정을 조사할 수 있는 보조적 권능을 가진 보조적 권능설이 대립한다.

헌법이 규정한 국정감사권은 의회의 최고기관성에서 유래된 것으로 국정 전반에 걸친 감사권을 의미하므로, 독립된 권한으로 보는 것이 타당하다. 다만, 국정조사권도 함께 규정한 입법취지로 보아 국정조사권만은 보조적 권한이라고 해석하는 것은 타당하다.

(3) 연혁

국정감사권은 제헌 헌법, 제2공화국 헌법 그리고 제3공화국 헌법에서 규정된

바 있다. 제7차 개헌과 제8차 개헌에서는 삭제되었으나, 현행 헌법은 국정감사권을 부활시켰다. 다만, 그 남용을 방지하기 위하여 대상 · 절차 · 시기 · 범위 등 필요한 사항을 법률에 위임하고 있다.

국정조사권은 제4공화국 헌법 하에서는 법률(국회법)로써 인정되었고, 제5공화국 헌법(제8차 개헌)에서 헌법으로 규정되었다.

⑷ 주체

국회본회의와 상임위원회, 특별위원회가 주체가 된다. 국정감사는 소관 상임위원회별로 실시하며, 국정조사는 조사위원회(상임위원회 또는 특별위원회)가 시행한다.

⑸ 범위

입법에 관한 사항, 행정에 관한 사항, 사법행정에 관한 사항, 국회 내부의 자율적 사항 등 입법부의 권한에 속한 사항이 대상이다. 국정감사는 정기적으로 국정 전반에 걸친 일반감사이고, 국정조사는 특정 사항에 관하여 재적의원 1/4 이상의 요구가 있는 때 시행한다.

⑹ 한계

현행 헌법에는 명문상 한계 규정은 없으나 재판이나 진행 중인 범죄수사, 소추에 대해서는 할 수 없다는 것이 일반적이다.

4) 조약 및 국방정책에 대한 동의권

국회는 상호원조 또는 안전보장에 관한 조약, 중요한 국제조직에 관한 조약, 우호통상항해 조약, 주권의 제약에 관한 조약, 강화조약, 국가나 국민에게 중대한 재정적 부담을 지우는 조약 또는 입법 사항에 관한 조약의 체결 · 비준에 대한 동의권을 가진다(§60①②). 또한 국회는 선전포고, 국군의 외국에의 파견 또는 외국 군대의 대한민국 영역 안에서의 주류(駐留)에 대한 동의권을 가진다. 한편, 국가 간의 단순한 행정협조이고 기술적인 사항의 체결 · 비준에는 국회의 사전 동의를 요하지 아니한다.

5) 일반사면에 대한 동의권

대통령이 일반사면을 명하려면 국회의 동의를 얻어야 한다(§79②). 이에 대하여 특별사면인 경우에는 동의를 요하지 않는다.

6) 계엄의 해제요구권

대통령이 계엄을 선포한 때에는 지체 없이 국회에 통고하여야 한다. 국회는 재적의원 과반수의 찬성으로 계엄의 해제를 요구할 수 있다. 국회의 해제요구가 있으면 대통령은 이를 해제하여야 한다(§77④⑤).

7) 긴급재정 · 경제처분 또는 명령 및 긴급명령 승인권

긴급재정 · 경제상의 처분 또는 명령을 발하거나 긴급명령을 발한 때에는 대통령은 지체 없이 국회에 보고하여 그 승인을 얻어야 한다. 국회 폐회 중에는 임시회의 소집을 요구하여야 한다. 국회의 승인을 얻지 못한 때에는 그 처분 또는 명령은 그때부터 효력을 상실한다(§76③④).

8) 국무총리 · 국무위원 등의 출석요구 및 질문권

국회나 그 위원회는 국무총리 · 국무위원 또는 정부위원[3]의 출석을 요구할 수 있고, 질문을 할 수 있으며, 국무총리 · 국무위원 또는 정부위원은 출석 · 답변하여야 한다(§62②). 국무총리 또는 국무위원이 출석요구를 받은 때에는 국무위원 또는 정부위원으로 하여금 출석 · 답변하게 할 수 있다.

9) 국무총리 · 국무위원에 대한 해임건의권

현행 헌법 제63조는 국회의 국무총리 · 국무위원에 대한 해임건의권을 규정하여, 종전의 해임의결권을 해임건의권으로 변경하였다. 이는 현행 헌법이 대통령의 권한을 약화시키고 국회의 권한을 강화시켰기 때문에 양자의 권력균형을 유지하기 위한 것이다.

---

3) 정부위원이란 장관을 보좌하며 국회에 출석하여 국정처리상황 보고, 의견진술, 질문에 응답할 수 있는 공무원이다. 정부위원이 될 수 있는 자는 국무조정실장 및 차장, 행정부의 차관 · 처장 · 청장 · 실장 · 국장 및 차관보 등이다. 정부위원제도는 고위실무자가 국회에 보다 구체적인 내용을 답변케 하기 위한 것으로 우리나라와 일본 등이 채택하고 있다.

해임건의의 사유는 직무집행이 위헌 · 위법인 경우뿐 아니라 정책의 과오 · 무능력 등도 포함된다. 이 점에 있어 직무집행이 헌법과 법률에 위배된 때 행사할 수 있는 탄핵소추의 사유와 구별된다. 해임건의는 재적의원 3분의 1 이상의 발의와 재적의원 과반수의 찬성을 요한다. 해임건의가 있을 때 대통령은 해임을 하여야 하는지가 문제된다. 현행 헌법은 '특별한 사유가 없는 한 이에 응하여야 한다'는 규정을 두고 있지 않기 때문에 대통령을 구속할 수 없다.

6. 국회의 자율권

1) 의의

국회의 자율권이라 함은 국회의 조직과 활동 등 내부사항에 관하여 다른 국가기관의 명령 · 지휘 · 감독 등을 받지 않고 독립하여 자주적으로 처리할 수 있는 권한을 말한다.

2) 국회자율권의 구체적 내용

(1) 국회규칙제정권

(a) 국회규칙의 의의와 성격

국회규칙이라 함은 헌법과 법률에 저촉되지 아니하는 범위 내에서 국회가 그 의사와 내부사항에 관하여 정하는 규칙(§64①)을 말한다.

국회규칙의 법적 성격에 관해서는 명령설과 자주법설이 대립된다. 명령설은 의회가 제정하는 의사규칙은 헌법이나 법률의 수권에 의하여 제정되는 명령에 지나지 않으나, 그것이 명령이라고 하여 행정명령과 동일하다는 것은 아니고 이를테면 국회에 의한 국회법의 시행령이라고 한다. 이에 대하여 자주법설은 국회규칙을 국회의 자주적 결정에 의한 규칙이라고 본다. 이 설은 국회의 의사규칙의 자주성을 강조하는 견해이다. 즉 국회규칙의 제정은 국회의 자주적 결정에 일임하고 있으며 그것은 명령과는 본질적으로 상이하다고 한다. 국회규칙의 본질은 그것이 국회의 자주적 결정에 의한 의사규칙이라는 점에 있다.

생각건대, 국회규칙이 비록 국회법으로 말미암아 명령의 형태에 가까운 것이 되고 있기는 하나, 자주법으로서의 성격을 갖는다고 보아야 한다.

(b) 국회규칙의 효력

첫째, 국회규칙은 형식적 효력의 면에서는 법률의 하위에 있는 규범이다. 우리 헌법은 "법률에 저촉되지 아니하는 범위 내에서"라고 규정하여 이 점을 명백히 하고 있다.

둘째, 국회규칙은 국회의 구성원인 의원과 직원에 대해서만 효력을 갖는 것이 원칙이다. 다만 국회의 활동과 관련하여 국회에 출석한 국무위원이나 증인·감정인 및 방청인 등에게도 효력을 미칠 경우가 있다.

셋째, 국회규칙은 원칙적으로 제정·개정의 의결과 동시에 효력을 발생한다.

⑵ 집회와 의사에 관한 권한

(a) 집회와 회기 등에 관한 권한

국회는 헌법과 국회법이 정하는 바에 따라 집회·휴회·폐회·회기 등을 자주적으로 정한다. 다만 대통령이 임시회의 집회를 요구할 때에는 그 기간과 집회요구의 이유를 명시하여야 한다(§47③). 국회는 일정한 기간에 한하여 개회하는데 이 기간을 회기라 한다. 정기회의 회기는 100일, 임시회는 30일을 초과하지 못한다(§47②).

(b) 의사에 관한 권한

국회는 헌법과 국회법 및 국회규칙의 범위 내에서 의사일정의 작성·의안의 발의·동의 또는 그에 대한 수정 등 의사에 관하여 자주적으로 이를 행한다. 국회의 회의는 공개를 원칙으로 하나 출석의원 과반수의 찬성이 있거나 의장이 국가의 안전보장을 위하여 필요하다고 인정할 때에는 비공개로 할 수 있고(§50), 또 의사절차의 적법성 여부의 문제도 스스로 결정할 수 있다.

⑶ 내부조직과 질서유지에 관한 권한

(a) 내부조직권

국회는 자신의 내부조직에 관한 자율권을 가진다. 이것을 자주조직권이라 한다. 국회는 헌법과 국회법에 따라 의장·부의장·임시의장 등의 의장단의 선출, 각종 위원회의 구성, 사무총장과 그 밖의 각종 직원의 임명을 스스로 행한다.

(b) **질서유지권**

국회는 국회 내의 질서를 유지하기 위하여 내부경찰권과 국회가택권(의원가택권)을 가진다.

내부경찰권은 원내의 질서를 유지하기 위하여 의원·방청인 기타 원내에 있는 자에 대하여 명령하고 이를 실력으로써 강제할 수 있는 권한이며, 국회가택권은 국회가 그 의사에 반하여 타인이 국회 내에 출입함을 금지하고 필요하다고 인정할 때에는 퇴장을 요구할 수 있는 권한이다.

(4) 의원의 신분에 관한 권한

(a) **의원의 사직허가권**

국회는 의원의 사직을 허가한다. 다만 폐회 중에는 의장이 이를 허가한다(국회법 135①).

(b) **의원의 자격심사권**

국회는 의원의 자격을 심사할 수 있다(§64②). 선거소송이나 당선소송은 법원의 관할이나 의원의 자격에 관한 심사는 국회 자신이 행한다. 의원의 '자격'이란 헌법과 법률이 정한 의원으로서의 지위를 보유하는데 필요한 자격을 말한다. 의원이 다른 의원의 자격에 관하여 이의가 있으면 30인 이상의 연서로 자격심사를 의장에게 청구할 수 있다(국회법 138). 자격심사는 윤리특별위원회의 심사를 거쳐 본회의에서 국회재적의원 3분의 2 이상의 찬성으로 자격이 없음을 의결한다. 이에 대해서는 법원에 제소할 수 없다(§64④).

(c) **의원에 대한 징계권**

국회는 의원을 징계할 수 있다(§64②). 의원의 징계라 함은 원내의 질서를 유지하기 위하여 의원의 신분을 가진 자에게 과해지는 특별한 제재를 말하며 형벌과는 성질을 달리하며, 일종의 징계벌이다.

의원에 대한 징계처분은 국회의 의결로 한다. 단, 제명처분은 재적의원 3분의 2 이상의 찬성을 요한다(§64③). 징계의 종류로는 ① 공개회의에서의 경고, ② 공개회의에서의 사과, ③ 30일 이내의 출석정지, ④ 제명의 네 가지가 있다(국회법 163①). 의원의 징계처분에 대해서도 법원에 제소할 수 없다(§64④).

(d) **의원의 활동에 관한 자율권**

헌법은 제44조에서 불체포특권을, 제45조에서 면책특권을 규정하고 있다. 이 두 가지 제도는 의회제도의 발전 과정에서 확립된 것으로서, 의원개인의 특권으로서의 성격을 갖는 것이기도 하나, 그 실질에 있어서는 국회의 자주성 · 자율성을 확보하기 위한 것이다.

7. 국회와 다른 국가기관과의 관계

1) 국회와 정부와의 관계

(1) 국회와 정부의 상호독립

(a) **성립과 존속상의 독립**

국회와 정부는 원칙적으로 상호 독립하여 성립하고 존속한다. 대통령과 국회는 상호 관계없이 국민에 의해 직접 선출된다. 또한 국무총리 · 국무위원 · 행정각부의 장은 대통령에 의해 임면되고, 이들은 대통령에 대해서만 책임을 진다. 대통령은 탄핵소추의 경우를 제외하고는 국회의 의사와 관계없이 재직한다.

다만 국회는 국무총리 임명동의권과 국무총리 · 국무위원 해임건의권을 가지고 있어 정부의 성립과 존속에 어느 정도 관여할 수는 있다.

(b) **기능과 권한상의 독립**

행정권은 원칙적으로 대통령을 수반으로 하는 정부에 속하고(§66④), 입법권은 원칙적으로 국회에 속한다(§40). 따라서 국회는 구체적인 행정처분을 할 수 없고, 정부도 법률안과 예산안을 심의하거나 의결할 수 없다.

또한, 국회는 의사와 내부규율에 관한 의사규칙의 제정 등과 같은 광범한 자율권을 가지며, 대통령도 원칙적으로 국회의 간섭 없이 정부를 조직하는 권한을 가진다.

⑵ 국회와 정부의 상호통제

⒜ 국회의 정부에 대한 통제관계

ⓐ 해임건의권

국회는 국회재적의원 3분의 1 이상의 발의와 재적의원 과반수의 찬성으로 국무총리 또는 국무위원의 해임을 건의할 수 있다(§63①). 이것은 구속력이 없는 건의권에 불과한 것이지만, 의원내각제적 요소로서 행정부의 독주를 견제하기 위한 국회의 수단이 된다고 볼 수 있다.

ⓑ 탄핵소추권

국회는 대통령 · 국무총리 · 국무위원 · 행정각부의 장 · 헌법재판소 재판관 · 법관 · 중앙선거관리위원회 위원 · 감사원장 · 감사위원 기타 법률이 정한 공무원에 대한 탄핵소추를 의결할 수 있다(§65).

ⓒ 국회출석요구 · 질문권

국회는 국무총리 · 국무위원 또는 정부위원의 국회 출석을 요구하고 답변하게 할 수 있다(§62②). 이것은 의원내각제적 요소이다.

ⓓ 긴급재정경제처분 · 명령 및 긴급명령 승인권

대통령이 긴급재정경제 처분 · 명령 또는 긴급명령을 발할 때에는 지체 없이 국회에 보고하여 그 승인을 얻어야 하며, 승인을 얻지 못한 때에는 그 처분 또는 명령은 그때부터 효력을 상실한다(§76③, ④). 이것은 법치주의에 대한 중대한 예외가 되므로 국회에 견제권을 부여한 것이다.

ⓔ 계엄해제요구권

대통령은 전시 · 사변 또는 이에 준하는 국가 비상사태에 있어서 계엄을 선포할 수 있는데, 이때에는 지체 없이 국회에 통고하여야 하고, 국회가 그 해제를 요구한 때에는 이를 해제하여야 한다(§77).

ⓕ 조약의 체결 · 비준 등에 대한 동의권

국회는 상호원조 또는 안전보장 등에 관한 조약의 체결 · 비준에 대한 동의권을 가진다. 또한 국회는 선전포고 · 국군의 해외파견 · 외국군대의 대한민국내의 주류(駐留)에 대한 동의권을 가진다(§60).

ⓖ 예산과 재정에 관한 권한

국회는 예산안의 심의·확정권을 갖는다. 이는 국회가 정부의 예산편성에 대해 가지는 견제권이다. 다만 국회는 정부의 동의 없이 정부가 제출한 지출예산 각항의 금액을 증가하거나 새 비목을 설치할 수 없다(§54, §57). 그 밖에 국회의 재정에 관한 권한에는 예비비설치 동의권 및 예비비지출 승인권(§55), 기채동의권과 예산외 국가부담이 될 계약에 대한 의결권(§58), 결산심사권(§99) 등이 있다.

ⓗ 대법원장·대법관·헌법재판소장·국무총리·감사원장의 임명에 대한 동의권

대통령은 국가원수 내지 정부수반의 지위에서 국가기관구성권을 가진다. 그러나 국무총리와 감사원장의 임명에는 국회의 동의를 얻어야 하며(§86, §98), 대법원장과 대법관 및 헌법재판소장을 임명하는 데도 국회의 동의를 얻어야 한다(§104, §111④).

ⓘ 일반사면에 대한 동의권

대통령이 일반사면을 명하려면 국회의 동의를 얻어야 한다(§79). 이는 일반사면권 행사의 신중을 도모하기 위한 것이다.

ⓙ 국회의장의 법률공포권

국회를 통과한 법률안이 정부에 이송된 후 15일 이내에 공포나 재의의 요구가 없으면 법률로서 확정되고, 또한 대통령이 거부한 경우 국회가 재의결하면 확정된다. 그런데 정부로 이송된 후 5일 이내에 대통령이 공포하지 아니하면 국회의장이 이를 공포한다(§53⑥). 이는 대통령의 법률공포권불행사를 방지하기 위한 것이다.

ⓚ 국정감사권 및 국정조사권

현행 헌법은 특정조사권만이 아니라 일반적 국정감사권까지도 인정(§61①)하고 있어서 국회의 정부에 대한 강력한 견제수단이 되고 있다.

ⓑ 정부의 국회에 대한 통제관계

ⓐ 입법관여권

대통령은 입법에 관하여 법률안제출권(§52)과 법률안 재의요구권 및 법률안·법률 공포권(§53) 등을 갖는다. 이 중에서 법률안 제출권은 의원내각제적 요소로 볼 수 있으며, 법률안 재의요구권은 국회의 입법권에 대한 효과적인 통제수단으로서 전통적인 대통령제하에서 인정되는 것이다.

ⓑ 행정입법권

대통령은 대통령령으로서의 위임명령과 집행명령을 발할 수 있고(§75), 국무총리와 행정각부의 장도 총리령과 부령을 발할 수 있다(§95). 오늘날 행정국가적 경향으로 행정입법의 중요성이 더해 가고 있다.

ⓒ 예산안의 편성·제출권

정부는 예산안의 편성·제출권을 가지며(§54②), 국회는 정부의 동의 없이 지출예산의 각 항의 금액을 증가하거나 새 항목을 설치할 수 없다(§57).

ⓓ 대통령의 임시국회소집요구권

대통령은 국회의 임시회의 집회를 요구할 수 있다(§47①). 대통령이 임시회의 집회를 요구할 때에는 기간과 집회요구의 이유를 명시하여야 한다(§47③).

ⓔ 국회에서의 의견표시권

대통령은 국회에 출석하여 발언하거나 서한으로 의견을 표시할 수 있고(§81), 국무총리·국무위원 또는 정부위원은 국회나 그 위원회에 출석하여 국정처리상황을 보고하거나 의견을 진술할 수 있다(§62①).

ⓕ 정당해산제소권

정당의 목적이나 활동이 민주적 기본질서에 위배될 때에는 정부는 헌법재판소에 그 해산을 제소할 수 있다(§8④).

ⓖ 대통령의 긴급재정경제명령권 및 긴급명령권

대통령은 국가의 중대한 위기에 처하여 긴급재정경제명령 및 긴급명령을 발할 수 있다. 이로써 국회의 입법권에 중대한 영향을 줄 수 있다.

ⓗ 대통령의 국민투표회부권

대통령은 외교 · 국방 · 통일 기타 국가안위에 관한 중요정책을 국민투표에 붙일 수 있는데 이로써 국회의 의사와 반대되는 결정이 내려질 수 있으므로 국회에 대한 견제수단이 된다(§72).

⑶ 국회와 정부의 협동관계

우리 헌법은 대통령제를 기본으로 하면서도 의원내각제적 요소를 대폭 가미하여 국회와 정부가 서로 공화(共和) · 협조할 수 있도록 하고 있으나, 국가 비상시에는 대통령에게 국가긴급권을 인정하여 대통령(행정부)의 상대적 우위를 결과하고 있다.

2) 국회와 법원과의 관계

⑴ 국회와 법원의 상호독립

우리 헌법은 "입법권은 국회에 속한다"(§40)라고 하고, "사법권은 법관으로 조직된 법원에 속한다"(§101①)라고 규정하여, 권력분립의 원칙에 입각하여 국회와 법원을 분리 · 독립시키고 있다. 헌법 제43조에 국회의원은 법률이 정하는 직을 겸할 수 없다고 규정하고, 국회법은 국회의원이 법관의 직을 겸할 수 없도록 하고 있다(법 29).

국회의 국회의원에 대한 자격심사 · 징계 · 제명처분 등 자율권행사에 대하여 법원에 제소를 금지한 규정(§64)과 대법원의 규칙제정권규정(§108)은 국회와 법원의 자율성을 존중하기 위한 것으로서, 국회와 법원의 상호독립을 명확히 해주는 것이다.

⑵ 국회와 법원에 대한 관계

ⓐ 사법에 관한 입법권

국회는 법원의 조직 · 법관의 자격, 그리고 재판의 준칙이 되는 법률을 정하는 권한을 가진다. 이는 국회가 국민의 대표기관으로서 그리고 입법기관으로서 당연히 갖는 권한이다.

(b) **국회의 예산심의확정권**

국회는 정부가 제출한 예산안에 대한 심의 · 확정권을 가지고 있으며 기타 재정에 관한 권한을 가지고 있다. 따라서 국회는 법원의 예산을 심의 · 확정하는 권한으로써 법원을 통제할 수 있다.

(c) **대법원장 · 대법관 임명동의권**

대통령은 국회의 동의를 얻어 대법원장을 임명하며(§104①), 대법관은 대법원장의 제청으로 국회의 동의를 얻어 대통령이 임명한다(동조②). 따라서 국회의 임명동의권은 대통령에 대한 견제수단일 뿐만 아니라 법원에 대한 견제수단이 되기도 한다.

(d) **탄핵소추권**

헌법상 헌법재판소 재판관 · 법관도 국회의 탄핵소추의 대상이 된다(§65). 오늘날 탄핵제도는 그 행사가 미미한 형편이긴 하지만, 아직도 효율적 견제수단으로 존재한다.

(e) **헌법재판소 재판관 선출권**

국회는 헌법재판소 재판관 중 3인을 선출한다(§111③). 이는 헌법재판소 재판관의 구성에 국회의 의사가 잘 반영되도록 하기 위한 것인 동시에, 3부가 협조하도록 하기 위한 것이다.

(f) **국회의원의 특권**

국회의원의 불체포특권(§44)과 면책특권(§45)은 국회기능의 원활한 수행과 국회의 자주성을 보장하기 위한 것인데, 이 한도 내에서 사법권의 발동은 제한된다고 본다.

(g) **국정감사권 및 국정조사권**

국회는 법원의 조직에 관한 법률제정권과 예산심의권을 가지고 있으므로 이로써 법원의 사법행정과 규칙제정에 관한 국정감사 또는 국정조사(§62)를 할 수 있으며, 법원을 사실상 견제할 수 있다. 그러나 재판에 사실상 영향을 주는 감사 · 조사나 진행 중인 범죄수사 · 소추에 대한 간섭은 할 수 없다.

⑶ 법원의 국회에 대한 관계

(a) **위헌법률심판제청권**

법원은 법률이 헌법에 위반되는 여부가 재판의 전제가 된 경우에는 헌법재판소에 제청하여 그 심판에 의하여 재판한다(§107①). 따라서 법원은 위헌법률심판제청권으로 국회를 견제할 수 있다.

(b) **국회규칙심사권**

법원은 명령 · 규칙 · 처분이 헌법이나 법률에 위반되는 여부가 재판의 전제가 된 경우에 이를 심사할 권한을 가진다(§107②). 따라서 법원의 국회규칙심사권은 국회를 견제하는 수단이 된다.

(c) **대법원의 국회의원 선거소송 관할권**

선거소송은 성질상 헌법재판에 해당한다. 1960년 헌법상 선거소송은 헌법재판소의 관장사항이었다(§83의3). 이후 1962년 헌법에서부터 법원이 관장하게 되었다.

공직선거법상 대법원은 국회의원의 선거소송을 제1심이자 종심으로 관할한다. 선거에 관한 소송에는 선거의 전체 또는 일부의 무효를 확인하는 선거소송과, 당선인의 당선효력만을 다루는 당선소송이 있다. 선거소송이나 당선소송의 확정으로 국회의원은 의원 자격을 상실할 수 있게 되므로, 이 권한은 국회에 대한 견제권의 하나가 된다.

제 3 절 행정부

Ⅰ. 대통령

1. 대통령의 지위

1) 대통령의 지위 유형

⑴ 대통령제

대통령은 국가의 원수인 동시에 행정부의 수반이며 국정운영에 있어서 실질적인 제1인자로서 헌법상 다른 2부(입법부 · 사법부)와 대등한 지위를 갖는다.

⑵ 의원내각제

대통령은 형식상 · 명목상의 국가원수이며 실질적인 행정권은 내각이 가진다.

⑶ 이원정부제

이는 의원내각제의 요소와 대통령제의 요소를 결합하여 가지고 있는 제도로서, 위기에 있어서는 대통령이 행정권을 전적으로 행사하나, 평상시에는 내각수상이 행정권을 행사하며 하원에 대해 책임을 지는 의원내각제의 형식으로 운영되는 것을 말한다.

2) 현행 헌법상 대통령의 지위

⑴ 국가원수로서의 지위

⒜ 국가의 대표자

대통령은 국가의 원수이며 외국에 대하여 국가를 대표한다(§66①). 이러한 지위에서 조약을 체결 · 비준하는 권한, 선전포고 · 강화를 하는 권한, 외교사절을 신임 · 접수하는 권한 등을 가진다.

(b) **대내적 지위**

대통령은 헌법재판소 재판관 · 선거관리위원회 위원 · 대법원장과 대법관에 대한 임명권을 가지고 영전수여권과 사면권을 가진다.

⑵ 행정권의 수반으로서의 지위

대통령은 행정권의 실질적 수반이다(§66④). 따라서 정부의 최고책임자로서 행정권을 최고 · 최종적으로 행사하고, 다른 행정기관을 지휘 · 감독한다. 또한 행정부 조직권자로서 국무총리 · 국무위원 · 각 부 장관의 임명권을 가지고 국무회의의 의장이 된다.

⑶ 국정의 최고조정자로서의 지위

대통령은 국정의 최고조정자로서 헌법개정제안권, 국민투표 회부권, 위헌정당 해산 제소권 등을 가진다.

⑷ 국가수호자로서의 지위

대통령은 국가의 수호자로서 국가의 독립, 영토의 보전, 국가의 계속성과 헌법을 수호할 책무를 진다(§66②). 이 지위에서 긴급명령권, 계엄선포권, 전쟁수행권을 가지며, 국가안전보장회의의 의장이 된다.

4) 대통령의 신분상 지위

⑴ 대통령의 선출

(a) **대통령 피선거권**

대통령 선거는 국민의 직접선거에 의하여 선출된다. 대통령으로 선거될 수 있는 자는 국회의원의 피선거권이 있고, 대통령 선거일 현재 40세에 달 한 국민으로, 입후보 제한을 받는 공무원이 아닌 자이어야 한다. 다만, 국회의원의 경우 사퇴하지 않고 후보등록이 가능하다.

(b) **대통령의 선거**

임기만료에 의한 대통령 선거는 대통령의 임기만료일 70일 내지 40일 전에 실시하여야 하며, 대통령이 궐위될 때의 선거는 궐위된 날로부터 60일 이내에 실시한다.

선거운동은 법이 정하는 방법 이외의 방법으로는 할 수 없다. 중앙선거관리위원회는 유효투표의 다수를 얻은 자를 당선인으로 결정한다. 대통령 후보자가 1인일 때에는 그 득표수가 선거권자 총수의 3분의 1 이상에 달하여야 한다. 최고 득표자가 2인 이상인 때에는 국회에서 선출하며, 국회의원 재적 2분의 1 이상 출석한 공개회의에서 다수표를 얻은 자를 당선인으로 한다.

(c) **대통령 선거에 관한 소송**

대통령 선거의 효력에 관하여 이의가 있는 선거인, 정당 또는 후보자는 선거일로부터 30일 이내에 중앙선거관리위원회 위원장을 피고로 하여 대법원에 선거소송을 제기할 수 있다. 그리고 당선의 효력에 관하여 이의가 있는 정당 또는 후보자는 당선결정일로부터 30일 이내에 당선인(예외적인 경우로서 중앙선거관리위원회 위원장이나 국회의장)을 피고로 하여 대법원에 당선소송을 제기할 수 있다.

⑵ 대통령의 임기

대통령의 임기는 5년으로 중임할 수 없다(§70). 임기 및 중임금지에 관한 조항을 개정하더라도 헌법개정 제안 당시의 대통령에게는 그 효력이 없다(§128 ②)고 규정함으로써 평화적 정권교체를 꾀하고 있다.

5) 대통령의 특권과 의무

대통령은 내란죄, 외환의 죄를 범한 경우를 제외하고는 재직중 형사상 소추를 당하지 아니하는 형사상 특권을 가지고(§84), 취임선서의무(§69), 국헌의 준수, 국가보위, 민족 문화의 발전, 평화적 통일을 위한 성실한 노력의무, 겸직금지의무를 진다.

6) 권한대행

⑴ 의의

대통령 지위의 중요성과 국정수행의 혼란·공백상태를 방지하기 위하여 대통령이 궐위되거나 사고로 인하여 직무를 수행할 수 없을 때에는 1차적으로 국무총리가 그 권한을 대행하고, 2차적으로는 법률이 정한 국무위원의 순서로 그 권한을 대행한다(§71).

⑵ 권한대행의 사유

'궐위'란 대통령이 사망, 탄핵결정에 의한 파면, 피선자격의 상실, 사임 등으로 대통령이 재위하지 않게 된 경우를 뜻하며, '사고'란 대통령이 재위하지만 신병 · 해외여행 또는 탄핵소추의 결정으로 권한행사가 정지된 경우를 말한다.

⑶ 권한대행의 범위

권한대행의 경우 그 직무범위는 현상유지에 그쳐야 한다고 본다. 왜냐하면 권한대행은 임시대리의 성격을 지니고, 궐위된 때에도 권한대행은 60일을 초과할 수 없기 때문이다(§68②).

7) 전직대통령에 대한 예우

전직대통령의 신분과 예우에 관하여는 법률로 정한다(§85). 헌법 제90조 제2항에는 직전대통령이 국가원로자문회의의 의장이 되고, 다만 직전대통령이 없을 경우에 대통령이 지명한다고 규정하고 있다.

2. 대통령의 권한

1) 국가긴급권

⑴ 긴급명령권

(a) 의의

긴급명령이란 국가가 위기에 처하여 통상의 입법적 방법으로는 대처할 수 없는 국가의 안위에 관계되는 중대한 교전상태에 있어서 국가를 보위하기 위하여 긴급한 조치가 필요하고 국회의 집회가 불가능한 때에 법률적 효력을 가지는 명령을 발하고 사후에 의회의 승인을 얻도록 하는 긴급입법제도(§76②)를 말한다.

긴급명령제도는 법치주의 및 일반적 법률유보 원칙에 대하여 헌법이 인정하는 예외적 제도이다.

(b) **요건**

헌법상 긴급명령의 발동요건은 "국가의 안위에 관계되는 중대한 교전상태에 있어서 국가를 보위하기 위하여 긴급한 조치가 필요하고 국회의 집회가 불가능한 때"이다. 긴급명령의 발동요건에 해당되는가의 판단은 대통령이 국무회의의 심의를 거쳐 하여야 한다.

첫째, 국가안위와 관련된 중대한 교전상태일 것이 요구된다. 중대한 교전에는 선전포고로써 개전되는 전쟁뿐만 아니라 내란이나 사변도 포함된다.

둘째, 국가보위라는 소극적 목적을 달성하기 위한 긴급한 조치가 필요하여야 한다.

셋째, 국회의 집회가 법률상으로나 사실상으로 불가능하여야 한다. 이 점에서 국회의 집회를 기다릴 여유가 없을 때에 발할 수 있는 긴급재정·경제처분 및 명령(§76①)과 차이가 있다.

(c) **절차**

국무회의의 심의를 거쳐야 하며 문서의 형식으로 하여야 한다. 긴급명령을 발한 때에는 지체 없이 국회에 보고하여 그 승인을 얻어야 하며, 이 때 국회의 승인 여부를 지체 없이 공포하여야 한다. 여기서의 공포는 긴급명령의 효력발생요건이 아니라 승인 사실의 공포에 불과하다.

(d) **내용**

긴급명령은 국정 전반에 걸쳐 조치할 수 있는 명령으로 법규사항을 정할 수 있다. 긴급명령은 법률적 효력을 가지므로 헌법에 규정된 기본권을 정지하거나 특별한 조치를 할 수 없으며, 계엄선포권이 별도로 인정되고 있으므로 긴급명령으로 군정을 실시할 수도 없다.

또한 긴급명령의 대상이 아닌 사항에 대하여는 여전히 국회가 입법권과 국정통제권을 가지고 있으며, 긴급명령의 위헌여부를 다투어야 하는 법원과 헌법재판소의 권한에 대하여도 긴급명령에 의하여 특별한 조치를 할 수 없다.

(e) **효력**

긴급명령은 법률적 효력을 가진다. 국회의 승인을 얻은 긴급명령은 확정적으로 유효하나, 국회는 법률로써 긴급명령을 개폐할 수 있으며, 대통령은 이를 해제할 수 있다.

국회의 승인을 얻지 못한 긴급명령은 그때부터 효력을 상실한다. 이 경우 그 명령에 의하여 개정 또는 폐지되었던 법률은 당연히 효력을 회복한다.

(f) **통제**

국회는 긴급명령에 대한 승인(수정승인 포함)권, 대통령에 대한 탄핵소추권, 법률제정권 등으로 긴급명령을 통제할 수 있다.

법원은 긴급명령에 대한 위헌법률심판제청권을 통해서, 헌법재판소는 긴급명령과 그에 따른 처분을 심판대상으로 함으로써 긴급명령을 통제할 수 있다.

⑵ 긴급재정 · 경제처분 및 명령권

(a) **의의**

긴급재정 · 경제처분(§76①)은 정상적인 재정 또는 경제처분으로는 대처하기 곤란한 내우 · 외환 · 천재 · 지변 또는 중대한 재정 · 경제상의 위기가 발생하고 국회의 집회를 기다릴 여유가 없을 때 대통령이 국가의 안전보장 또는 공공의 안녕질서를 유지하기 위하여 행하는 긴급처분이다.

긴급재정 · 경제명령(§76①)은 긴급재정 · 경제처분이 위법한 처분이 될 수 있는 모순을 제거하기 위하여 발하는 법률적 효력의 명령으로 재정의회주의의 예외이다.

(b) **요건**

첫째, 내우 · 외환 · 천재 · 지변 또는 중대한 재정 · 경제상의 위기가 실제로 현존하여야 한다.

둘째, 국가의 안전보장 또는 공공의 안녕질서를 유지하기 위한 소극적 목적을 달성하기 위하여 필요하여야 한다.

셋째, 국회의 집회를 소집할 여유가 없거나 비상사태로 인하여 국회의 집회가 불가능하여야 한다. 임시국회 집회에 요구되는 3일을 기다릴 여유가 없는 때에 허용된다고 볼 것이다.

(c) **절차**

대통령의 긴급재정 · 경제처분 및 명령은 국무회의의 심의를 거쳐 행사하여야 하며, 지체없이 국회에 보고하여 승인을 얻어야 한다. 국회의 승인은 이를 확정적으로 유효하게 한다.

(d) **내용**

긴급재정 · 경제처분은 긴급처분이므로 위기를 극복하기 위한 최소한의 것으로서 재정 · 경제에 관한 처분이어야 한다. 또한 긴급재정 · 경제명령도 국가의 안전보장 또는 공공의 안녕질서를 유지하기 위한 최소한의 것으로서 재정 · 경제에 관하여 법률의 제정 · 개정이 필요한 경우에 한다.

(e) **효력**

긴급재정 · 경제처분 또는 명령을 한 때에는 지체없이 국회에 보고하여 승인을 얻어야 한다. 승인을 얻지 못한 때에는 그때부터 효력을 상실한다.

긴급재정 · 경제명령은 법률적 효력을 가진다. 국회의 승인을 얻은 긴급재정 · 명령은 확정적으로 유효하나, 국회는 법률로써 긴급재정 · 경제명령을 개폐할 수 있으며, 대통령은 이를 해제할 수 있다. 명령이 국회의 승인을 얻지 못해 그 효력을 상실한 경우 그 명령에 의하여 개정 또는 폐지되었던 법률은 당연히 효력을 회복한다.

(f) **통제**

국회는 처분 또는 명령에 대한 승인(수정승인 포함)권, 대통령에 대한 탄핵소추권, 법률제정권 등으로 긴급재정 · 경제처분 또는 명령을 통제할 수 있다.

법원은 긴급재정 · 경제처분에 대한 행정소송이나 긴급재정 · 경제명령에 대한 위헌법률심판제청권을 통해서, 헌법재판소는 긴급재정 · 경제처분에 대한 헌법소원심판이나 긴급재정 · 경제명령에 대한 위헌법률심판을 통하여 각각 통제할 수 있다.

(3) 계엄선포권

(a) **의의**

계엄이란 전시, 사변 또는 이에 준하는 국가비상사태에 있어서 병력을 사용하여 군사상 필요에 응하거나 공공의 안녕 · 질서를 유지할 필요가 있을 때 발하는 국가긴급권제도를 말한다(§77).

(b) **요건**

전시, 사변 또는 이에 준하는 국가비상사태가 발생했을 때 병력으로서 군사상 또는 공공의 안녕 · 질서유지의 필요가 있을 경우를 요건으로 한다.

따라서 계엄선포의 성격상 일반 국민에게까지 군정이 확대가 되고 민선 정부의 의사를 군사령관이 대신하게 됨으로써 이의 요건은 엄격한 해석을 요한다.

(c) **절차**

국무회의의 심의를 거쳐 대통령이 선포하고 또한 계엄선포의 이유 · 종류 · 시행일시 · 시행지역 및 계엄사령관을 공고해야 한다. 이때 국회에 통고하여야 하며, 승인을 필요로 하지 않는다.

(d) **종류**

계엄은 경비계엄과 비상계엄으로 구분된다. 경비계엄은 전시, 사변 또는 이에 준하는 비상사태에 있어서 사회질서가 교란되어 일반 행정기관만으로 치안을 확보할 수 없는 경우에 공공의 안녕 · 질서를 유지하기 위하여 이를 선포한다.

비상계엄은 전시, 사변 또는 이에 준하는 비상사태에 있어서 적과 교전상태에 있거나 사회질서가 극도로 교란되어 행정, 사법기능 수행이 곤란한 경우에 군사상 필요와 공공의 안녕유지를 위하여 선포한다.

(e) **효력**

경비계엄의 경우에는 계엄사령관이 계엄 구역 내의 군사에 관한 행정사무와 사법사무를 관장하며, 군사에 관한 행정 · 사법 사무를 담당하는 기관을 지휘 · 감독한다. 경비계엄 하에서는 국민의 자유와 권리를 제한할 수 없다.

비상계엄의 경우에는 계엄사령관이 모든 행정사무와 사법사무를 관장하여 비상계엄 지역 안에서 국민의 기본권인 언론 · 출판 · 집회 · 결사의 자유 등을 제한하는 특별한 조치를 취할 수도 있으며, 또한 계엄법은 작전상 필요한 경우에 국민의 재산을 파괴 · 소훼할 수 있음과 법률이 정하는 바에 따라 동원 · 징발도 할 수 있다고 규정하고 있다. 비상계엄 구역 안에서 계엄법에 정한 범죄행위를 한 자에 대해서는 군사재판을 하고 일정한 범죄(사형 제외)에 한하여 단심으로도 할 수 있다(§110④).

(f) 해제

비상사태가 평상으로 회복되었을 때와 국회의 요구가 있을 때에는 대통령은 지체 없이 계엄을 해제하고 이를 공고하여야 한다(계엄법 11). 계엄이 해제된 날로부터 모든 행정사무와 사법사무는 평상상태로 복귀한다. 다만 대통령이 필요하다고 인정할 때에는 군사법원의 재판권을 1개월의 범위에서 연기할 수 있다(법 12).

2) 행정에 관한 권한

(1) 행정의 최고지도권

대통령은 행정부의 수반으로서 행정에 관한 최고의 결정권과 집행권을 지니며, 국회가 의결한 법률을 공포하고 집행할 권한을 가진다. 따라서 행정권은 대통령의 권한과 책임 하에서 이루어지며, 행정부 구성원을 지휘·감독한다.

(2) 외교에 관한 권한

대통령은 국가원수로서 외국에 대하여 국가를 대표한다(§66①). 조약을 체결·비준하고, 외교사절을 신임·접수 또는 파견하며, 선전포고와 강화를 할 권한을 가진다(§73). 또한 대통령은 국회의 동의를 얻어 국군을 해외에 파견한다(§60②).

(3) 공무원임면권

대통령은 헌법과 법률에 정하는 바에 의하여 공무원을 임면한다(§78). 임면은 임명과 면직을 말하며, 임명에는 보직·전직·휴직 등이 포함된다.

대통령의 공무원임면권에도 일정한 제약이 인정된다. 임명의 경우에는 선거에 의하여 그 지위를 취득하는 경우, 임명에 일정한 자격을 요구하는 경우(법관·검사·교육공무원), 임명에 국회의 동의나 다른 기관의 제청을 필요로 하는 경우, 또는 국무회의의 심의를 요하는 경우 등이 있다. 또한 파면에 있어서는 탄핵이나 해임건의와 같은 통제를 받는 경우, 법관·헌법재판소재판관 또는 중앙선거관리위원와 같이 헌법상 신분보장을 받는 경우에는 제한을 받는다.

⑷ 국군통수권

대통령은 국군최고사령관으로서 헌법과 법률이 정하는 바에 의하여 국군을 통수한다(§74①). 이 때에 국가안전보장회의의 자문과 국무회의의 심의를 거쳐야 한다. 국군의 해외파견과 외국군대의 국내주류는 국회의 사전동의를 요한다. 국군통수권 행사에는 국무총리와 관계 국무위원의 부서를 요한다.

⑸ 재정에 관한 권한

대통령은 재정에 관하여 예산안제출권(§54②), 추가경정예산안제출권(§56), 예비비지출권(§55), 예산집행권(§54)을 가진다.

⑹ 영전수여권

대통령은 법률이 정하는 바에 의하여 훈장 기타의 영전을 수여한다(§80).

⑺ 각종 회의주재권

대통령은 국무회의(§88③), 국가안전보장회의(§9②) 등 각종 회의를 주재한다.

3) 국회에 관한 권한

⑴ 임시회의 소집요구권

대통령은 국회의 임시회의 소집을 요구할 수 있다(§47①). 소집요구는 국무회의의 심의를 거쳐야 하며, 기간과 집회요구의 이유를 명시하여야 한다(§47③).

⑵ 국회 출석 · 발언권

대통령은 국회에 출석하여 발언하거나 서한으로 의견을 표시할 수 있다(§81). 이는 대통령이 국회에서 시정 연설을 하거나 연두교서나 기타 교서를 전달함으로써 국회의 협조를 구하는 대통령의 권한이다. 의무는 아니므로 국회는 대통령의 출석이나 서한에 의한 의사표시를 요구할 수 없다.

4) 입법에 관한 권한

(1) 법률안 제출권

대통령은 국무회의의 심의를 거쳐 국회에 법률안을 제출할 수 있다(§52). 이는 의원내각제적 요소이며, 국회에 대한 집행부의 우월을 의미한다.

(2) 법률(안) 공포권

대통령은 국회에서 의결되어 정부에 이송되어 온 법률안을 15일 이내에 공포하여야 한다. 대통령의 거부권(재의요구권) 행사로 국회에서 재의결하여 확정된 법률은 대통령이 지체 없이 공포하여야 한다(§53).

(3) 법률안 거부권

(a) 의의

법률안 거부권이란 국회가 의결하여 정부에 이송한 법률안에 이의가 있을 때 법률안의 확정을 저지하기 위하여 그 법률안의 재의결을 국회에 요구하는 권한을 말한다. 재의결 전에는 철회가 가능하다.

(b) 환부거부

환부거부(還付拒否 ; direct veto)란 정부에 이송된 법률안을 15일 이내에 이의서를 붙여 국회로 환부하고 재의를 요구할 수 있다(§53②). 국회가 폐회중인 때에도 환부하여야 하며 공포나 환부를 않을 때는 법률안으로 15일이 경과함으로써 확정된다(§53⑤). 이 때 일부거부나 수정거부는 인정되지 않는다(§53⑤).

(c) 보류거부

보류거부(保留拒否 ; pocket veto)란 국회의 폐회나 해산으로 인하여 지정기일 내에 국회로의 환부가 불가능할 때 대통령이 이를 공포하지 않음으로써 자동적으로 폐기시키는 것을 말한다. 보류거부의 인정 여부에 대하여는 견해가 나뉜다. 우리 헌법에는 회기계속의 원칙(§51), 폐회 중에도 환부의 인정(§53②), 공포나 재의요구가 업을 때 법률안 확정(§53⑤)의 근거가 있음을 들어 보류거부를 인정할 수 없다는 것이 다수설이다.

(d) 행사이유

법률안거부권을 행사하려면 법률안에 위헌의 소지가 있다거나 시행에 필요한 예산상의 조치가 불가능하다든지 또는 국익에 위배된다거나 부당한 정치공세에 해당하는 것이라는 등 정당하고 객관적으로 납득할 수 있는 사유가 있어야 한다.

⑷ 행정입법권(대통령령 발령권)

대통령은 법률에서 구체적인 범위를 정하여 위임받은 사항(위임명령)과 법률을 집행하기 위하여 필요한 사항(집행명령)에 관하여 대통령령을 발할 수 있다(§75)고 하여 대통령의 행정입법권을 인정하고 있다.

5) 사법에 관한 권한

⑴ 사면 · 감형 · 복권에 관한 권한

대통령이 국가원수로서의 지위에서 행하는 권한이다(§79①). 사면(赦免, pardon)에는 범죄의 종류를 지정하여 사면하는 일반사면, 특정 범죄인에 대한 형집행면제 또는 예외로 사면 후의 언도효력을 상실케 하는 특별사면이 있다. 일반사면은 국회의 동의를 요한다.

감형(減刑, commutation)에는 일반감형과 특별감형이 있다. 일반감형이란 죄종을 지정하여 그 죄종의 모든 범죄인에게 일률적으로 일정량의 감형을 인정하는 것이며, 특별감형이란 특정인에게 그것을 행하는 것이다. 이러한 감형이 있는 때에는 형의 내용이 변경되는 결과가 된다.

복권(復權 : reinstatement) 또한 일반복권과 특별복권으로 구분된다.

⑵ 위헌정당해산제소권

"정당의 목적이나 활동이 민주적 기본질서에 위배될 때에 정부는 헌법재판소에 그 해산을 제소할 수 있다"(§8④)고 규정하고 있다. 위헌정당해산제소권은 정부의 권한이다. 따라서 대통령은 정부의 수반으로서 대표하여 이를 행사하며, 국무회의의 심의를 거쳐야 한다.

6) 헌법기관구성에 관한 권한

(1) 대법원장과 대법관의 임명

대통령은 국회의 동의를 얻어 대법원장을 임명하고, 대법원장의 제청과 국회의 동의를 대법관을 임명한다(§104). 대법관을 임명에 국회의 동의를 얻도록 하고 있음이 특색이다.

(2) 국무총리 · 국무위원 및 행정각부의 장의 임명권

대통령은 국회의 동의를 얻어 국무총리를 임명하며, 국무총리의 제청으로 국무위원과 행정각부의 장을 임명한다(§86①, §87, §94).

(3) 감사원장과 감사위원의 임명권

대통령은 국회의 동의를 얻어 감사원장을 임명하며, 감사위원은 감사원장의 제청으로 임명한다(§98②, ③).

(4) 헌법재판소장과 헌법재판관의 임명권

대통령은 국회의 동의를 얻어 헌법재판소장을 임명하며, 9인(국회가 선출한 3인과 대법원장이 지명한 3인을 포함하여)의 헌법재판관을 임명한다(§111②, ③).

(5) 중앙선거관리위원회 위원의 임명권

대통령은 9인의 중앙선거관리위원회 위원 중 3인을 임명한다(§114②).

7) 대통령의 권한행사방법

(1) 문서주의

대통령의 국법상 행위는 반드시 문서로서 하여야 한다(§82). '국법상 행위'란 헌법과 법령이 대통령의 권한으로 하고 있는 모든 행위를 말한다.

대통령의 국법상 행위를 문서로서 하도록 한 것은 대통령의 권한행사의 내용을 명확히 함으로써 국민에게 예측가능성과 법적 안정성을 보장시켜 주고, 또한 그에 관한 증거를 남기며, 그 권한행사에 있어서 신중을 기하게 하려는 데에 그 목적이 있다.

문서주의에 위반한 대통령의 국법상 행위는 부존재로서 원칙적으로 법적 효력이 부인된다.

⑵ 부서제도

대통령의 국법상의 행위는 문서로써 하여야 하며, 이 문서에는 국무총리와 관계국무위원의 부서(副署 ; countersignature)가 있어야 한다. 군사에 관한 것도 또한 같다(§82). 이는 의원내각제적 요소로서 책임소재를 확인하는 통제수단으로 국왕의 전단을 경계하고 대신의 보필책임을 명확하게 하는 역할을 하였다.

국무총리와 관계국무위원은 부서를 거부할 수 있다. 부서 없이 한 대통령의 행위는 위법하나 유효한 행위이며, 탄핵소추의 사유가 되는 데 그친다.

⑶ 국무회의의 심의

대통령이 헌법 제89조에 열거된 사항에 관한 권한을 행사함에 있어서는 사전에 국무회의의 심의를 거쳐야 한다. 동조 제17호에서 규정하는 "기타 대통령·국무총리 또는 국무위원이 제출한 사항"도 심의대상이 되므로 대통령과 집행부의 권한에 속하는 중요한 사항은 사실상 거의 포함된다고 본다.

국무회의의 심의를 거치지 아니하면 위헌·무효이나, 심의의 구속력은 없다(통설).

⑷ 자문

국가안전보장에 관련되는 대외정책·군사정책과 국내정책을 수립함에 있어서 대통령은 국무회의의 심의에 앞서 국가안전보장회의의 자문을 거친다(§91).

국가안전보장에 관련되는 정책을 수립함에 있어서는 헌법의 규정에 따라 국가안전보장회의의 자문을 거쳐야 하지만, 이는 대통령의 재량사항이며, 자문의 결과에 구속되지는 않는다.

⑸ 국회의 동의 또는 승인 등

헌법은 대통령의 권한행사와 관련하여 국회의 동의(선전포고·일반사면 등)·사전의결(법률안 등)·보고(긴급명령 등) 또는 통고(계엄선포), 사후 승인(긴급명령 등) 등을 규정하고 있다.

8) 대통령 권한행사의 통제

(1) 기관 내 통제

기관 내 통제수단으로는 부서 · 심의 · 자문 등이 있으며, 국무총리의 국무위원 제청권이나 국무위원의 해임건의권 등이 있다.

(2) 기관 외 통제

(a) **국민에 의한 통제**

국민은 대통령선거를 통하여 그리고 대통령이 제안한 헌법개정안이나 국가안위에 관한 중요정책에 대한 국민투표를 통하여 대통령의 권한행사를 통제할 수 있다.

(b) **국회에 의한 통제**

국회는 대통령을 탄핵소추하거나 긴급명령, 긴급재정 · 경제처분 및 명령 등 승인권이나 계엄의 해제요구권을 통하여, 그리고 국무총리나 국무위원에 대한 해임건의권을 통하여 대통령의 권한 행사를 통제할 수 있다.

(c) **법원에 의한 통제**

법원은 대통령이 행한 명령과 행정처분에 대한 사법심사를 통하여 대통령의 권한행사를 통제할 수 있다.

(d) **헌법재판소에 의한 통제**

헌법재판소는 국회의 탄핵소추에 대한 탄핵심판, 대통령의 조약과 긴급명령이나 긴급재정 · 경제명령에 대한 위헌심판, 행정처분에 대한 헌법소원을 통하여 대통령의 권한행사를 통제할 수 있다.

Ⅱ. 행정부의 조직과 권한

1. 국무총리

1) 헌법상 지위

(1) 대통령의 권한대행자로서의 지위

현행 헌법상 국무총리는 대통령이 궐위되거나 사고로 인하여 직무를 수행할 수 없을 때에는 그 제1순위의 직무대행권을 가지고 있다(§71). 따라서 국무총리는 대통령제의 부통령과 마찬가지로 대통령의 권한을 대행하며, 국무회의 의장을 맡아 권한을 대행하게 된다.

(2) 대통령의 보좌기관으로서의 지위

현행 헌법상 국무총리는 독자적인 정치적 결정권을 가지지 못하고, 다만 집행에 관하여 대통령을 보좌하는 대통령의 종속·보좌기관이라는 데 그 특징이 있다. 그러므로 국무총리는 대통령을 보좌하며, 대통령의 명을 받아 행정각부를 통할한다(§86②). 또한 국무총리는 국무회의의 부의장이 되며(§88③), 대통령의 국법상 행위에 부서를 한다(§82).

(3) 상급행정관청으로서의 지위

국무총리는 국무위원과의 관계에서와는 달리 행정각부와의 관계에 있어서는 상급행정관청으로서 지위를 갖는다. 한편으로는 대통령의 명을 받아 행정각부를 통할할 권한을 가지며(§86②), 다른 한편으로 행정각부와 동등한 지위를 갖는 독임제 행정기관으로서 소관사무를 수행한다.

2) 국무총리의 신분과 직무

(1) 임명

국무총리는 국회의 동의를 얻어 대통령이 임명한다(§86①). 국무총리의 임명에 대한 국회의 동의는 재적의원 과반수의 출석과 출석 의원 과반수의 찬성으로서 의결한다.

⑵ 문민원칙

헌법 제86조 제3항은 "군인은 현역을 면한 후가 아니면 국무총리로 임명될 수 없다"라고 하여 국무총리의 문민원칙을 규정하고 있다. 이는 군인의 정치관여를 금지하고 문민우위원칙을 확립하고자 하는 데에 목적이 있다.

⑶ 겸직

국무총리의 국회의원 겸직에 관한 긍정설과 부정설이 대립하고 있으나, 현행 헌법이 대통령제를 기본으로 하고는 있으나 국무총리 임명에 대한 국회의 동의라든가, 해임의결 등 의원내각제적 요소가 가미되어 있고, 집행부의 대 국회관계를 원활하게 할 필요가 있음을 감안할 때 그 겸직 허용이 타당하다고 보는 것이 다수설이다.

⑷ 해임

현행 헌법 제63조는 '국회의 국무총리해임건의'를 인정하여 제5공화국 헌법하의 해임의결에서 건의로 변경하였다.

⑸ 직무대행

국무총리의 유고시 직무대행에 관한 헌법 규정은 없다. 다만 정부조직법은 국무총리의 유고시 대통령이 지명한 국무위원, 법률이 정하는 국무위원의 순서(법 6①)로 그 직무를 대행한다고 규정하고 있다.

3) 국무총리의 권한

⑴ 행정각부 통할 · 감독권

국무총리는 대통령의 명을 받아 행정각부를 통할하는 권한을 가진다(§86②).

⑵ 총리령 발령권

국무총리는 소관사무에 관하여 법률이나 대통령령의 위임 또는 직권으로 총리령(위임명령과 직행명령)으로 발할 수 있다(§95).

총리령과 부령의 우월 여부에는 견해가 나뉜다. 총리도 행정 각부의 장과 마찬가지로 소관사무만을 관장하므로 대등한 효력을 가진다고 보아야 한다.

(3) 대통령의 권한대행권

대통령이 궐위되거나 사고로 인하여 직무를 수행할 수 없는 때에는 제1차적으로 국무총리가 그 권한을 대행한다(§71).

(4) 국무위원 · 각부 장관의 임명제청권과 국무위원의 해임건의권

국무총리는 국무위원이나 각부 장관에 대한 임명제청권을 가지며, 국무위원에 대한 해임건의권을 가진다(§87①③, §94). 대통령은 국무총리의 임명제청이나 해임건의에 구속되지 않는다.

(5) 부서권

국무총리는 대통령의 모든 국법상 행위에 대한 부서권(§82)이 있으나 부서를 거부할 수 있다.

(6) 국무회의에서의 심의 · 의결권

국무총리는 국무회의의 구성원인 동시에 부의장(§88)으로서 국무회의의 심의에 참가할 권한이 있으며, 심의가 의결의 형식으로 정리될 경우에는 의결에 참가할 권리를 가진다(§89).

(7) 국회에의 출석 · 발언권

국무총리는 국회나 그 위원회에 출석하여 국정처리상황을 보고하거나 의견을 진술하고 질문에 응답할 수 있다(§62①).

2. 국무위원

1) 헌법상 지위

현행 헌법상(§87) 국무위원은 국무회의의 구성원으로서 지위와 대통령 보좌기관으로서의 지위를 가진다.

2) 신분상 지위

국무위원은 국무총리의 제청으로 대통령이 임명한다(§87①). 그 수는 15인 이상 30인 이내이며, 국회의원과의 겸직이 허용되나, 군인은 현역을 면한 후가 아니면 국무위원으로 임명될 수 없다(§87④). 대통령은 국무위원을 자유로이 해임할 수 있으며, 국무총리는 대통령에게 해임건의를 할 수 있다(§87③).

3) 권한

국무위원은 국무회의의 소집요구, 의안제출, 출석·발언권 및 심의·의결권(§89), 대통령 권한대행권(§71), 부서권(§82), 국회 출석·발언권(§62①)을 가진다.

4) 의무

대통령의 권한행사 중 자신의 권한과 관련된 것에 대하여는 부서하여야 한다. 또 국회나 위원회 요구시 출석·답변하여야 하나 정부위원에게 위임할 수 있다.

3. 국무회의

1) 헌법상 지위

국무회의는 현행 헌법은 국무회의의 설치를 명문으로 규정하고 있으므로 헌법개정에 의하지 아니하고는 폐지할 수 없는 헌법상 필수기관이다.

또한 대통령의 정책결정을 보좌하기 위하여 집행부 권한에 속하는 중요한 정책을 검토·입안하고, 그것을 사전심의하는 정책심의기관이다. 따라서 정책이 비록 국무회의에서 의결의 형식으로 결정되어도 대통령을 법적으로 구속하는 효력은 없다.

헌법 제89조에 열거된 사항은 반드시 국무회의심의를 거쳐야 하며, 이 심의는 최종적 심의가 되므로 다른 어떤 기관도 국무회의심의를 거친 사항을 다시 심의할 수 없다.

2) 구성

국무회의는 대통령을 비롯하여 국무총리와 15인 이상 30인 이내의 국무위원으로 구성한다(§88②). 대통령은 국무회의의 의장이 되고, 국무총리는 부의장이 된다(§88③).

3) 절차

국무회의는 의장인 대통령이 소집한다. 국무회의 의사절차에 관하여 헌법에는 명문의 규정이 없으나 합의제 기관이므로 의결의 형식을 취하고 있다.

의사정족수 및 의결정족수에 관하여 현행 국무회의규정(대통령령)은 "구성원 과반수의 출석으로 개의하고 출석위원 3분의 2 이상의 찬성으로 의결한다(규정 6①)고 규정하고 있다.

4) 심의사항

① 국정의 기본계획과 정부의 일반정책, ② 선전·강화 기타 중요한 대외정책, ③ 헌법개정안·국민투표안·조약안·법률안 및 대통령령안, ④ 예산안·결산·국유재산처분의 기본계획·국가의 부담이 될 계약 기타 재정에 관한중요사항, ⑤ 대통령의 긴급명령긴급재정경제처분 및 명령 또는 계엄과 그 해제, ⑥ 군사에 관한 중요사항, ⑦ 국회의 임시회 집회의 요구, ⑧ 영전수여, ⑨ 사면·감형과 복권, ⑩ 행정각부간의 권한의 획정, ⑪ 정부안의 권한의 위임 또는 배정에 관한 기본계획, ⑫ 국정처리상황의 평가·분석, ⑬ 행정각부의 중요한 정책의 수립과 조정, ⑭ 정당해산의 제소, ⑮ 정부에 제출 또는 회부된 정부의 정책에 관계되는 청원의 심사, ⑯ 검찰총장·합동참모의장·각군참모총장·국립대학교총장·대사 기타 법률이 정한 공무원과 국영기업체관리자의 임명, ⑰ 기타 대통령·국무총리 또는 국무위원이 제출한 사항은 국무회의의 심의를 거쳐야 한다(§89).

5) 심의 효과

대통령이 국무회의의 심의를 거쳐야 할 사항을 심의 없이 권한을 행사한 경우 대통령의 권한행사는 탄핵대상은 될지언정 유효라 보는 견해가 다수설이다. 또 국무회의의 심의결과가 대통령을 구속할 수 있는가에 대하여는 대통령이 국무회의의 심의결과를 정치 도의상 존중하는 것은 모르되 법적으로 구속할 수 없다고 보는 것이 다수설이다.

4. 대통령의 자문기관

1) 국가원로자문회의

국가원로자문회의는 헌법상 임의기관이다. 국정의 중요한 사항에 관한 대통령의 자문에 응하기 위하여 국가원로로 구성되는 국가원로자문회의를 둘 수 있다(§90). 국가원로자문회의의 의장은 직전 대통령이 된다. 다만, 직전 대통령이 없을 때에는 대통령이 지명한다. 국가원로자문회의의 조직 · 직무범위, 기타 필요한 사항은 법률로 정한다.

2) 국가안전보장회의

국가안전보장회의는 헌법상 필수적 자문기관이다. 국가안전보장과 관련된 국내외 정책수립에 있어 대통령의 지문에 응하기 위한 필수기관이다(§91). 의장은 대통령이며, 이에 관한 법률로는 국가안전보장회의법이 있다.

3) 민주평화통일자문회의

민주평화통일자문회의는 헌법상 임의기관이다. 평화통일정책의 수립에 관한 대통령의 자문에 응하기 위하여 민주평화통일자문회의를 둘 수 있다(§92). 민주평화통일자문회의의 조직 · 직무범위, 기타 필요한 사항은 법률로 정한다.

4) 국민경제자문회의

국민경제자문회의는 헌법상 임의기관이다. 국민 경제의 발전을 위한 중요정책의 수립에 관하여 대통령의 자문에 응하기 위하여 국민경제자문회의를 둘 수 있다(§93). 국민경제자문회의의 조직 · 직무범위, 기타 필요한 사항은 법률로 정한다.

5) 국가과학기술자문회의

헌법 제127조 제1항은 "국가는 과학기술의 혁신과 정보 및 인력의 개발을 통하여 국민경제의 발전에 노력하여야 한다"고 규정하고 있으며, 제3항은 "대통령은 제1항의 목적을 달성하기 위하여 필요한 자문기구를 둘 수 있다"고 규정하고 있다. 국가과학기술자문회의는 헌법상의 기관은 아니라는 점에서 다른 자문회의와 구분된다.

5. 행정각부

1) 의의

행정각부는 대통령을 수반으로 하는 행정부의 구성단위로서 국무회의의 심의를 거쳐 대통령이 결정한 정책과 그 밖의 집행부권한에 속하는 사항을 집행하는 중앙행정기관이다. 따라서 행정각부는 대통령이나 국무총리의 단순한 보조기관이 아니라 그들의 하위에 있는 행정관청으로서 집행부의 정책을 구체적으로 실천한다.

2) 행정각부의 장

(1) 지위

행정각부의 장은 국무회의에서 심의하고, 대통령이 결정한 정책을 대외적으로 집행하는 행정관청으로서 대통령은 물론, 국무총리가 대통령의 명을 받아서 하는 지휘·감독에 따라야 한다. 또한 행정 각부는 관할에 속하는 사항만을 담당해야 하는 사무의 한계가 있다(통설).

(2) 임면

행정각부의 장은 국무총리의 제청으로 대통령이 임명하며 국무위원이 아닌 자는 행정각부의 장이 될 수가 없다(§95). 행정각부의 장을 국무위원 중에서 임명케 하는 것은 기획과 집행의 유기적 통일성을 보장하기 위한 것이다. 행정각부의 장의 해임은 대통령이 자유로이 할 수가 있다.

(3) 권한

행정각부의 장은 소관사무를 통할하고, 소속직원을 지휘·감독하며, 소관사무의 일부를 하급행정기관에 위임할 수 있고 법률이나 대통령의 위임 또는 직권으로 부령을 발할 수 있다(§95).

그 밖의 권한으로는 소관사무에 관한 정책을 입안하거나 필요한 법률 또는 대통령령을 제정·개정·폐지하는 안과 예산안을 작성하여 국무회의에 제출할 수 있으며, 소속공무원에 관한 임용제청권(5급 이상 공무원)과 임용권(6급 이하의 공무원)을 가진다.

6. 감사원

1) 헌법상 지위

감사원은 집행부 수반인 대통령이 아니라 국가원수인 대통령에 소속하는 기관이다(§97). 또한 감사원은 임의기관이 아니라 헌법상 반드시 설치해야 하는 필수기관이다.

헌법 제97조에 '대통령 소속하'에 라고 하고 있으나, 이는 단지 조직상의 소속만 의미할 뿐이지 직능상·직무상으로는 대통령으로부터 독립된 기관이다.

2) 구성

(1) 조직

감사원장을 포함한 5인 이상 11인 이하의 감사위원으로 구성한다(§98①). 감사원법은 감사원장을 포함하여 7인으로 구성된다고 규정하고 있다.

(2) 임명

감사원장은 국회의 동의를 얻어 대통령이 임명하며(§98②), 감사위원은 감사원장 제청으로 대통령이 임명한다(§98③).

(3) 임기

4년으로 1차에 한하여 중임할 수 있으며(§98②, ③), 감사원장이 궐위된 경우에 임명된 후임자의 임기는 전임자의 잔임기간으로 한다.

3) 권한

(1) 결산조사·보고권

감사원은 국가의 세입·세출에 관한 결산을 매년 검사하여, 그 결과를 대통령과 차년도 국회에 보고하여야 한다(§99).

⑵ 회계검사권

감사원은 국가 및 법률로 정한 단체의 회계를 검사할 권한을 가진다. 법률로 정한 단체란 국가가 직접 또는 간접으로 보조·보증 또는 투자한 단체 및 그 밖에 개별법으로서 지정된 단체를 말한다.

⑶ 직무감찰권

감사원은 행정기관과 공무원의 직무에 관한 직무감찰을 할 권한이 있다. 직무감찰은 공무원의 비위사실을 적발하는 비위감찰과 행정관리의 개선을 도모하기 위한 행정감찰을 포함하고 있다.

⑷ 규칙제정권

감사원은 법령에 저촉되지 않는 범위 내에서 감사에 관한 절차, 내부규율, 사무처리에 관한 규칙을 제정할 수 있다(감사원법 52). 규칙의 법적 성질에 관하여 견해가 대립되나, 헌법에 근거가 없는 법규명령은 인정할 수 없다는 견지에서 행정규칙으로 보는 견해가 타당하다(다수설). 따라서 감사원은 그 규칙을 가지고 국민의 권리·의무에 관한 사항을 규정할 수 없으며 필요로 할 때는 대통령령으로 할 수밖에 없다.

제 4 절 사법부

Ⅰ. 서론

1. 사법부의 헌법상 지위

1) 사법기관으로서의 지위

"사법권은 법관으로 구성된 법원에 속한다"라고 규정한 헌법 제101조 제1항에서 규정하고 있는 법원은 사법기관이다. 여기서 법원이란 법관으로 구성되고 소송절차에 따라 사법권을 행사함을 본래의 직무로 하는 국가기관을 말한다.

2) 중립적 권력으로서의 지위

헌법 제102조에서 "법관은 헌법과 법률에 의하여 그 양심에 따라 독립하여 심판한다"라고 함으로써 사법권의 독립과 사법부의 정치적 중립성을 보장하고 있다.

3) 기본권보장기관으로서의 지위

사법권은 시민적 의회와 제휴하여 시민의 자유와 재산에 대한 보장자로서 결정적인 역할을 담당하고 있다. 헌법상 시민의 자유와 재산의 보장은 주로 법원의 기능으로 하고 있다는 면에서 사법부의 독립은 또한 소수자보호의 의미도 내포하고 있다.

2. 사법권의 범위

사법이란 '구체적인 법률상의 분쟁이 있는 경우에, 당사자로부터 쟁송의 제기를 기다려 독립된 지위를 가진 기관이 제3자적 입장에서, 무엇이 법인가를 판단하고 선언함으로써, 법질서를 유지하기 위한 작용'(실질적 의미의 사법)을 말한다.

이러한 실질적 의미의 사법에는 민사재판과 형사재판은 물론 행정재판, 헌법재판이 포함된다.

3. 사법권의 한계

1) 실정법적 한계

(1) 헌법상의 한계

헌법 제111조 제1항은 위헌법률심판, 탄핵심판, 정당해산심판, 권한쟁의심판, 헌법소원심판을 헌법재판소의 관장사항으로 규정하고 있다.

또한 헌법 제110조 제4항에 따라 비상계엄하의 군사재판에서 군인, 군무원의 범죄나 군사에 관한 간첩죄의 경우와 초병, 초소, 유독음식물 공급, 포로에 관한 죄 중 법률이 정하는 경우에 한하여 단심으로 할 수 있다고 규정하고 있다.

⑵ 국제법적 한계

국제법상 외교특권을 가진 자들은 체재국의 형사재판권과 특정한 경우를 제외한 민사재판권으로부터 면제된다.

2) 사법 본질상의 한계

⑴ 구체적 사건성

구체적이고 현실적인 권리·의무에 관한 분쟁이 있어야 한다.

⑵ 소의 이익과 당사자의 적격

사법권의 대상으로서 소는 소를 제기할 이익이 존재하여야 하며, 당사자는 구체적인 소를 수행할 정당한 이익이 있는 자이어야 한다.

⑶ 사건의 성숙성

법적 분쟁이 되는 사건은 진정한 현실의 문제이어야 하며, 추상적·가상적 또는 먼 장래의 문제이어서는 아니 된다.

3) 정책적·현실적 한계

⑴ 훈시규정 또는 방침규정

구체적 권리의 보장이 아닌 단순한 훈시적·방침적 규정에 의한 것은 소송으로서 그 실현을 청구하지 못한다.

⑵ 사법의 소극성

권력분립 원칙상 법원은 행정행위의 취소, 무효 또는 부작위위법확인만을 판단할 수 있을 뿐이고 행정청을 대신해서 직접 어떤 처분을 할 수 없다.

⑶ 자유재량행위

자유재량에 관한 행위는 불법의 문제가 아니고 부당의 문제가 될 뿐이므로 사법심사의 대상이 되지 아니한다. 다만 재량권의 일탈과 남용은 재판의 대상이 된다.

⑷ 통치행위

국가의 고도의 정치적 성격을 지닌 국가작용인 통치행위는 사법심사의 대상이 되지 아니한다고 하는 설이 일반적으로 인정되고 있다. 이유로는 권력분립설, 자유재량행위설, 사법부자제설, 통치행위독자설 등이 있으며, 이에 대한 통치행위부정설도 대립하고 있다.

Ⅱ. 사법권의 독립

1. 개설

1) 삼권분립과 사법권의 독립

삼권분립의 원칙에 의하여 행정권·입법권으로부터 사법권의 독립을 보장하여 국민의 자유와 권리를 보호한다.

2) 사법권 독립의 의의

법관이 어떠한 외부적 간섭을 받음이 없이 헌법과 법률에 의하여 그 양심에 따라 독립하여 심판하는 '법관의 재판상의 독립'을 확보하고, 그를 위하여 '법관의 물적 독립'과 '법관의 인적 독립'을 보장하는 것을 말한다.

2. 사법부의 독립

1) 입법부로부터의 독립

권력분립의 원리에 의한 법원의 조직과 구성에 있어서 입법부로부터의 독립이며, 대법원의 규칙제정권을 인정한다. 입법부는 사법부에 대하여 국정조사권, 대법원장에 대한 임명동의권, 법원예산심의확정권, 법관탄핵소추권을 가지고 있으며, 사법부는 입법부에 대하여 위헌법률심사제청권을 가지고 있다.

그러나 국회는 국정조사권으로 현재 진행 중인 재판에 관여할 수 없고, 판결확정 후 담당 법관을 대상으로 하는 조사를 할 수 없다. 반면에 사법부는 국회의 내부행위에 관여할 수 없다.

2) 행정부로부터의 독립

재판의 공정을 보장하기 위하여 행정부에 의한 재판의 간섭을 배제하며, 법원의 조직은 법률로 정한다. 행정부는 사법부에 대하여 예산편성권, 일반사면권, 특별사면권을 가지고, 사법부는 행정부에 대하여 행정사건재판권과 위헌명령심사권을 가져 상호 견제와 균형을 유지하고 있다.

3. 법관의 독립

1) 법관의 자격과 임기

법관의 자격을 법률로 정하고, 법관의 임기는 10년으로 법률이 정하는 바에 의하여 연임 가능하며, 대법원장 및 대법관의 정년은 70세, 판사의 정년은 65세이다.

2) 법관의 물적 독립(재판상의 독립 또는 직무상 독립)

⑴ 의의

헌법 제103조는 "법관은 헌법과 법률에 의하여 그 양심에 따라 독립하여 심판한다"고 규정하여 사법권을 행사하는 법관은 구체적 사건을 재판함에 있어서 절대적으로 독립하여 누구의 지사나 명령에도 구속되지 않는 것을 말한다.

⑵ 법관의 외부로부터의 독립

법관은 국회, 행정부, 상급법원, 사회 제세력, 소송당사자로부터의 독립한다.

⑶ 법관의 헌법과 법률에의 구속

여기의 헌법과 법률은 형식적 의미에서의 헌법이나 법률을 말하는 것이 아니라 모든 성문법, 불문법 및 조약이나 국제관습법까지를 포함한다.

⑷ 법관의 양심

법관이 양심에 따라 재판한다고 할 때의 양심은 법관으로서의 객관적 · 직업적 양심을 의미한다.

3) 법관의 신분보장(인적 독립)

⑴ 법관의 파면

법관은 탄핵 또는 금고 이상의 형의 선고에 의하지 아니하고는 파면되지 아니한다.

⑵ 법관의 징계처분

법관은 법관징계위원회의 징계처분에 의하지 아니하고는 정직 · 감봉 기타 불리한 처분을 받지 아니한다.

⑶ 법관의 정치적 중립

헌법 제7조는 공무원은 국민 전체에 대한 봉사자이며, 국민에 대하여 책임을 지며, 공무원의 신분과 정치적 중립은 법률이 정하는 바에 의하여 보장된다고 규정하고 있다. 법관도 공무원이므로 당연히 정치적 중립이 보장되어야 한다.

⑷ 법관의 퇴직

법관이 중대한 심신상의 장해로 인하여 직무를 수행할 수 없을 때에는 법률이 정하는 바에 의하여 퇴직하게 할 수 있다.

⑸ 법관의 보수

그 지위에 상응하는 보수를 주어야 한다.

Ⅲ. 법원의 구성 · 조직

1. 대법원

1) 대법원의 헌법상 지위

대법원은 대법원규칙 제정권이라는 독자적인 입법권과 위헌법령심사권의 행사를 통해 입법부 · 행정부와 더불어 주권행사기관으로서의 지위를 가지고 있으며, 국민의 기본권보장기구로서의 지위 및 최고 · 최종심 법원으로서의 지위를 지니고 있다. 또한 대법원은 최고사법행정기관으로서 대법원의 규칙제정, 예산요구, 결산에 관한 사항과 기타 법원의 일반행정에 관한 사항을 관할하는 지위를 가진다.

2) 대법원의 구성

(1) 대법원장

대법원장의 자격은 법률로 정하고, 대통령이 국회의 동의를 얻어 임명한다(§104①). 그 임기는 6년으로, 중임할 수 없다(§105①). 대법원장은 대법관 임명제청권, 헌법재판소 재판관 중 3인 지명권, 중앙선거관리위원회 위원 중 3인 지명권, 법원대표권, 각급판사 및 예비판사에 대한 임명권과 보직권(군판사는 각군 참모총장 또는 국방부장관이 법무관 중에서 임명)을 가진다.

(2) 대법관

대법관의 자격은 법률로 정하고(§101③), 대법원장의 제청으로 대통령이 임명한다(§104②). 임기는 6년으로 법률이 정하는 바에 의하여 연임할 수 있다(§105②). 대법관의 수는 대법원장을 포함하여 14인으로 한다.

3) 대법원의 조직

대법원에 부(대법관 3인 이상으로 구성)를 둘 수 있고(§102①), 대법원에 대법관을 둔다(§102②). 대법관회의는 대법관 전원으로 구성한다. 또한 대법원 법관구성의 이원화하여 법원에 법률이 정하는 바에 의하여 대법관이 아닌 법관을 둘 수 있다(§102②). 대법원에는 법원행정처, 법원공무원교육원, 법원도서관 등의 조직이 있다.

4) 대법원의 권한

(1) 사법적 권한

대법원은 민사 · 형사재판권, 행정재판권 · 비송사건(非訴事件) · 선거소송재판권, 위헌위법명령 · 규칙 · 처분심사권을 갖는다.

(2) 대법원 규칙제정권

헌법 제108조는 "대법원은 헌법과 법률에 저촉되지 아니하는 범위 안에서 소송에 관한 절차, 법원의 내부규율과 사무처리에 관한 사항에 대한 규칙을 제정할 수 있다"고 규정하고 있다.

이러한 대법원의 규칙제정권은 사법권의 자주독립성을 보장함과 동시에 그 지위를 강화하기 위한 것이라는 측면과, 기술적·합목적적 견지에서 소송 기술적 사항은 실제로 이에 정통한 사법부 자신이 제정하는 것이 보다 합리적이라는 측면에서 인정된 것이다.

> [헌재 1990.10.15. 89헌마178] 헌법 제107조 제2항이 규정한 명령·규칙에 대한 대법원의 최종심사권이란 구체적인 소송사건에서 명령·규칙의 위헌여부가 재판의 전제가 되었을 경우 법률의 경우와는 달리 헌법재판소에 제청할 것 없이 대법원이 최종적으로 심사할 수 있다는 의미이며, 명령·규칙 그 자체에 의하여 직접 기본권이 침해되었음을 이유로 하여 헌법소원심판을 청구하는 것은 위 헌법규정과는 아무런 상관이 없는 문제이다. 따라서 입법부·행정부·사법부에서 제정한 규칙이 별도의 집행행위를 기다리지 않고 직접 기본권을 침해하는 것일 때에는 모두 헌법소원심판의 대상이 될 수 있는 것이다.

(3) 사법행정적 권한

사법행정이란 사법재판권의 행사나 재판제도의 운영 관리를 위하여 필요한 일체의 행정작용을 말한다. 사법행정의 최고기관은 대법원장이고, 대법원 안에는 법원행정처를 둔다.

2. 하급법원

1) 고등법원

이에는 고등법원과 지방법원·가정법원·행정법원 및 군사법원이 있다. 고등법원은 고등법원 판사로 구성된다. 고등법원에는 부(部)를 두며, 부장을 두되 판사로 보한다.

재판은 판사 3인으로 구성되는 합의부에서 행한다. 대법원장은 재판업무 수행상의 필요에 따라 고등법원의 부로 하여금 그 관할구역 안의 소재지에서 사무를 처리하게 할 수 있다.

2) 지방법원

지방법원은 지방법원판사로 구성된다. 지방법원판사는 사법시험에 합격하여 사법연수원의 과정을 필한 자 중에서 임용하며, 법원장은 10년 이상의 법조경력을 요한다. 지방법원장은 당해 법원 및 지원의 사법행정사무를 관장하며, 소속 공무원을 지휘 · 감독한다.

지방법원은 본원과 소속 지원, 그리고 시 · 군 법원으로 구성되며 본원과 지원에 부(部)를 둔다. 시 · 군 법원을 두어서 관할사건을 처리하게끔 하였다.

3) 가정법원

가정법원은 판사로 구성된다. 가정법원판사의 요건은 지방법원과 통일하다. 가정법원에는 지원을 둘 수 있다. 가정법원에는 부를 두고 부장은 판사로 보한다.

4) 행정법원

행정법원은 행정법원장과 판사로 구성된다(법원조직법 40의2). 행정법원은 1998년 3월 1일 개원하여 우선 서울에 설치되고 그 외 지역은 설치될 때까지 해당 지방법원본원이 행정사건재판 관할한다.

행정법원에는 부를 두며 부장판사를 둔다. 행정법원은 제1심법원으로, 행정소송법에서 정한 행정사건과 법률에 의해 행정법원의 권한에 속하는 사건을 심판한다. 행정재판의 항소심은 고등법원이고 대법원은 상고심을 심리한다.

5) 군사법원

헌법은 "군사재판을 관할하기 위하여 특별법원으로서 군사법원을 둘 수 있다"(§110①)고 규정하는 한편, "군사법원의 상고심은 대법원에서 관할(동조②)하며, 군사법원의 조직 · 권한 및 재판관의 자격은 법률로 정한다"(동조③)고 규정하고 있다.

Ⅳ. 법원의 운영

1. 재판의 심급

1) 3심의 원칙

한 사건에 세 번의 심판을 받을 수 있는 심급제도를 삼심제도라 한다. 헌법 제101조 제2항에서 "법원은 최고 법원인 대법원과 각급 법원으로 조직된다"고 규정함으로써, 우리나라는 3심제를 원칙적으로 하고 있다. 따라서 판결 절차에서는 항소와 상고를 인정하며, 결정 절차에는 항고와 재항고를 인정하고 있다.

대륙법계 국가에서는 삼심제가 원칙이나 영미법계 국가에서는 2심제가 통례다.

2) 3심제의 예외

우리나라에서도 헌법상 삼심제가 반드시 유지될 필요는 없으며, 예외가 존재한다. 기관소송·선거소송 등은 대법원을 제1심으로 하는 단심제(單審制)로 되어 있으며, 특히 비상계엄하의 군사재판은 특정 범죄 중 법률이 정한 경우에 한하여 단심(사형을 선고하는 경우 제외)으로 할 수 있도록 되어 있다(§110④).

2. 재판의 공개

1) 재판공개의 원칙

헌법 제109조에서는 "재판의 심리와 판결을 공개한다"고 규정하고 있다. 이는 재판의 공정한 운영을 기하여 사법에 관한 국민의 신뢰를 확보하고자 하는 것이다.

2) 공개의 범위

공개하여야 하는 것은 재판의 심리와 판결이다. 그러므로 공판준비절차나 심판합의과정 등은 공개 대상이 아니며, 판결이 아닌 결정이나 처분, 명령 등은 공개의 대상이 아니다. 또 재판이 아닌 비송사건, 심판 등도 공개할 필요가 없다.

3) 공개의 예외

심리는 공개함이 원칙이지만, 심리에 있어서 "국가의 안전보장 또는 안녕질서를 파괴하거나 선량한 풍속을 해할 염려가 있을 때에는 법원의 결정으로 공개하지 아니할 수 있다"(§109 단서). 그렇지만 판결은 반드시 공개하여야 한다.

3. 법정질서의 유지

1) 보도의 자유와 재판의 비판

재판의 운영을 국민의 직접적인 감시·비판 하에 두기 위하여 보도의 자유를 인정하나, 다만 취재활동으로 인하여 법정에서의 심리가 지연되거나 법정질서가 문란하게 되는 것은 허용되지 않는다. 또한 재판의 비평 등은 인정되나 재판의 공정한 운영을 침해하는 것은 허용되지 아니한다.

2) 법정질서의 유지

법정질서의 유지는 재판장의 권한에 속한다. 재판장은 법정의 존엄과 질서를 해할 우려가 있는 자의 입정을 금지하거나 퇴정을 명하며, 기타 법정의 질서유지를 위하여 필요한 명령을 발할 수 있다(법원조직법 58).

재판장의 질서유지에 관한 명령에 위배되는 행위를 하거나 법원의 심리를 방해 또는 재판의 위신을 현저히 훼손한 자에 대하여 재판장은 직권으로 결정에 의하여 20일 이내의 감치 또는 100만 원 이하의 과태료에 처하거나 이를 병과할 수 있다.

Ⅴ. 법원의 권한

1. 쟁송에 관한 재판권

쟁송에 관한 재판권이라 함은 민사소송, 형사소송, 행정소송, 선거소송과 같은 법률적 쟁송에 관하여 재판을 할 권한을 말한다.

2. 명령 · 규칙 · 처분심사권

1) 의의

명령 · 규칙 · 처분이 헌법이나 법률에 위반되는 여부가 재판의 전제가 된 때에는 대법원이 이를 최종적으로 심사할 권한을 가진다(§107②).

2) 심사의 주체

각급 법원이 주체가 되며, 군사법원도 해당된다(구체적 규범 통제). 다만 최종적 심사권은 대법원이 가진다.

3) 재판의 전제성

법원이 명령 · 규칙 · 처분이 헌법이나 법률에 위반되는 여부를 심사하기 위해서는 이들이 재판의 전제가 된 때에 한한다.

이는 우리 헌법이 헌법이나 법률에 위배되는 명령 · 규칙에 대한 구체적 규범통제만을 인정할 뿐, 구체적 사건과는 무관하게 명령 · 규칙의 효력 자체만을 문제로 삼는 추상적 규범통제는 인정하지 않음을 나타내고 있다.

4) 심사의 대상

심사의 대상은 명령(행정기관이 정립하는 위임명령과 집행명령 등 일반적 규범)과 규칙(행정부 · 입법부 · 사법부의 규칙과 지방자치단체의 조례와 규칙, 중앙선거관리위원회의 규칙을 포함), 처분이다.

조약 중에서 헌법 제60조 제1항에서 규정하고 있는 것 이외의 것은 행정협정에 해당한다. 행정협정은 명령 · 규칙 · 처분과 같은 효력을 가지므로 심사의 대상이 된다.

5) 심사의 성격

명령 · 규칙 · 처분의 형식적 하자의 유무, 즉 적법절차를 거쳐 성립하였는가 여부에 관한 형식적 심사와 실질적 하자의 유무, 즉 그 내용의 상위 법규범에의 위반 여부에 대한 실질적 심사를 한다.

6) 심사방법

명령 · 규칙 · 처분이 헌법이나 법률에 위반 여부가 구체적 사건에서 재판의 전제가 된 때에는 각급 법원은 이를 심사하고 대법원이 최종적으로 심사한다. 심사기준은 상위 법규범인 헌법이나 법률(실질적 의미의 헌법 · 법률 및 조약)이다.

7) 판결의 효력

법원은 그 명령이나 규칙을 당해 사건에 적용을 거부할 수 있을 뿐이며(개별적 효력의 부인), 그 명령이나 규칙의 무효를 선언할 수 없다.

3. 위헌법률심판제청권

1) 의의

(1) 개념

위헌법률심판제청권이란 법률이 헌법에 위반되는 여부가 재판의 전제가 된 경우에 당해 사건을 담당하는 법원(군사법원을 포함)이 직권 또는 당사자의 신청에 의한 결정으로 헌법재판소에 위헌 여부의 심판을 제청하는 것을 말한다. 따라서 각급 법원은 직권판단으로 또는 소송당사자의 신청에 의한 결정으로 그리고 법률의 위헌성 여부가 재판의 전제가 되는 경우에는 반드시 헌법재판소에 제청하여야 한다.

(2) 헌법규정

헌법 제107조 제1항에서 "법률이 헌법에 위반되는 여부가 재판의 전제가 된 경우에는 법원은 헌법재판소에 제청하여 그 심판에 의하여 재판한다"라고 규정하고 있다.

2) 주체

위헌법률심판제청권자는 대법원과 각급 법원(군사법원 포함)이다. 따라서 당사자는 위헌법률심판제청을 당해 법원에 신청할 수는 있으나 직접 헌법재판소에 위헌법률심판제청을 할 수는 없다.

3) 대상

(1) 법률

위헌법률심판제청의 대상이 되는 법률은 국회의 의결을 거쳐 제정된 형식적 의미의 법률은 물론 실질적 의미의 법률도 그 대상이 된다.

(2) 조약

국회의 비준·동의를 얻어 법률과 같은 효력을 가진 조약은 위헌심판의 대상이 된다(통설). 조약 중에서도 법률보다 위계적 구조가 낮은 행정협정 등은 명령·규칙과 같은 효력을 가지므로 대법원은 헌법 제107조 제2항에 따라 최종적으로 위헌여부를 판단하고 결정할 것이다. UN헌장과 같은 조약은 위헌심사대상이 되지 않는다. 그러나 국회의 비준동의를 얻어 법률과 같은 효력을 가진 조약(§60)은 위헌심판제청의 대상이 된다.

(3) 긴급명령 긴급재정·경제명령

통설은 법률과 동일한 효력을 가지는 긴급명령, 긴급재정·경제명령에 대해 위헌심판제청을 할 수 있다고 본다.

4) 요건과 절차

(1) 법원의 직권 또는 당사자의 신청에 의한 결정

법원이 헌법재판소에 위헌법률심판을 제청하려면 법률의 위헌 여부가 재판의 전제가 되어야 하고, 당해 사건을 담당하는 법원이 직권으로 또는 당사자의 신청에 의한 결정으로 하여야 한다(헌법재판소법 41①). 그리고 위헌 여부 심판의 제청에 관한 결정에 대해서는 항고할 수 없다(법 41④).

(2) 제청서와 신청서의 기재사항

법원이 법률의 위헌여부의 심판을 헌법재판소에 제청할 때에는 위헌법률심판제청서에 ① 제청법원의 표시, ② 사건 및 당사자의 표시, ③ 위헌이라고 해석되는 법률 또는 법률의 조항, ④ 위헌이라고 해석되는 이유 등을 기재하여야 하며(법 43), 당사자가 위헌여부의 심판을 신청할 경우에는 상기한 ② 내지 ④를 기재한 위헌법률심판제청신청서로 하여야 한다(법 41②).

⑶ 대법원 경유

대법원 외의 법원이 위헌법률심판을 제청할 때에는 대법원을 거쳐야 한다(법 41⑤). 그러나 대법원은 하급법원의 제청에 대한 심사권이 없다.

5) 행사방법

위헌법률심판제청권의 행사에 있어서는 법률이 국민의 선거에 의하여 구성된 국회에서 제정된 것이기 때문에 합헌성추정의 원칙을 지켜야 한다는 이론과, 입법사항을 철저히 심사하여야 한다는 이론 등이 제기되고 있다.

⑴ 합헌성 추정의 원칙

합헌성추정의 원칙은 다수자의 대표자인 입법부의 의사를 존중한다는 민주정의 이론과 입법 · 행정 · 사법의 삼권은 평등하고 상호의 의사를 함부로 부정할 수 없다는 권력분립의 원칙에 기초를 두고 있다.

즉, 법원을 국회가 단순히 잘못하였을 뿐만 아니라 극히 명백히 오류를 범한 경우에만 이에 의한 법률을 무시할 수 있다는 원칙이다. 합헌성 추정의 원칙은 '합리성의 기준'에 적합한 것이라는데 대한 추정을 의미하고 '합리적인 의심'이 있는 경우에는 합헌성 추정의 원칙이 배제(법률을 무시)된다는 것을 뜻한다. 이 원칙은 다음의 두 가지 기준이 제시된다.

ⓐ **합리성의 기준**

합리성의 기준은 국회의 합리적인 가치판단의 존재를 기초로 한 사법의 자제의 한 방법이다. 이와 기본적으로 유사한 입장에 서는 것으로서 "헌법에의 침해가 합리적인 의심의 여지를 남기지 않을 만큼 명백하지 않으면 국회의 행위는 무효로 되지 않는다"라고 하는 '명백성의 원칙'은 보다 강한 사법자제라고 할 수 있는 것으로서 '입법의 재량권'에 연결되는 사고라고 할 수 있다.

ⓑ **합헌성 추정의 원칙**

합헌성 추정의 원칙은 증거법칙으로서 거증책임의 문제에 연결된다. 즉 당해 입법의 위헌을 주장하는 측에서 어떤 합리적인 기초에 근거하고 있다고 하는 추정을 지지하고 있는 사실상태가 존재하지 않음을 주장·입증하여야 하는 것과 마찬가지로, 이 추정의 원칙은 법률을 공격하는 당사자에게 거증책임을 지우는 것이다.

⑵ 입법사실의 심사

입법사실이란 입법의 기초를 이루는 것으로 적용되어야 할 성질의 근거가 되고 합리성을 지탱하는 일반적 사실을 말한다.

법원이 위헌법률심판제청권을 행사하는데 있어서 그 법률에 대한 입법사실을 심사할 필요성이 강조된다. 즉 일정한 조건하에 법률에 의한 규제가 허용되는 기본권의 제한의 경우에 그 제한이 허용되기 위하여서는 규제목적이 정당한 것은 물론 그 규제의 필요성 및 규제수단의 합리성을 보증하는 일정한 사실상태의 존재가 요청되며, 여기에 입법사실의 분석·평가가 불가결이다.

6) 위헌법률심판제청의 효과

⑴ 재판의 정지

법률의 위헌여부의 심판을 헌법재판소에 제청한 때에는 당해 소송사건의 재판은 헌법재판소의 위헌여부의 결정이 있을 때까지 정지된다. 다만, 법원이 긴급하다고 인정하는 경우에는 종국재판 외의 소송절차를 진행할 수 있다(법 42①).

⑵ 당사자 등의 의견서 제출

당해 소송사건의 당사자 및 법무부장관은 헌법재판소에 법률의 위헌 여부에 대한 의견서를 제출할 수 있다(법 44).

7) 헌법재판소의 위헌결정

헌법재판소는 제청된 법률 또는 법률조항의 위헌 여부만을 결정한다. 다만 특정한 법률조항의 위헌결정으로 말미암아 당해 법률 전부를 시행할 수 없다고 인정될 경우에는 그 전부에 대하여 위헌의 결정을 할 수 있다(법 45).

헌법재판소는 결정일로부터 14일 이내에 제청한 법원에 송달하여야 한다. 이 경우 제청한 법원이 대법원이 아닌 경우에는 대법원을 거쳐야 한다(법 46).

5. 대법원의 규칙제정권

1) 의의

헌법 제108조에서 "대법원은 법률에 저촉되지 아니하는 범위 안에서 소송에 관한 절차, 법원의 내부규율과 사무처리에 관한 규칙을 제정할 수 있다"고 하여, 대법원에 규칙제정권을 부여하고 있다. 헌법이 국회입법의 원칙을 규정(§40)하고 있으면서도 대법원에 규칙제정권을 부여한 것은 국회입법의 원칙에 대한 예외이다.

2) 대상과 범위

헌법은 대법원이 규칙으로 제정할 수 있는 사항으로서 '법률에 저촉되지 아니하는 범위 안에서 소송에 관한 절차, 법원의 내부규율과 사무처리'에 관한 사항으로 예시하고 있다.

이 가운데 소송에 관한 절차사항은 단순한 내부사항이 아니고 소송당사자인 국민·변호사 또는 검사를 기속하는 것이므로 이는 법률로 제정되어야 할 성질(실질적 의미의 입법)의 것이고 법원의 내부규율(사법행정상의 감독을 내용으로 하는 사항)·사무처리에 관한 사항(재판사무 그 자체가 아니고 그 처리방법, 즉 재판사무의 분배·사법행정사무처리등에 관한 사항)은 법원의 고유한 권한이지만 법원의 내부사항에 한하지 않고 오히려 국민의 권리·의무에 밀접한 관련을 가지는 사항을 포함하므로 실질적 의미의 입법인 법률에서 제정되어야 한다는 원칙에서 생각할 때 법률과 경합할 수 있다.

따라서 헌법은 대법원이 '법률에 저촉되지 않는 범위 안에서' 규칙을 제정할 수 있다(법률의 우위)고 명시하고 있다.

여기서 헌법 제108조에서 규정된 것 이외의 사항도 규칙으로 제정할 수 있느냐가 문제가 될 수 있다. 헌법에 명시한 대법원의 규칙사항을 열거사항으로 보면 그 이외의 사항을 규정하는 경우에는 당연무효가 된다. 그러나 대법원에 규칙제정권을 부여한 제도적 의의로 보아 사법권에 관한 사항인 한 법률의 위임에 의하거나 대법원의 재량으로 규칙을 제정할 수 있을 것이다. 이러한 의미에서 대법원의 규칙사항은 예시사항으로 보는 것이 타당하다.

3) 대법관회의 의결

대법원의 규칙제정은 실질적 의미의 입법에 해당하는 것이지만 법원조직법에 의하면 규칙사항을 대법관회의의 의결사항으로 하고 있다(법 17②).

4) 효력발생

대법원규칙은 특별한 규정이 없는 한 공포한 날로부터 20일을 경과함으로써 효력을 발생한다(규칙 6).

6. 법정질서유지권

법정의 질서유지는 법원의 권한인 동시에 의무이기도 하다. 재판장은 법정의 존엄과 질서를 해할 우려가 있는 자의 입정을 금지하거나 퇴정을 명하며 기타 법정의 질서유지에 필요한 명령을 발할 수 있다(법원조직법 58②).

7. 정부와 법원의 관계

1) 정부와 법원의 상호독립

(1) 상호독립의 원칙

헌법은 제66조 제4항에서 행정권을 정부에 귀속시키는 동시에, 제101조 제1항에서 사법권을 법원에 귀속시킴으로써 정부와 법원은 원칙적으로 상호 독립의 관계에 두고 있다. 또한 헌법은 대통령·국무총리·국무위원 기타 행정부인사가 법관겸직을 할 수 없게 함으로써 법원과 정부의 독립성을 보장하고 있다(§83).

(2) 사법권독립의 원칙

사법권의 행정부로부터의 독립을 보장하기 위하여, ① 법원의 조직(§102③), 법관의 자격(§101③)을 법률로 정하도록 하였고, ② 법관은 헌법과 법률에 의하여 그 양심에 따라 독립하여 심판하도록 하였으며(§103), ③ 법관의 신분(§106)과 임기(§105)를 보장하고 있다.

2) 정부의 법원에 대한 통제

(1) 대법원장 및 대법관임명권

대법원장과 대법관은 대통령이 임명한다. 대통령의 이러한 임명권은 법원의 인사의 독립성에 대한 관여로서 대통령의 법원에 대한 중요한 통제수단이 된다.

(2) 입법관여권

법원의 조직, 법관의 자격, 법관이 적용할 법률 등은 국회에서 제정하지만, 정부는 법률안제출권(§52) 및 여당을 통하여 입법에 관여할 수 있고, 그 밖에 각종 명령제정권을 가지고 있다. 법관은 이들 법령이 헌법 · 법률에 위배되지 않는 한 이에 따라야 하므로 정부는 이러한 입법관여권을 통하여 법원을 통제할 수 있다.

(3) 예산안편성권

예산안은 정부만이 제출할 수 있으므로 정부는 법원예산을 편성하여 국회에 제출한다(§54②). 정부의 법원예산편성권은 법원의 재정영향을 미치므로 중요한 통제수단의 하나이다.

(4) 사면권

대통령은 법률이 정하는 바에 의하며 사면 · 감면 · 복권을 명할 수 있다(§79). 물론 대통령의 사면권은 형의 집행만을 면제하는 데에 불과하지만, 형의 선고는 그 집행과 분리할 수 없으므로 이는 사법권의 독립에 대한 행정부의 통제를 의미한다.

(5) 긴급재정 · 경제처분 · 명령 및 긴급명령

대통령은 긴급재정 · 경제처분 · 명령 및 긴급명령을 발령할 수 있다(§76). 이러한 입법적 국가긴급권 발동 여부는 대통령의 재량에 일임되어 있으므로 법원에 대한 중대한 제약이 되며, 대통령의 법원에 대한 우위를 의미한다.

(6) 계엄선포권

비상계엄이 선포된 때에는 법률이 정하는 바에 의하여 영장제도, 법원의 권한에 관하여 특별한 조치를 할 수 있어(§77③) 3권분립에 대한 중대한 예외가 된다.

4) 법원의 정부에 대한 통제

(1) 명령심사권

법원은 명령·규칙에 대한 실질적·형식적 심사권을 가진다(§107②). 다만, 법원은 명령심사에 있어서 정부의 통치행위에 관여할 수 없다. 즉 전쟁의 개시, 계엄의 선포시기나 해제시기는 고도의 중대한 정치문제이므로 법원은 이에 관여할 수 없다.

(2) 위헌법률심사제청권

법률의 위헌심사는 헌법재판소의 관할에 속하나, 헌법재판소에 대한 제청권은 법원만이 가지며, 헌법재판소는 법원의 제청이 있어야 심판할 수 있다(§107①). 법원은 이 권한을 통하여 정부를 통제할 수 있다.

(3) 행정재판권

법원은 행정재판권을 통하여 행정권의 작용에 대하여 사법적 통제를 할 수 있다.

(4) 선거소송관할권

대통령선거소송은 대법원에서 관할한다. 정부가 선거과정에서 부정선거 등으로 국민의 참정권이나 평등권, 나아가 기본권에 대한 침해를 가져오는 사례가 많기 때문에 이는 법원의 정부에 대한 통제수단이 될 수 있다.

제 5 절 헌법재판소

Ⅰ. 개설

1. 헌법재판의 의의

헌법재판(constitutional review, Verfassungsgerichtsbarkeit)이라 함은 특정의 국가기관으로 하여금 최고법인 헌법에 관한 쟁의나 의의(疑意)를 사법절차에 따라 해결하는 헌법보장제도를 말한다. 헌법재판에 의한 헌법보장은 통치권의 기본권 기속성과 통치권행사의 절차적 정당성을 확보하기 위한 권력통제의 방법으로서 헌법질서의 수호를 그 내용으로 한다.

따라서 헌법재판은 협의로는 '일반법원이나 헌법법원과 같은 특정의 국가 기관이 의회가 제정한 법률이 헌법에 위반되는지 여부를 심사하고, 그것이 헌법에 위반된다고 판단한 경우에, 그 법률의 효력을 상실하게 하든지 그 적용을 거부하는 제도'(위헌법률심사제)를 말한다. 광의로는 "최고법규인 헌법에 관한 쟁의나 의의를 사법적 절차에 따라 해결하는 작용으로서 위헌법률심사 이외에 권한쟁송, 탄핵소송, 선거소송 등"에 관한 재판을 총칭한다.

2. 헌법재판의 본질

1) 학설

헌법재판의 본질에 관해서는 사법작용설, 정치작용설, 입법작용설 및 제4의 국가작용설로 그 견해가 나뉘고 있다.

첫째, 사법작용설은 헌법재판도 헌법규범의 해석 · 적용이라는 의미에서 법률해석작용과 마찬가지로 사법적 인식작용에 지나지 않는다는 견해이다.

둘째, 정치작용설은 헌법문제에 대한 다툼은 그 본질상 법률분쟁이 아닌 정치분쟁이기 때문에 정치분쟁을 해결하는 헌법재판은 그 본질이 정치작용이라고 보는 견해이다.

셋째, 헌법을 해석한다는 것은 헌법이 가지는 구조적인 특질(추상성 · 개방성 · 미완성성 등) 때문에 결국 헌법을 보완 내지 형성적 기능을 하게 되므로 헌법재판은 입법작용이라고 보는 견해가 입법작용설이다. 그러나 일반법률의 해석에도 정도의 차이는 있어도 법률의 보완 내지 형성적 기능을 완전히 도외시할 수 없을 뿐만 아니라 설사 헌법의 해석과 일반법률의 해석이 그 방법과 내용면에서 본질적인 차이가 있다고 하더라도 그 차이로써 헌법재판을 입법작용으로 보기는 어렵다. 헌법재판이 법형성적 · 창조적 기능을 수행한다고 하더라도 그로부터 헌법재판이 입법작용이라는 결론은 내리기 어렵다. 헌법재판에 내재하는 입법기능은 헌법재판의 효과일 수는 있어도 그것이 헌법재판의 본질이 될 수는 없기 때문이다.

마지막으로 제4의 국가작용설에 따르면, 헌법재판은 통치권의 행사가 언제나 헌법에 따르도록 입법 · 집행 · 사법 등의 국가작용을 통제하는 기능을 수행하기 때문에 순수한 사법작용일 수도 없고 입법작용 · 집행작용일 수도 없다고 한다.

2) 결 어

헌법재판은 헌법해석이 가지는 정치형성적 효과와 헌법규범이 가지고 있는 구조적인 특성과 또한 헌법을 해석함에 있어서 참작해야 하는 정치적인 관점 등을 관련해 볼 때 순수한 사법작용과는 그 성격이 다르다. 뿐만 아니라 헌법재판은 순수한 정치작용이나 입법작용과도 그 본질이 다르다. 그러므로 헌법재판은 입법도 정치도 사법도 아닌 제4의 국가작용이라고 보아야 할 것이다.

3. 헌법재판의 특성

헌법재판도 민사 · 형사 · 행정재판과 같이 법률에 대한 분쟁을 해결하는 법인식작용이라는 점에서는 이들과 같다고 볼 수 있으나 이들 유형의 재판 작용과는 다른 특성을 가지고 있다.

1) 정치형성재판으로서의 특성

헌법문제에 대한 다툼은 정치규범인 헌법에 관한 다툼이기 때문에 헌법재판은 정치활동을 형성하는 재판으로서의 특성을 가진다. 즉 헌법재판은 최고의 기본법이며 최고의 효력을 가진 헌법의 규범적 효력을 지킴으로써 헌법으로 하여금 정치생활을 규범적으로 주도할 수 있는 효력을 지속적으로 가지게 하기 위한 수단인 것이다. 따라서 헌법재판은 여러 가지 법적 분쟁을 해결해 주는 기술적 성격의 단순한 법인식작용과는 그 성격이 다르다.

2) 법창조적 기능으로서의 특성

헌법재판이 사법적 절차에 따라 행해지고 그것이 중립적 기관에 의하여 행하여진다 할지라도 헌법재판은 어떠한 구체적 사건에 대하여 법규를 적용하여 분쟁을 해결하는 것이 아니라 헌법 자체의 해석이 쟁점이 되므로 법형성적 · 창조적 기능을 수행하는 특성을 갖는다.

3) 실효성 보장으로서의 특성

헌법재판은 그 결정의 실효성 보장의 측면에서 다른 특성이 있다. 법률에 대한 위헌결정이 내려진 경우도 위헌 법률을 헌법에 맞도록 개정하거나 행정 · 사법기관의 헌법존중의 노력(결정의 일반적 효력은 있어도)이 없이는 위헌법률로 결정된 헌법재판의 일반적 효력은 그 실효성 보장이 미흡하다.

4) 헌법보장으로서의 특성

헌법재판은 헌법보장의 가장 주요한 수단으로서의 특성을 가지고 있다.

첫째, 헌법재판은 민사 · 형사 · 행정사건에 있어서 헌법에 관한 쟁의의 해결에 있는 만큼 그 재판의 중심은 개인의 자유 · 권리의 보호 또는 사인간의 권리 · 의무관계에 관련된 분쟁의 해결에 있기 때문에 전통적인 헌법재판은 이 사권보장을 위한 것이지만 오늘날은 이것과 함께 위헌상태에 있는 불특정다수인의 자유 · 권리도 헌법소송의 중요한 내용이 되고 있다. 예컨대 국회의원 정수 불균형을 다투는 소송, 환경권의 회복 · 보전을 목적으로 하는 헌법소송 등은 새로운 법리의 규명을 요구하는 헌법보장의 한 특성이 되고 있다.

둘째, 최고규범으로서의 헌법을 하향식 또는 상향식 헌법침해로부터 보장함으로써 헌법의 규범적 효력을 지켜 헌정생활의 법적 안정을 확보하는 특성을 가진다. 여기서는 헌법의 적으로부터 헌법을 지키는 기능을 가짐은 물론 통치권의 남용 또는 면탈 내지 악용으로부터도 헌법을 보장하는 것이다. 탄핵심판제도 · 위헌정당해산제도 등이 그 대표적인 예이다. 헌법재판이 입법권을 비롯한 정치권의 기본권기속성과 통치권행사의 절차적 정당성을 확보하는 중요한 수단으로 평가되는 이유도 이 때문이다.

5) 권력통제로서의 특성

헌법재판은 정치의 탈헌법적 경향에 제동을 가할 뿐만 아니라 통치권행사가 언제나 헌법질서와 조화될 수 있도록 감시 · 견제하는 권력통제의 특성을 갖는다.

6) 기본권보장으로서의 특성

헌법재판은 통치권의 기본권기속성과 통치권행사의 절차적 정당성을 확보함으로써 국민의 자유 · 권리를 보장하는 특성을 갖는다. 위헌법률심사제도와 헌법소원제도에 의해 보장되는 것이 가장 대표적인 예이다.

7) 사회변화에 대응하는 특성

입법권 · 집행권은 국민의 요구나 사회의 변화에 대응하여 법률을 제정하거나 법을 집행할 책임이 있다. 그러나 오늘날의 입법부의 실태는 선거법을 개정하지 않음으로써 선거권행사에서의 불평등한 상태(국회의원정수의 불균형)를 낳거나 생활보호 · 사회보장의 개선을 요구하는 소송, 세제개혁을 요구하는 소송 등에서 위헌상태로 볼 수 있는 상태에 대응하지 못하는 경우가 있다.

이에 반하여 헌법재판은 이러한 사회의 변화에 대응한다는 특성을 갖는다. 또 고도의 산업발달, 과학기술의 진보에 따라 국민의 생활양식, 논리관, 사물을 보는 눈, 자유 · 권리에 관련된 가치관 · 판단기준 등도 변하지 않을 수 없다. 음란성의 판단기준의 변화, 국민의 알 권리, 환경권, 사생활의 자유의 구체적이고 실효적인 구현확보 등이 요구되고 있다. 따라서 헌법재판은 민주정치의 전개과정과 밀접한 관계를 가지며 여기에 통치구조전체의 동향 속에서 있어야 할 헌법재판의 특성을 검토하여야 할 필요가 있다.

4. 헌법재판제도의 유형

1) 헌법재판제도를 부인하는 국가

헌법재판제도를 부인하는 나라에는 불문헌법국가인 영국과, 과거의 사회주의 국가인 소련 등과 스위스 등이 있다.

2) 헌법재판제도를 인정하는 국가

(1) 일반법원형

일반법원형은 일반법원으로 하여금 헌법재판을 담당하게 하는 형이다. 미국 · 일본 · 인도 · 필리핀 등이 이에 속한다. 이들 국가에 있어서의 헌법재판은 법률의 위헌심사에 국한되고 법률의 위헌심사는 구체적 사건이 재판의 대상이 된 경우에만 심사하게 하는 구체적 규범통제에 국한되는 것이 원칙이다. 또 법률의 위헌성을 결정하는 경우도 그 법률의 적용을 거부할 뿐, 그 법률의 효력을 상실하게 하지 않는 것이 특생이다. 이들 국가는 집행부의 명령이나 처분도 법원이 그 위헌위법심사를 할 권한을 가진다.

(2) 헌법재판소형

헌법재판소형은 일반법원과 구별되는 독립된 헌법재판소로 하여금 헌법재판권을 담당하게 하는 형이다. 독일 · 오스트리아 · 이탈리아 · 스페인 · 터키 · 이집트 · 태국 등이 이에 속한다.

헌법재판소가 구체적 · 추상적 규범통제, 기관쟁송, 탄핵소송, 선거소송, 정당해산소송, 헌법소원 등을 관장하는 것이 일반적이다.

(3) 정치기관형

정치기관형은 1958년의 프랑스의 헌법평의회(Conseil Constitutionnel), 권력집중주의를 채택하고 있던 붕괴 전 소련의 연방최고간부회, 통일 전 동독의 국가평의회 등이 이에 속한다.

Ⅱ. 우리나라의 헌법재판제도

1. 우리나라 헌법재판제도의 변천

1) 제1공화국

제1공화국 때에는 부통령을 위원장으로 하고 대법관 5인과 국회의원 5인의 위원으로 구성된 헌법위원회가 위헌법률심사를 했다. 그런데 그것은 구체적 규범통제였다.

2) 제2공화국

제2공화국 때에는 대통령, 대법원, 참의원이 각 3인씩 선인한 9인의 심판관으로 구성된 헌법재판소가 있었고, 그것은 위헌법률심사, 기관간의 권한쟁송, 정당해산, 탄핵재판, 선거소송을 관할하였다. 그러나 이것은 5·16군사쿠데타로 설치되지 아니하였다.

3) 제3공화국

제3공화국 때에는 탄핵심판위원회를 두어 그에 관한 권한을 주었고, 위헌정당해산심판과 위헌법률심사를 법원의 권한으로 하였다.

4) 제4공화국·제5공화국

제4공화국 때에는 일반법원과 별도로 대통령, 국회, 대법원장이 각각 3인씩 지명하는 9인의 위원으로 구성되는 헌법위원회를 설치하고, 이에 위헌법률심사권, 탄핵심판권, 위헌정당해산결정에 관한 권한을 부여하였다. 그리고 선거소송은 대법원이 담당하였다.

5) 제6공화국

일반법원을 비롯한 다른 국가기관으로부터 독립한 헌법재판소를 두고 이에 위헌법률심판권, 탄핵심판권, 위헌정당해산심판권, 기관간 권한쟁의심판권, 헌법소원심판권을 부여하고 있다. 헌법재판소는 대통령, 국회, 대법원장이 각각 3인씩 지명 또는 선출하는 재판관으로 구성된다.

2. 헌법재판소의 지위와 권한

1) 헌법재판소의 설치

우리 헌법은 사법기관으로부터 독립된 헌법재판소를 설치하여 위헌법률심판을 비롯하여 탄핵심판, 위헌정당해산심판, 권한쟁의심판, 헌법소원심판을 관장케 하고 있다.

2) 헌법재판소의 조직

(1) 헌법재판소 재판관의 임명

(a) 재판관의 임명절차

헌법재판소는 9인의 재판관으로 구성되며 대통령이 임명한다. 이 중 3인은 국회에서 선출하는 자를, 3인은 대법원장이 지명하는 자를 임명하며, 헌법재판소의 장은 국회의 동의를 얻어 재판관 중에서 대통령이 임명한다(§111).

(b) 재판관의 자격 및 임기

헌법재판소의 재판관은 법관의 자격을 가져야 한다(§111②). 재판관은 법관의 자격을 가진 40세 이상의 자로 15년 이상 법률이 정한 일정한 직에 있어야 한다.

재판관의 임기는 6년으로 하며, 법률이 정하는 바에 의하여 연임할 수 있다(§112①).

(2) 헌법재판소 재판관의 신분보장

(a) 재판관의 신분보장

우리 헌법은 헌법재판소 재판관은 탄핵 또는 금고 이상의 형의 선고에 의하지 아니하고는 파면되지 아니한다(§112③)고 규정하고 있다.

(b) 재판관의 정치적 중립성

헌법재판소 재판관은 정당에 가입하거나 정치에 관여할 수 없다(§112②). 이는 헌법재판소의 정치적 중립성을 보장하기 위한 것이다.

3) 헌법재판소의 지위

(1) 헌법보장기관으로서의 지위

헌법재판소는 위헌법률심판 · 탄핵심판 · 위헌정당해산심판 · 권한쟁의심판 · 헌법소원 등의 헌법재판을 함으로써 헌법질서를 보장하는 헌법보장기관이다.

(2) 정치적 사법기관으로서의 지위

헌법재판소는 순수한 정치기관도 순수한 사법기관도 아니고 위헌법률심판 · 탄핵심판 · 위헌정당해산심판 · 권한쟁의심판과 같은 정치적 사건을 당사자 간의 분쟁을 전제로 불고불리(不告不理)의 원칙이 지배되는 사법적 절차에 따라 해결하는 정치적 성격의 사법기관이라 할 수 있다.

(3) 주권행사기관으로서의 지위

헌법재판소의 권한인 위헌법률심판권이나 탄핵심판권 · 위헌정당해산심판권 · 권한쟁의심판권 등은 고도의 정치적 심판권으로서 국가의사의 최고결정권이라고 할 수 있다.

따라서 이러한 권한을 행사하는 헌법재판소는 주권행사 기관의 하나이며, 대통령 · 국회 · 법원과 같이 통치권의 일부를 권력분립의 원칙에 따라 행사하는 최고기관의 하나이다.

(4) 최종심판기관으로서의 지위

헌법재판소는 위헌법률심판 · 탄핵심판 · 위헌정당해산심판 · 권한쟁의심판 및 헌법소원에 관하여 최종적으로 심판할 권한을 가진다. 따라서 헌법재판소는 이들 권한의 행사에 있어서 최종 심판기관으로서의 지위를 가진다.

(5) 기본권 보장기관으로서의 지위

헌법재판소는 헌법소원심판과 위헌법률심판을 통하여 기본권의 침해를 구제하고, 탄핵심판 · 위헌정당해산심판 · 권한쟁의심판을 통하여 국가권력의 남용과 자의적인 공권력행사를 통제함으로써 기본권의 보장에 기여하고 있다.

4) 헌법재판소의 권한

(1) 위헌법률심판권

(a) **의의**

위헌법률심판권이란 헌법재판소가 법원의 위헌법률심판제청에 따라 법률의 위헌여부를 심판하는 권한(§111①)을 말한다.

(b) **심판의 대상**

헌법재판소의 위헌심판의 대상이 되는 것은 형식적 의미의 법률은 물론 긴급명령도 일단 적법하게 성립하면 법률과 같은 효력을 가지므로 심판의 대상이 된다.

조약도 국회의 동의를 얻어 비준되면 국내법과 같은 효력을 가지므로 심판의 대상이 된다(조약심사 긍정설)고 보아야 한다.

(c) **심판의 기준**

위헌법률심판의 기준에는 형식적 의미의 헌법은 물론 헌법적 관습까지 포함되며, 자연법과 정의의 원리(正義의 原理)는 논란이 있으나 심판의 기준이 될 수 있다고 본다.

(d) **심판의 절차와 결정**

법률이 헌법에 위반되는 여부가 재판의 전제가 된 때에는 법원은 그 법률의 합헌여부를 스스로 판단하지 못하고 헌법재판소에 심판을 제청하여 그 심판에 의하여 재판하여야 한야 한다(§107①). 헌법재판소가 위헌결정을 할 때에는 재판관 9인 중 6인 이상의 찬성이 있어야 한다(§113①).

(e) **위헌결정의 효력**

법률의 위헌결정은 법원 기타 국가기관이나 지방자치단체를 기속한다(헌법재판소법 47③). 위헌으로 결정된 법률 또는 법률조항은 그 결정이 있는 날로부터 효력을 상실한다(동조 ②). 그럼에도 불구하고 형벌에 관한 법률 또는 법률의 조항 조항은 조항에 대하여 종전에 합헌으로 결정한 사건이 있는 경우에는 그 결정이 있는 날의 다음 날로 소급하여 효력을 상실한다(동조 ③).

(2) 탄핵심판권

(a) 의의

탄핵이란 일반적인 사법절차나 징벌절차에 따라 소추하거나 연계하기가 곤란한 국가의 중요 공무원의 직무상 위헌위법행위를 의회가 소추하여 처벌하거나 파면하는 제도이다.

(b) 절차와 결정

국회의 탄핵소추 의결에 따라 헌법재판소가 탄핵심판을 하여 탄핵을 결정함에는 재판관 6인 이상의 찬성이 있어야 한다(§113①).

(c) 탄핵결정의 효력

탄핵결정의 효력은 공직으로부터 파면함에 그친다. 그러나 탄핵의 결정으로 민사상이나 형사상의 책임이 면제되는 것은 아니다(§65④).

(3) 위헌정당해산심판권

(a) 정당해산의 제소와 심판

정부는 정당의 목적이나 활동이 민주적 기본질서에 위배될 때에는 국무회의의 심의를 거쳐 헌법재판소에 그 해산을 제소할 수 있다(헌법재판소법 55). 헌법재판소가 이를 심판한다(§111).

(b) 정당해산의 결정과 효력

헌법재판소는 재판관 6인 이상의 찬성으로 정당해산의 결정을 할 수 있다(§113①). 이에 따라 정당은 자동적으로 해산되고, 해산된 정당과 유사한 이른바 대체정당의 창설이 금지되며, 위헌정당에 소속하고 있던 의원은 당연히 그 자격을 상실한다(다수설).

이에 대하여는 헌법재판소가 정당해산결정을 하는 경우 소속국회의원의 자격상실에 관하여 헌법이나 헌법재판소법, 국회법, 국회의원선거법 어디에도 규정이 되어 있지 않는데, 헌법재판소가 독단적으로 자격박탈을 판결할 수 있을지 의문이며, 무소속국회의원이 인정되는 현행법체제하에서는 국회의 자격심사에 의해서만 직위를 상실하는 것이라고 보는 견해가 있다(소수설).

(4) 권한쟁의심판권

(a) 권한쟁의

권한쟁의란 둘 이상의 국가기관이 특정사항을 자신의 관할에 속하는 것이라고 주장하거나(적극적 쟁의), 반대로 자신의 관할에 속하지 아니하는 것이라고 주장하는 것(소극적 쟁의)을 말한다.

(b) 권한쟁의의 절차

국가기관 상호간, 국가기관과 지방자치단체간 및 지방자치단체 상호간에 권한의 존부 또는 범위에 관하여 다툼이 있을 때에는 당해 국가기관 또는 지방자치단체는 헌법재판소에 권한쟁의심판을 청구할 수 있다(헌법재판소법 61).

(c) 권한쟁의의 결정과 효력

권한쟁의심판에서 재판부는 종국심리에 관여한 재판관 과반수의 찬성으로 사건에 관한 결정을 한다(법 23②). 따라서 인용결정은 9인의 재판관중 5인 이상이 찬성하면 된다. 이 점에서 법률의 위헌결정, 탄핵의 결정, 정당해산의 결정 또는 헌법소원에 관한 인용결정을 할 때와는 다르다. 권한쟁의심판의 결정은 모든 국가기관과 지방자치단체를 기속한다(법 67①).

> [헌재 1995.2.23. 90헌라1 결정] 헌법 제111조1항4호 및 헌법재판소법 제62조1항1호는 헌법재판소가 관장하는 국가기관 상호간의 권한쟁의심판을 국회, 정부, 법원 및 중앙선거관리위원회 상호간의 권한쟁의심판으로 한정하고 있으므로, 그에 열거되지 아니한 기관이나 또는 열거된 국가기관 내의 각급기관은 비록 그들이 공권적 처분을 할 수 있는 지위에 있을지라도 권한쟁의심판의 당사자가 될 수 없으며, 또 위에 열거된 국가기관 내부의 권한에 관한 다툼은 권한쟁의심판의 대상이 되지 않는다. 따라서…국회의 구성원이거나 국회 내의 일부기관인 국회의원 및 교섭단체 등이 국회 내의 다른 기관인 국회의장을 상대로 권한쟁의심판을 청구할 수 없다

> [헌재 1997.7.16. 96헌라2 결정] 국회의원과 국회의장 사이에는 각자 권한의 존부 및 범위와 행사를 둘러싸고 언제나 다툼이 있을 수 있고, 이와 같은 분쟁은 단순히 국회의 구성원인 국회의원과 국회의장간의 국가기관 내부의 분쟁이 아니라 각각 별개의 헌법상의 국가기관으로서의 권한을 둘러싸고 발생하는 분쟁이라고

할 것인데, …권한쟁의심판이외에 달리 해결할 적당한 기관이나 방법이 없으므로 국회의원과 국회의장은 헌법 제111조1항4호 소정의 권한쟁의심판의 당사자가 될 수 있다고 보아야 할 것이다

(5) 헌법소원심판권

(a) **의의**

헌법소원이란 헌법상 보장된 자유와 권리가 국가의 공권력에 의해서 위법하게 침해되었다고 주장하는 국민이 헌법재판기관에 직접 권리구제를 청구하는 제도이다.

(b) **청구사유**

헌법소원심판의 청구는 헌법상 보장된 자신의 기본권을 공권력의 행사 또는 불행사로 인하여 침해받는 자는 법원의 재판을 제외하고는 다른 법률에 구제절차가 있는 경우에 그 절차를 모두 거친 후 헌법재판소에 헌법소원심판을 청구할 수 있다(법 68①).

그리고 법률의 위헌 여부 심판의 제청신청이 기각된 때에는 그 신청을 한 당사자는 헌법재판소에 헌법소원심판을 청구할 수 있다. 이 경우 그 당사자는 당해 사건의 소송절차에서 동일한 사유를 이유로 다시 위헌 여부 심판의 제청을 신청할 수 없다(동조 ②).

(c) **결정**

헌법소원에 관한 인용결정을 함에는 재판관 6인 이상의 찬성이 있어야 한다(§113①).

(d) **인용결정의 효력**

헌법소원의 인용결정은 모든 국가기관과 지방자치단체를 기속하며 헌법위반의 법률과 처분 등은 무효가 된다(헌법재판소법 75). 헌법소원을 인용할 때에는 인용결정서의 주문에 침해된 기본권과 침해의 원인이 된 공권력의 행사 또는 불행사를 특정하여야 한다(동조②). 이 경우에 헌법재판소는 기본권 침해의 원인이 된 공권력의 행사를 취소하거나 그 불행사가 위헌임을 확인할 수 있으며(동조③), 헌법재판소는 공권력의 행사 또는 불행사가 위헌인 법률 또는 법률

의 조항에 기인한 것이라고 인정될 때에는 인용결정에서 해당 법률 또는 법률의 조항이 위헌임을 선고할 수 있다(동조⑤).

헌법재판소가 공권력의 불행사에 대한 헌법소원을 인용하는 결정을 한 때에는 피청구인은 결정 취지에 따라 새로운 처분을 하여야 한다(동조④).

⑹ 헌법재판소 규칙제정권

헌법재판소는 법률에 저촉되지 아니하는 범위 안에서 심판에 관한 절차, 내부 규율과 사무처리에 관한 규칙을 제정할 수 있다(§113②). 이는 헌법재판소의 자주성 · 독립성뿐만 아니라 기술적 · 합목적적 견지에서 인정하고 있는 것이다.

3 chapter

선거관리 · 지방자치 · 경제질서

제 1 절 선거관리

Ⅰ. 선거관리위원회 제도

1. 설치근거

헌법 제114조 제1항은 "선거와 국민투표의 공정한 관리 및 정당에 관한 사무를 처리하기 위하여 선거관리위원회를 둔다"고 하고, 동조 제7항에서는 "각급 선거관리위원회의 조직, 직무범위, 기타 필요한 사항은 법률로 정한다"고 규정하고 있다.

2. 제도적 의의

선거나 국민투표의 관리는 행정작용에 속하는 것이다. 그러나 이를 행정부 관할로 두면 선거 및 국민투표의 자유롭고 공정한 실시는 기대하기 어렵다. 이에 따라서 선거관리위원회를 헌법상 필수적 기관으로 격상시키고, 행정부나 집권당이 정략에 따라 악용하지 못하도록 독립한 헌법기관으로 제도화시켜 규정하게 되었다.

3. 헌법상 지위

선거관리위원회는 헌법상 필수기관이므로 헌법개정에 의하지 아니하고는 이를 폐지할 수 없다. 독립된 기관이므로 위원의 신분이 보장되고, 대통령도 그 직무에 간섭할 수 없으며, 위원들의 정당가입이나 정치참여가 금지된다. 또한 합의체 기관이므로 직무에 관한 합의에 있어서는 위원장과 위원들이 동등한 지위에 선다.

Ⅱ. 선거관리위원회의 조직과 구성

1. 조직

선거관리위원회는 중앙선거관리위원회와 각급 선거관리위원회로 조직된다.

2. 구성

9인의 위원으로서 위원회가 구성이 되며, 국회에서 선출하는 3인, 대법원장이 지명하는 3인, 대통령이 지명하는 3인으로 구성된다(§114②). 위원장은 위원 중에서 호선한다. 1인의 상임위원을 두며 나머지는 비상임의 명예직이다.

Ⅲ. 선거관리위원회의 지위와 권한

1. 위원의 지위

1) 임기

위원의 임기는 6년이며 연임에 제한이 없다(§114③).

2) 정치적 중립 보장

위원은 정당에 가입하거나 정치에 관여할 수 없다(§114④).

3) 신분보장

위원은 탄핵 또는 금고 이상의 형의 선고에 의하지 아니하고는 파면되지 아니한다(§114⑤).

2. 위원의 권한

1) 선거 및 국민투표관리권

선거운동의 공정과 기회균등을 보당하고 국민투표의 공정을 위하여 선거운동, 투표와 개표, 당선자확정 및 국민투표사무를 담당한다.

2) 선거사무 지시권

각급 선거관리위원회는 선거인명부 작성 등 선거사무에 관하여 관계행정기관에 필요한 지시를 할 수 있다.

3) 규칙제정권

중앙선거관리위원회는 법령의 범위 안에서 선거관리, 국민투표관리, 정당사무에 관한 규칙을 제정할 수 있다(§114⑥). 또한 법률에 저촉되지 아니하는 범위 안에서 내부규율에 관한 규칙을 제정할 수 있다.

Ⅳ. 선거운동의 원칙(선거공영제)

1. 기회균등의 원칙

선거운동은 각급 선거관리위원회의 관리하에 법률이 정한 범위 안에서 하되 균등한 기회가 보장되어야 한다(§116①).

2. 선거비용 국가부담의 원칙

선거에 관한 경비는 법률이 정하는 경우를 제외하고는 정당 또는 후보자에게 부담시킬 수 없다(§116②).

제 2 절 지방자치

Ⅰ. 지방자치제의 설치 근거

헌법은 제8장에서 지방자치라는 독립된 장을 설치하여 지방자치를 제도로서 보장하고 있을 뿐만 아니라 이에 대한 기본원칙을 명시하고 있다.

헌법 제117조는 "지방자치단체는 주민의 복리에 관한 사무를 처리하고 재산을 관리하며, 법령의 범위 안에서 자치에 관한 규정을 제정할 수 있다. 지방자치단체의 종류는 법률로 정한다"라고 하여 지방자치제의 제도적 보장, 지방자치단체의 권능, 지방자치단체종류의 법정주의를 규정하고 있다.

제5공화국 헌법에서는 부칙 제10조에 의하여 지방의회의 구성 시기를 재정자립도를 감안 순차적으로 구성하며 법률로 정하도록 하였으나 현행 헌법에서는 이를 삭제함으로써 실질적 지방자치제가 실시되게 되었다.

Ⅱ. 지방자치의 개념과 본질

1. 지방자치의 개념

지방자치라 함은 일정한 지역을 기초로 하는 단체나 일정한 지역의 주민이 그 지방적 사무를 자신의 책임 하에서 자신이 선출한 기관을 통하여 처리하는 것을 말한다.

지방자치의 이념은 민주주의 정신과 맥을 이루는 것으로서 국가 전체의 민주화는 지방의 말단에 이르기까지 자치(self-government)의 기구와 자치의 정신이 일치가 될 때 가능하다. 따라서 오늘날 지방자치는 민주정치의 교실로 간주되며 또한 풀뿌리민주정치(grass roots democracy)라고도 말하여진다.

2. 지방자치의 본질

지방자치의 본질에 대하여는 지방자치를 지역 주민이 국가 성립 이전부터 보유한 고유의 권능으로 보는 자치고유권설과 지방자치권은 국가가 승인하는 한도 내에서만 행사할 수 있는 위임된 권능이라고 보는 자치위임설이 대립하고 있다'

오늘날은 국가의 의사로부터 완전히 독립한 지방자치라는 것이 존재할 수 없으며, 자치권은 각기 그 국가의 역사적 경험을 바탕으로 하는 것으로서 중앙정부와의 관계에서 상대적 권능으로 보장되는 것이다.

Ⅲ. 지방자치단체의 구성 및 권한

1. 구성

1) 자치단체의 종류

지방자치단체의 종류는 법률로 정한다(§117②). 지방자치단체의 종류에는 일반자치단체(광역 · 기초)와 특별자치단체의 두 가지가 있다. 광역자치단체는 특별시 · 광역시 · 특별자치시 · 도 · 특별자치도가 있으며 기초자치단체는 시 · 군 · 구가 있다. 특별자치시로는 세종특별자치시, 특별자치도로는 제주특별자치도가 있다.

2) 기구

지방자치단체에는 의결기관인 지방의회와 집행기관인 지방자치단체의 장 등이 있다. 지방의회의 조직 · 권한 · 의원선거는 법률로 정하나, 지방의회의원은 주민의 보통 · 직접 · 평등 · 비밀투표로 선거한다. 지방자치단체의 장은 지방자치단체의 사무를 통할한다.

2. 권한

1) 자치행정권(고유사무처리권)

주민의 복리를 위하여 자치단체가 고유사무를 처리한다.

2) 자주재정권(재산보유 · 관리 · 처분권)

지방자치단체는 자주적 기능에 의하여 지방세의 부과 · 징수, 수수료 · 사용료 · 분담금 동의 부과 · 징수, 부역 · 현품을 부과 · 징수할 수 있다.

3) 자치입법권(자치법규 제정권)

(1) 조례

지방자치단체가 자치입법권에 의하여 제정하는 자주법으로서 법령의 범위 내에서 지방의회의 의결을 통하여 제정한다.

(2) 규칙

법령과 조례의 범위 내에서 그 자치단체의 장은 그의 권한에 속하는 사무의 처리를 위한 규칙을 제정할 수 있다.

4) 위임사무처리권

국가가 지방자치단체로부터 위임받은 사무를 처리한다.

Ⅳ. 지방자치권의 한계

지방자치권은 '국가적 법질서 테두리 안'에서만 인정된다. 따라서 입법례가 자치행정사무의 운영에 관하여 법률로서 방법이나 절차를 규정함은 물론(입법적 통제), 사법부가 자치행정운영에 관하여 법률 적합성 여부를 재판할 수 있고(사법적 통제), 또한 중앙행정기관이 법률적 감독의 방법으로 자치행정사무에 관하여 명령, 인 · 허가, 검사 등을 할 수 있다(행정적 통제). 그밖에 주민에 의한 주민청구, 주민감독청구, 주민소송도 가능하다.

제 3 절 경제질서

Ⅰ. 개설

자유민주적 기본질서가 정치적 공동체로서 대한민국의 기본질서를 의미한다면 사회적 시장경제질서는 경제적 공동체로서의 기본질서를 의미한다고 볼 수 있다. 헌법적 차원에서 볼 때 경제질서는 대체로 초기 자본주의적 자유시장경제질서에서 수정자본주의적 경제질서를 의미하는 사회적 시장경제질서로 대체가 되었다.

이러한 배경은 프랑스혁명 후 자유방임주의는 경제질서에의 국가중립을 요청하였으나 이에 따르는 사회적 모순을 해결하기 위한 방법이 모색되었다. 그 하나는 자본주의 국가에서의 사회적 법치국가의 방법(사회적 시장경제질서)이며, 공산주의 국가에 있어서의 사회주의적 계획경제질서이다.

Ⅱ. 경제헌법

1) 개념

일정한 내용의 경제질서가 헌법적으로 규범화될 때, 규범화된 경제질서를 경제헌법이라 한다. 그 효시는 1919년의 Weimar 헌법이다.

2) 출현의 배경

17 · 8세기 근대 입헌주의의 등장과 함께 자본주의가 성립되었으나, 그 융성과 더불어 여러 가지 폐해가 나타나기 시작하였으므로 이의 시정을 위하여 헌법상 경제질서에 관한 조항이 등장하였다.

3) 유형

경제헌법의 유형은 자본주의적 자유시장경제질서, 사회적 시장경제질서, 사회주의적 계획경제질서로 분류할 수 있다.

Ⅲ. 현행 헌법의 경제질서

1. 기본원리

1) 자유경제질서

우리 헌법은 "대한민국의 경제질서는 개인과 기업의 경제상 자유와 창의를 존중함을 기본으로 한다"고 규정하고 있다(§119①).

2) 사회적 시장경제질서

헌법은 자유경제질서를 기본으로 하면서도, 균형 있는 국민경제의 성장 및 안정과 적정한 소득의 분배를 유지하고, 시장의 지배와 경제력의 남용을 방지하며, 경제주체간의 조화를 통한 경제의 민주화를 위하여 국가로 하여금 경제에 관한 규제와 조정을 할 수 있도록 하고 있다(§119②).

이와 같이 우리 헌법은 자유시장 경제질서를 원칙으로 하면서도 국민의 인간다운 생활을 보장하고 균형 있는 경제발전을 위한 규제수준으로서 사회적인 시장경제질서를 택한 것으로 볼 수 있다.

2. 헌법상 규정

1) 헌법전문

헌법은 전문에서 "정치, 경제, 사회, 문화의 모든 영역에 있어서 각인의 기회를 균등히 하고 의무를 완수하게 하여 안으로는 국민생활의 균등한 향상을 기하고"라고 하여 경제질서에 대한 기본성격을 명시하고 있다.

2) 구체적 규정

(1) 재산권의 보장

헌법은 "재산권의 내용과 한계는 법률로 정한다"(§23①)고 하여 재산권의 사회적 상대화를 규정하고 있다. 또한 "재산권의 행사는 공공복리에 적합하도록 하여야 한다"(§23②)고 규정하여 재산권의 공공성을 강조하고, "공공필요에 의한 재산권의 수용 · 사용 또는 제한 및 보상은 법률로서 하되 정당한 보상을 지급하여야 한다"(§23③)고 규정함으로써 법률에 근거하고 정당한 보상이 이루어지는 경우에 재산권에 대한 공용침해가 가능하도록 하고 있다.

(2) 천연자원의 개발 이용

광물 기타 중요한 지하자원 · 수산자원 · 수력과 경제상 이용할 수 있는 자연력은 법률이 정하는 바에 의하여 일정한 기간 그 채취 · 개발 또는 이용을 특허할 수 있다(§120①).

(3) 국토개발계획의 수립

국토와 자원은 국가의 보호를 받으며 국가는 그 균형 있는 개발과 이용을 위하여 필요한 계획을 수립한다(§120②).

(4) 국토의 효율적 이용 · 개발

국민 모두의 생산 및 생활의 기반이 되는 국토의 효율적인 이용 · 개발 · 보존을 위하여 법률이 정하는 바에 의하여 그에 관한 필요한 제한과 의무를 과할 수 있다(§122).

(5) 농지소작제금지

국가는 농지에 관하여 경자유전의 원칙이 달성될 수 있도록 노력하여야 하며, 농지의 소작제도는 금지된다(§121①). 농업생산성의 제고와 농지의 합리적인 이용을 위하거나 불가피한 사정으로 발생하는 농지의 임대차와 위탁경영은 법률이 정하는 바에 의하여 인정된다(§121②).

⑹ 농어촌 종합 개발

지역 간의 균형 있는 발전, 중소기업의 보호·육성과 농어민의 이익 보호, 경제적 약자의 자조조직의 육성(§123①~⑤).

⑺ 소비자 보호

건전한 소비행위를 계도하고 생산품의 품질향상을 촉구하기 위한 소비자 보호운동을 법률이 정하는 바에 의하여 보장한다(§124). 이는 제8차 헌법에서 신설되었다.

⑻ 대외무역의 육성과 규제·조정

국가는 대외무역을 육성하며, 이를 규제·조정할 수 있다(§125).

⑼ 사영기업의 국·공유화 통제·관리의 금지

국방상 또는 국민 경제상 긴절(緊切)한 필요로 인하여 법률에 정한 경우를 제외하고는 사영기업을 국유 또는 공유로 이전하거나 그 경영을 통제 또는 관리할 수 없다(§126).

⑽ 국민경제의 발전과 과학기술의 창달·진흥

국가는 과학기술의 혁신과 정보 및 인력의 개발을 통하여 국민경제의 발전에 노력하여야 한다. 국가는 국가표준제를 확립한다. 대통령은 경제·과학의 창달·진흥을 위한 자문기구를 둘 수 있다(§127①~③).

Ⅳ. 경제영역에 대한 국가적 개입의 한계

1. 사적 자치의 기본유지

화폐경제, 자유경쟁, 계약의 자유 등 자본주의 경제질서의 근간을 이루는 기본원칙은 유지되어야 한다.

2. 규제와 조정의 적법

경제에 관한 규제와 조정은 법치국가적 절차에 따라 행해져야 한다.

3. 개인과 사회적 이익의 조화

개인의 재산권을 침해한 경우에는 사회적 이익과 조화를 이루어야 하며 보상을 전제로 반드시 필요한 한도 내에서 한다.

4. 국가관리를 의미하는 계획경제 허용금지

자본주의 테두리 내에서의 규제와 조정은 가능하나 전면적인 계획경제는 허용되어서는 안 된다.

부 록

대한민국헌법

대한민국헌법

전 문

유구한 역사와 전통에 빛나는 우리 대한국민은 3·1운동으로 건립된 대한민국임시정부의 법통과 불의에 항거한 4·19민주이념을 계승하고, 조국의 민주개혁과 평화적 통일의 사명에 입각하여 정의·인도와 동포애로써 민족의 단결을 공고히 하고, 모든 사회적 폐습과 불의를 타파하며, 자율과 조화를 바탕으로 자유민주적 기본질서를 더욱 확고히 하여 정치·경제·사회·문화의 모든 영역에 있어서 각인의 기회를 균등히 하고, 능력을 최고도로 발휘하게 하며, 자유와 권리에 따르는 책임과 의무를 완수하게 하여, 안으로는 국민생활의 균등한 향상을 기하고 밖으로는 항구적인 세계평화와 인류공영에 이바지함으로써 우리들과 우리들의 자손의 안전과 자유와 행복을 영원히 확보할 것을 다짐하면서 1948년 7월 12일에 제정되고 8차에 걸쳐 개정된 헌법을 이제 국회의 의결을 거쳐 국민투표에 의하여 개정한다.

제1장 총 강

제1조 ① 대한민국은 민주공화국이다.
② 대한민국의 주권은 국민에게 있고, 모든 권력은 국민으로부터 나온다.

제2조 ① 대한민국의 국민이 되는 요건은 법률로 정한다.
② 국가는 법률이 정하는 바에 의하여 재외국민을 보호할 의무를 진다.

제3조 대한민국의 영토는 한반도와 그 부속도서로 한다.

제4조 대한민국은 통일을 지향하며, 자유민주적 기본질서에 입각한 평화적 통일 정책을 수립하고 이를 추진한다.

제5조 ① 대한민국은 국제평화의 유지에 노력하고 침략적 전쟁을 부인한다.
② 국군은 국가의 안전보장과 국토방위의 신성한 의무를 수행함을 사명으로 하며, 그 정치적 중립성은 준수된다.

제6조 ① 헌법에 의하여 체결·공포된 조약과 일반적으로 승인된 국제법규는 국내법과 같은 효력을 가진다.
② 외국인은 국제법과 조약이 정하는 바에 의하여 그 지위가 보장된다.

제7조 ① 공무원은 국민전체에 대한 봉사자이며, 국민에 대하여 책임을 진다.
② 공무원의 신분과 정치적 중립성은 법률이 정하는 바에 의하여 보장된다.

제8조 ① 정당의 설립은 자유이며, 복수정당제는 보장된다.
② 정당은 그 목적·조직과 활동이 민주적이어야 하며, 국민의 정치적 의사형성에 참여하는데 필요한 조직을 가져야 한다.
③ 정당은 법률이 정하는 바에 의하여 국가의 보호를 받으며, 국가는 법률이 정하는 바

에 의하여 정당운영에 필요한 자금을 보조할 수 있다.
④ 정당의 목적이나 활동이 민주적 기본질서에 위배될 때에는 정부는 헌법재판소에 그 해산을 제소할 수 있고, 정당은 헌법재판소의 심판에 의하여 해산된다.
제 9 조 국가는 전통문화의 계승·발전과 민족문화의 창달에 노력하여야 한다.

제 2 장 국민의 권리와 의무

제10조 모든 국민은 인간으로서의 존엄과 가치를 가지며, 행복을 추구할 권리를 가진다. 국가는 개인이 가지는 불가침의 기본적 인권을 확인하고 이를 보장할 의무를 진다.
제11조 ① 모든 국민은 법 앞에 평등하다. 누구든지 성별·종교 또는 사회적 신분에 의하여 정치적·경제적·사회적·문화적 생활의 모든 영역에 있어서 차별을 받지 아니한다.
② 사회적 특수계급의 제도는 인정되지 아니하며, 어떠한 형태로도 이를 창설할 수 없다.
③ 훈장 등의 영전은 이를 받은 자에게만 효력이 있고, 어떠한 특권도 이에 따르지 아니한다.
제12조 ① 모든 국민은 신체의 자유를 가진다. 누구든지 법률에 의하지 아니하고는 체포·구속·압수·수색 또는 심문을 받지 아니하며, 법률과 적법한 절차에 의하지 아니하고는 처벌·보안처분 또는 강제노역을 받지 아니한다.
② 모든 국민은 고문을 받지 아니하며, 형사상 자기에게 불리한 진술을 강요당하지 아니한다.
③ 체포·구속·압수 또는 수색을 할 때에는 적법한 절차에 따라 검사의 신청에 의하여 법관이 발부한 영장을 제시하여야 한다. 다만, 현행범인인 경우와 장기 3년 이상의 형에 해당하는 죄를 범하고 도피 또는 증거인멸의 염려가 있을 때에는 사후에 영장을 청구할 수 있다.
④ 누구든지 체포 또는 구속을 당한 때에는 즉시 변호인의 조력을 받을 권리를 가진다. 다만, 형사피고인이 스스로 변호인을 구할 수 없을 때에는 법률이 정하는 바에 의하여 국가가 변호인을 붙인다.
⑤ 누구든지 체포 또는 구속의 이유와 변호인의 조력을 받을 권리가 있음을 고지받지 아니하고는 체포 또는 구속을 당하지 아니한다. 체포 또는 구속을 당한 자의 가족 등 법률이 정하는 자에게는 그 이유와 일시·장소가 지체 없이 통지되어야 한다.
⑥ 누구든지 체포 또는 구속을 당한 때에는 적부의 심사를 법원에 청구할 권리를 가진다.
⑦ 피고인의 자백이 고문·폭행·협박·구속의 부당한 장기화 또는 기망 기타의 방법에 의하여 자의로 진술된 것이 아니라고 인정될 때 또는 정식재판에 있어서 피고인의 자백이 그에게 불리한 유일한 증거일 때에는 이를 유죄의 증거로 삼거나 이를 이유로 처벌할 수 없다.
제13조 ① 모든 국민은 행위시의 법률에 의하여 범죄를 구성하지 아니하는 행위로 소추되지 아니하며, 동일한 범죄에 대하여 거듭 처벌받지 아니한다.
② 모든 국민은 소급입법에 의하여 참정권의 제한을 받거나 재산권을 박탈당하지 아니한다.
③ 모든 국민은 자기의 행위가 아닌 친족의 행위로 인하여 불이익한 처우를 받지 아니

한다.

제14조 모든 국민은 거주·이전의 자유를 가진다.

제15조 모든 국민은 직업선택의 자유를 가진다.

제16조 모든 국민은 주거의 자유를 침해받지 아니한다. 주거에 대한 압수나 수색을 할 때에는 검사의 신청에 의하여 법관이 발부한 영장을 제시하여야 한다.

제17조 모든 국민은 사생활의 비밀과 자유를 침해받지 아니한다.

제18조 모든 국민은 통신의 비밀을 침해받지 아니한다.

제19조 모든 국민은 양심의 자유를 가진다.

제20조 ① 모든 국민은 종교의 자유를 가진다.

② 국교는 인정되지 아니하며, 종교와 정치는 분리된다.

제21조 ① 모든 국민은 언론·출판의 자유와 집회·결사의 자유를 가진다.

② 언론·출판에 대한 허가나 검열과 집회·결사에 대한 허가는 인정되지 아니한다.

③ 통신·방송의 시설기준과 신문의 기능을 보장하기 위하여 필요한 사항은 법률로 정한다.

④ 언론·출판은 타인의 명예나 권리 또는 공중도덕이나 사회윤리를 침해하여서는 아니된다. 언론·출판이 타인의 명예나 권리를 침해한 때에는 피해자는 이에 대한 피해의 배상을 청구할 수 있다.

제22조 ① 모든 국민은 학문과 예술의 자유를 가진다.

② 저작자·발명가·과학기술자와 예술가의 권리는 법률로써 보호한다.

제23조 ① 모든 국민의 재산권은 보장된다. 그 내용과 한계는 법률로 정한다.

② 재산권의 행사는 공공복리에 적합하도록 하여야 한다.

③ 공공필요에 의한 재산권의 수용·사용 또는 제한 및 그에 대한 보상은 법률로써 하되, 정당한 보상을 지급하여야 한다.

제24조 모든 국민은 법률이 정하는 바에 의하여 선거권을 가진다.

제25조 모든 국민은 법률이 정하는 바에 의하여 공무담임권을 가진다.

제26조 ① 모든 국민은 법률이 정하는 바에 의하여 국가기관에 문서로 청원할 권리를 가진다.

② 국가는 청원에 대하여 심사할 의무를 진다.

제27조 ① 모든 국민은 헌법과 법률이 정한 법관에 의하여 법률에 의한 재판을 받을 권리를 가진다.

② 군인 또는 군무원이 아닌 국민은 대한민국의 영역 안에서는 중대한 군사상 기밀·초병·초소·유독음식물공급·포로·군용물에 관한 죄 중 법률이 정한 경우와 비상계엄이 선포된 경우를 제외하고는 군사법원의 재판을 받지 아니한다.

③ 모든 국민은 신속한 재판을 받을 권리를 가진다. 형사피고인은 상당한 이유가 없는 한 지체 없이 공개재판을 받을 권리를 가진다.

④ 형사피고인은 유죄의 판결이 확정될 때까지는 무죄로 추정된다.

⑤ 형사피해자는 법률이 정하는 바에 의하여 당해 사건의 재판절차에서 진술할 수 있다.

제28조 형사피의자 또는 형사피고인으로서 구금되었던 자가 법률이 정하는 불기소처분을 받거나 무죄판결을 받은 때에는 법률이 정하는 바에 의하여 국가에 정당한 보상을 청구

할 수 있다.

제29조 ① 공무원의 직무상 불법행위로 손해를 받은 국민은 법률이 정하는 바에 의하여 국가 또는 공공단체에 정당한 배상을 청구할 수 있다. 이 경우 공무원 자신의 책임은 면제되지 아니한다.

② 군인·군무원·경찰공무원 기타 법률이 정하는 자가 전투·훈련등 직무집행과 관련하여 받은 손해에 대하여는 법률이 정하는 보상 외에 국가 또는 공공단체에 공무원의 직무상 불법행위로 인한 배상은 청구할 수 없다.

제30조 타인의 범죄행위로 인하여 생명·신체에 대한 피해를 받은 국민은 법률이 정하는 바에 의하여 국가로부터 구조를 받을 수 있다.

제31조 ① 모든 국민은 능력에 따라 균등하게 교육을 받을 권리를 가진다.

② 모든 국민은 그 보호하는 자녀에게 적어도 초등교육과 법률이 정하는 교육을 받게 할 의무를 진다.

③ 의무교육은 무상으로 한다.

④ 교육의 자주성·전문성·정치적 중립성 및 대학의 자율성은 법률이 정하는 바에 의하여 보장된다.

⑤ 국가는 평생교육을 진흥하여야 한다.

⑥ 학교교육 및 평생교육을 포함한 교육제도와 그 운영, 교육재정 및 교원의 지위에 관한 기본적인 사항은 법률로 정한다.

제32조 ① 모든 국민은 근로의 권리를 가진다. 국가는 사회적·경제적 방법으로 근로자의 고용의 증진과 적정임금의 보장에 노력하여야 하며, 법률이 정하는 바에 의하여 최저임금제를 시행하여야 한다.

② 모든 국민은 근로의 의무를 진다. 국가는 근로의 의무의 내용과 조건을 민주주의원칙에 따라 법률로 정한다.

③ 근로조건의 기준은 인간의 존엄성을 보장하도록 법률로 정한다.

④ 여자의 근로는 특별한 보호를 받으며, 고용·임금 및 근로조건에 있어서 부당한 차별을 받지 아니한다.

⑤ 연소자의 근로는 특별한 보호를 받는다.

⑥ 국가유공자·상이군경 및 전몰군경의 유가족은 법률이 정하는 바에 의하여 우선적으로 근로의 기회를 부여받는다.

제33조 ① 근로자는 근로조건의 향상을 위하여 자주적인 단결권·단체교섭권 및 단체행동권을 가진다.

② 공무원인 근로자는 법률이 정하는 자에 한하여 단결권·단체교섭권 및 단체행동권을 가진다.

③ 법률이 정하는 주요방위산업체에 종사하는 근로자의 단체행동권은 법률이 정하는 바에 의하여 이를 제한하거나 인정하지 아니할 수 있다.

제34조 ① 모든 국민은 인간다운 생활을 할 권리를 가진다.

② 국가는 사회보장·사회복지의 증진에 노력할 의무를 진다.

③ 국가는 여자의 복지와 권익의 향상을 위하여 노력하여야 한다.

④ 국가는 노인과 청소년의 복지향상을 위한 정책을 실시할 의무를 진다.

⑤ 신체장애자 및 질병·노령 기타의 사유로 생활능력이 없는 국민은 법률이 정하는 바에 의하여 국가의 보호를 받는다.

⑥ 국가는 재해를 예방하고 그 위험으로부터 국민을 보호하기 위하여 노력하여야 한다.

제35조 ① 모든 국민은 건강하고 쾌적한 환경에서 생활할 권리를 가지며, 국가와 국민은 환경보전을 위하여 노력하여야 한다.

② 환경권의 내용과 행사에 관하여는 법률로 정한다.

③ 국가는 주택개발정책 등을 통하여 모든 국민이 쾌적한 주거생활을 할 수 있도록 노력하여야 한다.

제36조 ① 혼인과 가족생활은 개인의 존엄과 양성의 평등을 기초로 성립되고 유지되어야 하며, 국가는 이를 보장한다.

② 국가는 모성의 보호를 위하여 노력하여야 한다.

③ 모든 국민은 보건에 관하여 국가의 보호를 받는다.

제37조 ① 국민의 자유와 권리는 헌법에 열거되지 아니한 이유로 경시되지 아니한다.

② 국민의 모든 자유와 권리는 국가안전보장·질서유지 또는 공공복리를 위하여 필요한 경우에 한하여 법률로써 제한할 수 있으며, 제한하는 경우에도 자유와 권리의 본질적인 내용을 침해할 수 없다.

제38조 모든 국민은 법률이 정하는 바에 의하여 납세의 의무를 진다.

제39조 ① 모든 국민은 법률이 정하는 바에 의하여 국방의 의무를 진다.

② 누구든지 병역의무의 이행으로 인하여 불이익한 처우를 받지 아니한다.

제3장 국 회

제40조 입법권은 국회에 속한다.

제41조 ① 국회는 국민의 보통·평등·직접·비밀선거에 의하여 선출된 국회의원으로 구성한다.

② 국회의원의 수는 법률로 정하되, 200인 이상으로 한다.

③ 국회의원의 선거구와 비례대표제 기타 선거에 관한 사항은 법률로 정한다.

제42조 국회의원의 임기는 4년으로 한다.

제43조 국회의원은 법률이 정하는 직을 겸할 수 없다.

제44조 ① 국회의원은 현행범인인 경우를 제외하고는 회기중 국회의 동의없이 체포 또는 구금되지 아니한다.

② 국회의원이 회기전에 체포 또는 구금된 때에는 현행범인이 아닌 한 국회의 요구가 있으면 회기중 석방된다.

제45조 국회의원은 국회에서 직무상 행한 발언과 표결에 관하여 국회외에서 책임을 지지 아니한다.

제46조 ① 국회의원은 청렴의 의무가 있다.

② 국회의원은 국가이익을 우선하여 양심에 따라 직무를 행한다.

③ 국회의원은 그 지위를 남용하여 국가·공공단체 또는 기업체와의 계약이나 그 처분에 의하여 재산상의 권리·이익 또는 직위를 취득하거나 타인을 위하여 그 취득을 알선할

수 없다.

제47조 ① 국회의 정기회는 법률이 정하는 바에 의하여 매년 1회 집회되며, 국회의 임시회는 대통령 또는 국회재적의원 4분의 1 이상의 요구에 의하여 집회된다.

② 정기회의 회기는 100일을, 임시회의 회기는 30일을 초과할 수 없다.

③ 대통령이 임시회의 집회를 요구할 때에는 기간과 집회요구의 이유를 명시하여야 한다.

제48조 국회는 의장 1인과 부의장 2인을 선출한다.

제49조 국회는 헌법 또는 법률에 특별한 규정이 없는 한 재적의원 과반수의 출석과 출석의원 과반수의 찬성으로 의결한다. 가부동수인 때에는 부결된 것으로 본다.

제50조 ① 국회의 회의는 공개한다. 다만, 출석의원 과반수의 찬성이 있거나 의장이 국가의 안전보장을 위하여 필요하다고 인정할 때에는 공개하지 아니할 수 있다.

② 공개하지 아니한 회의내용의 공표에 관하여는 법률이 정하는 바에 의한다.

제51조 국회에 제출된 법률안 기타의 의안은 회기 중에 의결되지 못한 이유로 폐기되지 아니한다. 다만, 국회의원의 임기가 만료된 때에는 그러하지 아니하다.

제52조 국회의원과 정부는 법률안을 제출할 수 있다.

제53조 ① 국회에서 의결된 법률안은 정부에 이송되어 15일 이내에 대통령이 공포한다.

② 법률안에 이의가 있을 때에는 대통령은 제1항의 기간 내에 이의서를 붙여 국회로 환부하고, 그 재의를 요구할 수 있다. 국회의 폐회 중에도 또한 같다.

③ 대통령은 법률안의 일부에 대하여 또는 법률안을 수정하여 재의를 요구할 수 없다.

④ 재의의 요구가 있을 때에는 국회는 재의에 붙이고, 재적의원과반수의 출석과 출석의원 3분의 2 이상의 찬성으로 전과 같은 의결을 하면 그 법률안은 법률로서 확정된다.

⑤ 대통령이 제1항의 기간 내에 공포나 재의의 요구를 하지 아니한 때에도 그 법률안은 법률로서 확정된다.

⑥ 대통령은 제4항과 제5항의 규정에 의하여 확정된 법률을 지체 없이 공포하여야 한다. 제5항에 의하여 법률이 확정된 후 또는 제4항에 의한 확정법률이 정부에 이송된 후 5일 이내에 대통령이 공포하지 아니할 때에는 국회의장이 이를 공포한다.

⑦ 법률은 특별한 규정이 없는 한 공포한 날로부터 20일을 경과함으로써 효력을 발생한다.

제54조 ① 국회는 국가의 예산안을 심의·확정한다.

② 정부는 회계연도마다 예산안을 편성하여 회계연도 개시 90일전까지 국회에 제출하고, 국회는 회계연도 개시 30일전까지 이를 의결하여야 한다.

③ 새로운 회계연도가 개시될 때까지 예산안이 의결되지 못한 때에는 정부는 국회에서 예산안이 의결될 때까지 다음의 목적을 위한 경비는 전년도 예산에 준하여 집행할 수 있다.

1. 헌법이나 법률에 의하여 설치된 기관 또는 시설의 유지·운영
2. 법률상 지출의무의 이행
3. 이미 예산으로 승인된 사업의 계속

제55조 ① 한 회계연도를 넘어 계속하여 지출할 필요가 있을 때에는 정부는 연한을 정하여 계속비로서 국회의 의결을 얻어야 한다.

② 예비비는 총액으로 국회의 의결을 얻어야 한다. 예비비의 지출은 차기국회의 승인을 얻어야 한다.

第56조 정부는 예산에 변경을 가할 필요가 있을 때에는 추가경정예산안을 편성하여 국회에 제출할 수 있다.

第57조 국회는 정부의 동의없이 정부가 제출한 지출예산 각항의 금액을 증가하거나 새 비목을 설치할 수 없다.

第58조 국채를 모집하거나 예산외에 국가의 부담이 될 계약을 체결하려 할 때에는 정부는 미리 국회의 의결을 얻어야 한다.

第59조 조세의 종목과 세율은 법률로 정한다.

第60조 ① 국회는 상호원조 또는 안전보장에 관한 조약, 중요한 국제조직에 관한 조약, 우호통상항해조약, 주권의 제약에 관한 조약, 강화조약, 국가나 국민에게 중대한 재정적 부담을 지우는 조약 또는 입법사항에 관한 조약의 체결・비준에 대한 동의권을 가진다.

② 국회는 선전포고, 국군의 외국에의 파견 또는 외국군대의 대한민국 영역안에서의 주류에 대한 동의권을 가진다.

第61조 ① 국회는 국정을 감사하거나 특정한 국정사안에 대하여 조사할 수 있으며, 이에 필요한 서류의 제출 또는 증인의 출석과 증언이나 의견의 진술을 요구할 수 있다.

② 국정감사 및 조사에 관한 절차 기타 필요한 사항은 법률로 정한다.

第62조 ① 국무총리・국무위원 또는 정부위원은 국회나 그 위원회에 출석하여 국정처리상황을 보고하거나 의견을 진술하고 질문에 응답할 수 있다.

② 국회나 그 위원회의 요구가 있을 때에는 국무총리・국무위원 또는 정부위원은 출석・답변하여야 하며, 국무총리 또는 국무위원이 출석요구를 받은 때에는 국무위원 또는 정부위원으로 하여금 출석・답변하게 할 수 있다.

第63조 ① 국회는 국무총리 또는 국무위원의 해임을 대통령에게 건의할 수 있다.

② 제1항의 해임건의는 국회재적의원 3분의 1 이상의 발의에 의하여 국회재적의원 과반수의 찬성이 있어야 한다.

第64조 ① 국회는 법률에 저촉되지 아니하는 범위안에서 의사와 내부규율에 관한 규칙을 제정할 수 있다.

② 국회는 의원의 자격을 심사하며, 의원을 징계할 수 있다.

③ 의원을 제명하려면 국회재적의원 3분의 2 이상의 찬성이 있어야 한다.

④ 제2항과 제3항의 처분에 대하여는 법원에 제소할 수 없다.

第65조 ① 대통령・국무총리・국무위원・행정각부의 장・헌법재판소 재판관・법관・중앙선거관리위원회 위원・감사원장・감사위원 기타 법률이 정한 공무원이 그 직무집행에 있어서 헌법이나 법률을 위배한 때에는 국회는 탄핵의 소추를 의결할 수 있다.

② 제1항의 탄핵소추는 국회재적의원 3분의 1 이상의 발의가 있어야 하며, 그 의결은 국회재적의원 과반수의 찬성이 있어야 한다. 다만, 대통령에 대한 탄핵소추는 국회재적의원 과반수의 발의와 국회재적의원 3분의 2 이상의 찬성이 있어야 한다.

③ 탄핵소추의 의결을 받은 자는 탄핵심판이 있을 때까지 그 권한행사가 정지된다.

④ 탄핵결정은 공직으로부터 파면함에 그친다. 그러나, 이에 의하여 민사상이나 형사상의 책임이 면제되지는 아니한다.

제4장 정 부

제1절 대통령

제66조 ① 대통령은 국가의 원수이며, 외국에 대하여 국가를 대표한다.
② 대통령은 국가의 독립·영토의 보전·국가의 계속성과 헌법을 수호할 책무를 진다.
③ 대통령은 조국의 평화적 통일을 위한 성실한 의무를 진다.
④ 행정권은 대통령을 수반으로 하는 정부에 속한다.

제67조 ① 대통령은 국민의 보통·평등·직접·비밀선거에 의하여 선출한다.
② 제1항의 선거에 있어서 최고득표자가 2인 이상인 때에는 국회의 재적의원 과반수가 출석한 공개회의에서 다수표를 얻은 자를 당선자로 한다.
③ 대통령후보자가 1인일 때에는 그 득표수가 선거권자 총수의 3분의 1 이상이 아니면 대통령으로 당선될 수 없다.
④ 대통령으로 선거될 수 있는 자는 국회의원의 피선거권이 있고 선거일 현재 40세에 달하여야 한다.
⑤ 대통령의 선거에 관한 사항은 법률로 정한다.

제68조 ① 대통령의 임기가 만료되는 때에는 임기만료 70일 내지 40일전에 후임자를 선거한다.
② 대통령이 궐위된 때 또는 대통령 당선자가 사망하거나 판결 기타의 사유로 그 자격을 상실한 때에는 60일 이내에 후임자를 선거한다.

제69조 대통령은 취임에 즈음하여 다음의 선서를 한다.
"나는 헌법을 준수하고 국가를 보위하며 조국의 평화적 통일과 국민의 자유와 복리의 증진 및 민족문화의 창달에 노력하여 대통령으로서의 직책을 성실히 수행할 것을 국민 앞에 엄숙히 선서합니다."

제70조 대통령의 임기는 5년으로 하며, 중임할 수 없다.

제71조 대통령이 궐위되거나 사고로 인하여 직무를 수행할 수 없을 때에는 국무총리, 법률이 정한 국무위원의 순서로 그 권한을 대행한다.

제72조 대통령은 필요하다고 인정할 때에는 외교·국방·통일 기타 국가안위에 관한 중요정책을 국민투표에 붙일 수 있다.

제73조 대통령은 조약을 체결·비준하고, 외교사절을 신임·접수 또는 파견하며, 선전포고와 강화를 한다.

제74조 ① 대통령은 헌법과 법률이 정하는 바에 의하여 국군을 통수한다.
② 국군의 조직과 편성은 법률로 정한다.

제75조 대통령은 법률에서 구체적으로 범위를 정하여 위임받은 사항과 법률을 집행하기 위하여 필요한 사항에 관하여 대통령령을 발할 수 있다.

제76조 ① 대통령은 내우·외환·천재·지변 또는 중대한 재정·경제상의 위기에 있어서 국가의 안전보장 또는 공공의 안녕질서를 유지하기 위하여 긴급한 조치가 필요하고 국회의 집회를 기다릴 여유가 없을 때에 한하여 최소한으로 필요한 재정·경제상의 처분

을 하거나 이에 관하여 법률의 효력을 가지는 명령을 발할 수 있다.

② 대통령은 국가의 안위에 관계되는 중대한 교전상태에 있어서 국가를 보위하기 위하여 긴급한 조치가 필요하고 국회의 집회가 불가능한 때에 한하여 법률의 효력을 가지는 명령을 발할 수 있다.

③ 대통령은 제1항과 제2항의 처분 또는 명령을 한 때에는 지체 없이 국회에 보고하여 그 승인을 얻어야 한다.

④ 제3항의 승인을 얻지 못한 때에는 그 처분 또는 명령은 그때부터 효력을 상실한다. 이 경우 그 명령에 의하여 개정 또는 폐지되었던 법률은 그 명령이 승인을 얻지 못한 때부터 당연히 효력을 회복한다.

⑤ 대통령은 제3항과 제4항의 사유를 지체 없이 공포하여야 한다.

제77조 ① 대통령은 전시·사변 또는 이에 준하는 국가비상사태에 있어서 병력으로써 군사상의 필요에 응하거나 공공의 안녕질서를 유지할 필요가 있을 때에는 법률이 정하는 바에 의하여 계엄을 선포할 수 있다.

② 계엄은 비상계엄과 경비계엄으로 한다.

③ 비상계엄이 선포된 때에는 법률이 정하는 바에 의하여 영장제도, 언론·출판·집회·결사의 자유, 정부나 법원의 권한에 관하여 특별한 조치를 할 수 있다.

④ 계엄을 선포한 때에는 대통령은 지체 없이 국회에 통고하여야 한다.

⑤ 국회가 재적의원 과반수의 찬성으로 계엄의 해제를 요구한 때에는 대통령은 이를 해제하여야 한다.

제78조 대통령은 헌법과 법률이 정하는 바에 의하여 공무원을 임면한다.

제79조 ① 대통령은 법률이 정하는 바에 의하여 사면·감형 또는 복권을 명할 수 있다.

② 일반사면을 명하려면 국회의 동의를 얻어야 한다.

③ 사면·감형 및 복권에 관한 사항은 법률로 정한다.

제80조 대통령은 법률이 정하는 바에 의하여 훈장 기타의 영전을 수여한다.

제81조 대통령은 국회에 출석하여 발언하거나 서한으로 의견을 표시할 수 있다.

제82조 대통령의 국법상 행위는 문서로써 하며, 이 문서에는 국무총리와 관계 국무위원이 부서한다. 군사에 관한 것도 또한 같다.

제83조 대통령은 국무총리·국무위원·행정각부의 장 기타 법률이 정하는 공사의 직을 겸할 수 없다.

제84조 대통령은 내란 또는 외환의 죄를 범한 경우를 제외하고는 재직중 형사상의 소추를 받지 아니한다.

제85조 전직대통령의 신분과 예우에 관하여는 법률로 정한다.

제 2 절 행정부

제 1 관 국무총리와 국무위원

제86조 ① 국무총리는 국회의 동의를 얻어 대통령이 임명한다.

② 국무총리는 대통령을 보좌하며, 행정에 관하여 대통령의 명을 받아 행정각부를 통할한다.

③ 군인은 현역을 면한 후가 아니면 국무총리로 임명될 수 없다.

第87조 ① 국무위원은 국무총리의 제청으로 대통령이 임명한다.

② 국무위원은 국정에 관하여 대통령을 보좌하며, 국무회의의 구성원으로서 국정을 심의한다.

③ 국무총리는 국무위원의 해임을 대통령에게 건의할 수 있다.

④ 군인은 현역을 면한 후가 아니면 국무위원으로 임명될 수 없다.

제 2 관 국무회의

第88조 ① 국무회의는 정부의 권한에 속하는 중요한 정책을 심의한다.

② 국무회의는 대통령·국무총리와 15인 이상 30인 이하의 국무위원으로 구성한다.

③ 대통령은 국무회의의 의장이 되고, 국무총리는 부의장이 된다.

第89조 다음 사항은 국무회의의 심의를 거쳐야 한다.

1. 국정의 기본계획과 정부의 일반정책
2. 선전·강화 기타 중요한 대외정책
3. 헌법개정안·국민투표안·조약안·법률안 및 대통령령안
4. 예산안·결산·국유재산처분의 기본계획·국가의 부담이 될 계약 기타 재정에 관한 중요사항
5. 대통령의 긴급명령·긴급재정경제처분 및 명령 또는 계엄과 그 해제
6. 군사에 관한 중요사항
7. 국회의 임시회 집회의 요구
8. 영전수여
9. 사면·감형과 복권
10. 행정각부간의 권한의 획정
11. 정부안의 권한의 위임 또는 배정에 관한 기본계획
12. 국정처리상황의 평가·분석
13. 행정각부의 중요한 정책의 수립과 조정
14. 정당해산의 제소
15. 정부에 제출 또는 회부된 정부의 정책에 관계되는 청원의 심사
16. 검찰총장·합동참모의장·각군참모총장·국립대학교총장·대사 기타 법률이 정한 공무원과 국영기업체관리자의 임명
17. 기타 대통령·국무총리 또는 국무위원이 제출한 사항

第90조 ① 국정의 중요한 사항에 관한 대통령의 자문에 응하기 위하여 국가원로로 구성되는 국가원로자문회의를 둘 수 있다.

② 국가원로자문회의의 의장은 직전대통령이 된다. 다만, 직전대통령이 없을 때에는 대통령이 지명한다.

③ 국가원로자문회의의 조직·직무범위 기타 필요한 사항은 법률로 정한다.

第91조 ① 국가안전보장에 관련되는 대외정책·군사정책과 국내정책의 수립에 관하여 국무회의의 심의에 앞서 대통령의 자문에 응하기 위하여 국가안전보장회의를 둔다.

② 국가안전보장회의는 대통령이 주재한다.

③ 국가안전보장회의의 조직·직무범위 기타 필요한 사항은 법률로 정한다.

第92조 ① 평화통일정책의 수립에 관한 대통령의 자문에 응하기 위하여 민주평화통일자문

회의를 둘 수 있다.

② 민주평화통일자문회의의 조직·직무범위 기타 필요한 사항은 법률로 정한다.

제93조 ① 국민경제의 발전을 위한 중요정책의 수립에 관하여 대통령의 자문에 응하기 위하여 국민경제자문회의를 둘 수 있다.

② 국민경제자문회의의 조직·직무범위 기타 필요한 사항은 법률로 정한다.

제 3 관 행정각부

제94조 행정각부의 장은 국무위원 중에서 국무총리의 제청으로 대통령이 임명한다.

제95조 국무총리 또는 행정각부의 장은 소관사무에 관하여 법률이나 대통령령의 위임 또는 직권으로 총리령 또는 부령을 발할 수 있다.

제96조 행정각부의 설치·조직과 직무범위는 법률로 정한다.

제 4 관 감사원

제97조 국가의 세입·세출의 결산, 국가 및 법률이 정한 단체의 회계검사와 행정기관 및 공무원의 직무에 관한 감찰을 하기 위하여 대통령 소속하에 감사원을 둔다.

제98조 ① 감사원은 원장을 포함한 5인 이상 11인 이하의 감사위원으로 구성한다.

② 원장은 국회의 동의를 얻어 대통령이 임명하고, 그 임기는 4년으로 하며, 1차에 한하여 중임할 수 있다.

③ 감사위원은 원장의 제청으로 대통령이 임명하고, 그 임기는 4년으로 하며, 1차에 한하여 중임할 수 있다.

제99조 감사원은 세입·세출의 결산을 매년 검사하여 대통령과 차년도국회에 그 결과를 보고하여야 한다.

제100조 감사원의 조직·직무범위·감사위원의 자격·감사대상공무원의 범위 기타 필요한 사항은 법률로 정한다.

제 5 장 법 원

제101조 ① 사법권은 법관으로 구성된 법원에 속한다.

② 법원은 최고법원인 대법원과 각급법원으로 조직된다.

③ 법관의 자격은 법률로 정한다.

제102조 ① 대법원에 부를 둘 수 있다.

② 대법원에 대법관을 둔다. 다만, 법률이 정하는 바에 의하여 대법관이 아닌 법관을 둘 수 있다.

③ 대법원과 각급법원의 조직은 법률로 정한다.

제103조 법관은 헌법과 법률에 의하여 그 양심에 따라 독립하여 심판한다.

제104조 ① 대법원장은 국회의 동의를 얻어 대통령이 임명한다.

② 대법관은 대법원장의 제청으로 국회의 동의를 얻어 대통령이 임명한다.

③ 대법원장과 대법관이 아닌 법관은 대법관회의의 동의를 얻어 대법원장이 임명한다.

제105조 ① 대법원장의 임기는 6년으로 하며, 중임할 수 없다.

② 대법관의 임기는 6년으로 하며, 법률이 정하는 바에 의하여 연임할 수 있다.

③ 대법원장과 대법관이 아닌 법관의 임기는 10년으로 하며, 법률이 정하는 바에 의하여 연임할 수 있다.

④ 법관의 정년은 법률로 정한다.

제106조 ① 법관은 탄핵 또는 금고 이상의 형의 선고에 의하지 아니하고는 파면되지 아니하며, 징계처분에 의하지 아니하고는 정직·감봉 기타 불리한 처분을 받지 아니한다.

② 법관이 중대한 심신상의 장해로 직무를 수행할 수 없을 때에는 법률이 정하는 바에 의하여 퇴직하게 할 수 있다.

제107조 ① 법률이 헌법에 위반되는 여부가 재판의 전제가 된 경우에는 법원은 헌법재판소에 제청하여 그 심판에 의하여 재판한다.

② 명령·규칙 또는 처분이 헌법이나 법률에 위반되는 여부가 재판의 전제가 된 경우에는 대법원은 이를 최종적으로 심사할 권한을 가진다.

③ 재판의 전심절차로서 행정심판을 할 수 있다. 행정심판의 절차는 법률로 정하되, 사법절차가 준용되어야 한다.

제108조 대법원은 법률에 저촉되지 아니하는 범위 안에서 소송에 관한 절차, 법원의 내부규율과 사무처리에 관한 규칙을 제정할 수 있다.

제109조 재판의 심리와 판결은 공개한다. 다만, 심리는 국가의 안전보장 또는 안녕질서를 방해하거나 선량한 풍속을 해할 염려가 있을 때에는 법원의 결정으로 공개하지 아니할 수 있다.

제110조 ① 군사재판을 관할하기 위하여 특별법원으로서 군사법원을 둘 수 있다.

② 군사법원의 상고심은 대법원에서 관할한다.

③ 군사법원의 조직·권한 및 재판관의 자격은 법률로 정한다.

④ 비상계엄하의 군사재판은 군인·군무원의 범죄나 군사에 관한 간첩죄의 경우와 초병·초소·유독음식물공급·포로에 관한 죄중 법률이 정한 경우에 한하여 단심으로 할 수 있다. 다만, 사형을 선고한 경우에는 그러하지 아니하다.

제 6 장 헌법재판소

제111조 ① 헌법재판소는 다음 사항을 관장한다.

1. 법원의 제청에 의한 법률의 위헌여부 심판
2. 탄핵의 심판
3. 정당의 해산 심판
4. 국가기관 상호간, 국가기관과 지방자치단체간 및 지방자치단체 상호간의 권한쟁의에 관한 심판
5. 법률이 정하는 헌법소원에 관한 심판

② 헌법재판소는 법관의 자격을 가진 9인의 재판관으로 구성하며, 재판관은 대통령이 임명한다.

③ 제2항의 재판관중 3인은 국회에서 선출하는 자를, 3인은 대법원장이 지명하는 자를 임명한다.

④ 헌법재판소의 장은 국회의 동의를 얻어 재판관 중에서 대통령이 임명한다.

제112조 ① 헌법재판소 재판관의 임기는 6년으로 하며, 법률이 정하는 바에 의하여 연임할 수 있다.

② 헌법재판소 재판관은 정당에 가입하거나 정치에 관여할 수 없다.

③ 헌법재판소 재판관은 탄핵 또는 금고 이상의 형의 선고에 의하지 아니하고는 파면되지 아니한다.

제113조 ① 헌법재판소에서 법률의 위헌결정, 탄핵의 결정, 정당해산의 결정 또는 헌법소원에 관한 인용결정을 할 때에는 재판관 6인 이상의 찬성이 있어야 한다.

② 헌법재판소는 법률에 저촉되지 아니하는 범위안에서 심판에 관한 절차, 내부규율과 사무처리에 관한 규칙을 제정할 수 있다.

③ 헌법재판소의 조직과 운영 기타 필요한 사항은 법률로 정한다.

제 7 장 선거관리

제114조 ① 선거와 국민투표의 공정한 관리 및 정당에 관한 사무를 처리하기 위하여 선거관리위원회를 둔다.

② 중앙선거관리위원회는 대통령이 임명하는 3인, 국회에서 선출하는 3인과 대법원장이 지명하는 3인의 위원으로 구성한다. 위원장은 위원중에서 호선한다.

③ 위원의 임기는 6년으로 한다.

④ 위원은 정당에 가입하거나 정치에 관여할 수 없다.

⑤ 위원은 탄핵 또는 금고 이상의 형의 선고에 의하지 아니하고는 파면되지 아니한다.

⑥ 중앙선거관리위원회는 법령의 범위 안에서 선거관리·국민투표관리 또는 정당사무에 관한 규칙을 제정할 수 있으며, 법률에 저촉되지 아니하는 범위 안에서 내부규율에 관한 규칙을 제정할 수 있다.

⑦ 각급 선거관리위원회의 조직·직무범위 기타 필요한 사항은 법률로 정한다.

제115조 ① 각급 선거관리위원회는 선거인명부의 작성 등 선거사무와 국민투표사무에 관하여 관계 행정기관에 필요한 지시를 할 수 있다.

② 제1항의 지시를 받은 당해 행정기관은 이에 응하여야 한다.

제116조 ① 선거운동은 각급 선거관리위원회의 관리하에 법률이 정하는 범위 안에서 하되, 균등한 기회가 보장되어야 한다.

② 선거에 관한 경비는 법률이 정하는 경우를 제외하고는 정당 또는 후보자에게 부담시킬 수 없다.

제 8 장 지방자치

제117조 ① 지방자치단체는 주민의 복리에 관한 사무를 처리하고 재산을 관리하며, 법령의 범위안에서 자치에 관한 규정을 제정할 수 있다.

② 지방자치단체의 종류는 법률로 정한다.

제118조 ① 지방자치단체에 의회를 둔다.

② 지방의회의 조직·권한·의원선거와 지방자치단체의 장의 선임방법 기타 지방자치단

체의 조직과 운영에 관한 사항은 법률로 정한다.

제9장 경 제

제119조 ① 대한민국의 경제질서는 개인과 기업의 경제상의 자유와 창의를 존중함을 기본으로 한다.

② 국가는 균형있는 국민경제의 성장 및 안정과 적정한 소득의 분배를 유지하고, 시장의 지배와 경제력의 남용을 방지하며, 경제주체간의 조화를 통한 경제의 민주화를 위하여 경제에 관한 규제와 조정을 할 수 있다.

제120조 ① 광물 기타 중요한 지하자원·수산자원·수력과 경제상 이용할 수 있는 자연력은 법률이 정하는 바에 의하여 일정한 기간 그 채취·개발 또는 이용을 특허할 수 있다.

② 국토와 자원은 국가의 보호를 받으며, 국가는 그 균형있는 개발과 이용을 위하여 필요한 계획을 수립한다.

제121조 ① 국가는 농지에 관하여 경자유전의 원칙이 달성될 수 있도록 노력하여야 하며, 농지의 소작제도는 금지된다.

② 농업생산성의 제고와 농지의 합리적인 이용을 위하거나 불가피한 사정으로 발생하는 농지의 임대차와 위탁경영은 법률이 정하는 바에 의하여 인정된다.

제122조 국가는 국민 모두의 생산 및 생활의 기반이 되는 국토의 효율적이고 균형있는 이용·개발과 보전을 위하여 법률이 정하는 바에 의하여 그에 관한 필요한 제한과 의무를 과할 수 있다.

제123조 ① 국가는 농업 및 어업을 보호·육성하기 위하여 농·어촌종합개발과 그 지원등 필요한 계획을 수립·시행하여야 한다.

② 국가는 지역간의 균형있는 발전을 위하여 지역경제를 육성할 의무를 진다.

③ 국가는 중소기업을 보호·육성하여야 한다.

④ 국가는 농수산물의 수급균형과 유통구조의 개선에 노력하여 가격안정을 도모함으로써 농·어민의 이익을 보호한다.

⑤ 국가는 농·어민과 중소기업의 자조조직을 육성하여야 하며, 그 자율적 활동과 발전을 보장한다.

제124조 국가는 건전한 소비행위를 계도하고 생산품의 품질향상을 촉구하기 위한 소비자보호운동을 법률이 정하는 바에 의하여 보장한다.

제125조 국가는 대외무역을 육성하며, 이를 규제·조정할 수 있다.

제126조 국방상 또는 국민경제상 긴절한 필요로 인하여 법률이 정하는 경우를 제외하고는, 사영기업을 국유 또는 공유로 이전하거나 그 경영을 통제 또는 관리할 수 없다.

제127조 ① 국가는 과학기술의 혁신과 정보 및 인력의 개발을 통하여 국민경제의 발전에 노력하여야 한다.

② 국가는 국가표준제도를 확립한다.

③ 대통령은 제1항의 목적을 달성하기 위하여 필요한 자문기구를 둘 수 있다.

제10장 헌법개정

제128조 ① 헌법개정은 국회재적의원 과반수 또는 대통령의 발의로 제안된다.

② 대통령의 임기연장 또는 중임변경을 위한 헌법개정은 그 헌법개정 제안 당시의 대통령에 대하여는 효력이 없다.

제129조 제안된 헌법개정안은 대통령이 20일 이상의 기간 이를 공고하여야 한다.

제130조 ① 국회는 헌법개정안이 공고된 날로부터 60일 이내에 의결하여야 하며, 국회의 의결은 재적의원 3분의 2 이상의 찬성을 얻어야 한다.

② 헌법개정안은 국회가 의결한 후 30일 이내에 국민투표에 붙여 국회의원선거권자 과반수의 투표와 투표자 과반수의 찬성을 얻어야 한다.

③ 헌법개정안이 제2항의 찬성을 얻은 때에는 헌법개정은 확정되며, 대통령은 즉시 이를 공포하여야 한다.

부칙 〈헌법 제10호, 1987.10.29〉

제1조 이 헌법은 1988년 2월 25일부터 시행한다. 다만, 이 헌법을 시행하기 위하여 필요한 법률의 제정·개정과 이 헌법에 의한 대통령 및 국회의원의 선거 기타 이 헌법시행에 관한 준비는 이 헌법시행 전에 할 수 있다.

제2조 ① 이 헌법에 의한 최초의 대통령선거는 이 헌법시행일 40일 전까지 실시한다.

② 이 헌법에 의한 최초의 대통령의 임기는 이 헌법시행일로부터 개시한다.

제3조 ① 이 헌법에 의한 최초의 국회의원선거는 이 헌법공포일로부터 6월 이내에 실시하며, 이 헌법에 의하여 선출된 최초의 국회의원의 임기는 국회의원선거후 이 헌법에 의한 국회의 최초의 집회일로부터 개시한다.

② 이 헌법공포 당시의 국회의원의 임기는 제1항에 의한 국회의 최초의 집회일 전일까지로 한다.

제4조 ① 이 헌법시행 당시의 공무원과 정부가 임명한 기업체의 임원은 이 헌법에 의하여 임명된 것으로 본다. 다만, 이 헌법에 의하여 선임방법이나 임명권자가 변경된 공무원과 대법원장 및 감사원장은 이 헌법에 의하여 후임자가 선임될 때까지 그 직무를 행하며, 이 경우 전임자인 공무원의 임기는 후임자가 선임되는 전일까지로 한다.

② 이 헌법시행 당시의 대법원장과 대법원판사가 아닌 법관은 제1항 단서의 규정에 불구하고 이 헌법에 의하여 임명된 것으로 본다.

③ 이 헌법중 공무원의 임기 또는 중임제한에 관한 규정은 이 헌법에 의하여 그 공무원이 최초로 선출 또는 임명된 때로부터 적용한다.

제5조 이 헌법시행 당시의 법령과 조약은 이 헌법에 위배되지 아니하는 한 그 효력을 지속한다.

제6조 이 헌법시행 당시에 이 헌법에 의하여 새로 설치될 기관의 권한에 속하는 직무를 행하고 있는 기관은 이 헌법에 의하여 새로운 기관이 설치될 때까지 존속하며 그 직무를 행한다.

찾아보기

(ㅈ)

[저자 약력]

• 박영하

건국대학교 법학과 졸업
건국대학교 대학원 법학과(공법전공) 수료
법학박사(공법)
감리교신학대학교, 건국대학교, 서울시립대학교, 광운대학교, 호서대학교, 충북대학교 강사
국토연구원 책임연구원
Visiting Scholar, University of Newcastle upon Tyne, UK
해양경찰청 자체평가위원회 위원
정부업무평가위원회 전문가위원
한국공법학회 이사
현재 : 전주대학교 사회과학대학 경찰행정학과 교수

〈주요 저 · 역서 등〉
행정규칙의 성질론(1982)
위임입법의 절차적 통제에 관한 연구(1991)
수도권백서(공역, 1992)
구미도시개발제도의 동향(공역, 1992)
주택법(공저, 1998)
인권론(공저, 2009)
한국해양경찰의 국제표준성과관리기준 개발에 관한 연구(2010)
해양경찰학(2011)
보안경찰법상 일반적 수권조항에 관한 연구(2012)
경찰행정법(2012, 2013, 2015, 2016)
법학개론(2016) 등

한국헌법론

2016년 1월 30일 초판인쇄
2016년 2월 5일 초판발행

저 자 박 영 하
발행인 유 성 열
발행처 청목출판사
서울특별시 영등포구 신길로 40길 20
전화 (02) 849-6157(代) · 2820 / 833-6090~1
FAX (02) 849-0817
등록 제318-1994-000090호

파본은 바꾸어 드립니다. 값 28,000원

http : //www.chongmok.co.kr

ISBN 978-89-5565-694-7